포스트휴머니즘 응용언어학

스트휴머니즘 언어학 01

포스트휴머니즘 응용언어학

Posthumanist Applied Linguistics

Alastair Pennycook 지음
안희돈·조용준 옮김

글로벌콘텐츠

일러두기

저자 페니쿡의 주석은 원저에 따라 장별로 미주로 처리되어 있으며, 내용의 이해를 위해 필요하다고 생각되어 역자가 덧붙인 주석은 각주로 처리되어 있습니다. 미주는 [1], [2], [3] …처럼 주석 번호에 [ ] 표시가 되어 있는 반면, 각주는 1, 2, 3처럼 주석 번호로만 구분되어 있습니다.

이 책 『포스트휴머니즘 응용언어학』은 도시적 다중 언어(urban multilingualism)부터 동물의 의사소통 연구에 이르기까지 다양한 맥락 및 데이터 자원(data sources)을 기반으로, 인류가 처한 곤경에 대한 대안적인 사고방식을 제공한다. 이는 연구와 교육 그리고 정치 영역에 중요한 함의를 지닌다. 세계적인 언어학자 중 한 명인 저자는 이 책의 여덟 장에 걸친 예리한 분석을 통해 인류세(Anthropocene)의 출현, 새로운 형태의 물질주의, 분산 언어(distributed language)와 아상블라주(assemblage) 그리고 인간과 다른 동물 및 사물 사이의 경계를 탐구하면서 언어와 세계에 관련된 깊이 있는 질문을 던진다. 이와 같은 비판적 포스트휴머니즘 응용언어학의 관점을 담은 이 책은 응용언어학과 사회언어학 분야의 모든 연구자와 학생들에게 필독서가 되리라 생각한다.

앨러스테어 페니쿡(Alastair Pennycook)은 시드니 공과대학교(University of Technology Sydney)의 언어, 사회, 교육학의 석좌교수(Distinguished Professor)이며 호주 인문 아카데미 회원이다. 그는 (Routledge 출판사에서 펴낸) 『도시에서의 언어(Metrolingualism: Language in the City, Emi Otsuji와 공저)』, 『지역적 실행으로서의 언어(Language as a Local Practice)』, 『세계 영어와 횡단문화적 흐름(Global Englishes and Transcultural Flows)』, 『비판적 응용언어학: 비판적 소개(Critical Applied Linguistics: A Critical Introduction)』 그리고 『국제어로서의 영어의 문화정치학(The Cultural Politics of English as an International Language)』 등을 포함하여 여러 차례 수상(受賞)한 책들을 저술해 왔다.

차례

제3장 분산 언어, 공간적 레퍼토리 및 기호적 아상블라주

제4장 인간의 감각 계층

제5장 동물과 언어

서언 그리고 감사의 글

호주에서는 회의나 행사를 시작할 때, 나라를 빼앗긴 사람들에 대한 선언인 '국가의 인정(Acknowledgement of Country)'[1]과 함께 하는 것이 이제 관습화되고 일반화되었다. 이는 원주민에 대한 사회적, 문화적 침탈을 호주 속 일상생활에서까지 인정하는 것의 하나이다. 그러므로 나는 여기서 유어라국(Eora nation)의 가디갈족(Gadigal People)[2]을 인정하고자 한다. 이들 조상의 땅에서 나는 이 책의 대부분을 집필해 왔다. 또한 과거와

1 호주에서 '국가의 인정'은 원주민들의 토지와 문화에 대한 존중을 표현하기 위해 대부분의 공식 행사에서 초반에 낭독하는 선언문이다. 1770년 이후 유럽인들의 이주가 가속화되면서, 6만 년 이상 그 땅에서 살아온 원주민들은 자신들의 삶의 터전을 잃고 여러 형태의 차별과 박해를 겪었다. 이러한 과정은 주로 서구식 토지 소유 개념을 적용하지 않았기 때문에 발생했다. 1992년, 호주 대법원은 마보(Mabo) 사건을 통해 원주민 토지권을 인정함으로써 원주민들의 삶의 터전이 법적으로 인정받기 시작했다. 이후 '국가의 인정'이라는 선언이 널리 사용되기 시작했으며, 이는 호주 땅, 물, 공기가 원주민의 것임을 인정하는 것뿐만 아니라 외부인들이 호주 자연을 존중하고 보호하겠다는 약속의 표현이기도 하다.

2 유어라국은 호주 원주민들이 현재 시드니 분지로 알려진 해안 지역을 부르는 말이다. 가디갈족은 유어라국을 구성하는 29개의 부족 중 하나이다. 이 부족은 백인들이 호주에 이주하면서 시드니가 개발되는 과정 속에서 살아남아 주변의 다른 원주민들과 합하여 지금까지 도시 원주민 공동체를 형성하고 있다.

현재를 통틀어 장로들(Elders)[3]을 이 땅의 전통적인 지식 관리자로 인정하며 그에 대한 존경을 표한다. 이러한 인정은 실질적인 화합과는 거의 무관한 것으로 보일 수 있다[우리의 아오테아로아(aotearoa)[4]/뉴질랜드의 동료들이 지적하듯이, 유감스럽게도 그러한 '국가의 인정'이 토착어로는 거의 쓰이지 않는다]. 그럼에도 불구하고 이러한 인정을 반복하는 것은 원주민 침탈의 역사에 대한 관심을 지속적으로 이끌어 낼 수 있으며, 원주민의 문화와 사상을 인지하는 데 있어 매우 중요한 역할을 하기 때문이다. 하지만 만약 우리가 원주민의 사상에 대한 인정을 진지하게 받아들인다면 어떠할까? 만약 우리가 정말로 원주민의 앎의 방식, 땅과 국가에 대한 관계, 동물에 대한 이해 그리고 이들이 서로 얽혀 있는 방식에 진정으로 참여한다면 어떠할까? 만약 우리가 동물과 그들 영혼의 관점에서, 땅과 일상생활 사물들의 능동적인 역할의 관점에서, 공유재(commons)[5]로서의 날씨의 관점에서 생각하기 시작한다면 어떠할까?(Todd, 2016)

포스트휴머니즘적 관점에서 생각한다는 것은 단지 인간과 그 경계선에 질문을 던지거나 인간과 신기술의 도전을 받아들이는 것만은 아니다. 이는 또한 과거를 돌아보면서 우리가 어떤 과정을 거쳐 지금 이런 방식으로 생각하게 되었는지에 대한 질문을 던지고 대안적 지식을 찾는 것이기

---

3 장로는 보통 한 집단 내의 연장자나 권위자를 가리키는 말이다. 여기에서의 장로는 호주 원주민 장로(Australian Aboriginal elder)를 일컫는다. 원주민들에게 있어서 장로란 대대로 이어져 오는 지식을 관리하는 사람이자 지식과 그들의 신념을 후손들에게 전달하는 사람이다.

4 아오테아로아는 마오리어로 뉴질랜드를 가리킨다.

5 사회의 모든 구성원들이 접근할 수 있는 문화나 천연자원을 의미한다. 이러한 자원은 개인의 소유가 아닌 공동의 소유로 여겨진다.

도 하다. 공유 자원의 재발견, 집단행동의 필요성, 환경에 대한 우려, 인간 이외의 세계로의 재지향(reorientation) 등 이 모든 것은 오랫동안 전 세계 원주민들의 관심 혹은 지식이었다. 토착어와 지식을 진지하게 탐구하는 것은 '언어 부활(language revival)'이나 표상 체계로서의 언어(언어에 내포된 동식물의 지식)를 탐구하는 것 이상의 의미를 가진다. 그것은 장소 및 주위 세계와의 관계를 다시 생각해 보는 것이다. 그것은 세계를 듣고 이해하며, 겸손함을 가지고 세계에 존경을 표하는 것이다[위라주리(Wiradjuri)어[6]로는 Yinjamurra라고 한다]. 그래서 나는 가디갈족과 이 책이 쓰인 그들의 땅, 이 땅에 대한 전통적인 지식의 관리자인 장로뿐만 아니라, 장소에 대한 우리의 관계를 이해하기 위한 원주민들의 앎과 있음(being)과 행위(doing)의 방식 그리고 원주민이 우리 주변의 환경과 언어와의 관계를 이해하는 방식의 중요성에 경의를 표하고 싶다.

비록 아주 최근에야 포스트휴머니즘의 틀 안에서 이들 모두를 바라보는 일이 유용할 것이라고 깨달았지만, 이 책은 내 삶의 전환점들과 개인적 관심사에서 시작하였다. 포스트휴머니즘의 포스트구조주의와의 연결점은 먼 과거로 거슬러 올라간다[예를 들어 Pennycook(1994)을 참조 바람]. 물론 그 당시의 내가 그 가치를 진정으로 깨달았다고 생각하지는 않으나 인간과 비인간(인간이 아닌 것) 사이의 강한 구분이 더는 연구 목적으로 필요하지 않다는 움직임에 대한 2002년 브뤼노 라투르(Bruno

6 위라주리(Wiradjuri)족은 호주 뉴사우스웨일즈 주에서 가장 큰 원주민 집단이다. 이들은 한때 블루마운틴 주변을 포함한 뉴사우스웨일즈 중부의 광범위한 지역에서 살았다. 이 지역은 '세 강의 땅(the land of the three rivers)'이라고 불렸다. 위라주리어는 이들 부족이 쓰는 말이다. Yinjamurra는 '상대방을 존중하고 천천히/찬찬히(slowly) 받아들임'을 의미하는 위라주리 말이다.

Latour)와 스티브 풀러(Steve Fuller)의 토론(Barron, 2003)에 내가 참석하게 된 것은 행운이라고 생각한다. 나는 일종의 공연이자 연극을 보는 기분으로 이 토론을 즐겼다(많은 토론에서처럼 토론자들은 같은 주제에 대해 얘기한다고 생각하며 서로 다른 얘기를 나누었다). 그리고 나는 때때로 그 연극에 나온 두 배우를 흉내 내기도 한다. 키가 크고, 수염이 더부룩한 스티브 풀러는 무대 위를 성큼성큼 걸어 다니며, "사회과학은 과거에도 그랬고 지금도 분명 도덕적인 프로젝트였다.(83쪽)"라고 주장하면서, "'인간' 또는 '사회적인 것'은 인류의 프로젝트를 창조해 내기 위한 규범적 목적을 가지고 분류된다."라고 말하였다(84쪽). 또한, 인간과 비인간 사이에 선을 긋기는 어렵지만 그 구분을 포기하는 것은 시기상조일 수 있다고 주장하였다. 한편 도회적인 브뤼노 라투르는 당연하다는 듯이 "매우 간단한 점인데, 칸트 이후 대부분의 사회과학과 철학은 세계와는 무관하였다. 사물은 아무것도 하지 않는다."라고 반복하여 말하였다(79쪽). 이러한 극적인 요소와는 별도로, 이 토론의 일부분은 확실히 나에게 인상 깊게 남았으며, 이로 인해 나는 최근 들어 왜 우리가 끊임없이 인간과 사물, 인간과 다른 동물들을 구분하는지에 대해 더 깊이 생각하게 되었다.

나의 현재 위치에서 가장 큰 특권 중 하나는 전 세계에서 가장 현명하며 다독(多讀)한 언어학자, 사회 언어학자, 사회 기호학자들과 함께 수많은 토론을 할 수 있다는 점이다. 지난 몇 년 여간 포스트휴머니즘에 대한 나의 수많은 생각을 그분들에게 제시하였고 언제나 흥미롭고, 회의적이며, 객관적인 정보에 입각한 피드백을 받아왔다. 불행히도 이러한 논의는 전체를 회상하고 인정하기에는 너무나 많으므로 이 글에서 내가 기억해낸 것을 통해 그분들의 도움이 인정될 수 있기를 바란다. 무엇보다도 나의 말을 듣고 그에 대한 논평을 남기고 질문을 던진 분들뿐만 아니라 추가적인 자료들을 찾아준 분들에게 감사를 표한다. 특히 애덤 자보르스키(Adam Jaworski), 로드니 존스(Rodney Jones), 데이비드 말리노스키(David Malinowski), 루이사 마틴 로자(Luisa Martin Roja), 앨리슨 실리와 크리스핀 서로(Alison Sealey and Crispin Thurlow)가 신뢰성 있는 자료를 제공해 준 것에 감사를 표한다. 주변의 많은 사람들이 나와의 토론에 참여해 왔으며, 그중에서도 새미 알림(Samy Alim), 에이드리언 블랙리지(Adrian Blackledge), 데이비드 블록(David Block), 얀 블로마르트(Jan Blommaert), 브리기타 부쉬(Brigitta Busch), 수레쉬 카나가라자(Suresh Canagarajah), 줄리 최(Julie Choi), 스티븐 카울리(Stephen Cowley), 안젤라 크리스(Angela Creese), 닉 쿠프랜드(Nik Coupland), 오펠리아 가르시아(Ophelia García), 크리스티나 히긴스(Christina Higgins), 아와드 이브라힘(Awad Ibrahim), 마사 카레베크(Martha Karrebæk), 앤디 커크패트릭(Andy Kirkpatrick), 클레어 크램츠(Claire Kramsch), 류코 쿠보타(Ryuko Kubota), 시르파 레페넨(Sirpa Leppänen), 리 웨이(Li Wei), 앙겔 린(Angel Lin), 베아트리스 로렌테(Beatriz Lorente), 아마르 마부브(Ahmar Mahboob), 팀 맥나마라(Tim MacNamara), 신프리 마코니(Sinfree Makoni), 스티븐 메이(Stephen May), 토마소 밀라니(Tommaso Milani), 야누스 묄러(Janus Møller), 브라이언 모건(Brian Morgan), 신시아 넬슨(Cynthia Nelson), 보니 노튼(Bonny Norton), 토페 오모니이(Tope Omoniyi), 브라이언 팔트리지(Brian Paltridge), 사리 피에티카이넨(Sari Pietikäinen), 인그리드 필러(Ingrid Piller), 벤 램프턴(Ben Rampton), 엘라나 쇼하미(Elana Shohamy), 린 마리오 메네지스 데 소우자(Lynn Mario Menezes de Souza), 크리스 스트라우드(Chris Stroud), 스티

브 손(Steve Thorne), 루아니 투파스(Ruanni Tupas), 티오 반 리우웬(Theo van Leeuwen) 그리고 주화(Zhu Hua)에게 특히 감사를 표하고 싶다.

또한 이러한 연결을 가능하게 하는 데 도움을 준 여러 분들에게도 감사하다. 특히 아넬리스 쿠스터스(Annelies Kusters)는 2016년 괴팅겐의 막스플랑크 연구소에서 열린 수어와 구어 간 언어 전환 및 레퍼토리에 관련된 멋진 심포지엄에 나를 초대했는데, 이전에는 잘 알지 못했던 수어의 양상을 이해하는 데 큰 도움이 되었다. 2015년 11월 오클랜드에서 열린 LED 컨퍼런스에서 상호 오해에 대해 말할 수 있는 - 아무도 이해하지 못한 것처럼 보이는 - 기회를 준 스티븐 메이(Stephen May)에게도 감사하다. 그리고 2015년 처음으로 이 저서에 실린 아이디어를 시도했던, 브라질에서 열린 제1회 국제비판언어학회에 초대해 준 클레버 아파레시도 다 실바(Kleber Aparecido da Silva), 시몬 레이스(Simone Reis), 그리고 다른 주최자들에게도 감사드린다. 가까운 많은 동료와 공동 집필자들도 이러한 주제에 대한 내 생각을 발전시키는 데 중요한 역할을 했다. 특히 여기서 논의된 많은 생각들의 탄생에 기여했던 도시 언어 현상 연구에 관한 공동 연구를 진행한 에미 오츠지(Emi Otsuji)에게 큰 감사를 표한다. 센더 도브친(Sender Dovchin)과 샤일라 술타나(Shaila Sultana), 이 두 사람과의 생산적인 협력이 내 생각을 여러 방향으로 나아갈 수 있도록 하였다. 로스 애플비(Ros Appleby)의 상어와 에코페미니즘에 관한 토론과 글이 나의 사고를 한층 날카롭게 해주었다. 게이코 야스카와(Keiko Yasukawa)와 재키 와이딘(Jacquie Widin)은 동물, 정치, 환경에 대한 많은 논의를 두고 내가 얼마나, 그리고 왜 이런 것들이 중요한지 생각해 보는 데 도움이 되었다. 도미니크 에스티발(Dominique Estival)은 또 다른 독서, 집필 그리고 광적인 생각에 몰두할 때 인내심을 갖고 나와 함께 버텨 주었다. 그는 일부 장의 초안에 대하여 인내심과 관심을 가지고 매우 유용한 비판을 해 주었으며, 줄곧 나에 대한 지지 입장을 지키면서도 전반적으로 나의 생각들을 비판적 시각으로 경청해 주었다.

이 책의 아이디어 중 일부는 다양한 형식으로 여러 곳에서 출판되었는데, 다음 출판사에 자료의 사용을 허가해 주신 데에 대해 감사드린다.

Taylor and Francis:
Appleby, R and A Pennycook (2017) Swimming with sharks, ecological feminism and posthuman language politics. Critical Inquiry in Language Studies. doi: 10.1080/15427587.2017.1279545

Oxford University Press:
Pennycook, A. (2016b) Posthumanist applied linguistics. Applied Linguistics https://doi.org/10.1093/applin/amw016.

John Benjamins:
Pennycook, A and E Otsuji (2015b) Making scents of the landscape. Linguistic Landscape, 1(3) 191-212.

역자 서문

오늘날 급변하는 사회와 기술 환경은 인간 중심의 기존 사고방식에 대한 새로운 관점을 요구하고 있다. 이 책은 그러한 요구에 부응하여 포스트휴머니즘의 관점을 응용언어학에 어떻게 적용할 수 있는지를 탐구한다. 포스트휴머니즘은 기존의 인간 본질에 대한 이해에 대한 도전이며, 인종차별, 성차별, 동성애 혐오 등과 같이 뿌리 깊은 사회적 폭력에 대한 강력한 반박을 제시한다. 인권은 자유민주주의의 중요한 성취로 여겨지지만, 포스트휴머니즘은 이를 넘어 인류가 종으로서 생존하는 데 도움이 되었던 전통적 '인간 계약'을 새롭게 정의하고 해결책을 제시한다.

전통적 휴머니즘 철학에 반발하여 탄생한 포스트휴머니즘은 인간을 특정한 기준으로 정의하고자 하는 배타성을 거부하고, 인간과 자연, 인간과 기술 사이의 경계를 재평가하는 새로운 관점을 제안한다. 이를 통해 인간의 본질을 재고하고, 인간과 자연, 기술, 다른 생명체 사이의 관계를 재구성하려 한다. 포스트휴머니즘 언어 연구에서는 언어가 인간만의 전유물이 아니라 세상의 모든 존재들이 각자의 능동성과 주체성을 바탕으로 상호의존적 관계성을 맺고 소통하기 위한 "물질적이고 생동적이며 체화된" 매개체로 간주된다. 특히 언어 연구의 중심점을 인간 중심주의에서 자연 생태성과 인류 문명의 아상블라주(assemblage)와 상호 얽힘(entangle-ment)으로 옮기는 것이 중요하다. 이를 위해 행위자(agent)의 범주를 동식물, 사물, 기계로 확장하고, 이들이 생태적, 기술적 네트워크에서 어떻게 의미를 생성하고 소통하는지를 분석한다. 더 나아가 포스트휴머니즘 언어 연구는 간학문적 접근을 통해 수평적 존재론(flat ontology)을 기반으로 다양한 존재의 관계성과 소통 방식을 연구하며, 이러한 인간 - 생태계 - 기계문명의 상호 얽힘은 포스트휴머니즘 응용언어학 연구의 핵심 출발점이 된다.

포스트휴머니즘은 단순히 휴머니즘을 거부하는 것이 아니라 인간을 다른 유·무기체와 구분 없는 자연의 일부로 재조명하며, 인간도 다른 모든 유기체와 함께 자연이라는 하나의 거대한 체계 속에서 유기적으로 상호작용한다고 본다. 이러한 전환적 사고는 인간과 비인간 사이의 경계, 인간의 개념에 대한 다양한 질문을 던지며, 이는 응용언어학에서 인간 중심의 사고를 넘어서기 위한 대안을 제공한다. 특히 1970년대 휴머니즘적 심리학과 교육학의 등장은 응용언어학에서 학습자 중심의 접근과 권위에 대한 도전으로 이어졌으나, 휴머니즘적 접근이 서구 중심적이라는 비판을 받으며 한계가 드러났다고 볼 수 있다. 이에 포스트휴머니즘은 행위자 연결망 이론(Actor-Network Theory)과 신유물론(New Materialism) 등과 연계하여 인간과 비인간 사이의 상호 의존성을 탐구한다. 이를 통해 응용언어학에서는 언어와 환경, 기호 간의 다면적 상호작용을 이해하는 분산(distributed) 언어 접근법을 제시한다.

분산 언어 이론은 언어와 주변 환경, 언어 사용자의 모든 행위, 그리고 그들이 상호작용하는 물질적 맥락의 관계를 강조하며, 이를 통합적으로 분석함으로써 인간 언어 행위의 본질을 파악하려고 한다. 이는 인간의 뇌 내부에 국한된 언어 능력이 아닌 화자와 청자, 장소, 시간, 주변 환경이 다면적으로 체화(embodied)되어 분산된 유기체로 간주하며, 언어를 내재화된 체계에 국한하지 않고 외재화된 대용량 언어 자료나 인간의 다양한 신경생리학적 반응을 통해서도 파악하려고 한다. 포스트휴머니즘적 사고는 특히 언어의 다면성과 물질적 상호작용을 중요하게 여기며, 언어를 통해 인간과 비인간, 물질과 비물질 사이의 상호작용을 재구성하는 데 도움을 준다.

이러한 포스트휴먼적 접근은 언어의 물질성(materiality)과 대상의 상호의존성에 주목하며, 이를 통해 언어학적 연구가 사회 내에서 가지는 역할과 기능을 새롭게 정의하고 있다. 이러한 변화는 특히 현대 사회와 글로벌 문제에 직면한 상황에서 언어와 의사소통의 역할을 재평가하고 AI와 같은 비인간 행위자들의 중요성을 강조하며 인간 중심적 세계관을 넘어서는 새로운 관점을 제시할 수 있다. 즉 포스트휴머니즘을 통해 응용언어학이 인간을 넘어서 보다 광범위한 세계와 연결되는 사고를 할 수 있도록 이끌 것이다. 또한 포스트휴머니즘은 생태언어학(ecolinguistics)을 통해 인간이 지구 생태계의 일원임을 강조하며, 기술 문명과 자연 생태계의 지속가능성 사이에 존재하는 딜레마도 탐구한다.

결론적으로 포스트휴머니즘은 인간과 사물, 장소, 기호 간의 상호작용을 재정립하고, 이러한 통찰을 통해 언어, 개인, 맥락, 인지, 의사소통에 대한 깊은 이해를 촉진하는 새로운 사고방식을 모색한다고 볼 수 있다. 이 책은 이러한 포스트휴머니즘적 사고가 응용언어학 연구와 교육에 새로운 방향을 제시할 수 있는 다양한 지적, 정치적 대안들을 논의하고 있다. 포스트휴머니즘 (응용)언어학의 연구자뿐만 아니라 포스트휴머니즘 담론과 철학에 관심 있는 분들에게도 일독을 권한다.

이 책에서 우리는 철학, 사회학, 응용언어학 등 여러 학문 분야를 넘나들며 포스트휴머니즘 응용언어학에 대해 논하는 저자의 박학다식함과 일필휘지로 써 내려간 글을 만날 수 있다. 저자의 폭넓은 지식과 유려한 문체는 독자들에게 깊은 인상을 남긴다. 그러나 이러한 간학문적 접근은 특정 분야에만 익숙한 독자들에게는 다소 어렵게 느껴질 수 있다. 특히, 언어학에만 주력해 온 연구자들에게는 더욱 그렇다.

이 책에는 언어학 연구자에게 생소할 수 있는 개념들이 풍부하게 등장한다. 이에 따라, 독자들의 이해를 돕기 위해 생소한 용어들에 대한 주석을 달았다. 저자의 주석은 미주로, 역자의 주석은 각주로 처리하여 독자들이 쉽게 참고할 수 있도록 하였다.

총 121개에 달하는 각주 작업을 가능하게 한 것은 김지윤 님의 귀중한 도움이다. 물론 번역 과정에서도 도움을 받았다. 나기석 님, 하지희 님, 김새흰 님 등 여러 분들께서도 번역 과정에서 도움을 주었다. 이들의 도움 덕분에 이 책은 보다 많은 독자들이 포스트휴머니즘 응용언어학에 대해 깊이 이해하고 즐길 수 있는 번역서가 되었다고 본다. 이 자리를 빌려 감사를 드린다.

또한, 이 책의 출판을 허락해 주신 (주)글로벌콘텐츠출판그룹의 홍정표 대표님, 편집 과정에서 수고해 주신 김미미 이사님과 임세원 에디터님 등 출판사 모든 분들의 노고에도 깊이 감사드린다. 모든 분들의 노력과 헌신 덕분에 이 책이 많은 독자들에게 다가갈 수 있게 되었다.

이 책은 단순히 지식을 전달하는 것을 넘어, 독자들에게 새로운 시각을 제시하고, 우리가 직면한 현대의 복잡한 문제들에 대해 깊이 성찰하도록 한다. 또한 포스트휴머니즘의 개념을 통해 인간 중심적 사고를 넘어서고, 인간과 비인간 존재의 상호작용과 상호의존성에 대한 새로운 이해를 제공하여, 응용언어학은 물론 언어학 분야에서 앞으로의 학문적 연구와 실천에 좋은 영감을 줄 것이라 믿는다.

2024년 5월

안희돈, 조용준

제1장

포스트 휴머니즘 응용언어학의 소개

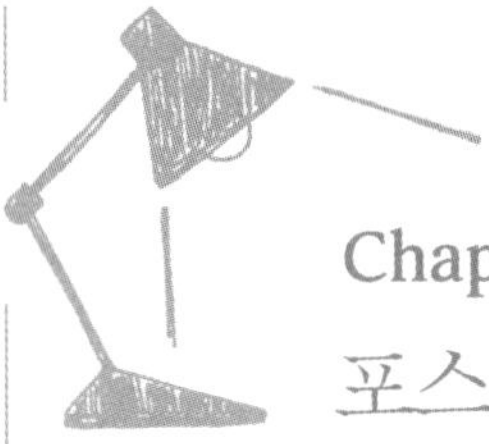

Chapter 01

포스트휴머니즘 응용언어학의 소개

이 책은 포스트휴머니즘적 사고가 응용언어학 연구를 얼마나 향상시킬 수 있을지에 대해 질문한다. 포스트휴머니즘적 사고는 상당히 폭이 넓으며 때로는 혼란스러운 영역일 수도 있지만, 핵심적인 것은 '인간으로 존재한다는 것은 무엇을 의미하는가?'라는 질문이다. 하지만 누군가는 '왜, 이 시점에 인간성이라는 개념에 의문을 제기해야 하는가?'라고 물을 수도 있다.

아마도 우리는 지금 중대한 역사적 분기점을 지나고 있는 것 같다. 수백만 명의 난민들이 점점 더 자신들에게 적대적인 태도를 보이며 자신들의 이주를 꺼려하는 타국의 국민들 사이에서 살아남기 위한 대안적인 장소를 찾으려 고생하고 있는 동안, 사람들이 이와 같은 유동 인구(mobile population)에 보이는 새로운 반응은 벽과 울타리, 즉 배척이다. 유럽, 미국 그리고 다른 어느 곳에서나 형성되어 가고 있는 제노포비아(xenophobia),[1]

고립주의적 포퓰리즘의 증가는 서로 다른 배경과 신념을 지닌 사람들 간에 깊은 골을 만들고 있으며, 새로운 모습의 종교적 원리주의는 사람들 사이의 갈등을 심화시키고 있다. 노동이 아닌 이윤에 준거한 소득의 재분배 과정은 자본이 부자에게로 집중됨에 따라 더 거대한 불평등을 낳고 있으며, 경제적 격차는 이념적으로 정상인 것처럼 받아들여지고 있다. 신흥 유동 인구 계층의 빈곤하고 불안정한 노동자들은 부자들의 사치를 지원하게 되었으며 공공복지의 개념은 점점 후퇴하고 있다. 보편적 정의에 대한 생각이 그와 같은 가해자들에게 책임을 지도록 노력하는 와중에, 인권 침해는 전 세계적으로 증가하고 있다.

누군가는 이렇게 질문할지 모른다. 이 모든 가운데 우리는 왜 인간다움 혹은 인간성(humanity)이라는 개념에서 점점 멀어지고만 있는가? 인간성에 대한 우리 인간들의 공통된 생각 그 자체가 인종 차별, 성차별, 동성애 혐오나 어떤 다른 형태의 차별을 반박할 수 있는 가장 강력한 논거이지 않은가? 인권은 과거 자유민주주의 역사에서 이뤄낸 몇 안 되는 성취이지 않은가? 포스트휴머니즘에 대한 요구는 지난 몇 세기 동안 인류가 종으로서 생존하는 데 도움이 된 인간 계약(human contracts)에 대한 거부가 아닌가? 종으로서의 인간뿐만 아니라, 도덕적 객체로서 인간의 정의는 상식적인 것이며, 그것이 우리 스스로를 구할 수 있는 유일한 길이지 않은가? 그러나 비록 인간의 본성이 선하다는 견해가 낙관론의 근거가 될 수도 있지만, 서로를 향한, 그리고 이 행성을 향한 인간의 파괴 행위

---

1 제노포비아(xenophobia)는 외국인을 비롯한 이방인에 대해 혐오를 나타내는 현상으로, 특히 외국인의 유입을 두려워하는 심리에 의해 발현된다.

는 다른 무엇보다도 '인간' 그 자체에 집중하는 것이 현명한 해결책이 아닐 수 있음을 보여주고 있다.

이제 우리는 '고귀한 인간' 혹은 인간의 본성과 같은 모호하고 용납될 수 없는(implausible) 보편적 개념, 최근 들어 특히 의심스러워진 개념에 대한 믿음에 의지하는 것이 아닌, 우리가 찾은 딜레마에서, 그리고 우리가 비인간(non-human)이라고 간주했던 모든 것들, 이를테면 동물이나 사물들 혹은 자연과 환경과 같은 것들의 관계를 다시 생각해 볼 때가 온 것이 아닐까?

이 책의 첫 번째 장에서는 그와 같은 질문들에 대해, 포스트휴머니즘이 현재 인간이 처한 곤경에 대하여 생각할 수 있는 정치적, 지적 가능성을 가진 새로운 대안들을 제공한다고 본다. 브라이도티(Braidotti 2013: 1-2)가 제안한 포스트휴먼(post-human) 상태는 "우리 종(인류)의 공통 참조(common reference)[2]의 기본 단위체가 정확하게 무엇인지, 이 지구의 다른 거주자들과의 관계와 정체(政體)[3]가 정확하게 무엇인지에 대한 우리 생각의 질적인 변화를 유도하는 것"이다. 이 책은 인간의 기본 단위에 대한 우리의 사고방식과 이것이 우리 주변의 모든 것들과 어떻게 관련되는지를 재고하는 브라이도티의 이러한 도전에 대응하기 위한 시도이다(가장 근본적인 것부터 짚자면, 우리가 '왜' 인간을 우리 주변에 있는 모든 것들

2 공통 참조(common reference)는 커뮤니케이션에서 사용되는 용어로, 대화나 논의에서 참여자들이 서로 다른 배경과 관점을 가지고 있더라도 이해하기 쉽고 효과적인 의사소통을 위해 공유되는 정보나 개념을 가리킨다. 이는 특정 주제나 개념에 대한 이해 수준을 일치시키고 대화를 진행하기 위해 필요하다.

3 정체(政體, polity)는 통치권의 행사 방법을 기준으로 한 국가 형태의 분류 기준이다.

로부터 떨어져서 봐야 하는지에 대해 물어보는 것이다). 이 책에서 동일하게 중요시되는 것은 왜 이것이 응용언어학자들에게 문제가 되는 것인가 하는 점이며, 이는 왜 포스트휴머니즘에 기반한 응용언어학이 언어, 개인, 맥락, 인지 그리고 의사소통에 대한 연구와 교육을 향한 새로운 길들을 열어 주는 중요한 사고방식을 제기하는가 하는 문제이다.

행성, 사람, 동물 그리고 사물들

포스트휴머니즘적 사고는 어떻게 그리고 왜 우리가 우리 자신에 대한 이해를 저해하는 인간중심주의(anthropocentrism)를 넘어서기를 원하는지 묻는다. 하나의 예(Hutchins 1995: 81)는 우리가 얼마나 쉽게 인간 중심적 사고에 빠져드는지를 이해하는 데 유용할 수 있다. 새벽에 일어나서(혹은 일어났다면) 태양을 가리키고, 그 가리킨 손가락부터 태양까지 선이 뻗어 있다고 상상해 보자. 그리고 정오에 이를 되풀이해 보자. 즉, 태양을 가리키고 태양을 향해 뻗어 있는 선을 상상하자. 이 두 선이 어디에서 교차하게 되는지 스스로 물어보라. 이 질문에 대한 일반적인 답은 보통은 자기 자신, '가리키는 사람(pointer)' 자신에게서 교차한다는 것이다. 하지만 다시 생각해 보면, 사실 그 선은 태양에서 교차하게 된다. 태양이 아니라 지구와 나 자신(가리키는 사람)이 움직였고, 이 두 선은 서로 다른 위치로부터 내(가리키는 사람)가 아닌 태양에서 수렴한다(이 사고 실험에 대해서는 제5장에서 다시 언급하도록 하겠다). 코페르니쿠스 혁명에 대한 논의는 이쯤 하기로 하자. 앞의 사고 실험은 모든 정황이 인간 중심적이지 않음에도, 우리가 인간 중심을 벗어난, 포스트휴머니즘적 사고로 도약하는 것이 어려움을 보여 준다. 보고스트(Bogost 2012: 3)가 말했듯이 우리는 스스로를 가두었던, 그리고 우리의 관심사가 '우리와 동류의 살아있는 것들 그리고 우리를 이루는 것들'에 불과했던 '우리 자신이 고안한 작은 감옥'을 탈출해야 한다.

허친스(Hutchins 1995)는 실제로 위에서 제시한 예를 사용하여 우리의 인간중심주의뿐만 아니라 우리가 다른 사람들의 세계관을 이해할 수 없음을 지적한다. 태평양 섬에서의 항해술에 대한 그의 논의(분산 인지[4]에 관한 그의 연구의 주요 주제이며 제3장에서 다시 살펴볼 주제)에서 그는 어떻게 항해자가 움직이는 섬 그리고 별과의 상대적 위치 관계를 통해서 고정되어 있는 선박을 가정하는지에 대하여 설명한다. 정지해 있는 카누를 향해 세계가 움직인다는 이 개념은, 놀랍게도 현재까지 수천 년 동안 받아들여져 왔는데, 고정된 방향(bearing)과 관련된 배의 움직임에 대한 다른 개념화를 지닌 서구의 항해사에게는 자기중심적으로 보인다. 허친스는 위에서 제시한 태양과 관련된 예시를 이용하여 우리의 지향성을 하나의 중심주의로부터 다른 중심주의로 옮기는 것이 얼마나 어려운지를 보여 주면서, 여기에서 중요한 더 나아간 논점을 제기한다. 이는 인간중심주의의 자기중심성에만 문제가 있을 뿐만 아니라, 휴머니즘 역시 인간 사이의 차이에 대해 지속적으로 우리의 눈을 멀게 하고 있다는 점이다. 휴머니즘은 공통적

---

4 분산 인지(distributed cognition)는 개인의 인지 능력이 그들이 속한 환경과 상호작용함으로써 발생하는 개념이다. 이는 개인의 두뇌나 신체만이 아닌 외부 자료, 기술과 주변 환경의 역할을 강조한다.

인 인간 조건을 기술한다고 주장하지만, '모든 인간'을 포함하는 범주가 아니라는 점에서 휴머니즘은 오랫동안 배타적이었을 뿐만 아니라 특정 유형의 인간에게만 적용되어 왔을 뿐이다.

브라이도티(Braidotti 2013: 16)와 같은 몇몇 사람들은, 특히 반휴머니즘적 태도를 취한다. 그녀는 왜 자신이 여성으로서 그토록 일관되게 배타적인 범주(인간)의 일원이 되기를 원하는지 묻는다. 그녀는 "나는 휴머니즘을 좋아하거나, 그것이 암묵적으로 지지하는 인간에 대한 개념을 좋아하는 것이 결코 아니다"라고 말한다. 휴머니즘은 일반적으로 모든 인간에게 고정된 보편적 공통성을 가정하고 있는데, 이 입장에 대한 많은 비판자들이 언급했듯이, 이 모든 입장은 너무 자주 서구적이고, 학식 있고, 산업화되어 있고, 부자이며, 민주적(WEIRD)[5]이었다(Henrich et al., 2010). 우리는 그 리스트에 백인(White), 남성(Male), 이성애적(Straight)이라는 말을 더할 수 있을지 모른다. 브라이도티(2013: 23)에게 이 반휴머니즘(anti-humanism)이 "인간을 이러한 보편주의적 입장에의 연결을 끊는 일과, 말하자면 그가 실제로 하고 있는 구체적 행위에 대한 과제를 하는 일로 구성되어 있다"라고 말한다.

페미니즘적 반휴머니스트의 관점에서 볼 때, 문제는 인간이라는 '배타적 범주'에 들어가는 것을 추구하는 일이 아니라, 주장하는 것만큼이나 결코 열려 있던 적이 없었던 생각들에 대한 해체를 추구하는 일이다. 이

---

5 WEIRD는 서구적인(Western), 학식 있는(Educated), 산업화된(Industrialized), 부자의(Rich) 그리고 민주적인(Democratic)의 머리글자이다. 이 용어는 사회과학 연구에서 다양성의 부족을 강조하고 서구 중심주의에 대한 경고로 사용된다.

렇게 가정된 인간보편주의는, 태양을 가리키는 선이 여기(우리 자신)가 아니라 거기(태양)에서 교차한다는 것을 이해하지 못하는 것과 같이, 우리와 다른 폴리네시아 선원들의 우주관을 이해하지 못하게 한다. 우리는 휴머니즘의 핵심에 자리 잡은 인간중심주의에 문제가 있다는 점을 이해하기 위하여 명시적인 반휴머니즘을 반드시 취할 필요는 없다.

이러한 인간중심적 사고방식은 사실, 지금 우리 자신의 이름을 따서 지질학적 시대를 명명하도록 만들었는데, 이것이 인류세(Anthropocene)[6]이다. 그러나 긍정적인 측면에서 볼 때 인류세라는 명칭은 인간이 지구에 대해 갖게 된 파괴력을 인정할 뿐 아니라, 우리가 인간과 자연을 어떻게 다른 방식으로 이해할 수 있는지에 대해 중요한 질문을 던지는 것이기도 한다. 자연은 외재적이며, 착취할 자원이며, 인간은 자연의 한계를 벗어나기 위해 자기 계발의 상향적 소용돌이에 따라 독립적이며 자기 지배적이라는 근대성의 가정은 인류세의 함의가 여러 분야에서 대두됨에 따라 시험대에 올랐다. 차크라바티(Chakrabarty 2009: 209)가 언급한 바와 같이, 기후 변화에 의해 제기되는 역사적, 철학적 도전이 인간을 "지질학적 의미에서의 자연의 힘"으로 간주하도록 하기에, 인간과 역사, 인간과 자연의 관계는 상당히 변화한다(Chakrabarty 2015). 라투르(Latour 2015: 146)에게 있어 인류세는 결국 "모더니즘의 여명 이후 과학과 정치를 마비시켜 온 자연과 인간의 분리"라는 개념을 거부하는 데 도움을 줄지도 모른다.

---

6 현대 지질학에서 제안된 새로운 지질 시대의 명칭으로, 인간의 활동이 지구의 환경과 생태계에 뚜렷하고 지속적인 영향을 미치기 시작한 시점부터 시작되는 시대를 가리킨다. 이 용어는 2000년대 초에 대기화학자인 폴 크루천과 생태학자인 유진 스토머가 처음 사용했다.

인간의 파괴성, 환경의 퇴화(degradation of environment), 감소하는 자원 그리고 동물에 대한 우리의 처우로 야기되는 많은 도전은 신자유주의, 인종 차별, 성평등, 강제 이주 및 기타 여러 형태의 차별과 불평등을 둘러싼 투쟁과 깊이 연관되어 있는 다양한 윤리적, 정치적 문제를 제기한다. 우리는 현재 권력의 중심이 서구(유럽과 미국의 지배와 그들의 언어, 문화, 제국주의적 정치)에서 다시 동양 그리고 아시아의 대지를 가로지르는 실크로드로 이동하는 것을 목도하고 있다(Frankopan 2015). 도널드 트럼프를 미국 대통령으로 만들어 준 슬로건 '미국을 다시 위대하게(Make America Great Again)'는 아프가니스탄과 이라크를 침공함으로써 부와 이데올로기에 대한 통제를 계속 유지하려는 최종 투쟁이 치열해지는, 작아지고 있는 미국 권력의 상징이다. 러시아, 카자흐스탄, 키르기스스탄, 타지키스탄, 우즈베키스탄, 중국을 연결하기 위해 만들어진 상하이 협력 기구(SCO)가 주요 세력이 되고 있으며, 이 새로운 실크로드 경제 벨트, 일대일로(一帶一路)가 성장함에 따라 튀르키예와 같은 나라들이 가입하기를 원하는 곳은 더 이상 EU가 아니게 되었다. 그리고 이러한 세계 권력의 변화와 함께 주요한 이념적 변화가 도래하고 있다. 서구의 인간성, 휴머니즘, 인권 개념의 중심에 있던 인간의 개념은 보편적 공통성의 범주가 아니라 이제 새로운 '주변부'가 되어 가고 있는 곳으로부터의 문화적이고, 일시적이며, 그리고 지역적인 개념이 되어 가고 있다.

이러한 변화는 기술과 통신의 주요 변화뿐만 아니라 기후 변화, 인구 증가, 자원의 고갈, 도시화 측면에서의 심각한 문제 역시 수반한다. 우리의 몸이 생산해 내는 생태적 공간인 인간의 생태학적 위치(somatic niche)가 구성되고 경험되는 방법에 있어 의미 있는 변화가 진행 중이다(Berson

2015). 예를 들어, 기후 변화는 태풍의 강도와 경로로 인해 삶과 생계가 파괴 당하는 태평양 섬 주민들과 필리핀(Philippines) 사람들의 삶에 지대한 영향을 미칠 뿐만 아니라, 다른 많은 생태학적 위치에서의 변화가 우리의 삶을 바꾸고 있다. 도시성과 도시의 성장은 특히 "도시 템포(urban tempo, Berson 2015: 74)"의 영향으로, 수적·비율적으로 증가하는 사람들의 삶을 바꾸고 있다. 버스정류장, 바다나 공항, 망명을 요청하는 사람들로 붐비는 어선과 고무보트, 튀르키예와 유럽, 케냐와 수단 사이의 국경에서 기다리고 있는 유동 인구의 임시 수용소 등 이동성과 임시성(impermanence)은 이제 인간의 삶에 있어 중심적인 요소가 되었다.

사회 변화의 속도 그리고 한때 음식, 의복, 의약 또는 교육을 제공했던 지원의 결여는 새로운 형태의 불안정한 존재를 만들어 냈다. 이를 프레카리아트(precariat)[7] 계급이라고 부르며, 이는 건설 현장, 의료 산업, 가사 노동 및 최소한의 안전, 지원 또는 보호 수준을 가진 다른 저임금 직업에 걸쳐 있는 이동 노동자들로 구성되어 있다(Standing 2014). 인간과 다른 동물 종들 간의 관계 변화, 예를 들어 공장식 농장의 가축, 남획(overfishing)을 통한 해양 자원 감소, 도시 반려동물과의 긴밀한 접촉(복잡하고 때로는 학대하는 관계; Pierce 2016)은 동물과의 물리적, 윤리적 경계를 이동시킨다. 그리고 이 모든 것들과 함께, 우리를 에워싸고 우리의 일부가 되어 가고 있는 주요한 기술적 변화들은 인간이라는 것이 무엇을 의미하는지에 대한 바로 그 생각에 도전하고 있다. 도구화(instrumentation), 데이터의 증

---

7 불안정한 무산 노동 계급을 가리키는 말로, 이탈리아어 '프레카리오(precario, 불안정한)'와 독일어 '프롤레타리아트(proletariat, 무산 노동 계급)'의 혼종어다.

가, 신체 주변을 감지하고 감시하는 새로운 형태의 등장[예를 들어, 제1세계인들(Pierce 2016)[8]의 손목에 있는 새로운 건강 감지기]은 행동의 감지와 감시를 늘리면서 우리가 인간성을 이해하고 지각하는 방식을 변화시키고 있다.

그와 같은 도구화는 또한 사물의 세계에도 발을 들여놓고 있다. 사물인터넷은 "유비쿼터스 인텔리전스가 자주 탑재되는 일상적인 사물 간 네트워크화된 상호 연결(Xia et al. 2012, 1101)"을 지칭하며, 시계의 GPS와 심장 센서부터 가축의 무선 송수신 바이오칩에 이르기까지[Bell(2016)의 The Internet of Beings 참조], 시골 지역에서 우편물을 배달하거나 긴급 서비스를 지원할 수 있는 드론, 또는 청각 장애가 있는 사람들을 도울 수 있을 뿐만 아니라 가정의 스마트 기기(요리, 조명, 난방, 엔터테인먼트 시스템, 냉장고 등)에도 연결할 수 있는 청각 장치 등 스마트 기기들 사이의 새로운 형태의 상호 연결성에 초점을 맞추고 있다. 이러한 것들은 점점 더 서로 연결되고 이는 다시 인간과 연결되기 때문에, 인간만이 아니라 그러한 사물 역시도 인터넷상의 데이터에 책임을 지게 되었다. 버슨(Berson 2015: 78)이 말하는 도구화(instrumentation,)는 인간의 몸이 끊임없이 증가하는 데이터 형태에 의해 재구성되는 방식을 가리키며, 이는 인류세의 도전만큼이나 클 수 있다. "만약 기후 변화가 우리가 사는 곳에 영향을 미친다면", 도구화는 "우리의 피부에 영향을 미치면서 오랫동안 정립된" 감각 및 운동 활동을 통한 몸의 구성 방식에 대한 "관습을 뒤엎을 것이다."

8 제1세계(first world)란 미국, 서유럽, 캐나다, 호주, 뉴질랜드 등의 높은 경제적 발전 수준과 고도로 발달한 인프라를 갖춘 국가들을 가리키는 용어이다. 이 용어는 주로 냉전 시대에 미국을 중심으로 한 자유 세계와 같은 정치적 지향성을 가진 나라들을 지칭했다.

포스트휴머니즘은 디스토피아와 유토피아의 가능성을 모두 제시한다. 인간이 "지능적인 기계에 의해 지구상에서 지배적인 생명체로 대체될 수 있다(Hayles 1999: 283)"고 하며, 더 불편하게는, 종의 멸종(뿐만 아니라 다른 종의 멸종)에 충분한 환경적 손상(environmental damage)을 생각보다 더 빨리 유발할 수도 있다고 본다. 인간이 지구를 지배해 온 짧은 기간은 바퀴벌레와 같이, 더 생존에 유연한 생물들에게 넘겨질 것이다. "인간은 한때 지구를 지배했지만 지금은 사라진 종인 공룡처럼 멸종하거나 기계가 되어 잠시 더 버틸 수 있다(Hayles 1999: 283)." 지능형 기계의 등장과 생태계의 파괴라는 두 가지 가능성이 모두 여기서 논의될 포스트휴머니즘의 배경을 형성하고 있지만, 이 책은 현재 인간에게서 모든 것이 상실되고 있다는 디스토피아적인 한탄을 의도한 것이 아니다. 왜냐하면 포스트휴먼에게는 더 낙관적인 측면도 있기 때문에 "과거의 상자에서 나와 인간적인 것이 무엇을 의미하는지에 대해 새로운 생각을 열 수 있는 밝은 전망(Hayles 1999: 285)"을 환기하기도 한다.

이것은 더 겸손한 의미에서의 인간성, 즉 왜 모든 다른 사람들이 계급, 인종, 젠더, 성적 지향성 또는 장애와 같은 기준을 따라 소외되고 있었는지에 대한 재평가, 다시 말해 더 포괄적인 의미에서의 인간성으로 이어질 수 있다. 인간이라는 것이 의미하는 바에 대한 변덕스러운 생각은 "악마적인 정밀도로 도전받고 감시된다(Bourke 2011: 5)." 그러한 도전적 논쟁은 진정한 인간의 지위(그 전형은 man이라는 표현이다)조차 부여받지 못한 타자들(여성, 유색인종)에게 특히 중요했었다. 두지나스(Douzinas 2000: 109)가 지적했듯이 위대한 인권(human rights) 선언들에 이어, "시민권에서 배제된 집단 및 계급인 여성, 흑인, 노동자 혹은 정치 및 사회 개혁가에 의한 인권에 대한 주장은 모두 공동의 선과 민주주의적 의지에 대한 이기적인 공격으로 일축되었다." 페란도(Ferrando 2013: 29)가 제안하듯이, 포스트휴머니즘은 포스트-배타주의로 볼 수 있는데, '가장 넓은 의미에서 존재의 화해를 제공하는 경험적 중재 철학'이다. 그것은 다시 한 번 지구와, 다른 동물과, 우리 주변의 사물과 우리의 관계가 무엇인지를 묻고, 어떻게 인간의 행위능력(human agency), 인간의 본성 또는 보편주의와 같은 관념에 매몰되었는지를 물을 수 있다. 우리는 무엇을 생각하고 있었단 말인가? 따라서 포스트휴머니즘은 이 행성의 행위자로서 인간의 중심성과 예외주의, 또는 지구의 다른 거주자들과의 관계에 대한 질문에서부터 인간의 생각과 행동과 관련하여 사물과 공간의 역할에 대한 재평가, 또는 다양한 형태의 인간 증강을 통한 인간의 사고와 능력의 확장에 이르기까지 여러 가지 생각과 관점을 다각적으로 끌어들인다. 포스트휴머니즘은 "인간성의 존재론적 불안정성(Fuller 2011: 75)"을 진지하게 받아들인다.

인간(Man)의 죽음에 대한 선언들로부터 존재의 확장 형태에 대한 연구에 이르기까지, 인류세의 출현에서부터 새로운 형태의 유물론과 분산 인지에 이르기까지, 포스트휴머니즘은 언어, 인간, 사물, 행위 능력에 대한 우리의 이해 측면에서 응용언어학을 향해 중요한 질문을 던진다. 포스트휴머니즘은 인간과 다른 동물, 인간과 인공물, 인간과 자연 사이에 우리 자신이 특별한 경계를 지음으로써, 우리가 인간을 '어떻게' 그리고 '왜' 특정한 방식으로 생각하게 되었는지 자문하기를 촉구한다.

인간이 동물에 반대되는 개념으로 정의되어온 방식에 의문을 제기하는 것은 부분적으로 인간이라는 것이 무엇을 의미하는지, 즉 인간과 비인간, 동물과 비인간 동물을 정의하는 방식에 대한 탐구이다. 동물과 인간 사이의 구분은 자연과 사회/문화, 자연과학과 인문학/사회과학 사이의 더 넓은 구분과 관련이 있는데, 어리(Urry 2011a: 7)는 "대부분 자연과 사회 사이의 명확한 분리에 의해 작동한다"고 지적한다. 인간, 동물, 식물, 기계를 통합하는 슬로터다이크(Sloterdijk 1998)의 존재론적 구성은 문화와 자연의 구분에 유사한 개입을 하여 "자연과 문화는 언어, 의례, 기술을 포함하는 상징적인 관행들의 절충안에 의해 연결된다(Sloterdijk 2013: 11)"고 본다. 바라드(Barad 2007: 136)에 따르면, 포스트휴머니즘은 "인간을 순수한 원인이나 순수한 결과로, 그리고 몸을 내면성과 외재성 사이의 자연적이고 고정된 구분선으로 자리매김하는 주제에 대한 휴머니즘적 설명과 구조주의적인 설명을 모두 거부한다." 따라서 포스트휴머니즘적 사고는 내면과 외부로 보이는 것들 사이의 경계, 즉 사고가 발생하는 내면 그리고 사고와 언어에서 외부 세계가 수행할 것으로 추정되는 역할의 구분에 대해 의문을 제기한다. 포스트휴머니즘은 식별 가능한 철학, 즉 고정된 일련의 사상이라기보다는 하나의 포괄적 개념으로서, 또한 현재 진행 중인 거대한 변화를 이해하기 위한 하나의 탐색 도구로서 "20세기와 21세기의 존재인식론적인(onto-epistemological) 그리고 과학적, 생명공학적인 발전(Ferrando 2013: 26)"에 모두 반응하여, 인간이라는 것이 무엇을 의미하는지를 재고할 필요성에 대한 하나의 응답 방식이다. 포스트휴머니즘은 "인간을 별도로 분리해 내는 공간적, 존재론적, 인식론적 구별은 물론 그 어떤 '것'의 분리성도 가정하지 않는다(Barad 2007: 136)."

포스트휴머니즘 응용언어학

하지만 누군가는 이것이 응용언어학과 어떤 관련이 있을지 궁금해 할 수 있다. 포스트휴머니즘의 광범위한 인식론적 질문들, 즉 우리가 인간의 개념에 대해 어떻게 다르게 생각할 수 있는지를 묻는 것, 인간이 비인간과 어떻게 관련되는지에 대한 보다 구체적인 질문들, 우리가 왜 사람과 사물 사이의 특정한 경계를 유지하는지를 묻는 것은 응용언어학과 관련이 없어 보인다. 응용언어학자로서 이 중 어떤 것이 언어 교육, 언어 정책, 직업적 맥락에서의 언어 사용, 번역, 제2언어 학습 또는 응용언어학자들이 연구할 만한 기타 영역들과 어떤 연관성이 있을지에 대한 정당한 질문을 던질 수 있다.

응용언어학적 관점에서 볼 때, 휴머니즘과의 유일한 연결고리는 1960년대와 1970년대, 다른 사회 정치적 운동과 함께 등장한 휴머니즘 심리학과 교수법 시대일 수 있다. 이 시대는 기존 권위에 대해 의문을 제기하며, 심리학과 교육에서 강력한 개인주의와 학습자 중심의 접근을 주장했다. 이러한 접점은 휴머니즘과의 가볍고 짧은 연결고리로 볼 수 있으며, 이는 포스트휴머니즘에 대한 필요성을 시사할 수도 있다. 스키너(Skinner 1957)의 행동주의 심리학의 환원주의에 대한 반응은 두 가지 다른 방향을 취하였는데, 하나는 촘스키(Chomsky 1971, 1986)처럼 뇌의 내부 인지 작용으로의 회귀를 주장한 것이고, 다른 하나는 자기실현과 긍정 심리학의 필요성을 주장하는 보다 포괄적인 전인적 접근법으로 방향을 돌린 것이다(이것은 또한 정신분석의 부정적 인식에 대한 반응이었다). 로저스(Rogers 1961)의 환자 중심 치료와 매슬로(Maslow 1970)의 인간 욕구와 동기의 계층구조 이론에 기반하여, 이른바 휴머니즘 심리학은 공감과 자조(自助) 그리고 전인(全人)에 초점을 두었다.

이것은 개인과 자유 그리고 자기 발견에 초점을 맞추는, 다소 따뜻하고 모호하며 긍정적인 종류의 휴머니즘이었다. 휴머니즘 심리학이 교육 운동에 미치는 영향은 1970년대와 1980년대에 상당히 광범위하였는데, 교사 주도의 교육을 비판하고 학습자 중심의 학습을 강조하였다. 그것은 의사소통적 언어 학습 이론의 형성에 영향을 끼친 것 중 하나였으며, 그 절정은 "자기실현과 자아 존중감(Moskowitz 1978: 2)"에 초점을 맞춘, 거트루드 모스코비츠(Gertrude Moskowitz)의 인기 있는 저서 『외국어 수업에서의 배려와 나눔(Caring and Sharing in the Foreign Language Class)』일 것이다. 이 경향의 핵심인 개인주의적인 자기 이익에 초점을 맞춘 전형적인 활동으로는 "긍정적인 것에 집중하기(#89)", "즐거웠고 즐거웠다(#114)", "나를 나답게 만든 것(#131)", "바로 서서 나를 보기(#136)", "내가 삶에서 원하는 것(#151)", "'나'라는 최고의 제품(#160)", "나는 행복을 듣는다(#180)", "나에 관한 모든 것을 읽기(#214)", "나에서 나에게로(#215)" 등이 있다. 보다 일반적으로 "휴머니즘적 기법"은 "학생들이 자신이 말하고 싶은 것을 표현하도록 격려"하고, 교실에서 교사의 역할을 축소하며, "학생들이 자율적으로 나아가도록 하는" 것으로 나타났다(Cormon 1986: 281).

그러나 이와 유사한 활동이 국제적인 영어 교육(ELT, English language teaching) 사업의 일부가 되면서, 타국에서의 비평가들이 반대하기 시작하였다. 왜냐하면 학습과 교육이 진지한 사업 분야로 보이는 곳에서는 그러한 교육 방식이 사소하고 가벼워 보였을 뿐만 아니라, 서구의 언어 교육을 "휴머니즘적"이라고 부르는 것은 "비서양적인 것"의 "비인간성"을 함의하는 것으로 보였기 때문이다(Ting 1987: 59). 팅(Ting 1987: 59)이 계속 주장하기를, 서구 ELT에서의 이런 기법을 사용하는 것은 '자기 이익이 교육의 출발점으로 선택'되었기 때문에 실패할 수 있다. "사람들은 자기 이익 추구만이 휴머니즘적인 것이라고 가정했으며, 그들 중 많은 사람들에게 그러한 가정은 하나의 심적 태도가 되었다." 인간이란 무엇인가에 대한 주장은 종종 매우 특별한 주장이 된다. 여기서 휴머니즘적인 것으로 마케팅되는, 자신과 자기 이익에 집중하는 개인주의는 인간에 대한 대안적 사고 및 타인에 대한 책임감과는 충돌하는 것이었다. 많은 응용언어학자들에게 있어 이것은 의심할 여지없이 이미 지나간 과거의 일이 되었으며, 이제 상황이 변했다고 본다. 더 이상 언어교육에서 휴머니즘적 접근을 보여주는 연구는 없다[그러나 예를 들어 Murphey(2012)를 보라]. 그렇지만, 학생중심적 이데올로기와 학습자의 자율성에서부터 평화언어학(peace linguistics)[1]에 이르기까지 이 관점이 지속적으로 미치는 영향에 주목할 필요는 있다.

그러나 이처럼 배려하고 공유하는 교실 활동이 응용언어학에서의 휴머니즘적 지향을 어느 정도 요약한다고 주장하는 것은 휴머니즘과 언어에 대한 사고방식 사이의 훨씬 더 깊은 연관성을 과소평가하는 일이 될 것이다. 많은 응용언어학자들은 스스로를 훨씬 더 넓은 의미에서 휴머니즘과 인문학에 기여하는 것으로 볼지 모른다. 역사, 철학, 문학과 어깨를 나란히 하는 학문으로서의 응용언어학으로, 또는 인간관계에서의 언어의 중심적 역할을 이해하는 데 도움이 되는 연구 분야로서의 응용언어학으로 말이다. 휴머니즘적인 가정은 1970년대의 언어 교육과 개인에 대한 특별한 초점보다는 응용언어학에서 많은 생각을 뒷받침하고 있다. 전인(全人)에 초점을 두는 휴머니즘의 행동주의에 대한 반응 그리고 보편적인 인간 공통성을 강조하는 인지주의적 반응 모두 휴머니즘 사상의 여러 다른 가닥에 의해 뒷받침된다. 인지주의적 합리주의는 전인(全人) 심리학과 편한 관계라고 볼 수는 없지만, 두 분야 모두 인간성, 의사소통 및 상호이해에 대한 관련된 가정들에서 비롯되었다. 여기서 핵심은 보편성에 대한 주장과 함께 인간이라는 것이 의미하는 본질이 언어라고 주장하는 "인간 역사의 언어론적 신화"이며, 인간 역사는 구어에서 문어로의 발전에 대한 기록이라는 점이다(Finnegan 2015: 18). 응용언어학은 언어, 문해력 그리고 학습에 대한 휴머니즘적인 설명을 개진한, 주요 옹호자였다. 응용언어학은 오랫동안 인간을 주체적인 개인으로, 언어를 분리 가능한 대상으로 보는 견해를 지지해 온 만큼, 휴머니즘적 비전의 홍보에 있어 주요 플레이어였다.

그러므로 응용언어학에서 포스트휴머니즘적 사고를 받아들이는 데에는 몇 가지 이유가 있다. 인문학과 사회과학의 여러 분야에서 수년 동안 포스트휴머니즘에 대한 진지한 논의가 있어 왔다. 지리학자, 역사가, 인류학자, 문학 연구자, 철학자를 비롯한 많은 이들이 포스트휴머니즘에 대한 논의를 시작하였다. 이는 물론 어떠한 새로운 추세라도 레이더에 걸리기만 하면 그에 반응하는 다소 방향 감각이 없는 분야인 응용언어학이 단순히 그것이 존재한다는 이유만으로 포스트휴머니즘을 받아들여야 함을 함의하지 않는 것은 명백하다. 그러나 우리가 다른 방식으로 무언가를 해야 한다고 주장하면서 인간보다 더 넓은 세계에 관여할 수 없는 좁은 학문 안에 다시 갇히지 않기 위해서는 이러한 포스트휴머니즘적 사고방식을 취하는 것이 좋을 것이라는 점을 시사하기는 한다. 이 책에서 논의된 주제 중 많은 부분(신유물론, 사변적 실재론, 분산 인지 등)은 인문학과 사회과학의 다른 분야에서 공통적으로 논의되는 것이며, 적어도 우리는 그러한 논의에 참여할 수 있어야 한다. 게다가 포스트휴머니즘은 인간이라는 것이 무엇을 의미하는지에 대한 다소 추상적인 관여(engagement) 그 이상의 의미를 가진다. 여기서 다룰 주제 중 많은 것들이 기후 변화와 지구에서 인간, 통신, 기술에 이르기까지 매우 현실적이고 긴급한 주제에 속한다.

포스트휴머니즘은 또한 응용언어학에서 이미 진행되고 있는 작업에 대한 포괄적 개념으로 이해할 수 있다. 현재 응용언어학에서는 공간, 장소, 사물 및 그들 간의 상호 관계를 점점 더 강조하는 기조가 있다. 장소 연구(studies of place)[9]와 기호학, 언어 경관, 지리기호학(geosemiotics), 넥서스 분석(nexus analysis),[10] 언어 생태학으로부터 사회문화 이론, 문식성에 대한 사회물질적 접근, 레퍼토리에 대한 포스트구조주의적 설명까지, (더 좁게 해석된 언어를 넘어) 기호의 영역을 물질적 주변 환경과 공간에 관련하여 확장하고자 하는 욕구가 표현되어 왔다. "인물, 장소, 담론, 아이디어, 사물의 역사적 궤적이 한데 뭉친(159쪽)", "기호적 생태계(semiotic ecosystem, 89쪽)"에 대한 넥서스 분석(nexus analysis)인 스콜론과 스콜론(Scollon & Scollon 2004)의 이전 연구로부터, '사물이 사람을 만들어 낸다'는 것과 '사물이 스스로 결과를 낳는다'는 것을 시사하는(Kell 2015: 442) 사회기호학에 대한 최근 작업에 이르기까지, 이런 연결성을 스스로 만들

9 장소 연구는 자연, 건축, 사회 및 문화 환경의 상호 관련된 연구를 위한 공유 포럼을 제공함으로써 교육, 지리, 건축, 철학 및 문학 연구를 연결하는 환경 인문학의 유망한 학제 간 분야이다.

10 넥서스 분석은 담화와 행동의 관계에 대한 분석적 개념으로, 모든 행동에는 역사적, 사회적인 의미가 내재돼 있다는 사실에 착안한 방법론이다.

든 그렇지 않든 간에 포스트휴머니즘으로 간주될 수 있는 관련 접근들이 다수 존재한다. 포스트휴머니즘의 폭넓은 영역은 이러한 논의가 그들에 축소되지 않고 여러 관련 영역으로 확장될 수 있게 한다. 따라서 우리는 넥서스 분석, 사회문화 이론, 생태언어학(ecological linguistics), 행위자 연결망 이론(Actor Network Theory), 분산 인지 등을 특정한 노선에 얽매이지 않고 살펴볼 수 있다. 포스트휴머니즘적 입장은 의미의 보증인으로 휴머니즘적 주체(subject)를 포기하거나 사물이 주체를 호명할 수 있는 가능성을 꺼려하는 것을 넘어 이러한 사고들을 견지할 수 있도록 도와준다.

포스트휴머니즘적 사고를 취하는 것은 새로운 연계성과 사고방식을 가능하게 할 수도 있다. 응용언어학의 일부분은 비판적이고 사회적인 이론에 몸담은 사람들에게는 금지 영역이었다. 그들에게 인지라는 말은 금기어에 해당하는데, 개인적이고 사고-내적인 과정의 개념과 너무 연결되어 있어 사고에 대한 더 사회적이고 비판적인 접근으로 구제해 낼 가능성이 없어 보였기 때문이다. 인지에 대한 이러한 내재적 접근이 제2언어 발달을 탐구하는 지배적인 방식이 되면서 언어 교육에 대한 응용언어학적 이해를 매우 저해하는 결과를 가져왔다. 확실히 랜톨프와 손(Lantolf & Thorne 2006), 크람시(Kramsch 2008), 반리어(Van Lier 2000) 등이 제안한 언어 발달에 대한 더 사회적이고 생태학적인 접근들은 인지에 대해 다르게 생각할 수 있는 길을 열었다. 하지만 우리가 인지를 진지하게 연구할 수 있는 유일한 방법이 민족지학적으로 가능하다고 볼 때, 즉 확장 인지와 분산 인지(Clark 2008, Hutchins 1995)를 살펴볼 때, 언어 학습의 사회적, 공간적, 신체적 차원을 고려하는 것은 제2언어 발달을 분산된 과정(extended and distributed cognition)으로 파악하는 새로운 관점을 제공한다.

현실은 또한 다소 접근 금지의 영역이었는데, 항상 '현실'이라는 단어에 따옴표를 넣는 포스트구조주의 또는 사회 구성주의 입장을 고수하는 사람들에게는 더욱 그러했다. 그러나 여러 가지 이유로, 그것은 이제 우리가 더 진지하게 다시 생각해 봐야 할 질문으로 재등장했다. 특히, 현실 부정은 우리를 다른 현실 부정자(예를 들어, 기후 변화 회의론자)와 관련하여 다소 어색한 입장에 놓이게 하기 때문이다. 라투르(Latour 2004a)가 지적했듯이, 항상 실재에 대한 질문을 보류하는 것은 전술적인 오류였을지도 모른다. 한편 유물론은 오랫동안 다소 표현법이 딱딱한 마르크스주의적 이론화 및 물질적 토대의 중심성에 대한 그 주장에 묶여 있었다. 이와는 대조적으로 포스트휴머니즘에 기반한 유물론은 헤겔(Hegel)이나 마르크스(Marx)가 아닌 스피노자(Spinoza)로부터 들뢰즈(Deleuze)에 이르는 사고의 흐름을 따르는데, 물질적 토대, 정치 경제, [정치적 행위 능력(political agency)을 인간의 행위 능력(human agency)으로 환원하는] 이데올로기 비판의 탈신화화 프로젝트에 덜 초점을 맞추는 대신, 인간을 물질적 세계와의 윤리적 상호 의존성에 재지향시키는 대안 정치를 제시하였다(Bennett 2010a). 포스트휴머니즘적 사고는 응용언어학의 테이블 위에 다양한 일련의 윤리적 정치적 관심, 즉 지구와의 그리고 지구의 다른 거주자들과 인간의 관계에 관련된 문제들을 벌려 놓는다.

포스트휴머니즘적 도전들

포스트휴머니즘, 특히 포스트휴머니즘 응용언어학의 개념은 상당히 합리적인 일련의 반발을 유발할 수 있는데, 이에는 우리가 아직 휴머니즘을 버려서는 안 된다는 우려(종교적 도그마에서 벗어나도록 도와준 것은 휴머니즘이 아닌가? 휴머니즘은 인간에게 일어난 일 중 가장 좋은 일이 아닌가?)부터, 이것이 과거와 논쟁하는 것 외에는 의미를 가지지 않는, 다소 무의미한 포스트 입장들 중 하나라는 실망(포스트휴머니즘은 단지 포스트모더니즘의 최신 버전일 뿐인가?)까지 있다. 그 외에 다른 우려들은 지구상의 다른 거주자들에게 초점을 맞추는 것은 정말로 동물의 권리에 관한 것일 뿐이거나 [포경(whaling)에 반대하는 것이 곧 인간에 반대하는 것이 아니듯], 확장된 인간성에 대한 관심은 공상 과학 소설에 지나지 않는다는 것(생물학적 이식과 분산 네트워크에 대한 이야기는 언어학적 문제라기보다는 터미네이터 영화처럼 들린다)을 시사한다. 또, 행위소(actants)로서의 사물에 대한 고려는 존재론적으로나 정치적으로 이상하게 보일 수 있다(바위와 토지가 아니라, 어쩌면 바위와 인간처럼, 인간과 사물에 동등한 비중을 두는 것이 가당키나 한 것인가?). 마지막으로, 이 모든 것이 응용언어학과 무슨 관련이 있는가(우리는 일상적인 언어 관행에 관심이 있고, 인간이라는 것이 무엇을 의미하는지 추정하는 것은 우리가 제2언어 학습을 이해하는 데에는 도움이 되지 않을 것이다)? 이러한 도전을 의식하면서, 나는 이 합리적인 우려들이 어떻게 극복될 수 있을지에 대해 간략히 논의할 것이다.

출발점은 포스트휴머니즘과 휴머니즘의 관계를 명확히 하는 것이다. 포스트휴머니즘은 트랜스휴머니즘(transhumanism, 일반적으로 우리가 신기술을 통하여 인간을 초월하고 있을지도 모른다는 생각)과 반휴머니즘(휴머니즘의 교리에 대한 공공연한 거부)을 포함한 다양한 입장을 포용할지도 모른다. 따라서 포스트휴머니즘은 인간이라는 것이 무엇을 의미하는지에 대한 폭넓은 입장(포스트휴먼-이즘)뿐만 아니라 휴머니즘 철학에 대한 좀 더 특정적인 비판(포스트-휴머니즘)으로도 이해될 수 있을 것이다. 그러므로 포스트휴머니즘은 (인간성의 종언을 선포하는) 인간의 포기가 아니라 오히려 인간과 나머지 것들 사이의 관계를 다시 생각해 볼 것을 요구하는 것이다. 다윈에서 마르크스, 프로이트에 이르는 사고의 흐름에서 인간을 다른 동물들과 구분 짓고, 자신의 역사를 통제하며, 자신의 마음을 주관하던 위치에서 벗어나게 했듯이, 포스트휴머니즘은 인간을 그들이 진정으로 속해야 할 위치로 재배치하는 작업을 계속하고 있다. 포스트휴머니즘이 극복해야 할 과제는 인간 중심적 규범과 휴머니즘적 가정에 수반하는 불로(不勞) 특권의 정체성을 거부하는 것이다. 이런 점에서 포스트휴머니즘은 인간의 자만심에 반하는 것만큼 반휴머니즘적인 것은 아니다.

누군가는 이것이 우리가 마침내 극복했다고 생각했던 포스트 이론들 중 하나일 뿐 아닌가 질문할 수도 있다. 흠, 이는 맞으면서도 틀리다. 포스트휴머니즘은 마르크스와 프로이트가 제기한 문제들, 특히 인간 주체의 자율성과 통제에 관한 문제를 제기한 생각, 즉 인간은 18세기 유럽에서 만들어진 자유의지의 개인보다 훨씬 더 많은 제약을 받는다는 생각을 아주 분명히 계승하고 있다. 라캉에서 알튀세르, 푸코에서 데리다에 이르기까지 포스트모더니즘이나 포스트구조주의로 분류된 다양한 사상들은 인간 주체를 재평가하기 위해 이러한 탐구를 계속해 왔다(Angermuller 2014). 따라서 여러 면에서 포스트휴머니즘은 사실 그러한 사상들의 계보에 속한다. 그러나 그것이 그러한 포스트 이론들과 동일한 노선이거나 유사한 주장에 의문을 제기할 만한 괜찮은 이유도 있다. 포스트휴머니즘은 인간 주체에 의문을 제기한 비판적 사고방식에 자리 잡고 있지만, 기후 변화로부터 인간과 사물 사이의 관계에 이르기까지 이 세상에서 무엇이 중요한지에 대한 대안적 사고방식을 탐구함으로써, 예전의 접근법을 거부하는 것이 아니라(사회경제적 불평등은 여전히 매우 중요하다) 유물론에 대한 대안적 사고방식을 제시하여 세상에서 무엇이 중요한지에 대한 우리의 이해에 새로운 활기를 불어넣는다(Bennett 2010a).

포스트구조주의적 사고에 대한 이해는 응용언어학과 사회 이론 사이의 불편한 관계나 (실제로 그렇지 않은데도 불구하고) 포스트구조주의, 포스트모더니즘 또는 포스트식민주의[11] 사고가 개인, 행위 능력, 상대주의, 그리고 다양성과 관련된 것처럼 희화하려는 경향으로 인해 도움을 받지 못했다. 응용언어학에서 정치적 경제와 재결합하거나(Block 2014) 경제적, 인종적 차별의 형태에 초점을 두라는(Kubota 2016) 최근의 요구는 의심의 여지없이 응용언어학의 중심 초점이 되어야 할 문제들을 가리킨다. 그러나 포스트 이론을 개인의 행위 능력(agency)과 개인차에 초점을 맞추는 휴머니즘 이데올로기의 형태로 표현하고 이를 신자유주의와 동일시하려는 경향(제2장에서 다시 이 주제에 대해 논의할 예정임)은 포스트구조주의나 포스트식민주의 이론 자체의 문제라기보다는 이들 이론이 부르주아 학계에서 그리고 그들의 휴머니즘 원칙에 의해 잘못 활용되고 있음을 간과하는 것이다. 맥나마라(McNamara 2015)가 지적했듯

11 식민 지배의 역사적인 국면들을 탐색하고 그 이후의 시대까지 논의하고자 하는 것으로, 식민 시대 이후에도 지속되고 있는 식민주의적 사고와 인식에 반대하는 사고방식 혹은 관점을 일컫는다. 주로 탈식민주의 혹은 후기식민주의로 불린다.

이, 응용언어학은 아직 포스트구조주의적 사고와 그것이 언어와 인간을 어떻게 이해할지에 대해 던지는 획기적인 도전에 완전히 참여하지 않아 왔다.

포스트휴머니즘을 향한 다른 우려로는 지구상의 다른 주민들과의 대안적 관계에 초점을 맞추는 것이 실제로는 포스트휴머니즘으로 치장한 동물 권리 신장 운동에 불과하다는 주장이 있다. 일부 작가들이 반려동물에 대해 이야기할 때[아니면 감사의 글에 '오후 산책을 놓친 불쌍한 늙은 투치(poor old Tootsie, who missed her afternoon walks)'가 포함될 때] 나 역시 어느 정도 피곤함을 느낀다는 점을 인정한다. 개나 고양이를 좋아하는 사람은 아니지만, 나는 지구상의 다른 생물들의 복지에 대해 매우 심각한 관심을 가지고 있고, 호주의 그레이트 배리어 리프(Great Barrier Reef)[12]와 같은 위대한 자연의 경이로움에 가해진 손상에 대해 (특히 스쿠버다이버로서) 경악한다. 매년 나는 필리핀 암초(Philippines reefs)와 해양 생태계의 건강을 모니터링하는 데 도움이 되는 경험 많은 스쿠버다이버가 필요한 SPR(Saving Philippine Reefs) 프로젝트에 자원하여 봉사한다(다이빙 전 브리핑 지도, 2016). 비록 내가 브라이도티(Braidotti 2013: 76)가 분류한, 인간이라는 것은 무엇인가에 대한 질문을 던지기보다는, 동물들이 인간과 같은 권리를 누리도록 하는 데에 관심을 가지는 사람들인 포스트-인간중심주의적 네오휴머니스트[13]와 같이 반려동물을 기르거나 동물 권리를 위

12 호주에 위치한 세계 최대의 산호초 지대로, 해양의 온도 상승으로 인한 백화 현상이 발생함에 따라 환경 문제의 심각성이 제기되고 있다.

13 네오휴머니즘(Neohumanism)이란 인간 중심의 전통적인 휴머니즘에 반발하여 제시된 개념으로, 인간뿐만 아니라 생명체 전부로 휴머니즘의 범위를 확장시킨 보편적이고 전체론적인 휴

한 적극적인 캠페인을 하지는 않지만, 우리가 파괴하고 있는 인간과 생태계와의 관계를 매우 심각하게 생각한다.

나는 개보다는 상어에 더 관심이 있는데(Appleby & Pennycook 2017), 이는 생존에 대한 불안한 담론을 구축해야 하는 생물로서가 아니라(호주는 상어에 대한 담론이 풍부한 편이다) 인간이 아닌 모든 것과 지금과는 다른 관계를 맺는 새로운 정치가 필요하다는 에코페미니즘의 주장과 같은 관점에서이다. 이것은 또한 사회언어학에 관련한 체화된 실천(embodied practice)의 중요성에 관한 것이기도 하다(Bucholtz & Hall 2016). 이를테면 걷기가 "지식과 공간의 수행적 공동산출에서의 중요한 실천"으로 이해될 수 있듯이(Sundberg 2014: 39), 상어와의 수영은 세상을 다르게 알게 되는 데 중요한 실천일 수 있다. 다른 동물과의 관계를 구성하는 담론에 대한 쿡(Cook 2015)에서와 같은 연구의 중요성은 인간이 수백만 년 전으로 거슬러 올라가면 "동물과의 관계"에 의해 부분적으로 정의된다는 것의 이해이다(Shipman 2011: 13). 모든 (응용)언어학자들에게 핵심적인 질문은 우리가 이 모든 것에서 언어 문제를 어떻게 이해하느냐이다. 우리는 인간과 비인간을 깊이 구분하거나(언어는 우리를 인간으로 정의해 주는 것이다), 인간과 비인간의 의사소통 사이의 관계가 신중하게 고려되어야 한다고 생각할 수 있는 문을 열어 두어야 하는가?

사이보그와 인간 증강에 초점을 맞추는 것, 때로는 포스트휴머니즘의 트랜스휴먼적 요소라고 불리는 것 역시 내가 주제로 삼고 싶은 물질적 현실과는 거리가 먼 공상 과학 소설의 환상 세계의 이미지를 떠올리게 한

머니즘을 가리킨다.

다. 이 책에서 이러한 주제(로봇학, 인간 발달에 대한 엑스트로피언[14] 견해 등)를 아주 상세하게 다루지는 않을 것이다. 그러나 마음과 몸의 다양한 증강(enhancements)을 통해 나는 필연적으로 삶을 초월, 증강, 연장하는 기술의 융합, 즉 "인간이 그들의 물질적 성질을 조작하고 변형함으로써 그들의 능력을 향상하는(Fuller 2011: 109)" 방법들에 관한 질문들을 제기해야 할 것이다. 예를 들어 증강 현실이나 청각 장애인을 위한 생체공학적 귀(bionic ears)에 관한 필수적인 질문들은 제4장에서 논의될 것이다. 보철 팔다리, 생체 공학적 귀(bionic ears), 카메라 눈 또는 단순히 개인적인 세부 사항을 암호화하는 RFID[15] 이식 등과 같은 신체 수정(body modifications)은 단순한 교체보다는 신체 증강(enhancements)으로 볼 수 있으며, 이는 현재(증강 가능한 신체만큼이나 생물학적으로 주어진 것이 아닌) 인간이라는 것이 무엇을 의미하는지에 대한 의문을 불러일으키고 있다.

융합 기술과 인간 증강의 영역이 이 책의 주요 초점은 아니겠지만, 정치적 측면에서 사이보그(유기적 신체 부분과 바이오메카트로닉[16] 신체 부분의 통합

14 엑스트로피(Extropy)란 인간의 기술로 생명연장과 같이 인간의 생체능력을 향상시킬 수 있다는 공상 과학적 개념으로, 물리학의 엔트로피(Entropy)와 반대된다. 무어(Max More) 등 엑스트로피에 근거하여 인간의 신체적 능력을 극대화할 수 있다고 믿는 이들을 엑스트로피언(Extropian)이라고 부르며, 이들의 사상을 엑스트로피어니즘(Extropianism)이라고 칭한다.

15 Radio-Frequency IDentification의 약어로 무선 전파를 이용해 거리에서도 정보를 식별하는 기술로, 전자기 유도 방식이라고 불린다.

16 바이오메카트로닉(Biomechatronics)은 생체 역학과 기계공학, 전자공학 등의 원리를 결합하여 인간의 생리학적 기능을 보완하거나 개선하는 데 사용되는 기술을 가리킨다. 이는 인공지능, 로봇공학, 생체 공학, 신경 과학 등의 다양한 학문 분야를 융합한 분야이다.

을 통해 복원되거나 증강된 능력을 가진 사이버네틱 유기체)의 문제를 이해하는 것도 중요하다. 이는 해러웨이(Haraway)의 고전적인 저서인 『사이보그 선언(Cyborg Manifesto)』에서 언급한 "페미니즘, 사회주의, 그리고 유물론에 충실한" 새로운 정치에 대한 관심(Haraway 1991: 149)으로까지 소급된다. 그녀는 인간과 동물, 동물-인간과 기계, 물질과 비물질의 세 가지 경계의 붕괴(boundaries breakdowns)로 이것이 가능할 수 있다고 주장했다. 사이보그 은유는 젠더, 페미니즘, 정치 및 정체성에 대한 전통적인 접근 방식을 초월할 가능성을 제시한다. 이런 유형의 생각은 좀 더 최근의 에코페미니즘 연구에서 다른 형태로 다시 등장하는데, 이는 여성의 투쟁이 남성 타자와의 평등에 초점을 맞추지 말고 오히려 휴머니즘적 관점에서 인간보다 덜하다고 여겨지는 다른 모든 것들과 여성의 경계를 재조정하는 데 초점을 맞추어야 한다는 주장이다(Adams & Gruen 2014).

특히 행위자 연결망 이론(Actor Network Theory, ANT)에서 등장한 행위소(actants)로서의 사물에 대한 초점(Latour 2005)은 인간이 다른 사물들의 바다에 완전히 녹아 들어가지 못할 수 있다는 우려에 대한 근거를 제공한다. 스리프트(Thrift 2007: 111)에 따르면, ANT는 사물의 행위 능력(agency), 분산적이고 임시적인 인격 및 "모든 것에 대한 무조건적인 우위를 가지는 중심화된 인간 주체"라는 개념의 거부 등 많은 중요한 통찰력을 제공하지만, 사건보다는 연결망에 초점을 맞춘다는 면에서 (따라서 예측되지 않는 것을 처리할 수 없는 능력이란 면에서) 그리고 "인간의 특별한 표현 능력, 발명의 힘, 이야기하기의 힘"을 희생시키고, "모든 것의 평탄한 공존(flattened hierarchy)"에 초점을 둔다는 한계를 가진다. 아파두라이(Appadurai 2015: 233)도 마찬가지로 행위소(actants) 개념이 인간의 행위 능력의 중심성을 효율적으로 침식하는 반면, 모든 것이 행위자로 취급됨으로써 발생하게 마련인 분석의 잠재적인 사회적 정치적 마비를 피하기 위해서는 중재자의 관점에서 생각하는 것이 보다 더 유용할 수 있다고 주의를 주고 있다. 포스트휴머니즘 입장은 인간성을 훼손하려는 것이 아니라 인간과 비인간의 관계를 다시 생각하는 것을 목표로 한다는 점을 상기할 가치가 있다. 우리의 삶에서 사물의 역할을 재고해야 하고, 심지어 사물이 되는 것이 무엇과 같은지 고려할 만한 충분한 이유가 있을 뿐 아니라(Bogost 2012), 여기에서 만물과 사람 사이의 완전한 평등을 시사하지 않는 길도 찾아야 할 필요가 있다.

제8장에서 보겠지만, 일부 주장은 이러한 사고방식이 소외된 사람들과 권리를 빼앗긴 사람들에게 '목소리를 내게 하는' 장기적인 필요성을 열어주며, 주변화(marginalization)를 더 넓은 관점에서 바라보아야 한다고 제안한다. 이에는 인종, 젠더, 계급 혹은 섹슈얼리티의 측면의 공적 논의에서 들리지 않던 사람들뿐만 아니라 휴머니스트들에 의해 인정받지 못한 행위 능력의 형태나 사물이 포함된다(Brigstocke & Noorani 2016). 하지만 목소리를 내지 못하는 많은 사람들이 아직도 자신들을 경청해 주기를 기다리고 있는데도, 왜 우리가 소리 없는 사물들의 소리를 들어야 하느냐고 물을지도 모른다. 그러나 그 주장이 말하고자 하는 바는 우리가 들을 필요가 있는 사람들에게 주의를 기울이기 전에 고양이, 깃대, 자명종 시계, 커피 테이블을 들어야 한다는 것은 아니다. 〈Bird on the Wire〉를 부른 고(故) 레너드 코헨(Leonard Cohen)의 표현을 빌리자면, "그렇게 많은 것을 요구해서는 안 된다"라고 말한 "나무 목발에 기댄 거지"의 말이나, "야, 왜 더 요구하면 안 돼?"라고 외친 "어두운 문에 기대어 선

예쁜 여자"의 말에 귀를 기울이지 말아야 하는 것은 아니다.[17] 그러나 우리가 알아야 할 것은, 목걸이와 나무 문이 단지 이러한 화자를 맥락화하기 위한 소품일 뿐만 아니라 행동의 일부라는 것이다. 그렇다면 문제는 연구와 정치적 행동주의 간 어떤 새로운 관계가 등장하느냐가 된다. 그렇다면, 목소리가 단순히 말할 수 있는 인간의 능력에서 나오는 것뿐만 아니라 사람, 사물, 장소의 아상블라주(assemblages)에서 나오는 것으로 이해되어야 할 때, 연구와 정치적 활동에서 어떤 새로운 관계가 형성되는가? 새로운 경청 방식이 우리가 인간 이상의 세계에 더 주의를 기울이도록 촉구할 때는 언제인가?

그리고 이 모든 것이 응용언어학과 무슨 상관이 있을까? 응용언어학적 관점에서 보면, 위에서 언급했듯이, 휴머니즘은 일반적으로 [전인(全人)에 대한] 휴머니즘 심리학과 휴머니즘 교수법(교실에서의 인간-지향 활동)과 같은 것과 관련될 때만 구체적 개념으로 나타난다. 이러한 사상은 실제로 1970년대 인간과 교육에 대한 유럽계 미국인의 '꽃의 힘(flower-power)'[18] 같은 사고방식에서 비롯된 휴머니즘적 사고일 뿐이며, 이들을 훨씬 더 복잡한 철학적 집합체인 휴머니즘의 예시로 제안하려는 것이 나

---

17 〈Bird on the Wire〉는 Leonard Cohen의 대표곡으로, 자신이 할 수 있는 한 나만의 방식(my way)으로 자유를 누리고자 하는 의미를 담고 있다. 위 인용문은 〈Bird on the Wire〉 가사의 일부분이다. 본문에서 "나무 목발에 기댄 거지"는 "a beggar leaning on his wooden crutch"이며, "그렇게 많은 것을 요구해서는 안 된다"는 ""You must not ask for so much"이고, "어두운 문에 기대어 선 예쁜 여자"는 "a pretty woman leaning in her darkened door"를, "야, 왜 더 요구하면 안 돼?"는 "Hey, why not ask for more?"를 번역한 것이다.

18 꽃의 힘(Flower power)은 베트남 전쟁에 반대하는 비폭력 평화 운동의 상징으로, 히피 등의 반전주의자들이 꽃을 건네는 집회에서 시작된 개념이다.

의 의도는 아니다. 보다 일반적으로, 응용언어학에서의 휴머니즘은 언어와 사람들 그리고 의사소통에 대해 생각하는 방식에 대한 폭넓은 철학적 배경으로 볼 필요가 있는데, 이는 창조적인 사고자이자 독립적인 행위자로서의 인간에 초점을 둔다. 휴머니즘은 인간의 마음을 지식과 윤리의 원천으로, 자기 의지의 주인으로, 특히 유일하게 행위 능력을 단언할 수 있는, 다른 모든 생물과 분리되고 구별될 수 있는 것으로 특별 대우를 한다 (Schatzki 2002). 포스트휴머니즘이 의문을 품기 시작한 것은 이러한 가정들인데, 우리가 언어 능력 또는 의사소통 능력에 대해 이야기할 때, 사람들이 이미 주어진 언어 체계에서 사용할 항목을 선택한다고 제안할 때, 사람들이 심오하게 통합된 것으로 보기보다는 그저 특정한 맥락에 따라 언어를 사용한다고 단언할 때 이러한 가정들은 많은 응용언어학의 핵심에 자리하는 것이다.

분산 언어와 인지에 관한 논의(제3장)는 연필이 생각할 수 있고, 소파가 행위 능력을 갖고 있거나 커피 머그잔이 말할 수 있다는 것이 아니라, 상호 연결된 인지와 행위의 더 넓은 영역에서 그것들이 담당할지 모르는 역할들이 그것들을 단지 수동적인 행위자 그 이상으로 만든다는 것을 암시한다. 완전한 인지적 고립 상태에서 한 개인을 평가할 수 있는지 확인하려는 두 실험자 사이의 모의 토론에서 (그들은 이미 다른 사람이나 책 또는 지식의 잠재적인 출처가 없음을 확인했는데), 한 실험자는 지원자에게 연필과 종이를 사용할 수 있도록 하자는 제안을 거부한다.

> "안 돼요, 안 됩니다. 연필은 온갖 생각을 이끌어 내는 도구입니다. 우리가 글을 쓸 때 우리는 생각과 마음을 바꾸고 온갖 것을 배우게 돼

요. 우리는 그녀가 지금 온전히 혼자서 무엇을 알고 있는지 알고 싶어요. 글은 그녀를 변화시킵니다. 그러니 종이도, 연필도 안 됩니다."

(Murphey 2012: 75)

이것은 글쓰기가 생각의 전달이라기보다는 새로운 사상의 창조라는 오래된 진리를 반복해서 말하는 것으로 여겨질 수도 있으나, 이 연필과 종이 한 장이 관계들의 연결망 안에서 행위자(actor)가 되며 연필이 실제로 우리의 사고에 매우 실질적인 영향을 끼친다는 것을 시사하는 것으로 읽힐 수도 있다. 더욱이 이 두 실험자는 자신들뿐만 아니라 현장에 있는 가구마저도 거부한다. "테이블도, 의자도 없어야 해요(Murphey 2012: 75)." 문제가 되는 것은 연필이 생각을 도울지도 모르는 역할 자체만이 아니라, 인간과 사물 사이의 관계도 그렇다. 그리고 우리가 제7장에서 더 자세히 살펴보게 될 것처럼, 테이블이라는 사물은 우리가 정말로 심각하게 받아들여야 할 만한 것이다. 이러한 관점에서 보자면, "인간은 자율적인 행위주(agent)로 접근되는 것이 아니라, 관계들의 광범위한 체계 내에 위치하는 것이다(Ferrando 2013: 32)."

유효한 포스트휴머니즘은 인간의 존재를 거부하지 않는데(이것은 앞으로도 절대 믿을 만한 방식은 아닐지도 모르지만), 그보다는 오히려 인간이 이해되어 온 특정한 방식에 대한 반론을 제기하는 것이다. 부콜츠와 홀(Bucholtz & Hall 2016: 186)이 지적한 바와 같이, "행위 능력의 장소로서 인간의 의미를 탈중심화한다고 해서, 포스트휴머니즘을 인간성을 부정하는 이론으로 만드는 것은 아니다." 요점은 좀 더 객체 지향적인 존재론(object-oriented ontology)을 찾는 데 있어서 인간을 깎아내리는 것이 아니라 인간이 어디에 있는지를 재평가하고, 만물의 영장으로서의 인간의 위치를 불안정하게 하고, 인간을 만물과 엮여 있고 다른 존재들에 연관되어 있는 것으로 보는 것이다(Bogost 2012). 이는 휴머니즘과 그것이 성취한 모든 것을 무시하는 것에 관한 것도 아니고, 종교에 대한 찬반 논쟁도 아니다. 휴머니즘의 전제에 의문을 제기한다고 해서 인간의 생각을 전진시키는 데 있어 휴머니즘의 역할을 부정하는 것도 아니며, 어떤 종류의 종교로 돌아가자고 주장하는 것도 아니다. 그것은 인간과 동물이 평등하다는 종 동등성에 대한 주장이 아니라, 인간과 다른 종들 사이의 절대적 분열이 도움이 되지도 않을 뿐더러 지속 가능하지도 않다는 점을 제안하는 것이다. 또한 기계와 기술이 우리의 필연적 미래라는 주장도 아니며, 반인간/반로봇에 의해 지배되는 어떤 디스토피아적인 세계상(image of the world)에서 인간이 사이보그화 되어 간다는 주장도 아니다. 오히려 이것은 인간의 자만심에 의문을 제기하고, 지식과 윤리와 행위와 의도의 중심으로서의 인간의 마음에 대해 의문을 제기하며, 인간과 다른 생물체와 그리고 사물 사이의 구별에 의문을 제기하는 포스트휴머니즘이다.

휴머니즘에서 포스트휴머니즘으로: 이 책을 살펴보며

위에서 제시한 몇 가지 주요 주제들은 분명히 더 자세한 설명이 필요하다. 제2장에서는 포스트휴머니즘에 대한 폭넓은 배경을 살펴보게 될 터인데, 모더니즘, 휴머니즘, 종교 그리고 유물론과 관련하여 포스트휴머니즘적 사고의 궤적을 추적하고, 특히 종교와 인권에 초점을 두어 휴머니즘과 포스트휴머니즘에 대한 논의를 확장하게 될 것이다. 휴머니즘은 종교적 도그마와 미신의 물결을 밀쳐내는 것뿐 아니라, 인간 경험의 보편성을 주장하는 움직임에 대한 근거를 마련하는 데 중요한 역할을 담당해왔다. 휴머니즘의 개념에 의문을 제기하려면 다시 도그마와 전제주의(專制主義)에 빠지지 않도록 주의해야 한다. 그러나 휴머니즘에 대해 분석해 보면, 휴머니즘은 인간이라는 것에는 어떤 의미가 있는지에 대한 그들만의 특정한 프레이밍을 제시하곤 한다. 이는 보편적 규범으로 이성애자이고(straight) 백인이며(white) 교육을 받은(educated) 유럽계(European) 남성(male) 엘리트(elite), 줄여서 'SWEEME'에 주로 기반을 둔 이미지이다. 또한 개인을 강조하며 지식과 행위 능력과 윤리의 원천으로서의 자신의 마음에 대한 지배를 강조하고, 인간을 다른 모든 존재와 사물로부터 분리해야 한다고 강조한다. 인권에 대한 논의는 언어 권리(language rights)에 대한 응용언어학적 초점에 대해, 국제 언어의 정의[19]에 대한 문제 많은 처방과 그에 따르는 간섭에 대해 중요한 함의를 지닌다(Pupavac 2012). 나아가 이 장에서는 응용언어학에서 비판적 이론들에 진지하게 관심을 두지 못한 것을 지적하면서 포스트구조주의와 포스트휴머니즘 사이의 관계를 살펴본다. 여기서 수행성(performativity)에 대한 포스트구조주의적 설명과 불평등에 대한 역사적 유물론적 접근 사이를 연결하는 다리 중 하나는 특히 신유물론, 그중 물질세계에 대한 생각에 설득력 있는 대안을 제공하

19 언어 권리(Language rights)는 언어를 사용하고 유지하는 개인 및 공동체의 권리를 가리키는 개념이다. 이는 언어 사용, 교육, 법률, 문화 등 다양한 영역에서의 언어적 권리를 포함한다. 언어 권리는 다양한 문화적, 정치적, 사회적 맥락에서 논의되고 보호되며, 국제 인권 기준과 국제 언어 정책에도 반영되고 있다.

는 바라드(Barad 2007)와 베넷(Bennett 2010a)의 작업에서 찾을 수 있다.

유물론에 대한 이러한 새로운 접근은 언어와 인지에 대해 우리가 어떻게 생각할지에 대해 중요한 함의를 지닌다. 응용언어학은 언어학과 심리학의 인지주의적 전통에 의해 오랫동안 억압받아 왔으며, 이 전통은 매우 이상하게도 사고를 인간의 두뇌 속의 고립된 기관으로 고정하였다. 이런 점에서 제3장에서는 분산 인지에 관한 최근 연구를 소개한다. 확장 인지는 우리의 사고를 모바일 기기와 휴대전화 같은 다른 시스템에 아웃소싱하는 방식을 가리키지만, 분산 인지는 우리의 사고가 우리에 대한 환경을 연관시키는 방식에 초점을 맞춘다. 내적(뇌) 영역과 외적(우리 주변) 영역의 구분에 의문을 제기함으로써, 이 사고방식은 인간이 어디서 시작하고 끝나는지에 대한 개념에 심각한 의문을 제기한다. 이 작업을 언어의 영역으로 확장함으로써, 이 장은 (많은 연구에서의 사례를 통해) 언어가 공간에 똑같이 분산된 것으로 볼 수 있다고 주장한다. 이것은 뇌에서의 언어, 사회에서의 언어 또는 맥락에서의 언어에 대한 논의를 넘어서도록 하고, 대안적인 공간적 및 물질적 관점에서 언어에 대해 생각하도록 촉구한다.

언어와 사고에 대한 서구적 접근의 역사를 살펴볼 때 매우 분명하게 나타나는 특징은 바로 감각의 위계성의 특정한 역사에 이와 같은 접근들이 함축되어 있다는 점이다. 여기에서 사고와 언어는 시각과 청각(더 높은 층위의 감각)과 관련이 있는 것으로 보는 반면, 더 낮은 층위의 감각(촉각, 미각, 후각)은 비언어(그리고 부엌, 작업장, 빈민가, 체화된 타인이 거주하는 모든 장소)로 강등되었다. 여기서 처음 드는 질문은 어떻게 시각과 청각이 탈신체화되었는가이다. 우리는 이것을 특정한 성별과 인종이 얽힌 역사적 맥락에서 보아야 한다. 특히 일부 사람들(백인 남성)은 언어, 사고, 문해력을 인지적으로 고립된 활동으로 간주할 여유가 있었다. 기호학에 관련하여 감각의 역할을 재검토한 제4장은 언어는 한 영역에, 감각은 다른 영역에 배치한 젠더와 인종의 위계를 뒤집기 위한 포스트휴머니즘적 도전에 대해 다룬다. 이 장에서 중요한 주제는 수어와 청각 장애인 공동체이며, 언어가 인간성의 특정 이미지에 부합하지 않는다는 이유로 완전한 인간으로 간주되지 않는 사람들에 대한 함의도 다룰 것이다.

인간을 분리되고 고유한 존재로 구성하기 위해 행해진 많은 연구들은 언어가 우리를 동물로부터 분리되도록 해주는 것이라는 주장에 입각한다. 인간 언어에 고유한 특징들의 긴 목록은 이러한 구별을 강화하기 위해 사용되어 왔다. 토마셀로(Tomasello 2014)가 지적한 바와 같이, 최소한 아리스토텔레스(Aristotle) 이래로 유럽에서는 인간들은 동물과의 관계에 관해 연구해 왔으며, 수 세기 동안 인간과 비교할 수 있는 비인간 영장류의 부재로 인해 제한된 환경에서, 이러한 프로젝트는 이성과 자유의지를 변별적인 표지로 제시하는 것이 더 쉬워졌다. 최근의 연구는 이러한 "인간 언어와 비인간의 의사소통 체계 사이의 깊은 균열"을 해체하기 시작했다(Evans 2014: 258). 특히 가리키기(pointing)에 대한 논의 - 인간만이 가리키는가? - 를 살펴보면서, 제5장에서는 동물의 의사소통에 있어서 보다 신체적인 측면을 포함하는 관점에서 언어와 의사소통을 재고하는 데에 대한 함의를 논의한다. 이는 동물에 대한 관계뿐만 아니라 의사소통에 대한 우리의 이해에도 함의를 지닌다. 물론 우리는 신중해야 하고, 앵무새가 인간처럼 다양한 주제를 말할 수 있거나 돌고래가 기회가 주어진다면 읽는 법을 배울 수 있다고는 생각하지 않아야 한다. 그러나 왜 우리가 그렇게 열심히 그리고 그러한 (인간 언어는 인간에게 고유하고 인간만이 인간 언어를 사용한다는) 순환적인 논법으로 인간 언어를 고유한 것으로 구성하는지 그리고 어떻게 우리가 이 관계를 다시 생각할 수 있는지는 물어볼 만한 가치가 있다.

언어와 의사소통에 대한 사고에 있어서의 서구적 전통은 종종 인간이 일상적으로 서로를 이해한다고 가정해 왔다. 의사소통에 대한 휴머니즘적인 설명은 인지적 고립 상태에서의 두뇌들이 언어를 이용해 생각을 부호화하거나 해독하고, 두뇌들 사이에서 메시지를 이리저리 전달한다고 제안한다. 제6장에서는 포스트휴머니즘적 사고를 이용하여, 한편으로는 실제 커뮤니케이션을 사람들 사이에서 펼쳐지는 것으로 바라볼 때, 다른 한편으로는 분산 언어 그리고 의사소통에서의 신체, 감각 및 사물의 역할을 생각할 때, 어떻게 의사소통이 재고될 수 있는지에 대해 살펴본다. 상호 오해는 마찬가지로 의사소통이 어떻게 작용하는지에 대해 생각할 수 있는 좋은 방법일 수 있다. 이것은 우리가 의사소통을 포기해야 한다는 것을 의미하지는 않지만 언어에 대한 사회언어학적 그리고 응용언어학적 접근에 대한 함의를 지닌다. 내재성과 외재성 사이의 구별을 깨는 것은 주체, 언어 및 인지를 개별 인간의 속성이 아니라 사람들과 장소와 인공물에 분산되어 있는 것으로 이해할 수 있도록 우리를 돕는다. 포스트휴머니즘 응용언어학은 상호적으로 이해 가능한 대화에 참여하는 합리적인 인간 주체만을 가정하지 않는다. 일상의 다면적(multimodal)이고 다중감각적(multisensory)인 기호적 관행에는 기호적 자원, 행위, 인공물 및 공간 사이의 역동적인 관계가 포함된다. 이런 관점에서 우리는 더 이상 개인적 능력으로서의 언어 능력, 정체성을 개인적인 것이나 언어를 우리가 취득한 것으로 혹은 문화 간 의사소통을 고유하게 인간적인 것으로 생각할 필요가 없다. 포스트휴머니즘적 사고는 우리에게 그저 의사소통에 대한 이해를 넓히도록 하는 것이 아니라 사회적 기호 현상이 일어나는 곳을 재배치하도록 한다.

신유물론은 담론과 실재, 또는 구성주의와 실재론의[20] 관계에 대해 어떻게 생각할지에 대한 질문을 제기한다. 이 화제에 대한 논쟁은 종종 상호 풍자로 흐르는 경향이 있는데, 구성주의자에게는 실재가 없으며, 실재론자들에게는 언어의 매개 역할이 없다는 것이다. 제7장에서는 바라드(Barad 2007)와 라투르(Latour 2013) 그리고 다른 사람들의 연구를 살펴보며 신유물론적인 이러한 주장으로 돌아가 이러한 우려들에 대한 대안적 접근을 주장하게 된다. 이 장은 우리가 정원 바닥에 있는 고양이(a cat at the bottom of the garden)를 어떻게 인식할 수 있는지[21]에 대해 선언된 구성주의자(Teubert 2013), 실재론자(Sealey 2014)와 통합주의자(Pablé 2015) 사이의 지속적인 논쟁을 소개하며, 비판적 사회 이론에서 비판적인 것을, 지식의 사회적 역할을 인정하는 실재론과 물질 세계와 인간의 상호 관계의 정치적 이해를 통합하는 포스트휴머니즘을 통해 실재와 재관여하고자 하는 비판적 포스트휴머니즘 실재론의 개념을 발전시켜 나아가고자 하는 길을 모색한다. 실재성에 대한 이러한 논의는 언어가 실재하는지에

---

20 realism에 대한 한국어 번역은 '실재론'(철학), '현실주의'(문학), '사실주의'(예술), '리얼리즘'(국제정치) 등 다양한 맥락에서 사용될 수 있다. 여기서는 가능한 한 실재론으로 통일해서 번역한다.

21 사람들은 대상을 인지할 때 말로 표현할 생각을 하기 전에 감각한다는 것을 보여 주는 예문으로, '정원의 바닥에 있는 고양이'라는 입력된 정보를 '정원 밑바닥에 있는 고양이를 보았다'는 문장으로 표현한다는 것이다.

대한 더 나은 사고방식과 사람, 사물 사이의 관계에 대한 대안적 접근이 필요하기 때문만이 아니라 도널드 트럼프가 미국 대통령으로 당선된 후, 탈진실 시대에 사는 것이 무엇을 의미하는지에 대한 새로운 논쟁이 등장했기 때문이기도 하다. 종종 우리가 좋아하는 따옴표 안에 '진실'과 '실재'를 넣게 된 우리가 어떻게 이 새로운 괴물들을 붙잡을 수 있을까?

마지막 장에서는 이러한 주제를 종합하여 교육언어학적, 사회언어학적, 그리고 응용언어학적 관심사에 더욱 초점을 맞출 것이다. 인간 예외주의에 의문을 가지면 어떻게 언어와 의사소통을 다르게 이해할 수 있을까? 인간, 동물 및 지구에 대한 수정된 이해의 언어학적·교육학적 함의는 무엇인가? 언어 교육에 대한 비판적 포스트휴머니즘 기반의 접근은 어떤 모습인가? 이 책은 포스트휴머니즘 응용언어학의 한 형식을 발전시키는 것을 목표로 한다. 비판적 포스트휴머니즘은 "인간을 다른 모든 생명체들 사이에서 고유하고 구분되는 것으로 제시해 주는 담화적 제도적 물질적 구조와 과정을 해체하는 비판철학적 프로젝트"로 이해될 수 있다(Nayar 2014: 29). 브라이도티(Braidotti 2016)에게 있어, 비판적 포스트휴머니즘의 사고는 "인간의 우월성을 버리고 타자를 배려하는 태도(22쪽)"이다. "급진적 내재론(radical immanence), 생기적 유물론 및 위치의 페미니즘적 정치"에 기초한 이것은 "현재의 지정학적 그리고 포스트-인류세적 세계 질서로부터 발생한 새로운 권력 관계의 내장된, 체화된, 관계적, 그리고 정의적(affective) 지도 제작(23~24쪽)"만큼이나 세계적 위기에 직면한 추상적인 범휴머니즘(pan-humanity)의 보편주의적 구성이 아니다. 따라서 비판적 포스트휴머니즘 응용언어학은 언어가 인간 예외주의와 결부된 방식을 해체하고, 언어와 권력 그리고 가능성에 대한 새로운 이해를 통해 대안적인 길을 모색한다.

내가 이 책에서 제시하는 사례는 이 모든 것이 새로운 것이라는 것(생태학, 넥서스 분석, 포스트구조주의적 주체, 지역적 관행으로서의 언어가 관련된 문제를 제기했다는 것)도 아니고, 포스트휴머니즘적 사고가 지난 10년 동안 응용언어학이 겪고 있는 정체 상태로부터 앞으로 나아갈 수 있는 유일한 길을 제시해 준다는 것도 아니다. 그보다는 응용언어학과 사회과학에 걸친 최근의 많은 발전들은 우리에게 새로운 응용언어학을 위한 흥미진진한 방향을 제공하는 포스트휴머니즘적 렌즈를 통해서 더 잘 이해될 수 있다는 것이다. 공유재나 공간적 행동주의에 대한 최근의 사고로부터 아이디어를 취하고, 인간, 언어, 사물 그리고 공간 사이의 관계를 재고하며, 분산된 행위능력(distributed agency), 언어 및 인지가 무엇을 의미하는지 좀 더 신중하게 고려함으로써, 비판적 포스트휴머니즘 응용언어학은 인간의 자만심을 넘어서 언어와의 새로운 관여를 위해 중요한 방법을 제시한다.

미주

[1] Fransisco Gomes de Matos가 지은 평화언어학(peace linguistics)의 시는 언어와 세계 평화에 대한 휴머니즘적 접근의 좋은 예다. 언어학을 세계 평화와 연결하는 것의 중요성에 대해 이의를 제기하는 사람은 거의 없을 것이다. 그러나 이러한 관계들의 표현은 특정한 휴머니즘적 지향을 상기시킨다. Fransisco Gomes de Matos에게 그의 시를 여기서 인용할 수 있도록 허락해 준 것에 대해 감사한다.

세계 평화에 대한 시적 고찰

Francisco Gomes de Matos, 브라질의 평화언어학자 (08/02/2016)

세계 평화를 정의하기는 어려울지 몰라도
그것을 다듬는 건 쉬울 수 있다.
그것은 인류에 대한 사랑을 포함한다.
그리고 그것이 가정하는 조화로운 공존을 포함한다.

세계 평화는 성취하기 어려울지도 모르지만,
믿음을 주는 건 쉬울 수 있다.
그것은 인류의 존엄성을 포함한다.
그리고 깊은 영성을 포함한다.

세계 평화를 내 것으로 만들기는 어려울지 몰라도,
소통하기는 쉬울지도 모르겠다.
그것은 자상하고 동정심 많은 상호작용을 위해서 포함한다.
그리고 비폭력/비충격적 지배구조를 포함한다.

제2장

포스트
휴머니즘과 낯선
휴머니즘적 주제

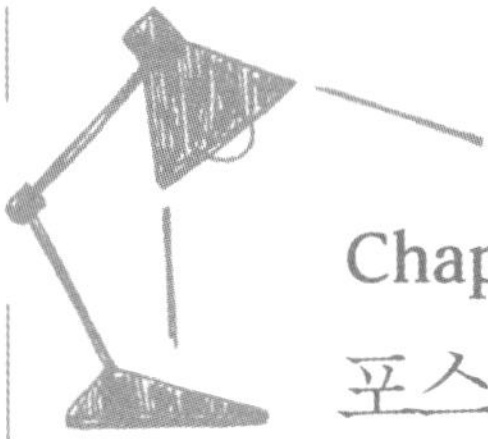

Chapter 02
포스트휴머니즘과 낯선 휴머니즘적 주제

포스트휴머니즘에 대한 이야기는 많은 언어학자나 응용언어학자들을 불편하게 만들지 모른다. 그것은 휴머니즘의 소중한 이상에 도전하는 것뿐만 아니라 잠재적으로 포스트구조주의적 주제의 지속을 제안하는데, 이는 적어도 일부에게는 응용언어학을 실천 지향적인 학문에 역행하는 이론적 학문의 길로 이끄는 것처럼 보였기 때문이다. 이 장의 후반부에서 포스트휴머니즘과 다양한 포스트 이론 사이의 관계에 대한 논의로 돌아가겠지만, 우선 포스트휴머니즘이 대체하고자 하는 휴머니즘을 이해하는 것이 유용할 것이다. 휴머니즘이 인간을 그 중심에 두는 철학적 운동임은 분명하다. 그러나 그러한 인간 중심적 이상은 다른 함의를 가지고 있었다. 그와 같은 함의에는, 종교에 대한 세속적인 반대점으로서의 휴머니즘, 종의 공통성에 대한 믿음으로서의 휴머니즘, 삶에 대해 더 과학적이거나 기술적인 접근과는 구별되는 것으로서 인간 가치에 대한 우려로서의 휴머니즘 등이 포함된다. 그레일링(Grayling 2013: 141)에게 있어, 인문학 즉 "역사, 시, 철학, 연극, 문학의 연구와 즐거움"을 탄생시킨 것은 르네상스 휴머니즘이었다. 이러한 사고방식에서 휴머니즘과 인문학은 예술과 인간의 창의성을 엮어 과학에 대항하는 방벽을 형성한다.

사회학을 "휴머니즘 학문 분야"로 이해해야 한다고 주장하면서, 버거(Berger 1963: 187)는 사회학자들에게 통계적 방법과 광범위한 일반화에 현혹되지 않도록 경고하고, "인간적 풍경의 익살스러움(buffoonery)에 눈멀고 귀 먼 유머 없는 과학주의에 스스로를 가두어서는 안 된다"고 충고했다. 보다 최근에 테일러(Taylor 2016)는 언어 과학의 좁은 기계주의적 분석 형태보다는 상상력, 창조성, 문화에 연관된 폭넓고 시적인 형태의 언어에 기댄 언어 연구의 휴머니즘적 접근이 필요하다고 주장했다. 여기서 휴머니즘은 인간이 컴퓨터에 대응될 수 있다는 가정에 기반한 트랜스휴머니즘적 이데올로기가 인지과학과 언어과학을 휩쓸고 간 후 만들어진, 언어와 인간에 대한 환원적 정보 처리 관점에 반대하는 데 사용되었다. 일부 사람들이 휴머니즘에 대한 의문 제기를 꺼리는 일을 이해할 수 있는 것은 부분적으로 이와 같은 근거들에 기초하고 있는데, 이는 사회과학의 기계주의적 이데올로기에 반대하면서도, 인간 조건과 관련하여 인간성의 더 나은 측면(예술, 음악, 철학)과 관여하는 방법을 제시하는 것으로 보이기 때문이다.

그러나 보편적인 인간성에 대한 개념이 이러한 학문들을 가능하도록 했기에, 휴머니즘을 자리 잡게 해 주었던 것은 사회과학이었다. 18세기에 등장하여 인간이라는 개념을 특별히 부각시켜 준 것은 사회(또는 인문)과학이었다. 인간성의 보편적인 법칙이 도출될 수 있는지 여부를 알아내기 위한 인문 과학으로 사람들의 관심을 이끈 것은 자연과학의 성공 - 물리학 법칙, 생물학적 분류, 지질학과 천문학에서의 획기적 발견 - 때문이었다는 역설이 여기에 존재한다. 그래서 사물, 동물, 바위, 식물, 공간과 인간의 교감, 그리고 인간이 실제로는 자연의 법칙과 같은 종류의 적용을 받을 수 있다는 믿음이 보편적인 인간성에 대한 개념을 낳았다. "인간은 다른 유기체와 생물의 형태처럼 관찰되고 분석되고 시험될 수 있는 조사 가능한 성격을 지녔다고 가정하는 것은 분명히 합리적이었다(Berlin 2003: 34)." 따라서 포스트휴머니즘에 의해 도전받을 수 있는 것은 인문학보다는 사회과학이다(Fuller 2011).

휴머니즘은 여러 방면에서 유럽 계몽주의의 계승자로 볼 수 있지만, 푸코(Foucault, 1984b)가 우리에게 경고하듯이 그 두 가지를 혼동하지 않는 것이 중요하다. 계몽 운동은 유럽 사회 내에서 일어난 복잡한 역사적 과정들의 집합체로, 사회 변혁, 특정 정치 제도, 기술 발달 및 합리화 프로젝트를 포함하고 있었다. 그레이(Gray 1995: 218)는 "서구화의 유산이기도 한 계몽 운동의 유산은, 인간적으로 불가해하고 파괴적으로 무목적적인 계산과 의도성에 의해 지배되는 세계"라고 설명한다. 이에 반해, 휴머니즘은 무엇에 반대하는지에 따라 크게 변화해 온 유동적인 주제들의 집합체이다. 예를 들어, 휴머니즘은 기독교 또는 일반적으로 종교에 대한 비판으로 나타날 수 있다. 또한, 금욕적이거나 신 중심적인 예배 형태보다 인간의 가치를 강조하는 기독교 휴머니즘의 형태도 있으며, 과학이나 실증주의에 반대하는 휴머니즘도 존재한다. 여기서 우리는 르네상스 휴머니즘, 계몽주의 휴머니즘, 세속적 휴머니즘, 마르크스주의 휴머니즘, 실존주의 휴머니즘, 국가사회주의 휴머니즘 등을 이야기할 수 있다. 휴머니즘이라고 불리는 것은 "항상 종교, 과학 또는 정치에서 차용한 특정한 인간 개념에 의존할 수밖에 없었다(Foucault 1984b: 44)."

비록 우리의 작업이 연구 대상으로서의 인간에 대한 보다 사회과학적 접근의 일부인지, 혹은 주체로서의 인간에 대한 인문학적 접근의 일부인지에 대해 쉽게 의견이 통일되지 않더라도, 응용언어학자들에게는 우리를 인간이라고 정의할 수 있는 중심적 특질, 즉 언어와 함께 인간(사람들, 개인)을 연구의 중심에 놓는 것을 포기하기는 어려울 것이다. 그러나 휴머니즘이 무엇인지는, 인간이라는 것이 무엇을 의미하는지에 대한 개념화에 크게 의존한다. 포스트휴머니즘은 이러한 다양한 형태의 휴머니즘보다는 그것들을 뒷받침하는 인간 중심성에 대한 가정에 덜 의존한다. 그러나 포스트휴머니즘을 정확히 정의하기 전에 이러한 인간성 개념들 중 일부를 더 탐구하는 것이 중요할 것이다. 다음 절에서는 인간 주체의 개념, 휴머니즘과 종교와 과학의 관계, 인권의 개념, 새로운 형태의 유물론의 출현 그리고 포스트휴머니즘과 포스트모더니즘 및 포스트구조주의 사이의 연관성을 더 깊이 살펴보고자 한다.

고유한 인간 주체

그레일링(Grayling)에 따르면 휴머니즘은 다음과 같다.

> 각 개인이 자신의 가치와 목표를 선택하고, 그 가치를 바탕으로 그 목표를 향해 나아가는 것에 책임이 있으며, 동시에 다른 사람들과 배

려심 있게 살아가며, 좋은 관계를 삶의 중심에 두는 데 특히 중점을 두는 윤리적 관점이다. 모든 좋은 삶은 이러한 관계를 전제한다.

(Grayling 2013: 239)

휴머니즘적이라고 받아들여지는 것들의 상당 부분을 논박하기는 어렵다. 왜냐하면 그것은 "사려 깊고 지적으로 사는 것"에 대한, 그리고 "잘 알고 있어야 하고, 깨어 있고 바로 반응해야 한다는 요구에 잘 대처하는 것에 대한, 가치 선택에 있어 좋은 사례를 만들 수 있음에 대한" 것 등이기 때문이다(Graying 2013: 139). 이것들은 확실히 좋은 삶을 살기 위한 존중할 만한 자질들이지만, 우리는 그러한 주장의 특수성을 살피기 위해서 조금 더 깊이 파고들 필요가 있다. 개인을 강조하는 휴머니즘은 이미 특정 종류의 인간에 의존하며, 집단보다 개인을 우선시하는 관점에서 인간을 바라본다. 또한 인간의 선택과 자유 의지를 과도하게 강조하는데, 종교적 도그마와 도덕적 처방으로부터 자유로운 윤리적 선택을 하는 개인의 자유에 중점을 둔다. 이러한 개인의 자유에 대한 강조는 분명히 인간이라는 것이 무엇을 의미하는지에 대한 특정한 문화적 정치적 이해에 달려 있는데, 그것은 때때로 신자유주의 이데올로기의 많은 부분을 차지하는 선택과 책임의 담론처럼 보이기 시작하기도 한다. 이것은 "강력한 사유 재산권, 자유 시장, 자유 무역으로 성격 지워지는 제도적 틀 안에서 개인의 기업가적 자유와 기술을 해방시킴으로써 인간의 안녕을 가장 잘 증진시킬 수 있다"고 제안한다(Harvey 2005: 2). 휴머니즘과 정치 경제 사이에는 다른 많은 가능한 관계가 존재하지만, 휴머니즘적 개인주의에서 신자유주의적 소비주의에 이르기까지 이러한 종류의 사고방식을 찾아내는 것은 충분히 가능하다.

휴머니즘적 사고는 다른 사고 체계에서도 분명하게 찾아낼 수 있기 때문에, 유럽인들이 휴머니즘에 대한 소유권을 주장할 수는 없다(그렇게 하는 것은 확실히 모순적일 것이다, Daiber 2013). 그럼에도 불구하고 여기서 관심의 대상인 특정 유형의 휴머니즘적 사고의 발달은 유럽에서 몇 세기에 걸쳐 형성되어 왔다고 할 수 있다. 르네상스 휴머니즘은 '인간의 존엄성에 관한 연설(1486)'에서 미란돌라(Giovanni Pico della Mirandola, 1463~1494)에 의해 가장 명확한 형태 중 하나로 표현되었다. 창조주가 인간들에게 다음과 같이 설명하는 것처럼 말이다.

> 다른 모든 생명체의 본성은 우리가 정한 법 안에서 정의되고 제한을 받는다. 그와는 반대로, 너희는 그러한 제한에 의해 방해받지 않고, 너의 자유 의지에 의해, '우리'가 너희에게 부여한 그 권리에 의해, 너 자신의 본성에 대한 윤곽을 스스로 쫓아갈 수도 있다. 나는 너희를 세상의 중심에 놓았다. 그래서 그 유리한 위치에서 너희는 세계가 포함하고 있는 모든 것에 대해 너희 주위를 더 쉽게 둘러볼 수 있다. 우리는 너희를 천국도 지상도, 필멸도 불멸도 아닌 생명체로 만들었고, 그래서 너희는 자유롭고 자랑스럽게 자신의 모습을 너희가 선호하는 형태로 만들 수 있다. 더 낮고 더 잔인한 형태의 삶으로 내려갈지는 너희의 힘에 달려 있다. 또한 너희는 자신의 결정을 통해, 신성한 삶을 사는 상위 계층으로 다시 올라갈 수도 있을 것이다.

여기서부터 유럽의 휴머니즘은 17세기와 18세기 계몽 철학의 한 형태로 가장 강력한 모습으로 발전하여, 인간을 창조적 사고자, 독립적 행위자로서 찬양하였다. 샤츠키(Schatzki 2002)는 이 움직임의 몇 가지 주요 측면을 이렇게 요약한다. 지식의 원천으로서 인간 주체의 마음에 특권을 부여하는 인식론적 휴머니즘, 인간은 자신의 마음과 의도의 주인이라는 심리적 가정, 인간이 신이나 사물의 자연 질서로부터 윤리적 가치를 부여받기보다는 자신의 윤리적 가치를 정의한다는 도덕적 주장, 자연적인 사물의 질서, 인간의 행위 능력(agency)의 힘과 독특함을 기반으로 한 행위주체적(agential) 시각 그리고 다른 모든 형태의 생명체들과 분리되고 변별된다는 인간성에 대한 정의 등으로 말이다. 인간에 대한 이러한 이해는 강력한 해방적(emancipatory) 목표와 효과를 가져왔지만(그것은 인간을 세계의 중심에 두고, 자기 자신의 생각과 욕망을 통제하며, 윤리적이고 이성적인 행동을 하게 한다), 여기에는 결점 역시 존재한다. 해방된 개인에 대한 이러한 관점을 구성함에 있어 그것은 언어, 계급, 젠더, 인종, 섹슈얼리티, 담론, 이데올로기, 잠재의식적 욕망, 차별 등등 그러한 자유를 억제하는 모든 것에 대한 여지를 두지 않았다. 비록 휴머니즘의 목표가 정확히 그러한 제약들을 극복하는 것이었다고 휴머니스트들이 주장할 수도 있지만, 이 휴머니즘적인 주체를 뒷받침하는 관념론은 그러한 해방적 프로젝트를 위한 도구를 거의 제공하지 않는다.

자기 결정과 투명성에 대한 휴머니즘적 신념, 즉 인간이 자신의 운명과 마음을 통제한다는 믿음, 부르주아적 자기 신뢰, 도덕적 진실성, 이성적 사고가 모두에게 혜택을 제공할 것이라는 신념들은 다윈, 마르크스, 프로이트, 푸코 등 많은 사람들에 의해 점진적으로 훼손되었다. 인간은 원숭이와 다른 동물들과 매우 밀접하게 연관되어 있으며 시장의 힘의 주동자(instigator)라기보다는 그 산물이며, 우리가 바라던 것만큼 우리 자신을 통제하는 것이 아니다. 이는 특정한 지식(episteme)의 산물이며, 보편적인 사고, 지식, 인간성에 대한 다소 망상적인 생각에 빠지기가 쉬운 존재라는 것이 밝혀졌다. 마르크스와 같은 작가들이 휴머니즘적 신념의 측면을 훼손하고(마르크시즘은 역사와 경제의 합리적 지적 주체를 불안정하게 한다) 일부(특히 알튀세르)는 반휴머니즘적 의제를 관철하는 것으로 보이기는 했지만, 마르크스는 논쟁의 여지는 있으나 여전히 휴머니즘적 측면, 특히 개인주의와 보편주의를 모두 유지했다. 매킨타이어(MacIntyre 2007: 261)[22]는 마르크스의 표현대로 일종의 사회화된 로빈슨 크루소의, 즉 생산 수단의 공동 소유에 동의한 자유 개인의 공동체라는 마르크스주의적 명제를 뒷받침하는 '급진적 개인주의'에 주목한다.

바렛(Barrett 1991: 61)이 지적했듯이, 마르크스주의는 "스스로를 해방의 보편적 담론으로 표현"했으나 "매우 특정한 역사적 목소리로 말하는" 것으로 보여져 왔는데, "고전적 마르크스주의는 부르주아 남성들이 산업 프롤레타리아트의 관점에서 사회를 분석할 수 있게 만들었을지 모르지만, 내용상 이후에는 남성 우월주의와 맥락상 유럽 중심주의적 입장을 고수하는 것으로 보여 왔다." 마찬가지로 휴머니즘은 항상 그 지지자의 이미지(백인, 남성, 대학 교육을 받은 중상층)로 만들어진다. 버크(Bourke 2011: 2)가 지적한 바와 같이, "현대의 가장 구별되는 전통 두 가지인 신학과 휴머니즘은 인간의 위계질서를 옹호하기 위해 세워졌다." 이 전통은 창조주로

22 Alasdair Chalmers MacIntyre는 20세기를 대표하는 윤리학자로, 아리스토텔레스의 윤리론에 기초한 공동체주의를 주장한 바 있다. 대표작으로 『덕의 상실(After Virtue)』이 있다.

부터 가장 작은 존재에 이르기까지 위대한 존재의 위계질서를 고안했을 뿐만 아니라, 이들 중 "인간자매들(human-sisters), 유럽의 유색 인종 그리고 아이들"을 백인들보다 낮고 때로는 다른 동물들보다 낮은 범주에 포함시켰다. 버크는 1872년 당시 동물들이 여성보다 더 많은 권리를 가졌다고 불평하는 "성실한 영국 여자(Earnest Englishwoman)"가 쓴 편지에 대해 언급했다. 버크가 말하길(2011: 2), 사실 "여성의 지위는 동물의 왕국의 다른 동물들보다 훨씬 더 열악했다." 여성이 더 폭넓은 권리를 얻기 위해 "동물이 될 수 있다면 좋을 것"이라고 이 여성은 주장했다. 필립스(Phillips 2015: 10)가 관찰했듯이, 역사적으로 "인간은 인간이라는 그 이름의 중요한 집단을 부정하는 근거가 되어왔던 문화적 색채를 띤, 젠더의 언어로 표상된, 강력한 규범적 용어로 개념화되어 왔다."

이러한 주장들에도 불구하고 휴머니즘은 결코 공유된 인간성의 원칙에 기초하지 않았다. "세상에서 독립적으로 행동할 수 있는, 자율적이고 계획적인 인간 주체에 대한 휴머니즘적 주장은 남성, 백인, 부유하고, 교육받은 인간의 이미지로부터 구축됐다(Bourke 2011: 3)." 휴머니즘의 보편성은 결코 보편적이지 않았으며, 그것은 차이, 문화, 다양성에 눈을 감고 있었다. 인간의 개념은,

> 포함하는 그만큼 배제하도록 작동하였다. 본질적으로 인간으로 간주되는 특징들은, 거듭해서, 인간의 특정 집단을 모델로 한 것으로 밝혀졌고, 그 개념의 역사는 평등성보다는 위계성으로 특징지어져 왔다.
>
> (Phillips 2015: 10)

헨리히 외(Henrich 외 2010: 63)에서 지적한 바와 같이 "유수의 과학 저널과 대학 교재는, 전적으로 WEIRD[23] 혹은 우리가 제1장에서 살펴본 SWEEME[24]에 해당하는 대학생들을 대상으로 진행한 연구에 기초하여 '인간' 또는 '사람들'에게 일반화된다고 주장하는 연구 결과를 일상적으로 발표한다."

공자를 시작으로 그리스와 로마인(키케로, 에피쿠로스)을 거쳐 후기 유럽 사상가(몽테뉴, 볼테르, 다윈)와 현대 무신론자(데닛, 히친스, 도킨스)로 길게 이어지는 그레일링(Grayling 2013)의 위대한 휴머니스트(Great Humanists)의 목록은, 오직 한 명의 여성(바버러 우턴, Barbara Wootton)[25]만 포함하고 있으며 비-유럽·미국계 사상가(공자, 맹자, 이븐 루시드)[26]에게는 고개를 슬쩍 끄덕이는 정도에 그친다. 이 명단은 휴머니즘 전통에서의 위대한 사상가들(플루타르코스,[27] 디드로, 마르크스, 쇼펜하우어, 밀 등)과 비종교 사상가들(샘 해리

---

23 WEIRD는, 1장에서 밝혔듯이, Western(서구적인), Educated(교육을 받은), Industrialized(산업화된), Rich(부유한) Democratic(민주적인)의 머리글자이다.

24 SWEEME는, 1장에서 밝혔듯이, Straight(이성애자), White(백인), Educated(교육을 받은), European(유럽의), Male(남성), Elites(엘리트)의 머리글자이다.

25 Barbara Wootton(1897~1988)은 영국의 사회과학자로, 여성으로서 최초로 영국 의회의 상원 부의장으로 선출된 바 있다.

26 Ibn Rushd(라틴어: Averroes, 1126~1198)는 중세 안달루시아 출생의 이슬람 철학자로, 고대 그리스 아리스토텔레스의 철학의 영향을 받아 수니파의 반철학적 감정을 분석했다. 철학과 종교의 관계에 대한 이븐 루시드의 학문은 그의 이름을 따 'Averroists'라는 학문적 계통으로 내려오고 있다.

27 플루타르코스[Plutarch(그리스어: Πλούταρχος), 46~120 추정]는 그리스의 중기 플라톤주의 철학자이자 역사학자로, 유신론적인 관점에서 도덕 윤리를 논하였다. 대표작으로는 『플루타르코스 영웅전』, 『도덕론』이 있다.

스[28]와 리처드 도킨스[29] 같은 현대 운동가들의 경우, 현대 무신론 논쟁에 대한 그들의 공헌이 주목받는 반면, 공자는 유교가 종교가 아니라는 점을 강조하기 위해 목록에 포함되어 있다)에 대해 혼란을 야기하는 설명일 뿐만 아니라, 그 휴머니스트들이 거의 전적으로 남성이었고 주로 백인이었다는 것도 분명하다. 『불가지론자의 사과(Agnostic's Apology, 1903)』의 저자인 레슬리 스티븐은 목록에 올랐지만 그의 딸들인 바네사 벨과 버지니아 울프는 그렇지 않았다.[30] 또 메리 월스톤크래프트(Mary Wollstonecraft), 프랑츠 파논(Frantz Fanon) 등 명단에서 제외된 사람들이 너무나 많아서 제외된 사람들의 명단을 다 읊어 내지도 못할 정도이다.

누군가는 이것이 백인 남성을 유럽 사상의 최전선에 배치한 특정한 역사의 결과라고 반박할 수도 있지만(따라서 휴머니즘은 백인 남성에 의해 발전한 입장임이 불가피한데), 누가 인간으로 간주되는지, 그리고 적어도 인간이 발전해 온 역사에 어떠한 영향을 미쳤는지에 대해 제기된 진지한 질문들을 확실히 마주해야 할 필요가 있다. 분명히 우리는 이 모든 위대한 휴머니스트들이, 어떻게 인간성에 대해 그렇게 좁은 관점을 가지고 있는

---

28 샘 해리스(Sam Harris)는 미국의 신경과학자이자 철학자로, 합리주의와 자유의지를 강조하며 종교를 비판한다. 리처드 도킨스 등과 함께 신무신론(New Atheism)의 핵심적인 인물로 불린다.

29 리처드 도킨스(Richard Daukins)는 영국의 진화생물학자로, 대표작으로는 『이기적 유전자(The Selfish Gene)』 등이 있다. 특히 『만들어진 신(The God Delusion)』에서 신의 존재를 부정하고 종교적 신념을 비판하기에, 샘 해리스와 더불어 신무신론의 대표 학자로 불린다.

30 레슬리 스티븐(Lesile Stephen, 1832~1904)은 영문학 작가인데, 그보다 그의 딸들인 바네사 벨과 버지니아 울프가 더욱 유명하다. 언니인 바네사 벨(Vannesa Bell, 1879~1961)은 화가이며, 버지니아 울프(Virginia Wolf, 1882~1941)는 『댈러웨이 부인(Mrs. Dalloway)』 등으로 널리 알려진 영문학 작가이다.

지 의문을 제기해야 한다. 실제로 종교가 고도로 남성주의적인 이데올로기(남성 신, 남성 제사장, 남성 계층)를 가지고 있는 것과 같은 방식으로, 휴머니즘은 비슷한 역사를 가지고 있다. "(남성) 휴머니즘은 우주의 중심에 일부 인간만 배치하였다(Bourke 2011: 3)." 인간다움, 혹은 인간성(humanity)이 매우 포괄적인 범주가 아니었다는 주장은 여러 다른 반응을 불러일으킬 수 있다. 인간다움이 항상 모든 사람을 동등하게 의미했다는 근거에서 이 주장을 단순히 거부하는 사람들을 제쳐두고, 더 분명한 반응은 더 넓은 포용성을 촉구하는 것이다. 만약 어떤 사람들이 완전히 인간으로 받아들여지지 못했다면(역사적으로 그들이 인간으로 여겨지지 못했던 사실이 부인될 수는 없으나, 오늘날에도 여전히 힘을 가지고 있는데), 해결책은 모든 사람이 안전하게 인간의 범주에 포괄될 때까지 인간성을 더욱 포용적으로 만드는 것이다.

이것은 사회 포용 의제의 하나로 매우 매력적이지만 동시에 문제가 될 수 있는데, 이는 논쟁의 여지없는 핵심적인 범주로서의 인간다움의 의미를 유지하기 때문이다. 또한 휴머니즘이 배타적인 유럽의 인간에 대한 설명(계급, 성별, 인종, 민족성, 정치, 문화 등의 기준으로 너무 많은 사람들이 과소평가되거나 불신을 받음)에 의한 배신에도 불구하고, 아울러 남성 우월주의, 인종 차별, 여성 혐오 및 동성애 혐오와의 결탁, 유럽 중심주의(진보와 규범을 유럽의 생활과 기독교와 동일시함), 공동체와 다른 형태의 소속을 무시하는 개인주의, 이성과 과학만을 진보의 동력으로 독점적으로 식별하는 것에도 불구하고, 진정으로 보편적인 이상으로서 여전히 유지될 수 있다고 주장할 수도 있다. 이러한 관점에서 보면, 유럽인들이 휴머니즘의 이상을 배신하고, 다수의 인간에 대한 차별 형태에 공모했으며, 폭력과 무기 그리고 이를 무장한 사람들뿐만 아니라 비무장한 사람들에게도 사용할 준비가 되어 있는 큰 수출국이었다 할지라도,[1] 동시에 그들이 강력한 기독교 도덕성, 이성과 윤리의 발달, 기업가 정신 및 휴머니즘 이상을 찬양했다 할지라도, 우리는 여전히 유럽의 위선으로 얼룩지지 않은 휴머니즘을 유지할 수 있다.

그러나 휴머니즘이라는 이름으로 행해진 모든 것을 감안할 때 그러한 이상주의는 유지되기 어려워 보인다. 이상에 대한 배신보다는,[2] 이러한 휴머니즘적 중상모략들은 발화의 장(場, locus of enunciation) 없이는 보편적 이상의 불가능함을 보여주는 것으로 더 잘 이해될 수 있다(Mignolo 2009). 인간이 역사적, 문화적, 사회적 맥락을 초월하는 위치에서 보편적인 휴머니즘을 표현하는 것은 결국 불가능하다. 이것이 많은 비판적 포스트휴머니스트와 에코페미니스트들이 대안 정치를 추구하기로 선택해 온 이유이다. 인류의 위대한 전당에 들어가기 위한 싸움이라기보다는, 그 기본적인 가정에 대해 질문하는 것이다. 인간다움에 대한 인정에는 다양한 범주가 존재한다는 점이 아마도 진실일 텐데, 퀴어, 흑인, 수어 사용자, 폭식자, 자녀 학대자, 마약 복용자, 농담을 즐기는 사람, 개와 산책하는 사람, 페이스북에서 많은 시간을 보내는 사람, 낚시하는 사람, 쓰레기 더미에서 재사용 가능한 물건을 가져오는 사람 등이 있다. 이들은 합리적인 의사 결정을 내릴 수 있는 부르주아적인 개인이라는 의미를 넘어 인간다움이라는 의미를 확장하는 데 도움이 될 수 있다. 이를 이루기 위한 더 생산적인 방법은 지구상에서 우리의 위치를 다르게 이해하는 방법에 대해 질문하는 것이다.

종교, 과학 그리고 내재론[31]

한 가지 우려는 포스트휴머니즘적 입장이 종교에 대한 중요한 대척점으로서의 휴머니즘을 해체할 수 있다는 것이다. 많은 사람들에게 휴머니즘은 종교적 신념의 도그마를 결정적으로 극복하고 서구 근대성에서 높이 평가된 많은 것들의 발전에 중심이 되는 세속적인 과학, 예술 및 사상의 시대를 열어 준 중요한 운동이었다. 존스턴(Johnston)은 폴란드의 복음주의 학교에 대한 그의 민족지학 연구에서 연구자로서의 자신의 입장을 다음과 같이 정의한다.

> 회복되지 않은 휴머니스트로서, 나는 각각의 독특한 인간 생명의 가치에 대한 강력한 믿음을 가지고 있으며, 그리고 이에 따르는 확신으로, 테렌스(Terence)의 말처럼, humani nil a me alienum puto (나는 인간적인 것 중 아무것도 낯선 것으로 여기지 않는다).[3] 인간적인 것 중에 나에게 낯선 것은 존재하지 않는다.
>
> (Johnston 2017: 38)

그는 나중에 자신의 "세속적인 휴머니즘, 즉 도덕적 가치의 중요성에 대한 나의 믿음은 절대적 존재나 성스러운 경전에 대한 어떤 믿음과도 결합되지 않는다(123쪽)"고 말한다. 따라서 포스트휴머니즘에 대한 질문은 그

---

31 내재론(Immanence)은 신의 초월성과 대비되는 것으로, 인간이 의식하는 우주에 신이 내재한다는 관점이다.

것이 종교에 대한 회의론을 유지하는가 아니면, 신을 탈중심화(decentring) 하는 데 결정적인 인간 중심주의에 의문을 제기함으로써 종교를 다시 받아들이게 되는가이다. 다른 방식으로 표현하자면, 세속적이라는 용어가 휴머니즘과 가장 흔히 연결되어 사용된다고 했을 때(세속적 휴머니즘), 그것은 여전히 포스트휴머니즘과도 함께 갈 수 있는가(세속적 포스트휴머니즘), 아니면 이것도 탈세속적(postsecular)이 되는 것인가?

이러한 우려들을 이해하기 위해서 우리는 다시 휴머니즘 자체가 (종교뿐만 아니라) 다양한 사고방식에 반대하며 발전했으며, 많은 현대 사상에 스며들었고, 마찬가지로 독단적인 사고방식으로 변질되었을 가능성이 있다는 점을 다시 살펴볼 필요가 있다. 예를 들어 불교는 아니지만 기독교와 같은 종교들도 (하나님이 인간에 대한 지배권을 유지하고 있더라도) 인간은 항상 다른 모든 것들에 대한 지배권을 가지고 있다고 여겨지는 방식으로 유사하게 인간중심적인 것으로 볼 수 있다. 반면 니체(Nietzsche 1887, 1997)가 관찰했듯, 휴머니즘은 역시 신에 대한 숭배를 대체하는 식으로 인간을 숭배하는 것으로 이해되어야 한다. 하르트와 네그리(Hardt & Negri 2000: 91)는 "신에게 자연보다 우위의 힘을 부여하는 종교적 사고와, 이와 동일하게 자연보다 우위의 힘을 인간에게 부여하는 현대의 '세속적' 사고 사이에는 강한 연속성이 있다"고 지적한다. 세속적 휴머니즘은 종교적 사고와 마찬가지로 초월적인 철학이며, 이는 위계질서와 유사한 형태를 조장한다.

또한 여기서 과학, 종교, 휴머니즘의 관계도 복잡해진다. 그레일링(Grayling 2013: 145)의 위대한 휴머니스트 목록은 공자에서 시작하여 도킨스로 끝나는데, 도킨스는 비록 휴머니즘에 대해 과학에 대해서만큼 많이 언급하지 않았으나, "초자연적 영역은 과학을 통해 접근할 수 없기 때문에 존재하지 않는다"라고 추론한다(Fuller 2011: 78). 이러한 관점에서 도킨스의 전투적 무신론(2006)을 그의 과학적 연구와 관련하여 고려해 보는 것은 흥미롭다. 도킨스의 과학적 명성은 유전자 중심의 진화 이론을 제시하는 이기적 유전자(the Selfish Gene, 1989)에 대한 논의에 일부 기반하고 있다. 즉, 인간은 유전자의 복제를 위한 그다지 중요하지 않은 메커니즘에 불과하다는 관점이다. 도킨스(Dawkins 1989: 2)에 따르면 "우리와 모든 다른 동물들은, 우리의 유전자에 의해 만들어진 기계들"이다. 그는 모든 생명체는 "복제하는 개체들의 차별적 생존에 의해 진화한다"고 주장하며, 우리에게는 그것이 DNA 분자(Dawkins, 1989: 192)이다. "모든 생명의 기본 단위, 모든 생명의 원동력은 복제기이다"[32]라고 하였다(Dawkins, 1989: 264). 그는 또한 우리가 대처해야 할 새로운 복제기인 밈[33]을 소개하는데, 이는 인간에 의해서 전해지는 문화적 전이의 단위, 즉 유전자가 몸에서 몸으로 도약하며 스스로를 재생산하는 것처럼, 밈은 모방을 통해 마음에서 마음으로 이동하는 것이다. 스스로를 복제하는 이기적 유전자라는 생각은 틀림없이 신다윈주의에 의해 유도된 포스트휴머니즘 사고라고 볼 수 있다. 배런(Barron 2003: 82)은 도킨스의 이기적 유전자가 라투르의 행위자 연결망 이론(ANT)과 많은 것을 공유하고 있으며, 도킨스에게

32 복제기(replicator)는 유전학에서 복제가 시작되는 박테리아 게놈의 부위를 뜻하는 용어로, 레플리케이터, 리플리케이터 등으로 불린다. 복제기라는 용어는 생물학, 기술학에서도 쓰여, 복제하는 장치나 복제된 대상을 가리킨다.

33 밈(meme)은 인터넷 밈(internet meme)의 약어로, 인터넷을 비롯한 문화 공간에서 모방의 방식으로 사람들에게 파급력 있게 전파되는 생각, 스타일, 행동 등을 의미한다.

"인간과 비인간의 구분을 허무는 것은 진화가 무엇인지, 즉 유전자가 자신을 증식하는 것임을 이해하는 데 중요하다"고 제안한다.

도킨스의 가장 중요한 연구는 논쟁의 여지없이 확장된 표현형(Extended Phenotypes, 1982)의 개념인데, 이는 표현형[34]이 유기체 자체뿐만 아니라 더 넓은 범위의 환경에 영향을 미친다는 것을 시사한다. 확장된 표현형(비버의 댐, 새 둥지, 거미줄)은 그 유전자의 번식을 돕는 동물 행동의 연장선상에 있는 것으로, 따라서 비버 댐은 비버의 이빨과 꼬리에 못지않은 표현형이며 이는 다윈주의적 선택을 통해 진화해 왔다(Dawkins 1989: 248). 스테펜슨(Steffensen 2012)이 지적한 바와 같이, 확장된 표현형의 개념은 분산 언어에 대한 아이디어에 효과적으로 반영될 수 있다(제3장). 워터스(Waters 2012: 511)는 이 주장을 보다 심도 있게 발전시켜, "언어를 통해 인간의 표현형 및 어포던스(affordance)[35]가 확장된 것 이상이며, 분산되어 있다"고 제안한다. 이기적 유전자와 확장된 표현형 모두 인간을 탈중심화하고, 생물을 더 큰 전체의 일부로 보는 방식으로, 휴머니즘

---

34 표현형(phenotype)은 개인의 유전형과 환경의 상호작용으로 인해 관찰될 수 있는 개인의 특성으로, 유전 형질과 대비되는 용어로서 발현 형질이라고도 불린다.

35 이 용어는 주로 인지 과학, 인간-컴퓨터 상호 작용, 디자인 분야에서 사용되며, 환경이나 객체가 개인에게 제공하는 가능성이나 기회를 의미한다. 이 개념은 심리학자 제임스 J. 깁슨에 의해 처음 소개되었으며, 어떤 환경이나 객체가 특정 행동을 가능하게 하거나 촉진하는 방법을 설명하는 데 사용된다. 예를 들어, 의자는 '앉을 수 있는' 어포던스를 제공하며, 스마트폰은 '통신할 수 있는' 어포던스를 제공한다. 어포던스는 사용자가 어떻게 환경이나 객체와 상호 작용할 수 있는지, 그리고 그 상호 작용이 어떻게 인지적인 프로세스와 행동에 영향을 미치는지를 이해하는 데 중요한 개념이다. 이 용어는 디자인과 기술 분야에서 특히 중요하며, 사용자 친화적인 제품, 환경, 시스템을 만들기 위한 지침을 제공한다. 어포던스는 사용자가 가능한 행동을 쉽게 인식하고 이해할 수 있도록 돕기 때문에, 사용자 경험(UX) 디자인에서 핵심적인 역할을 한다.

적 사고보다는 포스트휴머니즘적 사고에 잘 어울린다고 주장할 수 있다. 도킨스는 그레일링(2013)의 휴머니즘적 성인전(humanist hagiography)에서 종교에 반하는 중요한 주장을 구성하는 사상가들을 길게 줄 세울 때 가장 현대에 가까운 사람이지만, 도킨스의 종교에 대한 주된 반론은 그의 과학적 합리주의이다. 이는 창조론의 부조리나 교육 과정에 창조론적 사고를 포함시키자는 '양쪽 모두의 입장'이라는 무의미한 주장(기후 변화 논쟁에서의 양쪽 입장과 유사하다)을 드러낸다. 그러나 도킨스가 휴머니즘 사상가라면 이 또한 종교사상이 타인에게 무엇을 의미할 수 있는지를 연관 짓는 데 실패한 휴머니즘이다(Fuller 2011). 종교적인 믿음에 반대하는 그의 캠페인에서 펼쳐진 것처럼, 그의 무신론은 그 자신이 다름을 이해하거나 종교적인 사고가 수반하는 것을 진정으로 이해하는 능력의 부족을 반영한다.

확실히 "휴머니즘 쇠퇴의 부작용 중 하나는 탈세속적 조건들의 부상이다(Braidotti 2013: 31)." 종교적 사고와의 전통적인 연관에서부터 범신론적 형태의 자연 숭배에 이르기까지, 포스트휴머니즘적 관점에서 다양한 형태의 영성(spirituality)을 형성하는 것이 가능해졌다. 이를 이해하기 위해 베르그송[Bergson(1859~1941), 1907/2001, 2002]과 스피노자[Spinoza(1632~1677), 1677, 2003]의 사상에서 포스트휴머니즘의 선구자로 보이는 범신론, 또는 내재론의 일부 계통(인간의 이미지로 만들어진, 의인화된 신에 기초한 견해)을 주목하는 것이 유용할 것이다. 포스트휴머니즘은 종교적 교리의 한계의 탈출로서의 휴머니즘에 대한 반박도 아니고 어떤 식으로든 종교적 망상에 복귀하자는 입장도 아니다. 우리는 종교에 대해 회의적이기 위해서 휴머니스트가 될 필요는 없다. 포스트휴머니스트의 입장을 취하는 것은 종교 교리, 휴머니즘적 오만 그리고 과학적 환원주의에 대한 대안을 찾는 것이다. 우리는 지배의 형태를 재고하기 위해 초월이 아닌 내재론의 철학으로 방향을 전환해야 한다. 따라서 초월의 거부로 이해되는 반휴머니즘은 혁명적 잠재력의 부정이 아니라 "이러한 내재적 힘을 생각할 수 있는 가능성의 조건이며, 철학의 무정부적 기반이다. 즉, '신도, 주인도, 인간도 아니다(Ni Dieu, ni maître, ni l'homme)'[36](Hardt & Negri 2000: 92)."

인권 그리고 상황 윤리

논쟁의 여지없이 계몽주의적 휴머니즘에서 나온 가장 강력한 사상 중 하나는 인권이라는 사상이었다. 너무나 친숙한 (동시에 남용되고 사소해 보이는) 이 개념은 그 본래의 강력함을 다시 생각해 볼 가치가 있다. "모든 인간은 태어날 때부터 자유로우며 그 존엄과 권리에 있어 동등하다(세계인권선언 제1조, UDHR 2017)." 이러한 선언의 강점과 약점을 이해하는 것은 중요한데, 이 권리는 언제나 모든 사람에게 적용되며(이 권리들은 양도가 불가능하다), 항상 존재한다고 해서 당연시되어서는 안 된다.[4] 배경과 상관없이 모든 인간이 일련의 기본권을 공유한다는 생각은 세상에

36 신도, 주인도, 사람도 아니다(Ni Dieu, ni maître, ni l'homme)라는 다자 부정의 프랑스어 표현은 19세기 후반 무정부주의자들의 슬로건으로, 사회적·정치적 맥락에서 인간의 권리와 자유를 강조하면서, 모든 형태의 지배와 권위에 반대하는 강력한 메시지를 전달한다.

많은 선을 이루는 데 분명히 큰 도움이 된 강력하고 설득력 있는 주장이었다. 그러나 이러한 권리의 매우 추상적인 개념, 즉 이 권리들이 문화나 현지 법적 틀에 관계없이 유효하다는 생각, 즉 보편적 인류라는 생각 또한 다양한 측면에서 비판의 대상이 되고 있다. 권리라는 추상적이고 보편주의적인 개념의 문제는 (잠재적으로 극복 가능한) 상황, 문화, 법의 매우 명백한 제약뿐만 아니라 그것의 근거가 되는 인간성의 개념이 희망했던 것처럼 포괄적이지 않았다는 문제에도 직면해야 한다는 것이다.

인권이 투쟁의 영역이라는 사실은 결코 그 지위를 약화시키지 않는다. 실제로 우리는 이러한 투쟁 속에서 어떻게 '인간다움'에 대한 다양한 버전들이 위험에 처해 있는지 볼 수 있다. 이러한 싸움 중 가장 가혹한 것, 특히 인류에 대한 범죄와 관련된 경우(이러한 것은 인권 침해와 부분적으로 일치하지만 동일하지는 않다)는 일부 사람들의 인간다움을 공개적으로 부정한다. 필리핀의 두테르테 대통령은 마약 사용자와 마약상을 사형시키는 자신의 정책을 향한 유엔의 비판에 대한 응답으로, 해당 인물들을 인간으로 간주하지 않으며, 다음과 같이 말했다. "그래서 내가 말한 것입니다. '인류에 반하는 범죄는 무엇입니까?' 우선 솔직히 말씀 드리자면, 그들(마약 사용자들)은 인간인가요? 인간이라는 것의 정의는 무엇인가요?"(Ramos 2016). 최근에 이러한 인권 침해에 대한 국제 엠네스티 보고서에 대한 응답으로 법무부 장관인 비탈리아노 아기레(Vitaliano Aguirre)가 이러한 주장을 다음과 같이 반복했다. "범죄자들, 마약왕, 마약상은 인류가 아니다. 그들은 인류가 아니다. 다시 말해, 당신의 전쟁이 오직 마약왕, 마약 중독자, 마약상에 반대하는 것이라면, 그것이 어떻게 인류에 반하는 범죄가 될 수 있는가(Parry 2017)?" 이러한 주장은 인권에 찬성하는 이들의 일반적인 주장만을 강화한다. 즉, 당신이 마약 사용자든 마약상이든, 당신은 법적 절차에 대한 동일한 권리를 가지며 여기에서 이러한 권리가 침해되고 있다.

그러나 인권에 대한 또 다른 투쟁에서, 우리는 그것이 인간이라는 의미에 대한 다양한 전망들이 어떻게 논의되는지 더 명확하게 볼 수 있다. 인권에 대한 보수적이고 신자유주의적인 해석은 개성과 개인에 대한 자유주의적 견해를 강조한다. 즉 정부로부터 자유롭게 말할 자유, 무제한 시장에서 활동할 자유 등이다. 예를 들자면, '편협한 세상에서 도덕적 정의를 위해 싸우는' 마틴 루터 킹(Martin Luther King)의 이미지와 문구를 웹페이지에 크게 실은 자유수호동맹(Alliance Defending Freedom, ADF)[37]은 종교 표현의 자유에 중점을 두고 낙태와 동성혼에 반대한다.[5] 호주 정부는 2014년에 호주 인권 위원으로 팀 윌슨(Tim Wilson)[6]을 임명했는데, 그 목표 중 하나는 인종 차별법(Racial Discrimination Act)의 18C조를 변경하는 것이었다. 이 조항이 표현의 자유권에 반한다는 이유에서였다. 윌슨은 다음을 추구할 것이라고 주장하였다.

> 우리의 전통적인 인권은 자유 사회의 보존에 필수적이기 때문에 원칙적 입장에서 방어해야 한다. 최근 몇 년 동안 인권 보호의 초점은 표현의 자유에 관한 것이었다. 표현의 자유는 논쟁의 여지없이 우리

---

37 자유수호동맹(Alliance Defending Freedom, ADF)은 1994년에 설립된 미국의 보수적 기독교 법률 옹호 단체로서, 동성애자들(LGBTQ)이 기독교 사회를 파괴한다고 주장한다. 이들은 동성애를 범죄로 여기며, 트랜스젠더 등 성적 정체성에 따른 권리의 제한을 정당화한다.

의 최우선 기본권이기 때문에 이는 적절했다. 표현의 자유가 없으면 다른 모든 인권을 보호할 수 있는 능력이 약화된다.

(Wilson 2013)

그러나 점점 더 높은 강도의 인종적 비방의 대상이 된 호주의 토착민과 무슬림 호주인들에게, 인종적 학대를 당하지 않을 권리보다 표현의 자유를 더 근본적으로 보는 이러한 주장은 실제로는 전혀 다른 의미로 다가왔다.

한편, 2016년 초 필립 루독(Phillip Ruddock)은 호주의 유엔 인권 특사로 임명되었다. 그의 목표는 굿 거버넌스(Good Governance)와 표현의 자유처럼 호주의 인권의 우선순위로 여겨졌던 것들을 발전시키는 데 초점을 맞추면서, 동시에 2018~2020년 임기의 인권 위원회 회원국으로서 호주의 후보 지위를 적극 홍보하는 것이었다. 루독은 1996년부터 2003년까지(이후 2003년부터 2007년까지 법무장관 역임)[7] 이민 다문화부 장관으로서, 태평양 해법(Pacific Solution)을 설계하고 실행했다. 이는 (여성과 아동을 포함한) 망명 신청자들을 연안의 수용소에 구금하는 것이었다. 루독은 오랫동안 국제사면위원회의 회원이었지만, 위원회는 그에게 종종 그의 옷깃에서 볼 수 있었던 위원회 배지를 달지 말라고 요청했다. 이러한 수용소들이 분명히 인권(망명을 신청할 권리, 임시 구금에 반대할 권리, 법적 접근에 대한 권리, 아동의 권리)을 많은 부분 침해하고 있기 때문이다. 그 자신과 보수 정권을 포함한 일부 사람들에게 루독은 인권의 옹호자였으나, UN을 포함한 다른 사람들에게는 그렇지 않았다.

무엇이 인권을 구성하는지, 혹은 어떤 권리가 다른 권리보다 선행되어야 하는지에 대해 서로 다른 견해들이 있다는 사실은, 그러한 권리에 대한 반대 논리가 되지 못한다. 도덕 철학이나 형사법 또는 헌법의 여러 측면과 마찬가지로, 이 문제는 항상 해석의 문제이다.

그러나 인권의 개념은 그 자체로 의문을 가질 수 있는 보편적 인간성의 개념에 의존하고 있으며, 인권의 실행은 주로 지역적 법적 틀을 통한 적용에 크게 의존한다. 인권에 대한 투쟁은 예를 들어, 표현의 자유와 인종 비방에 대한 방어 조치 사이에서 선을 어디에 긋는가에 대한 다툼만이 아니라, 더 넓게는 인간이 무엇을 의미하는지에 대한 투쟁이라고 볼 수 있다. 즉 인간에 대한 관점은 자유로운 개인의 개인주의적 관점에 기반한 것인가, 아니면 사회적 책임과 불평등에 대한 더 사회적인 관점에 기반한 것인가? 인간다움의 개념이 한편으로는 태어나지 않은 아이들을 포함하는가, 다른 한편으로는 동성애자, 레즈비언, 트랜스젠더 사람들을 포함하는가? 그것이 표현의 자유를 차별의 형태와 상대적으로 만드는 불평등에 대한 이해를 통합하는가? 인권 침해는 국가가 국제 협정에 서명했는지 여부에 반드시 의존하지 않는다. 망명 신청할 권리를 인정한 국제 협정에 서명한 호주로 망명한 많은 사람들이 해외 수용소에 수감되어 무기한 수감, 지역 내 재정착, 또는 강제 송환의 위협을 받고 있다.

어떤 사람은 여전히 이것이 인권을 지지하는 주장이며 문제가 되는 것은 그러한 인권의 침해 그 자체라고 주장할 수도 있다. 또한 특정 형태의 반인륜적 범죄에 대한 인식이 속도가 느리고 선택적이었다는 사실[여성을 전쟁의 도구로 여기며 성관계를 강제한 것이 반인륜적 범죄로 인식된 것은 비교적 최근(1993)에 불과하다는 사실을 상기하라(Sexual Violence and Armed Conflict, 1998)]은 보편성을 모든 사람에게 적용하려는 지속적인 압력의 결과라는 점도 주장할 수 있다. 인권이 그렇게 광범위하게 침해되거나 논란의 대상이 된다는 사실이 결코 인권을 무효화하지는 않는다. 오히려 그러한 침해는 더 잘 정비된 인권 체계가 필요하다는 것을 보여준다. 그럼에도 불구하고 우리가 인간들의 권리를 주장하는 것에 대해 신중해야 할 많은 이유들이 있다. 현대 말기에 나타난 중대한 해방 정치로 인권을 선언하는 것에 대해 신중해야 할 타당한 이유가 있다. 보편성에 대한 모든 논란에도 불구하고, 권리는 "본질적으로 개인주의적이고 소송 지향적인(litigious) 것으로 남아 있다(Bourke 2011: 159)." 추상적인 평등 개념은 구체적인 사회적, 정치적 맥락에서 실현될 때만 의미가 있다. 우리는 물론 아이들을 보호하고, 고문을 방지하고, 교육, 음식, 깨끗한 물에 대한 접근할 수 있는 권리를 요구하는 더 나은 방법을 개발하려고 노력해야 하지만, 이를 보편적인 인간성의 깃발 아래 하지는 말아야 한다. 인권 담론이 전제하는 인간 및 인간 본성의 개념은 다른 인간성 이해 방식을 희생시켜 서구의 역사적 경험을 일반화한다. 인류를 역사적, 공동체적, 문화적 또는 물질적 용어보다 추상적, 개인적, 혹은 보편적인 관점에서 보는 경향은 이 인간 개념을 다른 문화 전통과 상충되게 만든다(Holleman 1987, Peterson 1990).

인권의 바탕이 되는 인간의 보편성에 대한 개념은 일반적으로 휴머니즘을 더 제약하는 인간 배타주의와 같은 개념에 너무 자주 의존했다. 그것은 인간에 대한 특정한 사고방식의 투영에 기초하고 있으며, 두지나스가 주장하듯이, 실제로 인간에 대한 사고의 발전에 중요한 역할을 해 왔다. 즉, "인권은 인간을 구성한다(Douzinas 2000: 371)." 도덕 철학적 관점에서, 매킨타이어(2007: 70)는 자연권 또는 인권이라는 것이 세속적으로 유리한 입장에서 도덕성을 되찾는 것이 목적이었던 18세기 계몽사상에서 개발된 '허구(fictions)'라고 주장한다. 공리주의와 도덕 철학처럼, 권리 담론은 계몽주의 프로젝트가 세속적이고 합리적인 정당성을 제공하는 데 실패하여 도덕적 충성심을 지닌 자율적 도덕 행위주(agent)를 위기에서 구하려는 실패한 시도 중 하나"이다(MacIntyre 2007: 68)." 문제는 휴머니즘 프로젝트의 근원에 있다. 휴머니즘 프로젝트의 핵심 문제인, 계몽주의의 꿈에서 비롯된 합리적이고 자율적이며 자기 절제적인 주체에 의존하는 급진적 개인주의에 대한 집착은, 특정한 유형의 개인으로 귀결되는 경향이 있다. 이는 확실성과 보편성에 대한 주장과 결합하여 여기서 다시 나타나며, 매킨타이어(MacIntyre 2007: 69)는 "그러한 권리는 존재하지 않으며, 그것을 믿는 것은 마녀와 유니콘을 믿는 것과 같다"라고 주장하게 된다.

단지 인권이 논쟁의 영역일 뿐만 아니라, 인간을 구성하는 것이 무엇인지에 대한 개념 자체가 투쟁의 현장이기 때문에 인권은 투쟁의 현장이 된다. 인간이라는 것이 무엇을 의미하는지에 대한 초월적인 범인류적 합의를 가정하는 것은 틀림없이 인간다움이 무엇을 의미하는지 부정하고, 인간의 특정한 시각을 모든 인간에게 확장하여 적용하는 것이다. 인권의 개념은 보편적인 인간성이라는 개념이 직면해야 하는 수많은 질문들에 직면한다. 현재 "영어권 정치 이론의 전통은 개인의 자유와 개인의 권리를 강조한다. 인간 존재는 다른 인간 존재와 관계를 맺는 자립적인 원자로 생각된다(Hacking 1999: 15)." 두지나스(Douzinas 2000: 372)에 따르면, 인류는 "한쪽 끝의 '초인간(Superhuman)', 즉 서구의, 백인의, 이성애자인 남성에서부터, 다른 쪽 끝의 비인간적인, 수용소 수감자나 도망친 난민에 이르기까지 많은 색조와 위계가 있다"라고 주장한다. 따라서 비판적 법률 이론의 관점에서 인권의 제도적 관행은 다음과 같다.

> 종종 단일의, 그리고 동종의 국제 사회에 대한 상상을 표현하며, 형식적인 평등과 소극적 자유의 확장, 서구 자본주의와 소비주의의 세계화의 외연이 정부와 국제법 전문가들이 그린 '이상적' 모습의 사회와 동일시될 것이다.
>
> (Douzinas 2000: 375)

이는 내가 언어 권리가 아닌, 상황에 맞는 언어 윤리에 대해 주장했던 것(Pennycook 1998a)에 근거한다. 언어 권리 운동[38]은 언어와 권리에 대해 문제가 있는 시각을 동반한다. 푸파박(Pupavac 2012: 20)이 지적한 바와 같이, "국제적 불평등의 세계에서 국제법에 대한 주장은 해방 정치에 문제가 된다." 정부의 '매우 규범적인' 거버넌스에 대한 옹호론(25쪽)은 글로벌 엘리트들의 개입에 대한 권리, 지역적 상황에 대한 글로벌 거버넌스의 적용 가능성, 인간 해방을 넘어서는 언어 보존의 중요성, 단일 개체로서의 언어의 사물화를 가정하는데, 이는 인간 및 언어 보편성의 표상 아래 작동되는 어느 언어 권리 운동에나 모두 문제가 제기된다(Abdelhay et al. 2017). 브라이도티(Braidotti 2013: 53)가 제안하길, 포스트휴머니즘적 전환의 효과 중 하나는 '휴머니즘의 요람으로서의 유럽'이라는 개념을 대체하

38 언어 권리 운동(Language Rights Movement)은 근래 토착어들이 빠르게 소멸되어가는 문제를 자각하고, 이에 국제적인 차원에서 토착어들을 보존하고자 하는 사회적 운동이다.

는 것이다. 이 전환은 언어, 인간성, 권리에 대한 유럽인의 개념을 바꾸거나 최소한 그들의 문화적 특수성에서 그것들을 보는 것을 의미한다. 따라서 포스트휴머니즘이 본질적으로 인간의 오만에 대한 도전이 될 수 있다고 주장한 것처럼, 포스트휴머니즘적 전환은 권리 개념을 전면적으로 거부하는 것이 아니라, 구미(Euro-American)의 보편주의를 인간의 기준으로 보는 것에 대해 덜 확신하는, 보다 현실적이고 지역화된 상황 윤리에 대한 이해를 의미할 수 있다. 언어 사용에 대한 초월적인 범인간적 이해를 제안하는 것은 틀림없이 언어 사용의 의미를 부정하는 것이다.

새로운 유물론

인권 담론의 주요 논쟁 중 하나는 '~로부터의 자유'(고문, 투옥, 노예 제도)와 '~할 자유'(언론, 교육, 식량, 물)의 구별에 관한 것이다. 언어 권리 측면에서, 우리는 억압적인 언어 체제(예를 들어, 영어만 사용하도록 강요하는 경우)로부터의 자유와 자신의 의지로 선택한 언어를 사용하고 교육받을 수 있는 자유를 구분할 수 있다. 행위 능력(agency)을 이해하는 데 있어 중심적인 관심사인 자율성과 자유의 개념이, 지배적 혹은 억압적 타자의 착취할 수 있는 힘과 관련하여 개념화된 철학 전통에 의존하기보다는(헤겔에서 마르크스를 거쳐 유래된 변증법적 틀), 어떤 이들은 주체와 물질성에 대한 다른 이해를 바탕으로 한 대안적 정치를 모색해 왔다. 그로스(Elizabeth Grosz 2010)는 행위 능력으로서의 자유, 즉 '~할 자유'를 보다 긍정적으로 이해할 수 있도록 하는 개념적 틀로 전환하였다. 그로즈는 "이성, 권리 및 인정(2010:

140)"의 관점에서 자유로서의 행위 능력을 둘러싼 자유주의, 역사적 유물론 및 포스트모더니즘 간의 정치철학적 논쟁에 대해 생각하기보다는, 생명과 행동할 수 있는 능력에 대한 이해를 모색한다.

페미니즘과 행위 능력에 대한 많은 현대적 사고의 제약과 대립적인 투쟁에서 벗어나, 그로스는 주체와 정치에 대해 다른 방식으로 생각해보려는 시도가 주체의 비정치화는 아니라고 주장한다. 그녀에 따르면, 문제는 "어떻게 여성에게 더 적절한 인정(애초에 여성이 누구에게 인정을 받아야만 하는가?), 더 많은 권리, 또는 더 많은 발언권을 제공하는지가 아니라 어떻게 더 많은 행위, 더 많은 창조와 실천, 더 많은 차이를 가능하게 하는지이다(Grosz 2010: 154)." 이 도전은 여성이 기존의 틀 안에서 더 많은 동등한 자리를 얻을 수 있게 하는 것이 아니라 오히려 "여성이 현재와는 다른 미래의 창조에 가담할 수 있게 하는 것"이다(154쪽). 여기서 진보할 수 있는 한 가지 방법은 우리가 세계와의 관계에 대한 대안적인 이해를 바탕으로 새로운 형태의 정치를 취하는 것이다. 즉, 물질을 덜 위계적이고 더 역동적인 방식으로 이해하여, "인간과 비인간 행위소(actants)를 덜 수직적인 평면에서" 제시하는 것이다(Bennett 2010a: pix). 베넷(Bennett 2010b: 47)은 "기술적이고 자연적인 물질성"(그녀는 정전의 예를 사용한다)[39]을 "그들 스스로 우리와 함께하고 우리 안에 있는 행위자, 즉 인간이 그들에게 부여하는 의미, 의도, 상징적 가치들로 환원될 수 없는 활기, 궤

---

39 Bennett은 정전(power blackout)이 발생했을 때 책임을 특정한 인간에게만 부여하는 것이 아니라, 정전의 원인이 전력망이라는 복잡한 네트워크 전체에 분산되어 있다고 본다. 따라서 인간과 비인간을 비롯한 물질들이 서로 연결되어 있다는 관계성과 이들의 배치 방식을 중시한다.

적, 힘"으로 진지하게 받아들인다면 우리의 정치에 어떤 일이 일어날 것인가?"라고 묻는다.

이것은 물질에 대한 새로운 사고방식을 보이는 새로운 유물론에 관한 것이다. 여기서 핵심은 바라드(Barad 2003, 2007)의 포스트휴머니즘적 수행성(performativity)에 대한 전개이다. 버틀러(Butler 1993, 1997), 페니쿡(Pennycook 2004a, 2007a)의 연구에서 전개된 수행성은 후기 구조주의 담론의 힘의 과다 확장이라는 주장에 이의를 제기하며, 바라드(2007: 133)는 이렇게 주장한다. "그것은 (물질적인 몸을 포함한) 모든 것을 언어화하려는 것이 아니다. 오히려 수행성은 정확히 무엇이 실재인지를 결정하기 위해 언어에 부여된 과도한 힘에 관한 도전이다." 우리는 담론적 실천과 물질화의 관계를 이해해야만 한다. 바라드는 담론을 언어의 개념으로 축소해서는 안 된다고 주장한다(이것은 표상적 함정에 빠지게 될 것이라고 말한다). 그리고 물질은 그저 수동적으로 묘사되기를 기다리는 무생물적 세계로 간주되어서는 안 된다고 주장한다. 오히려 버틀러(1993)의 사회구성주의적(젠더는 담론적 생산물이다), 그리고 선담론적(pre-discursive) 신체에 대한 시선[성(sex)은 미리 주어진 물질성이다]에 대한 비판을 따라서, 담론적 실천을 통한 물질화의 역동적인 과정을 이해할 필요가 있다고 주장한다. 부콜츠와 홀(Bucholtz & Hall 2016: 181)이 설명하듯이, 이러한 "담론 체제의 매우 실질적인 물질적 결과"에 대한 이러한 이해는 사회언어학의 많은 영역에 영향을 미친다. 이는 언어, 젠더, 섹슈얼리티뿐만 아니라 언어의 체화된 이해가 중요한 인종, 건강, 장애와 같은 다른 범주에도 해당된다.

스리프트(Thrift 2007)처럼, 바라드는 우리가 극복해야 할 문제 중 하나는 밖에 있는 것들과 그것을 대표하는 말이 존재한다는 표상적 가정이라고 본다. 바라드에 따르면 언어는 다음과 같다.

> 너무 많은 힘을 부여받았다. 언어적 전환, 기호적 전환, 해석적 전환, 문화적 전환과 같은 모든 전환들에서, 심지어 물질성을 포함한 근래 모든 '것들'이, 언어의 문제나 어떤 다른 형태의 문화적 표상으로 전환되는 것처럼 보인다.
>
> (Barad, 2007: 132)

응용언어학적 관점에서, 이러한 사고방식을 추구하는 것은 비현실적인 노선으로 보일 수 있다. 언어학자들이 직면한 투쟁의 일부는 언어를 투명한 매개체로 보거나, 누구나 언어와 그것이 무엇이며 무엇이어야 하는지에 대해 발언할 권리가 있다고 믿는 이들에게 사회생활에서 언어의 중심적 역할을 더 명확히 하는 것이 아닐까? 그러나 내가 다음 장에서 전개할 주장은, 언어를 제외시키고자 하는 것이 아니라 언어와 세계의 관계를 복잡하게 하는 것이다. 부콜츠와 홀(2016: 187)이 제안하듯이, 비판 이론에서 언어적 또는 담화적 전환을 강조하는 계기로 여기고 싶은 유혹이 있었지만 담론과 물질성 사이의 이분법에 도전하는 것은 언어, 몸, 세계 간의 관계 이해에서 사회 기호학과 사회문화 언어학에 대한 더 넓은 역할을 허용할 수도 있다.

헤일스(Hayles 2012: 91)에 의하면, 물질성은 물리성과는 달리 "창발성(emergent property)이 있다. 이는 비록 독립된 개체로서 존재론적으로 실재했지만 미리 명시될 수는 없다." 바라드(Barad 2003: 808)는 "중요한 물질적 및 담론적, 사회적 및 과학적, 인간적 및 비인간적, 자연적 및 문화적 요인을 포괄한다"는 "수행성에 대한 구체화된 포스트휴머니즘적 개념"을 제안한다. 이러한 설명에서 포스트휴머니즘적 부분은 인간과 비인간 사이의 가정된 구별에 의문을 제기하는데, 수행적인 측면이 "설명과 현실이 부합하는지에 대한 의문(예를 들면, 그들은 자연이나 문화를 반영하는가?)에서 실천, 행동과 행위의 문제로 초점을 옮기는 것이다(Barad 2007: 135)." 이러한 설명이 허락한 전이는 "급진적 구성주의"에서 "포스트휴먼의 내부 관계성(intra-relationality)"으로의 움직임이다(Lather 2015: 99). 구성주의가 물질성과 실재에 대해 부정적인 공간을 제공한 것으로부터 이를 재확립하고, 아상블라주와 관계성에 초점을 맞춤으로써 우리는 사회적이고 실재적인 것, 객체와 사람이 어떻게 얽혀 있는지를 이해할 수 있다. 여기서 새로운 것은, Lather(2015, p100)가 제안하듯이, "물질의 중요성에 대한 존재론적 주장과 이항 대립을 넘나드는 관계론적 존재론"이다.

이러한 움직임의 가장 중요한 부분 중 하나는 행위 능력(agency)의 재배치였다. 비록 포스트구조주의가 담론적 산물로서, 분열되고 투쟁하는 존재로 재구성하려 했음에도 말이다(Norton 2000). 이 주체는 휴머니즘의 영향력에 쉽게 끌려 다녔으며, 주체가 여전히 인간 머릿속에서 사물을 조종하는 탈신체화된 행위주(disembodied agent)로 남아있게 만드는 움직임에 취약했다. 브라이도티(Braidotti 2013: 51)의 주장에 따르면, 새로운 유물론적 주체는 "페미니스트들의 '위치의 정치학'40에 따르면, 유물론적

40 위치의 정치학(politics of location)은 모든 여성의 경험을 보편화하여 서구 백인 남성의 헤게모니적 지배로부터 벗어나자는 페미니즘 담론을 뜻한다.

이고 생기주의적(vitalist)이며,[41] 체화되고 내포되어 어딘가에 견고하게 위치해 있다." 바라드(2007: 226)에 따르면, "행위적 실재론(agential realism)의 물질성에 대한 재개념화는 전통적인 마르크스주의의 물질성에 대한 개념에서 갈라져 나왔다." 그리고 "이 진부한 구분을 가로지르는 자연문화적 실천에 대한 새로운 유물론적인 이해를 발전시킨다." 주체와 물질성에 대한 이러한 재고는 정치적 프로젝트이며, 그러한 생기적 유물론은 "인간 권력의 경제 구조에 좀 더 전적으로 집중된 역사적 유물론과 병행할 수 있다"고 베넷(Bennett 2010b: 47)은 주장한다. 이후의 장에서의 아상블라주에 대한 논의와 사변적 실재론에 관한 논의(제7장)에서 이러한 문제들을 다시 살펴보겠다.

포스트휴머니즘과 포스트구성주의

신유물론은 포스트휴머니즘 사상의 넓은 영역에 새로이 포함될 수 있지만, 포스트휴머니즘이라는 개념 자체는 이합 하산(Ihab Hassan 1977: 212)이 주저하며 사용했던 것부터 시작되었다고 할 수 있다. "500년간의 휴머니즘이 종말을 고하고 있으며, 우리가 포스트휴머니즘이라고 부를 수밖에 없는 무언가로 변모하고 있다." 그러나 그러한 기원의 탐색은 대

41 생기주의(vitalism)는 생물에는 무생물과 구별되는 생물학적 특성이 내재되어 있다는 관점으로, 활력주의나 활력론으로도 불린다. 아리스토텔레스의 생물학적 논의에서부터 내려오는 생기주의는 유물론에 반대하며, 물리적으로는 설명할 수 없는 생물의 정신적인 활력을 중시한다.

부분 더 넓은 지적 움직임의 요점을 놓치는 경우가 많다. 푸코(Foucault)는 이미 『말과 사물(Les mots et les choses)』에 실린 의제 중 일부에서 포스트휴머니즘의 개념을 그려 냈다. "L'homme est une invention dont l'archéologie de notre pensée montre aisément la date récente. Et peut-tre la fin prochain(인간은 우리의 사고의 고고학이 쉽게 보여주는 최근의 발명품이다. 그리고 아마도 곧 종말을 맞을 것이다)(Foucault 1966: 398)." 푸코의 요점은 인간을 과학적 연구의 대상으로 삼았던 18세기에서 20세기까지의 인간이나 사회과학의 발전이 그 끝에 가까워졌을 수도 있다는 것이었다. '보편적 인류'를 과학적 대상이자 정치 운동으로 만든 것은 계몽주의의 이상주의적이고 실증주의적인 프로그램이었기 때문에(Fuller 2011: 70), 두지나스(Douzinas 2007: 51)와 같은 비판적인 법학자들은 인류가 '근대의 발명품'이라고 주장한다.

라캉, 알튀세르, 푸코 및 데리다의 연구에서 주체에 대해 문제를 제기하는 것은 이러한 사상가들을 "프랑스의 지적 활동에서의 반휴머니즘적 순간을 대표하는 것"으로 만들었다(Angermuller 2014: 140). 프로이트에서 영감을 받은 주체에 대한 라캉의 질문, 또는 알튀세르의 마르크스주의적 주체가 이데올로기에 의해 존재로 불려진다(간주된다)는 주장, 푸코의 흘러가는 역사적 사고로서의 인간, 존재에 대한 데리다의 질문까지, 이미 이상주의적이고 자기 결정적 주체로서의 휴머니즘에 문제를 제기하는 오랜 전통이 있었다. 따라서 포스트휴머니즘은 포스트모던이나 포스트구조주의자라고 불리는 사상의 전통의 일부로 보일 수 있는데, 이는 인간이 그들 자신의 삶을 살고, 생각하고, 결정을 내리고, 선택하고, 자유 의지적이고, 독립적이며, 주권적인 주체로 행동하는 것의 중심에 그들 스스로를 위치시키는 방식에 의문을 제기하는 것이다. 라캉, 알튀세르, 푸코, 데리다가 초기 사상가들, 특히 프로이트, 마르크스, 니체에 기반한 것처럼 비판 철학의 더 긴 전통에서 포스트휴머니즘의 지적 뿌리가 나온 것으로 보는 게 중요하다.

몇 년 전에 나는 그들이 지금까지 해왔던 일들을 반복하는 것처럼 보였기 때문에 아마도 그러한 포스트주의들(포스트구조주의, 포스트모더니즘, 포스트식민주의)을 넘어설 때가 되었다고 제안한 바 있다. 대신 나는 트랜스적 접근(범문화적, transcultural), 초월적(transgressive), 트랜스텍스트적(transtextual) 등을 채택할 것을 제안했다(Pennycook 2007a). 확실히 지난 10년간 떠오른 횡단언어(translanguaging)의 증가[42]를 고려할 때 이러한 제안은 최근의 경향에 잘 부합하는 것으로 보이며, 표면적으로 윌리엄스(Williams 1996)의 작품에서 기원한 것뿐만 아니라 트랜스 사상에 대한 폭넓은 관심(범문화, 그 무렵 등장한 초국가주의, 트랜스젠더 등)에서 기원한 것으로 추정되는 최근의 횡단언어 채택은 고려할 가치가 있다(Pennycook 2016a). 그러나 포스트와 트랜스라는 이 두 가지 추세를 서로 반대되는 것으로 보는 것은 잘못이다. 포스트 입장을 비정치적이고 상대론적이며 다양성에 집중하고 집단을 넘어서 개인에 관심을 가진다고 보는 현재의 추

42 횡단언어(translanguaging, translingualism)는 여러 언어 사이를 넘나들며 사용되는 의사소통 방식이나 실천을 의미한다. 이는 단일 언어 체계에 국한되지 않고, 다양한 언어적 자원을 활용하여 의미를 생성하고, 소통하는 과정을 포함한다. 횡단언어적 접근은 언어적 다양성을 인정하고, 개인이나 집단이 다양한 언어와 방언, 심지어는 언어적 스타일과 장르를 건너뛰며 의사소통하는 현상에 주목한다. 이는 전통적인 이중 언어나 다중 언어의 관점을 넘어서, 언어 사용의 복잡성과 유연성을 강조하는 데 중점을 둔다.

세를 볼 때, 또 이 공허한 다원주의가 신자유주의 이념과 공모한다고 제안하는 추세를 고려할 때 이러한 사고의 흐름이 어떤 역할을 해 왔는지 이해하는 것이 중요하다.

블록(Block 2014: 17)은 포스트구조주의자이자 포스트모더니스트로서 자신의 초기 글을 사실상 비판하는데, 그때 그는 차이, 상대성, 다원주의에 대한 강조, 정체성과 행위 능력에 대한 초점 그리고 그것에 대한 논의를 꺼리는 것, 사회적으로 구성된 현실의 묘사 등 그가 취한 입장의 일련의 잠재적 문제들에 대해 논했었다. 쿠보타(Kubota 2016: 487)는 역시 포스트구조주의, 포스트모더니즘, 포스트식민주의 사상이 "다수/복수(multi/ plural) 전환"을 지지하는 데 있어서의 영향을 비판하며, "신자유주의 다문화주의의 근본 이데올로기와 평행한 것인데, 이는 개인주의, 차이 무시, 엘리트주의적 세계 시민주의(elitist cosmopolitanism)보다는 권력에 대한 비판적 인식이다."라고 했다. 포스트구조주의적 글쓰기는 여기에 몇 가지 도전을 직면하고 있는 것이 분명하다. 포스트구조주의가 담론적 바구니에 너무 많은 계란을 넣어 현실이나 물질세계에 대한 이해를 제대로 표현하는 데 항상 서툴렀다는 점은 아마도 사실일 것이다(현실이 어떻게 구성되는지 보여 주는 데는 훨씬 더 능숙했지만 현실 자체를 다루는 데는 그렇지 않았다). 이에 대해서는 제7장에서 훨씬 더 상세하게 다룰 예정이다. 포스트구조주의를 상대주의적, 개인주의적, 다원주의적으로 특징짓는 이러한 묘사들은 비판적 철학과의 실제적인 관여보다는 포스트구조주의 입장의 파스티시(pastiche)[43]에 가깝다. 결국 포스트구조

43 파스티시(pastiche)는 원래 예술, 문학, 음악 등에서 사용되는 용어로, 여러 출처나 스타일

주의는 정확하게는 행위 능력에 대한 관심의 부족으로 비판받아 왔다(포스트구조주의적 관점에서, 주체는 담론의 생산자가 아니라 담론의 산물이다).

블록(2014), 쿠보타(2016) 그리고 플로레스(Flores 2012) 등이 주장하는 것은 다중 언어 사용(multilingualism)이 사회적, 정치적 활동의 문제에서 신자유주의적 상품화(Hardt and Negri, 2000 참조)의 대상으로 변모했다는 것이다. 그리고 포스트구조주의와 그와 맥을 같이하는 사상들은 그러한 움직임을 가능하게 한 다양성의 비정치화에 부분적으로 책임이 있다. 피상적 다양성의 상품화와 찬양으로 대표되는 신자유주의적 다문화주의에 대한 이러한 비판은 언어적, 문화적 다양성이 상품화의 대상이 된 것을 집중 조명하지만, 신자유주의적 다문화주의에 의해 유발된 다양성에 대한 집중이 공통성에 대한 믿음을 강화한다는 것을 이해하는 것도 중요하다. 이 다양성에 대한 초점은, 이러한 비판들이 시사하듯이, 신자유주의적 사상의 일부로서 차이를 포섭하는(co-opt) 수단으로서 뿐만 아니라, 근본적인 유사성에 대한 네오휴머니즘적 자본주의의 초점으로서 이해할 수 있다. 예를 들어, 최근 '아이폰으로 촬영됨(Shot on iPhone)' 광고[44]에서

을 모방하거나 결합하여 만든 작품을 가리킨다. 이는 종종 창조적인 모방이나 경의의 표현으로서, 다양한 원작의 요소들을 혼합하거나 다시 해석하여 새로운 작품을 만드는 방식을 의미한다. 더 넓은 의미에서, 파스티시는 어떤 것이 진정성이 없거나 다른 것들의 집합체로 보일 때 사용되기도 한다. 문맥에 따라서는 혼합된 스타일이나 이데올로기의 조합을 비판적으로 지칭하는 데 사용될 수도 있다.

44 'Shot on iPhone' 행사의 일환으로, 아이폰 사용자들의 사진을 모아 인종 다양성을 축하하는 광고인 'The Human Family'가 게시됐다. 이때 Maya Angelou의 시 「Human Family」가 삽입되었으며, 시인은 목소리로 출연했다. 이하 인용은 광고에 삽입된 시의 내용이다.

다양한 사람들의 이미지와 함께 고(故) 마야 엔젤루(Maya Angelou)가 그녀의 시 '인간 가족(Human Family)'을 낭독하는 모습이 이를 보여 준다. 이 광고는 "인간 가족에서 분명한 차이점을 주목합니다(I note the obvious differences in the Human Family)"로 시작하여 "세상의 경이로움을 보았습니다; 아직 하나의 공통된 인간을 보지 못했습니다(I've seen the wonders of the world; not yet one common man)"로 이어지고 "우리는 우리가 생각하는 것보다 더 비슷합니다, 내 친구들이여(We are more alike, my friends, than we are unalik)"로 끝난다. 마찬가지로, 2014년 슈퍼볼에서 방영된 '아메리카 더 뷰티풀(America the Beautiful)'이라는 코카콜라 광고는 다양한 언어로 불려 많은 논란을 일으켰는데, 플로레스는 이를 다양성의 코카콜라화라고 언급한다. 또한 1990년대에 유행했던 베네통의 유나이티드 컬러(United Colours of Benetton) 광고도 네오휴머니즘적 자본주의의 관점에서 이해될 수 있다. 즉 차이에 대한 형식적 초점(tokenistic focus)이 근본적인 유사성을 강조한다는 것이다. 따라서 다양성에 대한 이러한 초점은 자본과 휴머니즘 그리고 개인의 자유와 개인의 기업가적 자유화 사이의 장기적인 공모의 현대적 징후이다.

포스트구조주의가 개인에 집중한다고 주장하거나(실제로는 이 생각에 반대하며 대신 담론, 권력, 지식 간의 관계에 초점을 맞춘다), 포스트식민주의가 차이를 보지 못한다고 주장하거나(이는 유럽중심적인 차이의 구성에 대한 격렬한 비판을 불러일으켰다), 포스트모더니즘이 엘리트주의적 세계 시민주의를 지지한다고 주장하는 것(그것은 지식, 진보, 보편주의에 관한 유럽적 가정에 대한 비판이었다)은 도움이 되지 않는다. 또한 포스트구조주의가 비정치적이고 또 물질적 조건에 대한 관심이 부족하다고 주장하는 것 역시 도움이 되지 않는다. 응용언어학에서 구조주의 관점의 발전에 영향을 준 위던(Weedon 1987)의 페미니즘적 포스트구조주의는 "이념의 물질적 본질, 또는 포스트구조주의 개념과 담론에서 얘기하자면 생산의 경제적 관계의 중요성, 사회의 계급 구조, 실천과 이론 사이의 통합적 관계(Weedon 1987: 31)"에 초점을 맞추고 있다. 이러한 비판은 포스트 정치 형태의 복잡성을 인정하지 못하고, 모든 결점들에도 불구하고(그리고 자유주의 학계에 포함되었음에도 불구하고) 유럽인을 세계적 이상으로 강요하는 것에 반대하는 포스트식민주의 투쟁, 근대성의 주체에 대한 포스트모더니즘 비판, 또는 휴머니즘적 주체의 주권을 약화시키는 포스트구조주의적 시도 등에서 휴머니즘의 꿈에 맞서 싸우려고 했다. 개인주의, 다원주의 및 상대주의에 대한 그릇된 주장에 기반한 포스트구조주의에 대한 비판은 포스트구조주의 정치에 대한 보수적 비판에 영합할 수 있으며, 비판의 발화 지점(發火地點, locus of enunciation)을 인정하지 못하고 개인에 대한 휴머니즘적 이상을 지지할 수 있다.

다양성에 대한 연구에 비판적 관심을 기울이면서 이것이 자동적으로 신자유주의적 의제와 연결되어 있다고 보는 것은, 여기에서 진정으로 위험에 처한 것이 네오휴머니즘 이데올로기(우리는 모두 근본적으로 같다)라는 사실을 보지 못함으로써 그러한 의제에 의해 편입될 위험을 안고 있다. 신자유주의적 다문화주의의 담론은 차이의 정치[45] 없이 다양성을 강

45 '차이의 정치'는 다양한 정체성과 배경을 가진 사람들의 경험을 인정하고 이를 바탕으로 사회적 정의와 평등을 추구하는 정치적 접근이다. 이 개념은 1960년대와 1970년대의 페미니즘 운동에서 시작하여 교차성 이론으로 발전했다. 교차성은 인종, 성별, 계급 등 다양한 정체성이 교차하면서 복합적인 차별과 억압이 발생한다는 것을 강조하는 것이다. 그리고 포스트식민주의 이론은

조하는 것을 주의해야 한다고 제안하지만, 신자유주의가 이를 편입했다는 이유만으로 다양성에 대한 초점을 비판하는 것이 해결책이 될 수 없다. 이는 전 지구적 네오휴머니즘 자본주의의 메시지와 정확히 일치하는 보편주의의 형태를 촉진하는 범휴머니즘(panhumanism)을 지지할 위험이 있다. 필립스(Phillips 2015: 10)는 우리에게 다음과 같이 상기시킨다. "오늘날 인간이 언급될 때, 대부분은 차이의 중요성을 부정하기 위한 목적이다." 블록(Block 2014)의 응용언어학에서 정치적 경제의 배제를 극복하자는 촉구와 쿠보타(Kubota 2016)의 다양성에 대한 공허한 초점이 아닌 사회적, 경제적, 인종적 불평등에 초점을 맞춰야 한다는 강조는 비판적 견지에서는 부인하기 힘든 주장들이다. 그러나 포스트구조주의, 포스트모더니즘, 포스트식민주의 입장을 개인주의, 행위 능력, 다양성을 지지하는 것으로 단순화하는 것은 조심해야 한다. 비록 이것들이 학계에 편입되면서 그들이 채택한 부르주아 관심사였을 수 있지만, 이러한 비판은 항상 반휴머니즘 철학에 반대해 온 반동적 의제를 재생산하기 때문이다.

지젝(Žižek 2011)이 말했듯이, 중대한 단절이나 혁명이 일어난다면, 그 이전처럼 존속되는 것은 불가능하다. 음악계에서 일어난 슈콘베르크의 무조(atonal) 혁명에 대한 아도르노의 예를 들며(분명히 예전의 조성 스타일로 작곡을 계속할 수 있지만 결국 항상 무조 음악에 연관 속에서 이루어질 것이다) 지젝은 누군가가 키에르케고르, 쇼펜하우어 및 마르크스의

식민주의와 제국주의의 유산을 분석하고, 퀴어 이론은 성적 다양성과 성 정체성을 인정하며, 다문화주의 비판은 표면적인 다양성 찬양을 넘어 실질적인 사회 변화를 추구한다. 이러한 역사적 배경을 통해 차이의 정치는 구조적 불평등을 해소하고 모든 사람의 권리와 평등을 보장하는 방향으로 나아가는 중요한 정치적 철학으로 자리 잡게 되었다.

영향을 받은 이후에도 여전히 헤겔주의로 남아 있을 수 있는지, 형이상학과 절대적 관념론을 다루는 것을 지속할 수 있는지를 묻는다. 포스트구조주의적 단절 이후의 언어학적 사고에 대해서도 같은 질문을 받을 수 있다. 푸코, 데리다 그리고 버틀러 이후에도 소쉬르주의자로 남을 수 있는가? 많은 언어학자들이 그러한 사고의 영향을 분명히 부정하고, 마치 아무 일도 없었던 것처럼 그들의 다양한 형태의 구조주의[8]를 계속해서 이어가지만, 일단 언어, 담론, 주체에 있어 포스트구조주의가 제기한 문제가 분명히 존재하는 한, 구조적 순수성(Structual innocence)의 시대로의 회귀는 없을 것이다. 인문학과 사회과학 전반에 걸친 포스트구조주의적 사고에 대한 관계 안에서 구조주의적 양상으로의 모든 글쓰기가 이루어지며, 이것이 그러한 사고의 구조 내에서 명백하지 않을 수 있음에도 불구하고 그러하다.

포스트구조주의는 주로 주체의 탈중심화(주체는 더 이상 단일한 존재가 아니라 여러 담론적 위치의 집합으로 보임), 그리고 역사적 목적론(인간 진보를 목적이 있는 상승 행진으로 보는 관점)의 거부에 초점을 맞춘 것으로 이해할 수 있다. 이는 응용언어학에 중요한 영향을 미쳤다.[9] 부쉬(Busch 2012, 2013, 2015)의 생생한 언어적 경험(Spracherleben)에 대한 설명[우리가 어떻게 언어를 경험하는지에 대한 상호작용이론적(제3자), 포스트구조주의적(제2자), 현상학적(제1자) 관점을 결합한 우리가 언어를 경험하는 방법에 대한 설명]이 이러한 영향의 최근의 한 예이다. 맥나마라(McNamara 2015: 475)는 응용언어학자로서 "현재 우리가 직면하고 있는 가장 중요한 도전"은 "응용언어학을 위한 혁명적 변화"를 구성하는 "포스트구조주의로 대표되는 응용언어학에 대한 도전을 충분히 인식하는 것"이라고 제안한다. 맥나마라(2015: 475)

는 "포스트구조주의에 의해 제기되는 이론적 비판은 멀리까지 이르는" 것이라고 제안한다. "제2언어 습득, 다언어 연구, 언어 및 정체성 연구, 장르 연구, 언어에 대한 평가 등 응용언어학의 많은 분야에 대한 함의를 지닌다"라고 말하였다. 그리고 이러한 설명은 모두 언어, 권력, 몸에 관한 것이다. 위던(Weedon 1987: 32)이 설명한 것처럼, 중요한 점은 포스트구조주의적 입장에서는 담론과 사회 권력이 "자본과 노동의 관계로 환원될 수 있다"고 가정하지 않는 것이다. 더 흥미로운 방향은 포스트구조주의를 패러디하는 것도 아니고, 신자유주의 이데올로기에 동조한다고 제안하는 것이 아니라, 물질적 관계를 어떻게 이해해 나가는지에 대한 의문을 제기하는 것이다.

베넷(Bennett 2010a: pxvi)이 우리에게 상기시켜 주듯이, 우리가 구유물론(계급과 경제는 여전히 중요하다)을 거부할 필요가 있는 것이 아니라 '인간 중심주의에 대한 끈질긴 저항'은 '역사적 유물론'와 함께 '생기적 유물론'에 대한 대안적인 사고방식을 열어 준다. 포스트구조주의가 우리에게 준 교훈을 바탕으로 유물론과 현실에 대해 어떻게 생각할 수 있는지에 관한 새로운 사고를 가지고, 유물론, 생기주의, 체화되고 내포된 용어로 포스트휴머니즘적 주체를 재고함으로써(Braidotti 2013), 포스트휴머니즘은 포스트구조주의가 시작한 도전, 즉 마르크스에서 프로이트, 니체까지 이어져온 휴머니즘의 근본적 가정을 이루는 긴 사고의 역사에 대해 의문을 제기한다. 여기서 나는 포스트구조주의에 찬동하거나 반대하는 것이 아니라 유럽 중심적 인간 개념을 약화시키는 사상의 복잡성을 이해하고, 응용언어학자로서 우리가 (실천과 대조되는 것이 아닌) 이론과 적극적으로 소통할 필요가 있음을 강조하는 것이다. 응용언어학에서 포스트구조주의의 역할에 대해 더 통찰력 있는 작가들이 제시했듯이, "지식과 권력의 포스트구조주의 이론(Kramsch 2015: 458)"이나 "다양성, 변이, 변화에 초점을 맞춘 언어 사용의 포스트구조주의 이론(462쪽)"에 대한 가능성은 응용언어학 연구에 있어 중요한 길이다.

인간예외주의를 넘어

포스트휴머니즘은 인간이라는 것이 무엇을 의미하는지에 대한 여러 질문을 포괄하는 넓은 용어이다. 트랜스휴머니즘 사상은 특히 인간 증강의 영역에 초점을 맞춘다. 새로운 팔다리, 눈, 기억, 장기의 부착으로 인간의 신체 능력이 개선될 수도 있고 동맥이나 뇌 기능의 감소가 중단될 수도 있다고 생각하면 그러한 것들은 인간에게 어떤 의미가 있을까? 인간은 끊임없이 개선 될 수 있다는 엑스트로피언(extropianist)의 관점과 연계하여, 인류를 초월하는 것(인간을 개선하기 위한 유전적 조작), 인간 증강(인간이 할 수 있는 것을 개선하는 기술), 인간의 수명 연장(노화에 따른 신체적 쇠퇴의 복구), 인간 변형(인간을 아바타와 같은 실리콘 기반 혹은 가상 플랫폼으로 옮기는 것) 또는 인간 통합(인간을 공동 진화하는 더 큰 세계의 본질적 부분으로 보기) 등 이러한 사고는 많은 갈래로 나뉜다. 여기서 탄소와 실리콘의 큰 분열(Fuller 2011: 78)은 우리가 동물의 몸에서 작용하는 지적 능력을 가진 존재인지(Kurzweil 1999, 2005) 아니면 지금 지성을 가진 동물로 분류되는지(Singer, 1975, 1999)에 대해 생각해보도록 우리를 이끈다. 다 빈치가 그린 완벽한 원 안에 둘러싸인 남성 인간의 이미지인 비트루비우스 인간이 유럽인들의 자기 표상의 모델이 되고, 반휴머니즘 및 포스트휴머니즘 담론에서 반대의 초점이 된 것 대신에, 미첼(Mitchell 2003: 39)은 우리가 "공간적으로 확장된 사이보그"가 될 것을 제안한다. 이것은 "나는 연결하므로 나는 존재한다(I link, therefore I am)"(Mitchell, 2003: 62)라고 하는 포스트데카르트 세계이다.

이 넓은 관점에서 본 트랜스휴머니즘 사상은 여기서 일부 논의되는 배경을 형성한다. 인간을 인간으로 만드는 것이 어떤 의미인지에 대한 이전의 가정에 대해 인간 증강과 융합 기술이 중요한 질문을 제기하는 방법을 생각해보는 것은 언제나 가치가 있다(우리는 사이보그와 더 넓은 생태계에 인류를 통합하는 것에 대해 다각적으로 재고할 것이다). 그러나 이 '계급주의자와 기술 중심 운동(Ferrando 2013: 28)'[46]은 이 책의 주요 초점이 되지 않을 것이다. (울트라휴머니즘, 메타휴머니즘 등과 같은) 포스트휴머니즘 사상의 다른 여러 가닥들 중에서 응용언어학이 가장 관심을 가지는 것은 인간 중심주의에 비판적이고 페미니즘적 포스트휴머니즘적인 도전(포스트-인간 중심주의)과, "이 보편주의적 자세에서 인간 행위자를 분리하여 구체적인 행동에 대해 책임지게 하는" 방향으로 보다 구체적인 휴머니즘에 대한 입장을 취하는 것들(반휴머니즘)이다(Braidotti 2013: 23). 바로 이것들이 이 책 속 많은 논의의 배경을 형성하며, 나는 "자율적이고 자기 결정적인 개인 행위자에 대해 생각하는 전통적인 휴머니즘적 방식

46 계급주의(classism)는 계급 사회에서 개인의 사회적, 경제적 위치가 그들의 가치를 결정한다는 사조이며, 기술 중심주의(technocentrism)는 과학 기술을 통해 생태학적 문제를 효율적으로 해결할 수 있다는 입장을 가리킨다.

을 넘어서 인간 자체를 다른 생명 형태와 공동 진화하는 아상블라주로, 환경과 기술과 얽힌 채로 다루려는 비판적 포스트휴머니즘 형태를 지향한다"(Nayar, 2014: 4).

이 장에서 보여 주었듯이, 포스트휴머니즘, 휴머니즘, 종교, 과학, 유물론, 인문학 또는 사회과학 사이의 관계를 설정하는 것은 복잡하다. 이러한 개념들은 서로 겹쳐지고, 상호 침투하며, 정적이거나 단순한 대립으로 볼 수 없다. 그러나 내가 여기서 추구하고 있는 포스트휴머니즘은 휴머니즘과 종교, 권리, 이성 또는 인정과의 관계를 명확히 하는 것에 덜 의존한다. 내가 추구하는 포스트휴머니즘에서 더 중요한 것은 인간다움의 담론적 생산이다. 이것은 "인간의 특별함에 문제를 제기하면서 우리가 살아 있는 것과 살아 있지 않은 것을 포함한 다른 생물들 사이에서 인간의 차별적 구성과 차별적 위치에 대한 역할을 책임지는 것"에 관한 것이다(Barad 2007: 136). 이것은 언어학과 응용언어학에 중요한 함의를 지닌다. 왜냐하면 이것이 인간을 비인간과 분리시키는 것이 언어라고 주장하며 인간 중심주의를 유지하는 데 중요한 역할을 했기 때문이다. 언어, 인간 그리고 우리의 주변 사이의 이러한 관계에 대해 생각하는 방식을 바꾸면 언어와 사고가 어떤 위치에 있는지에 대해 생각하는 방식이 바뀐다. 내가 다음 장을 통해 돌아보고자 하는 것은 분산 언어와 인지에 대한 고찰로서, 인간과 비인간, 내면성과 외면성 사이의 경계를 다시 생각하기 시작할 때 자원과 레퍼토리와 같은 개념들이 어떻게 될지를 묻는 것이 된다.

미주

[1] 비록 유럽에서 꽤 긴 기간 동안 이어진 상대적 비폭력이 인간 본성의 비폭력적 경향에 찬성하는 핀커(Pinker 2011)의 주장과 일치할지라도, 세계에서의 유럽이 가한 폭력의 역사는 인정될 필요가 있다.

[2] 또 다른 사고 노선은 계급, 인종, 성별에 초점을 맞추는 것이 개인의 중심성을 무시함으로써 휴머니즘를 배반한다고 본다(Good 2001). 이러한 관점에서 보면 휴머니즘은 유럽의 개인주의와 고급 문화로의 회귀를 통해 회복될 수 있다.

[3] 테렌스(Terence)의 '인간에게는 낯선 것이 없다(Humani nihil alienum)'는 것은 최근에 나도 선출된 호주 인문학 아카데미(Australian Academy of the Humanities)의 모토이기도 하며, 나 역시 어떤 면에서는 이 모토에 구속된다. 포스트휴머니즘 아카데미는 가능하지 않았다.

[4] 나는 도미니크 에스티발(Dominique Estival)이 (여기서의 내 주장 중 일부에 동의하지는 않았지만) 이 점을 분명히 한 것에 대해 감사한다. (이 장의 초기 버전에 대해 비판하며) 그녀가 설명한 바와 같이 라 마르티니크의 노예였던 (1852년 해방된) 그녀의 증조할머니(폴린 샬로노, Pauline Chalono)는 항상 인권을 가지고 있었다. 이것이 노예 제도에 의해 심각하게 침해되었을 수도 있지만, 그녀에게 그러한 권리가 없었다거나 그 권리가 부여되지 않았던 것은 결코 사실이 아니었다. 권리는 양도할 수 없는 것이다.

[5] 극히 보수적인 전 호주 총리 토니 애벗은 2016년 1월에 있을 자신의 결혼에 대한 견해를 표명할 좋은 장소를 찾았다.

[6] 윌슨은 법무장관 조지 브랜디스(George Brandis) 상원의원에 의해 임명되었는데, 그는 상원에서 "대중은 편견을 가질 권리가 있다(Griffiths 2014)"고 주장했다. 윌슨은 2016년 초 호주 의회에 출마하기 위해 사임했다.

[7] 루독은 2004년 결혼 법률 개정 법안을 도입했는데, 이는 결혼을 남성과 여성 간의 것으로 정의함으로써 동성 결혼이나 시민 결합(civil union)에 대한 가능한 법원 판결을 선제적으로 차단했다.

[8] 언어학자들은 더 이상 구조주의자라는 이름을 사용하지 않을 수도 있지만, 언어의 수만큼이

나 많은 학파를 만들어냈다. 그러나 그들이 여전히 구조주의자임은 분명하다. 그들은 답을 찾기 위해 체계를 구축하고 있기 때문이다(McNamar, 2015).

[9] 위도우슨(Widdowson 2015: 127)이 O'Regan의 영어를 국제 공용어(lingua franca)로 다루는 논의에서 나타난 "인식론적 불관용"과 "책임 있는 비판적 사고의 부재"에 대해 신랄하게 비판한 것은 유감이다. 이는 O'Regan의 정치 및 포스트구조주의 사상에 대한 이해가 최근의 많은 다른 많은 설명들보다 훨씬 더 정교한 이해를 나타낸다는 점을 간과한 것이다.

제3장

분산 언어, 공간적 레퍼토리 및 기호적 아상블라주

Chapter 03
분산 언어, 공간적 레퍼토리 및 기호적 아상블라주

수중에서 길 찾기

스쿠버 다이버의 경우, 수중 항법[47]은 특히 (보트로 돌아가야 하기 때문에) 보트에서의 잠수에서 중요한 관행이다. 다이빙은 다이빙 마스터 또는 강사가 수면에서 수중 지형(underwater topography)을 설명하는 브리핑으로 시작한다. 이 과정은 화이트보드에 간단하게 그린 지도를 통해 이루어질 수 있다. 이 지도에는 특징, 조류, 방향을 나타내는 스케치와 최

---

47 수중 항법(underwater navigation)은 스쿠버 다이빙이나 프리 다이빙 같은 수중 활동을 할 때, 다이버가 수중에서 자신의 위치를 파악하고 목적지까지 경로를 찾아 이동할 수 있도록 돕는 기술이다. 이는 수중에서의 방향 감각을 유지하고, 출발점으로 돌아오거나 특정 지점을 찾아가기 위한 능력을 포함한다. 수중 항법은 보통 나침반을 사용한 항법, 자연 지형을 이용한 항법(예: 바위, 산호초, 모래 언덕 등 자연 랜드마크를 이용), 때로는 소리나 기타 특수 장비를 이용한 항법 등 다양한 방법을 포함할 수 있다.

대 다이빙 시간(분 단위 또는 남은 공기 공급/압력, 예: 500 psi/50 bar), 최대 다이빙 깊이(26m)와 같은 다양한 세부 정보가 표시된다. 또한 수면으로 돌아오기 전에 안전 정지(5m에서 3분)에 대한 알림도 포함된다. 이것은 공기 소비량, 수면으로 가고자 하는 의사 표시 및 잠수 중 발생하는 문제에 대한 신호를 보내는 데에 익숙한지와 같은 다양한 안전 점검을 수반한다. 브리핑은 다양한 손짓으로 수행될 수도 있는데, 예를 들면 남쪽으로 약 30m에 벽이 있다는 사실을 알릴 때는 벽을 향해 손을 펼치며, 모래 바닥으로 떨어지기 전에는 다른 손으로 바닥을 가리켜 깊이 25m를 지시한다.

이 정보를 실제 가시성, 어류, 모양과 색깔 등이 영향을 미치는 실제 수중 항법으로 전환하는 것은, 이데마(Iedema 2003)의 용어에 따르면 복잡한 재기화(Resemiotization)[48] 행위, 내가 했던 말로 옮기자면(Pennycook 2010) 재편성(Relocalization)이다. 이것은 의미를 다른 맥락에서 재창조하는 과정, 다른 의미들을 다른 맥락으로 재창조하는 과정일 뿐 아니라 물리적 공간에서 의미의 재분배이자 육체와 물리적 환경에 따른 의미의 재구성이다. 허친스(Hutchins 1995)가 우리에게 상기시켜주듯이, 지도는 우리가 있는 물리적 공간을 이해하는 데 도움이 되는, 세계에 대해 저장되고 측정된 정보의 저장소이다. 정립된 지도(그림 3.1에서 볼 수 있듯이, 구석에 우리가 다이빙하는 섬이 포함된 더 큰 지도가 작게 프린트되어 붙어 있다)와 같이, 이러한 정보는 수집되고 정리되고 시간이 지남에 따라

48 재기화(resemiotization)는 기존의 기호나 의미에 새로운 의미를 부여하거나, 기존의 의미를 새롭게 조직화하는 과정을 나타낸다. 이는 문화나 사회의 변화, 새로운 기술의 도입 혹은 다양한 사회적 상황에 따라 기호체계가 변화하고 새로운 의미를 생성하게 되는 것을 말한다.

상당한 노력을 통해 검증되었다. 이러한 정보는 최근의 다이빙 경험이나 다른 다이버로부터 수집된다. 모든 종류의 정보와 지식이 지도에 투입되며, 그 지도의 표현과 해석을 통해 우리가 그 장소에 대해 어떻게 생각하고, 우리가 수중 지형에 어떻게 관여할 것인지가 조직된다.

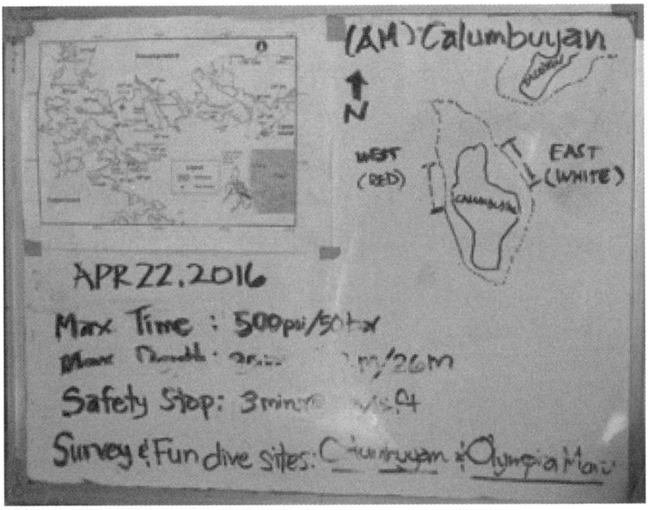

3.1. 다이빙 전 브리핑 지도

일단 물속에 들어가면 다른 많은 요소들이 연관되어 있다. 한 가지 분명한 수중 항법 도구는 나침반이다. 한 방위를 잡고, 그 정반대에 다른 방위를 둔다(물론 실제 다이빙은 훨씬 더 복잡하다). 다이빙 시간과 기압 모니터링은 또 다른 수중 항법 요소(한 방향으로 20분 또는 탱크 압력이 100바[49]가 될 때까지)이다. 다이빙 콘솔은 일반적으로 잠수 길이(시계 혹은 다이빙 컴퓨

49 바(bar)는 압력의 단위로서 대기압의 약 1배에 해당한다.

터), 기압(압력 게이지) 및 방향(나침반)과 같은 중요한 정보를 제공한다. 거리는 개인이 핀으로 장구질을 할 때마다 얼마나 멀리 이동하는지에 대한 지식을 사용하여 계산할 수도 있다. 이러한 거리와 시간의 계산은 해류에 의해 복합적으로 영향을 받는데, 해류는 다양한 방법으로 관찰할 수 있다(일반적으로 물고기는 해류에 반하는 반면, 잡초, 연산호 및 다른 물체들은 해류에 따라 움직이는 것을 볼 수 있다). 또한, 더 직접적으로 몸으로 느낄 수도 있는데, 이를테면 장구질하기에 더 어려운 방향이 해류에 반하는 방향이다. 가장 분명한 수중 항법 보조 장치 중 하나는 바위나 산호의 형태, 해초 더미 또는 보미[50]를 비롯한 수중 환경의 특징과 같은 수중 지형이다. 물고기는 다이버처럼 주변을 살펴보는 데 관심이 있기 때문에 수중 항법을 돕는 데에 있어서 신뢰성이 떨어진다.

물리적 특징에 따라 잠수하는 것 자체는 환경의 변동성(모래, 바위, 해초는 산호 벽의 한 부분과 구별되기가 어려울 수 있다)과 가시성(맑은 물에서는 20m의 가시성이 있어 방향을 잡기 쉬운 반면, 어두운 흙탕물에서는 가시성이 5m 미만이며 방향 감각을 잃기 쉽다)에 의해 더 복잡해진다. 또한, 우리가 항상 적어도 한 명의 동료(버디)와 함께 다이빙한다는 사실도 중요하다. 그러므로 비록 수중에서의 의사소통이 비언어적으로 상당히 제한적이긴 하지만 함께 항법을 한다. 또한 종종 소리를 사용하는데, 소리는 물속에서 지상보다 더 멀리 전달되어 주의를 끌기에 더 용이

---

50 보미(bommie)는 호주 다이버와 서퍼들이 사용하는 용어로, 얕은 바위나 산호초 위로 파도가 부서지는 지역을 의미하는 원주민어 'bombora'에서 유래한다. 산호초의 일종으로, 조수가 낮을 때는 돌출될 수 있는 암초를 가리킨다.

하다(우리는 종종 소리를 내는 장치를 물속으로 가지고 가거나 공기탱크를 두드려 소리를 낸다). 경험자만이 할 수 있는 야간 다이빙을 할 때 우리는 불빛을 사용한다. 수중 항법(잠수를 시작했던 위치로 돌아가지 않으면 많은 문제가 발생할 수 있다)은 일련의 계측기와 측정값(시간, 기압, 깊이, 방향)을 사용하여 도표 또는 설명을 통해 들은 내용을 물리적 환경으로 재편성하는 것, 지형적 요소를 관찰하고 기억하는 것(암초, 산호 등), 산호초 구조(바다를 향하는 산호초와 육지를 향하는 산호초는 서로 다른 구조를 가진다)에 대한 지식을 활용하는 것, 신체적으로 방향을 잡는 것[해류를 느끼고, 수온을 감지하며(온도층), 물을 통한 속도를 측정함], 다른 다이버와 연락을 유지하고 의사소통하는 것(주시하고, 신호 보내기, 주의 끌기, 문제 모니터링)을 포함하는 일련의 관행들을 포함한다.

이러한 항법은 책의 여러 부분에서 언급된다(제5장에서 우리는 새와 다른 동물들의 항법 능력에 대해 논의할 것이다). 왜냐하면 그것은 인간과 다른 동물들이 그들 주변의 환경과 관련하여 어떻게 행동하는지에 대한 중요한 예시를 제공하기 때문이다. 가장 복잡하고 매력적인 항법 중 일부는 지도 없이 태평양의 광활한 지역을 항해한 미크로네시아 선원들의 항해이다. 일단 육지가 시야에서 사라지면, 그들은 카누가 별에 대해 고정되어 있고 주변의 섬들이 움직인다고 상상한다. 항해자들은 별의 방위와 관련하여 이렇게 상상된 섬의 움직임을 적용함으로써 보트 또는 카누 갑판에서 서서 자신의 관점에서 조작할 수 있는 항해 모델을 만든다. 서양과 미크로네시아의 서로 다른 항해 모델의 조직은 "개념적 내용의 조직과 물리적 세계가 제시하는 구조적 기회 둘 다에 의존한다(Hutchins 2005: 1569)." 허친스의 분석은 '개념적 모델'과 '사고를 위한 물질적 자원'

사이의 이분법이 도움이 되지 않는다는 것을 보여준다. 우리의 개념적 모델의 일부 요소(예를 들어 별의 위치)는 독립적으로 존재하는 물질적 자원일 수 있다.

특히 항법과 같은 활동에서 우리의 인지에는 이러한 물질적 고정물(anchor)이 포함된다. 다이빙을 할 때, 배에서 20m 떨어진 바위 사이에 자리 잡고 있는 닻의 물질성은 종종 우리가 안전하게 귀환하였다는 것을 알려 준다. 하지만 여기서 중요한 것은 이 물질적 닻이 어떻게 우리의 인지의 일부가 되는가 하는 것이다. 허친스(Hutchins 2005)가 지적했듯이, 예를 들어 나침반 바늘이 결정적인 요소라고 가정하는 것은 실수이다. 오히려 더 중요한 역할을 하는 것은 나침도(Compass Rose, 방향을 나타내는 표시)[51]이다. 항해자로서 우리는 이 나침도를 우리의 사고의 일부로 사용했다. 항해하는 동안 기본적인 항해 기술은 조종타에 있는 사람의 유리한 위치에서 볼 수 있는 배의 방위를 알아내는 것이다. 우리는 스탠션, 윈치, 슈라우드[52]와 같은 다양한 도구를 선택하는데, 예를 들어 항구의 슈라우드를 지나는 보트가 배의 방향에 비해 약 320도에 있다는 것을 알 수 있도록 나침도에서 방위를 표시한다. 그런 물질적 고정 장치는 어떤 의미에서 나침도의 2차 형태다. 이것은 또한 컴퓨터의 GPS와 지도 소프트웨어와는 매우 다른 종류의 마음의 확장이다.

---

51 나침도는 해도나 나침반 등에서 동서남북과 같은 방향을 지시하는 지표로, 방위표라고도 불린다.

52 스탠션(stanchion)은 선박에 사용되는, 주로 금속으로 된 지지대를 의미한다. 윈치(winch)는 무거운 물건을 끌어당기는 도구로, 권양기나 크랭크로도 불린다. 슈라우드(shroud)는 돛대를 지탱하는 장비의 일종이다.

확장 인지와 분산 인지 분야의 연구자들은 그들의 연구를 포스트휴머니즘적 사고와 연결시키는 일은 거의 없지만, 여기서 내가 말하고 싶은 주장은 언어와 인지가 우리 주변에 분산되어 있다고 이해하는 것이 사고 과정에서 인간의 뇌를 비중심화하는 데 도움이 된다는 것이다. 허친스(1995: 288)는 '내적 및 외적 구조의 상호작용'을 논하면서 "내부 및 외부, 또는 개인과 맥락 사이의 경계가 완화되어야 한다"고 주장한다. 그는 "문화적으로 구성된 세계에서 개인을 우선적으로 다루는 것이 아닌, 개인을 인지 분석의 고립된 단위로 다루려는 시도에는 부작용이 있다"고 말했다(Hutchins 1995: 288). 이러한 관점에서 생각한다는 것은 공간적이다. 라투르(Latour 1999)가 말한 것처럼, (밖의) 세계와 (안의) 분리된 마음속에 갇혀 있다고 여겨지는 휴머니즘적 사고방식은, 인지와 언어를 분산된 것으로 보는 프레이밍에 의해 도전받는다.

이것은 새로운 유물론, 또는 행위자 연결망 이론(ANT)(Latour 2005)의 주장과 관련되는데, 어떤 사물이 행위 능력을 가지고 있다고(행위자가 된다고) 생각하는 것이나, '분산적 행위 능력(distributed agency)[53]'의 관점에서 생각하는 것이 유용할 수 있다는 것이다(Bennett 2010a: 21). 베넷(Bennett 2010a)은 이러한 사고의 씨앗은 사회과학에서의 구조와 행위 능력 간 논쟁(다양한 사회적 힘에 의해 실행된 인간의 행위 능력에 대한 제한)에서 볼 수 있다고 제안하지만, 이러한 구조들은 그 자체로 행위자로 보기에는 너무

---

53 분산적 행위 능력(distributed agency)은 사람뿐만 아니라 사물, 시스템, 환경 등 다양한 요소들이 상호작용하여 행동하고 의미를 생성하는 능력을 말한다. 이는 개인이나 그룹에만 국한되는 것이 아니라, 사회적 상황과 문맥, 기술적 요소 등 다양한 요인들이 상호 연결되어 행동하고 의미를 형성하는 것을 강조한다.

추상적이다. 대신에 우리는 (추후에 살펴볼) 아상블라주의 수준으로 나아가야 하며, 행위 능력이 "인간의 몸이나 인간의 노력으로만(만이 아니라) 생성된 집단에 국한된 능력이 아니라, 존재론적으로 이질적인 분야에 분산될 수 있다"는 방식의 이해로 나아가야 한다(Bennett 2010a: 23). 이는 행위 능력이 다양한 사람들 사이에 분산될 수 있다는 것을 주로 인정하려는 작업보다 휴머니즘적 행위 능력 개념에 대한 더 넓은 도전이다. 행위 능력이 개인과 일치한다고 가정해서는 안 된다(Enfield 2017). 포스트휴머니즘적인 관점에서 우리는 언어, 인지 그리고 행위 능력을 단순히 다른 사람들에게만 배분되는 것이 아니라 인간의 경계를 넘어 배분되어 있고 인간의 활동에만 국한되지 않는 세계에서 적극적인 역할을 하는 것으로 생각하기 시작할 수 있다.

사물이 행위 능력을 지닌 것으로 보인다는 제안은 도가 지나친 것처럼 보일 수 있다. 샤츠키(Schatzki 2002)의 경우, 행위 능력의 개념은 인간에게만 패러다임적으로 적용되어 왔으며, 다른 사물들에 이를 확장하기 시작하는 것은 사물이 인간 생활에서 활발한 역할을 한다는 점을 오히려 가리게 할 수 있다고 말한다. 샤츠키(2002: 201)에 따르면, ANT에서의 행위 능력의 확산은 "인간이 유일하게 행위 능력을 가지고 있는 존재라고 선언하는 잘못된 휴머니즘"에 지나지 않는다. 샤츠키(2002: 200)는 행위 능력과 의도성이 함께한다는 가정에서 오는 위험을 무릅쓰기보다는 '행위의 언어'가 같은 일을 성취할 수 있으며, "인간과 비인간 모두에게 편견 없이 적용 가능"하다고 제안한다. 반면에 누군가는 행위 능력이 있는 대상을 생각하는 것은 일반적으로 행위 능력이라는 개념이 의미하는 바를 바꾸는 것이라고 주장할 수도 있다. 예를 들어 확장된 마음은 확장된 자아와 "세계로 퍼져 나가는 행위 능력"을 의미한다(Clark&Chalmers 2008: 232). 인간만이 행위 능력을 가진다는 생각에 의문을 제기할 만한 충분한 이유가 있다면, 행위 능력에 대한 휴머니즘적 설명(의도성을 내포하는 것)을 더 광범위하게 적용하지 않도록 주의해야 한다. 샤츠키의 관행에 대한 집중(Schatzki 1996, 2001, Pennycook 2010) 또는 분산적 행위 능력에 대한 베넷의 주장(2010a)을 통해 우리는 사물이 행위의 일부가 될 수 있다는 것을 보기 시작할 수 있다.

확장 인지와 분산 인지

기계가 생각할 수 있는지, 달리 말하면 인간의 마음이 컴퓨터 프로그램과 같은지를 묻는 질문에, 썰(Searle 1986)은 그의 유명한 중국어 방 실험을 통해 튜링 테스트의 변형을 제안했다. 앨런 튜링(Alan Turing 1950)에 따르면, 기계가 생각할 수 있는지를 묻는 것은 기계가 지적인 활동을 할 수 있는 정도나, 외부인에게 지능적으로 보이는 정도에 기반한다. 만약 사람들이 기계와 사람 중 누가 답변을 제공하는지 구분할 수 없다면, 우리는 기계가 지능을 가지고 있다고 말할 수 있다. 튜링의 다소 외재화되어 있고 행동주의적인 입장[오늘날에도 여전히 뢰브너 상(Loebner prize)[54]에서 사용된다]은 썰의 내재화된 틀에 의해 다양한 방식으로 반박된다.

54 뢰브너 상(Loebner Prize)은 인공지능과 자연어 처리 분야에서 가장 권위 있는 상 중 하나이다. 이 상은 특히 대화형 인공지능 시스템의 발전을 촉진하고자 만들어졌다.

더 구체적으로, 썰은 컴퓨터가 지능이 있다고 간주될 수 있음을 주장하는 강한 인공 지능론에 대해 반대했다. 기계가 지능적일 수 있다고 주장하고 인공 지능이 기계와 인간 사이의 격차를 끊임없이 좁히고 있다고 제안하는 것은 복제할 수 없는 독특하고 분리된 인지를 가정하는 휴머니즘적인 추정을 위협하는 것이다.

썰의 중국어 방에서 그는 중국어 텍스트가 들어오고 중국어 답변이 나가는 방 안에 있다고 가정한다. 그러나 방 안에 있는 기계인 썰은 중국어를 모른다. 그러므로 결과물을 내기 위해 썰은 입력 텍스트와 출력 텍스트 간 일련의 규칙을 사용한다. 다시 말해서, 기계의 사고 부분은 실제로 그것이 무엇을 하고 있는지 이해하지 못한다. 썰은 이 비유를 사용하여 기계가 단순히 입력하면 작동하고 그 행위의 이해 없이 출력물을 생성할 수 있기 때문에 기계가 생각할 수 있다고 가정할 수는 없다고 주장한다. 이 주장은 여러 방향에서 큰 논쟁을 불러 일으켰지만 여기서 논의할 만한 흥미로운 점은 썰이 그 방 내부의 인간을 이해의 결정적인 중재자로 만드는 방식이다(인간이 영어의 '모국어 사용자'로서 중국어를 영원히 타자화된 언어로 다루고 있다는 문제는 일단 제쳐 두자). 이 입장에 문제를 제기하며, 허친스(Hutchins)는 그것이 문제의 측면을 다른 개체로 불필요하게 분리한다고 주장한다. 더 흥미로운 제안은 사실 전체 중국어 방이 "사회문화적 인지 시스템"으로서 생각을 한다는 것이다(Hutchins 1995: 362).

분산 인지의 관점에서, 방 안에서의 인간이 중국어를 모르는 것이 인지적 고립을 의미한다고 가정할 필요가 없으며, 이는 더 넓게 시스템 자체가 생각할 수 없다는 점을 의미하지 않는다. 허친스의 경우, 썰이 제기한 문제의 유용한 점은 "방 안에 있는 사람의 인지적 속성은 방 전체의 속성과 같지 않다(Hutchins 1995: 362)"는 것이다. 인지를 이해하려고 노력하는 데 있어서의 문제점 중 하나는 인지의 측면이 고립된 실험실에서 일어났다는 것이다. 제2언어 습득 연구에서 인지적 전환과 매우 유사한 문제가 발생했다. 언어가 입력의 반복으로 학습된다는 행동주의 가정을 거부한 인지주의 모델들은 인지적 고립에서(또는 가능하면 꾸며진 상호작용에서) 원자적 개인에 의해 획득되는 언어의 원자적 측면들(형태소 습득 순서가 좋은 예임)을 연구하려고 했다. 이는 행동주의에 대한 지나치게 외부화된 가정에서 고립된 인지의 지나치게 내부화된 관점으로 경도된 것이다. 허친스는 우리가 정말로 알아야 할 것은 '자연 상태에서의 인지'가 어떤 모습인지이며, 이는 '인지적 민족지학(Cognitive Ethnography)'[55]이 필요한 시도라고 주장한다(Hutchins 2005: 371).

확장된 마음이라는 개념은 인간의 사고에 대한 대안적인 이해에서 한 걸음 나아가 휴대전화와 같은 특정 물체와 도구가 어떻게 우리의 생각을 머리 밖으로 확장시킬 수 있는가 하는 점을 강조한다(Clark 1989, 2008). 여러 면에서 여기에는 새로운 것이 없다. 글쓰기에서부터 망원경과 시계의 사용에 이르기까지 인간은 여러 가지 면에서 새로운 기술을 통해 자신의 사고를 향상시켜 왔다. 미첼(Mitchell 2003: 38)은 새로운 통신 기술이 인간과 도시 공간 사이의 관계를 변화시키면서 우리는 우리 자신을 모바일 사이보그로 볼 수 있다고 제안한다. 그는 "내부 인지 과정과 외부 전산 과

55 인지적 민족지학(Cognitive Ethnography)은 인류학과 인지과학의 관점을 결합하여 문화와 인지 과정 간의 상호작용을 이해하는 연구 접근법이다. 이 연구 방법은 뇌의 작동, 인지 과정, 문화적 관행 및 상호작용에 대한 이론과 방법을 통합하여, 문화적 차이와 유사점을 이해하고 인간 행동의 근본적인 이해를 추구한다.

정" 사이에는 차이점이 없다고 주장한다. 그는 "우리는 스스로 구성하고 재구성하는 기계적, 전자적 도구 및 기타 확장 신체 및 저장소"를 통해 인지하고, 행동하며, 학습하고 있다고 주장한다. 현대 기술에 접근할 수 있는, 즉 모바일 기기의 접속이 가능한 세계의 많은 사람들은 "환경으로 확장된 인지 능력을 가지고 있으며, 사실상 무한한 메모리 저장소에 접근하고, GPS로 쉽게 길을 찾으며, 세계 어디에서나 누구와도 몇 초 안에 소통할 수 있다(Hayles 2012: 97)."

헤일스(Hayles 2012)의 경우, 우리가 디지털 기술을 사용하며 기계와 네트워크가 우리를 대신하여 복잡한 작업을 수행하는 방식을 이해함에 따라, 우리가 사용하는 공통 인터페이스(키보드)는 "타이핑을 하는 외부 장치가 아니라 자신의 생각의 확장처럼 보이기 시작한다"고 말한다. 이러한 형태의 체화는 "확장된 인지의 형태를 취하며, 인간의 행위 능력과 사고가 데스크톱 컴퓨터를 넘어 환경으로 확장되는, 더 큰 네트워크 안에 얽혀 있다(Hayles 2012: 3)." 클라크(Clark 2008: 70)의 '인식적 행위(Episte-mic Actions)'[56] 개념을 확장하여 "필요할 때 가장 중요한 정보를 제공하기 위해(Hayles 2012: 38)" 환경을 수정한다고 하였는데, 헤일스(2012: 98)는 그러한 행동이 "환경과 그 변화를 활용하도록 적응하는 인지적·체화적(cognitive-embodied) 과정을 수정한다"고 제안하고 있다. 예를 들어, 현대에 들어 아주 어린 나이부터 그 사용법을 배우고 있는 터치스크린 화면

56 인식적 행동(epistemic action)은 지식을 생성하거나 획득하기 위해 인지적 노력을 기울이는 행동을 의미한다. 이 용어는 지식을 획득하거나 표현하는 과정에서 개인이 취하는 다양한 활동을 설명하는 데 사용된다.

을 생각해 보면 된다. 이를 사용하는 행위는 우리가 지식에 접근하는 방식과 그것을 이해하는 방식을 모두 바꾼다. 따라서 우리는 새로운 유형의 체화된 경험(가상 현실), 새로운 유형의 인지 스캐폴딩[57](터치스크린) 및 새로운 종류의 확장된 인지 시스템(모바일, 비디오 게임)을 가지게 된다(Gee 2015b).

클라크(2008)가 지적했듯이, 확장 인지에 대한 반대는 사물이 인지 능력을 가질 수 없다는 것, 예를 들어 '연필은 생각할 수 없다'는 주장은 근본적으로 잘못된 이해에 기초하고 있다. 그는 연필이 일상적 인지의 일부일 수도 있다는 점을 지적한다. '의자는 행위 능력이 있는가?'나 '연필이 생각할 수 있는가?' 같은 질문은 (우리가 행위 능력과 사고 능력으로 의미하는 바를 근본적으로 바꿀 준비가 되어 있지 않다면) 실제로 추구할 가치가 없다. 그러나 의자가 우리의 사고의 일부로서 어떤 역할을 할 수 있는지 이해하고, 생동적인 아상블라주의 일환으로, 그리고 더 넓은 인지 과정에서 연필이 어떤 역할을 할 수 있는지를 묻는 것은 더 흥미롭고 실제로 더 연구할 만하다. 언어와 관련하여서도 마찬가지이다. 호박이나 망고가 생각을 하거나, 감정을 가지거나, 언어적 항목이라는 주장은 아니다. 하지만 아래의 논의에서 분명해지는 것은, 이들이 행위에서 역할을 한다는 것, 의미를 가지게 된다는 것, 기호적 역할을 수행한다는 것, 의사소통

57 스캐폴딩(scaffolding)은 학습 및 인지 발달에서 중요한 개념으로, 더 숙련된 다른 사람(교사, 멘토, 부모 등)이 학습자가 독립적으로 해결하기 어려운 문제를 해결할 수 있도록 임시적인 지원을 제공하는 과정을 의미한다. 이 용어는 원래 소비에트 심리학자 레프 비고츠키에 의해 개발된 사회문화적 이론의 일부로 소개되었으며, 학습이 사회적 맥락에서 이루어지고 지식이 사회적 상호작용을 통해 구성된다는 아이디어에 기반을 두고 있다.

의 일상적인 부분이 된다는 것, 시장을 거닐 때 우리를 호명할 수 (interpellate) 있다는 것이다. 따라서 이들은 공간적 레퍼토리와[58] 분산 언어의 일부가 된다.

클라크(2008: 218-219)의 경우, 일단 우리가 "내면적인 것, 생물학적인 것, 신경학적인 것"을 특권화하는 것을 멈추면, 우리는 인간의 마음이 "뇌, 몸, 사회적 및 물질적 세계에 대한 생산적인 인터페이스로 나타난다"는 것을 알 수 있다. 확장된 마음과 분산 인지는 모두 "인간의 인지는 비지역적(non-local)"이며, "뇌, 몸, 주변 환경을 포함하여 다른 인지자, 인공물, 사회적 관계 및 환경 구조를 포함한다"는 핵심 원리를 공유한다(Steffensen 2012: 186). 그러므로 확장된 마음은 개인보다 더 큰 공간적 규모로 작용하여 우리의 사고가 단지 머릿속에 있는 것 이상의 것을 어떻게 관여하는지를 보여 주지만, 분산 인지는 그러한 통찰력을 확대하여 즉각적인 시간과 공간에서의 이러한 인지적 여유뿐만 아니라 보다 광범위한 인지적 생태계를 살펴보게 한다. 마이클리언과 서튼(Michaelian & Sutton 2013: 6)이 설명하듯이, 인지는 "신경망 내부와 몸, 인공물, 사회 집단에 걸쳐 여러 방식으로 분산될 수 있다." 분산 인지는 가정된 중심에서 확장되는 인지의 한 종류가 아니라 모든 인지의 조건이다. 즉 "분산 인지는 모

58 공간적 레퍼토리(spatial repertoire)는 특정 공간 내에서 사람들이 다양한 방식으로 사용하는 언어적, 비언어적 자원과 관행을 가리킨다. 공간적 레퍼토리는 특정 장소나 상황에서 사람들이 어떻게 의사소통하고 상호작용하는지에 대한 복잡한 집합체를 포함한다. 예를 들어, 시장에서 사람들은 언어, 몸짓, 표정 등을 사용하여 상인과 고객 간에 의미를 전달한다. 이러한 다양한 의사소통 방식들이 모여 특정한 공간적 레퍼토리를 형성한다. 이 개념은 공간과 사회적 상호작용이 어떻게 연관되어 있는지를 이해하는 데 유용하며, 특정 장소나 상황에서 사람들이 사용하는 다양한 의사소통 자원과 방법을 분석하는 데 도움을 준다.

든 인지의 사례가 분산적 과정에서 발생한다고 보는 가정에서 출발한다(Hutchins 2014: 36)."

따라서 이러한 관점에서, 우리는 수중 항법에 관련된 인지 과정이 정신적, 육체적, 물질적 관행과 어떻게 연관되어 있는지 알 수 있다. 인지에 대한 보다 전통적인 접근(어쨌든 그러한 연구는 민족지학적으로, 수중에서, 잠수복을 입고 직접 접근하는 것이 아니라 오히려 육지에서 실험복을 입고 심적 격리를 통한 체화되지 않은 수단을 통해 접근하는 것)에서의 중점은 뇌가 어떻게 신체에게 행동을 명령하기 전에 여러 곳에서 받아들여진 자극을 처리하냐는 것이다. 확장된 마음의 관점에서 보면, 다이빙 컴퓨터나 수심측정기와 같은 장치들이 그들의 관심을 끌 것이다. 그것들은 우리를 대신하여 우리가 해야 할 사고를 해 준다. 분산 인지의 관점에서 볼 때, 인지 과정의 일부가 되는 것은 더 넓은 수중 세계이다. 항법은 거리, 압력 및 시간을 이해하고 계산하고, 바위, 산호 및 모래를 인식하고, 해류, 속도 및 수온을 느끼고, 다른 다이버들을 감지하고 그들과 의사소통하며, 우리 주변의 물질적 닻을 사고의 일부로 사용한다.

이러한 관점에서 생각하는 것은 포스트휴머니즘적인 관점을 더 열어가는 데 중요한 함의를 가지고 있지만, 여기에서 도대체 언어는 어디에 자리 잡고 있을까? 클라크와 챌머스(Clark & Chalmers 2008: 232)의 경우, 언어는 "내장 장치(onboard devices)[59]로는 할 수 없는 방식으로 인지를 확장하는 역할의 도구로서 기능한다"고 말한다. 인지를 확장하는 데 중요

59 내장 장치는 회로 기판에 내장된 하드웨어 구성 요소로, 컴퓨터공학에서는 마더보드에 통합된 그래픽 카드 등을 가리킨다.

한 도구로서 언어의 역할에 대한 이러한 틀은 도움이 되지만 언어를 도구로 비유하는 것 역시도 그 개념이 제한적이다. 스테펜슨(Steffensen 2012)이 지적했듯이 클라크와 허친스(Hutchins) 모두 인지에 대한 생각의 대안을 열어 주지만, 어느 쪽도 표상 체계로서의 언어에 대한 전통적인 견해를 벗어나지 못한다. 분산 언어에 대한 이해를 발전시키기 위해서는 언어에 대한 대안적인 사고방식으로 전환할 필요가 있다. 이를 위해 다음 절에서 언어적 레퍼토리(linguistic repertoire)에 대한 개념을 살펴보며, 언어의 지역성(locality of language)을 어떻게 이해할 수 있는지를 논의할 것이다. 그 후 분산 언어에 대한 논의로 돌아가고자 한다.

개별 궤도(혹은 개인의 경로, trajectories)에서 공간적 레퍼토리까지

레퍼토리의 개념에 대한 일련의 탐구(Pennycook & Otsuji 2014a, 2014b, 2015a, 2015b)를 통해 혼잡한 시장, 상점, 주방 그리고 식당을 살펴보면서 사회언어학적 레퍼토리는 지난 수십 년 동안 중심 무대를 차지해 온 사회언어학적 행위자의 개인적 역량보다는 공간적 배분, 사회적 관행, 물질적 체화의 측면에서 이해되어야 한다는 것이 분명해졌다. 사회언어학에서 레퍼토리의 개념은 1960년대 검퍼즈(Gumperz)와 다른 이들의 연구로 거슬러 올라가며 "사회적으로 중요한 상호작용 과정에서 규칙적으로 사용되는 언어 형태의 총체성"으로 설명되었다(Gumperz 1964: 137). 공동체 내에서 복수의 부호를 기술하기 위한 수단으로서 언어 레퍼토리 개념의 중요성은 "랑그 대신 실제 언어 사용"을 다루어야 하는 사회언어학적 필요에 근거하고 있으며, 연구자로 하여금 "동일한 언어 공동체에서 복수(複數)의 부호 또는 부호의 변종의 존재를 인식하도록" 요구한다(Giglioli 1972: 15).

그 시점부터 레퍼토리의 개념은 다양한 방식으로 사용되어, 가장 최근에 '포스트피시먼주의(post-Fishmanian)' 사회언어학의[60] 일부로서 다시 등장하고 있는데, 이는 이중 언어와 코드 혼용(code-mixing)이라는 굳은 표현에서 벗어나 사람들이 서로 다른 언어 자원을 어떻게 배치하는가에 대한 보다 유연한 설명으로 나아가고자 하는 욕망으로 볼 수 있다(Pennycook 2016a). 그러나 레퍼토리의 개념에 대한 이해의 어려움은 불확정적 언어 공동체의 개념(특정 언어적 관행을 공유하는 사람들의 집단에게 제공되는 모든 언어 선택지의 총체)과 개인(자신의 언어 생활사에서 얻은 모든 언어적 선택지의 총체) 사이에 불편하게 존재하고 있다는 것이다. 플랫과 플랫(Platt and Platt 1975: 36)은 "언어 공동체가 그 구성원으로서 적절하게 사용할 수 있는 언어 변이(linguistic varieties)의 레퍼토리"인 언어 레퍼토리(speech repertoire)와 "특정 화자가 사용할 수 있는 언어 변이"인 발화 레퍼토리(verbal repertoire) 사이를 구분 지었다. 이 용어는 큰 관심을 끌지 못했으나, 번스타인(Bernstein)의 레퍼토리(어떤 개인이 소유한 전략 세트와 그것의 유추적 잠재력)와 저장소(reservoir, 공동체 전체의 총 세트와 그 잠재력)의 구분에도 위

---

60 포스트피시먼주의 사회언어학은 피시먼(Fishman, Joshua)의 연구를 기반으로 발전한 사회언어학의 한 분야로, 그의 이론을 확장하거나 재평가하여 새로운 방향으로 발전한 연구들을 포함한다. 이는 언어 유지 및 소멸, 언어와 정체성, 언어 계획과 정책, 비판적 사회언어학, 다양한 방법론 등을 다루며, 언어와 사회의 관계를 보다 깊이 있고 다각적으로 탐구한다.

와 비슷한 생각이 나타난다(Bernstein 2000: 158).

일부 사회언어학자들이 이 긴장을 인식하고 이를 다루기 위한 용어를 제안했지만, 더 광범위한 합의는 워도(Wardaugh 1986: 129)의 제안을 따르는 것 같다. "'언어 레퍼토리' 개념은 개인에게 적용될 때 가장 유용할 수 있다. 우리는 이를 개별 화자의 의사소통 능력을 설명하는 데 사용할 수 있다. 그러면 각 사람은 독특한 언어 레퍼토리를 가지게 될 것이다." 이는 사회적 언어 사용이 개인화된 언어 능력이라는 개념에 포함되기 시작한 순간이었는데, 내재화된 언어 능력이 사회언어적 차원을 포함하는 것으로 여겨지게 된 때이다. 보다 최근의 사회언어적 지향점은 현재의 이동성 및 파편화 조건에서 공동체 개념의 가능성에 대해 의문을 제기하며, 레퍼토리의 기원으로서 개인과 그들의 생애 역사에 초점을 맞추어야 했다. 이는 레퍼토리의 개념을 고정적으로 유지할 수 있는 일관성 있는 공동체가 없기 때문이다. "레퍼토리는 개인적이고, 생애적으로 조직된 자원의 복합체이며, 실제 인간 삶의 리듬을 따른다(Blommaert & Backus 2013: 15)." 라임즈(Rymes 2014: 9-10)의 의사소통 레퍼토리(communicative repertoire) 개념은 "개인이 참여하는 여러 공동체에서 효과적으로 기능하기 위한 언어와 다른 의사소통 수단(제스처, 옷차림, 자세, 액세서리)의 모음으로서, 그들이 참여하는 다양한 공동체에서 효과적으로 기능하는 방법"을 확장하지만 기호적 자원의 레퍼토리를 개인적으로 배치하는 것에 초점을 맞춘다.

그러나 더 큰 질문은 언어에 대한 사회적 이해로 돌아갈 방법이 있는지가 아니라, 개인과 사회의 휴머니즘적인 이상들(Latour 1999)의 말을 빌리면, '여기' 또는 '저기' 사이를 맴돌며 이 틀에 어떻게 갇혔는지에 대한 것이다. 체화되고, 내포되고, 확장되고, 실행되는 언어에 대한 보다 포스트휴머니즘적인 설명을 취하는 것은 (단순히 사회적이거나 개인적인 것 이상으로) 언어가 분산되는 방식을 재고하는 데 도움이 될 수 있다. 온라인과 대면 상호작용에서 레퍼토리 개념을 밝히기 위해 설계된 연구들에서, 언어적 레퍼토리(linguistic repertoire)가 개인 또는 공동체에만 존재한다고 보는 것은 사용되는 자원의 다양성을 충분히 설명하지 못한다는 것이 명확해졌다. 몽골과 방글라데시의 젊은 성인들에 의한 온라인 및 오프라인 의사소통에 관한 연구(Dovchin et al. 2015; Dovchin et al., 2018; Sultana et al. 2015)는 온라인 및 오프라인 환경의 상호작용자들이 단순히 참여자가 아니라 네트워크 전반에 분산된 기호학적 자원임을 시사한다. 텍스트, 인공물, 관행 및 기술의 네트워크 측면에서 생각하기 시작하면(Gourlay et al. 2013), 온라인과 오프라인, 실제와 가상, 종이 텍스트와 스크린 텍스트 사이의 구별은 언어적 그리고 문화적 아상블라주 사이의 관계에 대한 이해보다 훨씬 덜 중요하다.

언어적 자원은 몽골어와 방글라어 같은 제1언어의 분명한 맥락이나 학교에서와 대중문화를 통해 접하는 주요 언어(영어)로부터만 가져오는 것이 아니다. 튀르키예어, 힌디어, 한국어, 독일어, 일본어 등도 모두 등장하며, 이들은 발리우드 영화에서부터 스모 레슬링에 이르기까지 다양한 대중문화 형태와 연결된다. 이러한 자원에는 다른 다양한 기호적 장치들도 포함된다. 예를 들어, 젊은 몽골 여성 알타이(Altai)가 페이스북 상태를 "Ai syopping @ Louis Vitton… güzel çanta…"로 업데이트할 때를 보자. 콩글리시를 음역한 Ai syopping(아이 쇼핑: window shopping을 의미함), 온라인 상징 @를 사용해 프랑스 핸드백 매장 루이 비통에 있는 그녀의 위치를 나타내고, 튀르키예어로 güzel çanta(멋진 가방)를 사용함으로써, 그녀는 창문에서 가방을 보면서 자신의 부르주아 소비자 정체성을 나타내는 것뿐만 아니라 울란바토르의 튀르키예 고등학교에서의 배경과 한국 드라마에 대한 그녀의 관심을 활용하고, 온라인 상호작용의 다면적(multimodal), 다중공간적 어포던스를 갖는다.

또 다른 몽골인의 페이스북 게시물(Sultana et al., 2015) “Zaa unuudriin gol zorilgo bol ‘Oppa ajaa ni Gym-yum style’ Guriinee kkkkk”(“좋아, 오늘의 주요 목표는 ‘오빠, 언니는 짐얌스타일’. 파이팅! ㅋㅋㅋㅋㅋ”)는 온라인, 공간적 그리고 물질적 자원의 포스트휴머니즘적 어포던스의 중요성을 지적한다. 체육관에서의 셀카(기호학적 잠재력이 높은 도구)와 함께, ‘강남스타일’에 대한 장난스러운 상호텍스트적 참조(짐과 얌으로 변환된)(Sultana et al., 2013), 한국어인 Oppa(오빠)와 몽골어인 ajaa(언니)의 장난스러운 재해석이 공존한다. 한국과 몽골의 네티즌들 사이에서 인기 있는 의성어 kkkk, 그리고 현대 몽골 청소년 속어(Guriineee: 파이팅!)의 사용이 보인다. 횡단언어적(translingual) 자원이 이러한 온라인 상호작용의 한 부분을 형성하지만, 마찬가지로 중요한 것은 소리의 사용, 감정 표현 및 대중문화의 특정 장르와의 관련이다.

그러한 맥락에서 레퍼토리의 개념은 결과적으로 개인 또는 공동체의 역량보다는 온라인 공간의 창발적(emergent)이고 상호작용적 어포던스로 이해될 수 있다. 이러한 관점에서 디지털 문해력은 인간적, 비인간적 자원의 조작(Gourlay & Oliver 2013)을 통해 협력적으로 생산되는 사회적 관행으로 이해할 수 있다. 온라인 활동은 자원의 특정 분산을 허용하지만, 온라인과 오프라인 맥락(Thorne 2013)은 상호작용하는데, 오프라인 경험을 온라인(예를 들어, 쇼핑 또는 헬스장)과 연관시키고 온라인 생활에 대해 오프라인(일상 대화)에서 이야기한다. 실제로, 온라인 환경이 일상생활과 점점 더 통합됨에 따라(모바일 기기는 일상적인 상호작용의 일부분이 되었다) 온라인과 오프라인 사이의 구분이 점점 더 희미해지고 있다. 가상 레퍼토리가 일상에 통합되고, 일상이 온라인 맥락의 일부가 되었다.

분주한 부엌에서 언어적 자원과 공간적 자원의 상호작용을 관찰할 때 레퍼토리의 개념은 개인이나 공동체에 묶이기보다는 공간적으로 그리고 분산적으로 가장 잘 이해된다는 것이 명백해진다. 사람들, 언어 자원, 활동의 흐름으로 인해 시드니의 패트리스 피자(Patris Pizza) 레스토랑에서 주방을 언어 공동체(Pennycook & Otsuji 2014a)로 정의하기는 어렵다. 벵골어, 네팔어를 사용하는 네팔 출신의 니샬(Nischal)은 부엌에서는 "약간의 구자라티어, 펀잡어… 확실히 많은 인도어"와 "약간의 체코어와 슬로바키아어"를 사용하며, 부엌에서 주로 사용하는 언어는 폴란드어라고 주장하는 반면, 폴란드 배경의 두 형제인 크시슈토프(Krzysztof)와 알렉시(Aleksy)는 영어라고 주장한다. 그러나 이 공간에는 다른 자원들 역시 존재하는데, 인도 출신의 웨이터 자이데브(Jaidev)는 니셜(Nischal)에게 담배를 빌리며 힌디어와 영어의 자원을 사용한다. "Acha ye last pada hua hai?"("알았어, 이게 마지막 한 대 남은 거야?"), "It's alright."("it's all yours") 모차렐라나 포마지오 같은 음식 용어가 요리사들 사이에 예상대로 대화 중에 나타난다. 알렉시(Aleksy)의 콜롬비아인 여자 친구가 휴대전화로 전화한 후 니셜이 그를 놀린다. "Hola, como estas?"("뭐하고 있어 자기야?").이 바쁜 일터 안팎에는 다양한 기호학적 자원이 분산되어 있으며, 사람들(요리사, 서빙 직원, 전화 통화), 인공물(칼, 체, 접시, 재료)과 실천(씻기, 썰기, 요리, 서빙)의 궤적(trajecoties)에 의해 그것들이 교차된다.

이와 비슷하게, 도쿄의 작은 비스트로에서의 물리적 인공물과 활동들(음식과 접시를 가져오고, 작고 붐비는 식당으로 들어가는 것, 메뉴, 음식 주문, 음악, 와인병) 모두 Petit Paris[61]에서의 공간적 레퍼토리 역할을 한다(Pennycook & Otsuji 2014a). 짧은 시간 내에 나빌(Nabil)은 작은 식당을 돌아다니면서 셰프와 요리에 대해 말하고, 테이블 사이를 지나며, 고객들과 대화하고 ["sorry" "ごめんなさい"(죄송합니다)], 음식을 제공하며["ほたての carpaccio" (scallop carpaccio); "Voilà, bon appétit"(음식 나왔습니다. 맛있게 드세요!)], 빵 주문을("pain"), 그리고 다른 주문을("Encore une assiette") 전달한다. 다른 쪽에서는 또 다른 직원이 막 도착한 두 명의 새로운 손님을 맞이한다("Two people, and two people おねがいします"). 그가 테이블 사이를 이동하고, 주문을 받고, 식사를 배달하고, 직원에게 지시하고, 식당을 관리하면서, 나빌은 그가 사용하는 언어적 자원에 대해 어떤 개별적이고, 기능적인 방식으로도 짜이지 않는 다양한 작업들에 참여한다. 그렇다면 여기서 중요한 것은 레스토랑에서의 멀티태스킹, 언어 자원 그리고 공간적 레퍼토리에서 음식과 재료의 역할 사이의 상호관계다.

시드니에서 두 개의 혼잡한 시장 맥락으로 들어가면(Pennycook & Otsuji 2014b, 2015a), 우리는 상품 자체가 어떻게 행동의 중심이 되는지를

61 'Le Petit Paris'는 프랑스어로 '작은 파리'를 의미한다. 이 용어는 주로 다른 도시나 지역에서 파리와 유사한 분위기나 문화를 가진 지역을 지칭할 때 사용된다. 예를 들어, 미국의 몇몇 도시에 'Le Petit Paris'라는 지역이나 거리가 있다고 한다. 이런 지역들은 파리와 비슷한 아름다운 건축물이나 카페 문화, 예술적인 분위기 등으로 유명하다. 여기서는 Tokyo에 있는 '프랑스 타운'을 가리킨다.

볼 수 있다. 탈리브(Talib)와 무히브(Muhibb)라는 두 형제는 영어와 레바논 아랍어["tell him *arba wa ashreen* (tell him 24) I told him. He wants to try and get it for cheaper. Arba wa ashreen"(그에게 arba wa ashreen(24)이라고 말해. 나는 말했어. 그는 그것을 더 싸게 사고 싶어해. Arba wa ashreen)] 를 사용하여 고객과 서양호박 가격을 협상하며, 그들이 팔려고 하는 호박이 누렇게 변했다는 사실["Hadol misfareen. Misfareen hadol"(얘네들 노랗게 되고 있잖아 노랗게)]은 특히 몰타 출신의 고객이 노란색이라는 단어("'*Isfar*... we unders -tand *isfar* in Lebanese'")를 인지하면 재협상을 필요로 한다. 도쿄의 비스트로에서와 같이, 여기서도 언어적 자원과 인공물의 순환이 일어나고 있으며, 이는 모두 이 공간적 레퍼토리의 일부이다. 이러한 교환이 아침 일찍 일어나고 있는 것이 중요하다(아직 밖은 어둡지만 말이다.) 많은 직원들이 레바논 출신(전부는 아닌데, 직원 중 7명은 튀르키예인, 파키스탄인, 모로코인, 수단인-이집트인, 소말리아인, 필리핀인이다)인 거대한 시장 지역의 한 구역에서 고객은 몰타어와 아랍어 사이에 교차되는 몇 가지 공통적인 용어를 알고 있어야만 한다. 그리고 서양호박이 노란색으로 변하기 시작한 것 역시, 중요하다.

우리가 이러한 다양한 장소들을 살펴볼 때, 언어 실천이 더 넓은 공간적 레퍼토리에 내재되어 있다는 것이 명백해진다. 작은 시장에서 장사를 하는 인도네시아어, 호키엔어, 하카어, 광둥어, 만다린어, 영어 자원을 사용하는 청년(Pennycook & Otsuji 2014b)이 큰 녹색 쓰레기통 위에서 옥수수를 까면서 "乜都有, 捞埋一齊"(모든 종류의 언어가 함께 섞여 있다)라고 우리에게 말해 줄 때, 우리는 이러한 언어 자원이 어떻게 다른 레퍼토리의 공간적 구성과 교차하는지에 대해 고려해야 한다. 구매 및 판매, 흥정, 옥수수 까기, 상자 쌓기 등의 실천은 다양한 의미론적 실천을 동반한다. 노점에서 망고를 파는 여자가 손님에게 "呢呢呢呢...係呀,係呀.呢個色好食."(봐, 봐, 봐… 그래, 그래. 이 색깔이 맛있어)라고 강조할 때, 망고 그 자체, 그 색깔, 맛, 냄새가 행동의 일부가 되며 우리는 실제로 이 노란 망고들이 다른 사람들 또는 시장에서의 다른 어떤 것만큼이나 고객에게 질문을 던진다고 주장할 수 있다. 노랗게 변하는 호박(가격 하락)과 노랗게 변하는 망고(가격 상승), 시장 판매의 소음과 긴급함은 어떤 자원이 어떻게 사용되고 받아들여질지, 그래서 언제 어디서나 의사소통으로부터 차용될 수 있는 레퍼토리를 무엇이 구성하는지에 대해 중요한 역할을 한다.

분산 언어

일단 우리가 공간적 레퍼토리의 개념을 진지하게 받아들이면, 즉 언어와 다른 기호 자원이 누군가의 머릿속에 들어 있지 않고, 언어 공동체 안에서 이용 가능한 선택들도 아니며, 공간적으로 분포되어 있다는 생각을 진지하게 받아들이면, 우리는 언어를 인간의 머리를 넘어서 확장된 인지를 위한 도구로만이 아닌, 또한 '내장 장치'가 달성할 수 없는 것들을 수행하는 수단으로만이 아니라(Clark and Chalmers, 2008: 232), 훨씬 더 넓은 함의를 가진 개념으로서 언어를 이해하기 시작할 수 있다. 공간적 레퍼토리에 초점을 맞추는 것은 우리로 하여금 분산 언어라는 개념으로 되돌아가게 하며, 이는 언어를 내재적 체계나 개인적 언어 능력으로 보는 관점에 도전하고 대신 언어를 사람, 장소, 시간에 걸쳐 체화된, 내포된, 분산된 것으로 이해할 것을 제안한다. 이러한 초점은 카울리(Cowley 2012)의 설명에 따르면, 통합 언어학(Harris, 1998, 2009)[62]과 분산 인지(Hutchins, 1995)를 연결함으로써 등장했다.

통합 언어학자들은 언어에 대한 분산된 관점을 한동안 주장해 왔다. 표준적인 언어학적 가정(언어 기호가 자의적이라는 것, 단어에는 의미가 있다는 것, 문법에는 규칙이 있다는 것, 언어가 존재한다는 것, 의사소통을 위해 동일한 언어를 사용해야 한다는 것) 대신, 해리스(Harris 2009)와 다른 이들은 의사소통에 있어 더 넓고 분산된 형태의 언어를 주장해 왔다. 이는 (널리 이해된) 의사소통을 중심에 두고 언어가 반드시 이 과정의 중심이 되는 것은 아니라고 주장한다. 해리스(1990: 45)는 "언어학에서 언어의 존재를 이론적 장치의 일부로 가정할 필요가 없다"라고 지적했다.

---

62 통합 언어학(Integrational Linguistics)은 Roy Harris에 의해 제안된 언어학의 한 방향이다. 1980년대와 1990년대에 걸쳐 발전한 이 이론은 언어와 의사소통을 이해하는 데 있어서 근본적인 전환을 제안하였다. 통합 언어학은 언어가 고정된 코드나 시스템으로서가 아니라, 상황에 따라 변화하고, 사용자 간의 상호작용을 통해 형성되고 재형성되는 동적인 과정으로 보는 관점을 강조한다. Harris는 언어를 사용하는 행위가 문맥에 따라 결정되며, 의미는 특정한 사회적 및 문화적 상황에서 사용자들 사이의 상호작용을 통해 생성된다고 주장한다. 이는 언어 사용이 개인의 내면화된 역량이나 단순히 규칙을 따르는 것 이상의 것이며, 의사소통 상황, 참여자들의 의도, 그리고 상호작용의 역사 등 다양한 요소에 의해 형성된다는 것을 의미한다. 통합 언어학은 전통적인 언어학적 접근 방식, 특히 구조주의와 생성문법 같은 이론들과 대조되며, 언어의 사회적, 문화적, 인지적 측면을 더욱 포괄적으로 이해하고자 하는 시도로 볼 수 있다. 이 이론은 언어의 본질과 사용을 탐구하는 데 있어서 더 개방적이고 유연한 접근 방식을 취함으로써, 다양한 언어 현상을 설명하고 해석하는 새로운 길을 제시하였다.

이것은 우리가 언어를 볼 때 무엇이 중요한지 다시 생각해 볼 것을 촉구하는데, 이는 "정통 현대 언어학에 의해 정의된 '언어'의 개념이 사회적이든 개인적이든, 제도적이든, 심리적이든 어떤 결정적이거나 결정 가능한 분석 대상에 해당하는지는 불분명하기 때문이다(Harris 1990: 45)."

여기서 요점은 언어가 의사소통의 목적을 제공한다는 것이 아니라 훨씬 더 광범위한 기호적 가능성의 일부라는 것이다. 통합 언어학의 중심 목표는 언어에 대한 분리주의적 관점, 즉 의사소통이 이미 정해진 언어적 옵션 중에서 선택하는 과정이라고 가정하는 것을 거부하는 일이며, 대신 기호의 근본적인 불확정성을 받아들이고 의사소통이 무한한 기회의 집합이라고 보는 것이다(Harris 1996). 이는 카나가라자(Canagarajah 2013: 6)가 횡단언어적 실천을 이해하는 것과 다양한 면에서 비슷하며, "의사소통은 개별 언어를 초월하고", "의사소통은 단어를 초월하며 다양한 기호적 자원과 생태적 어포던스를 포함한다"고 제안한다. 그러나 해리스(2004) 자신은 분산 언어에 대한 아이디어에 큰 가치를 두지 않았으며, 확장 인지 및 분산 인지를 뒷받침하는 제한된 언어 이론들을 지적하고 통합의 중요성을 다시 한 번 강조했다. 즉 '통합하는 마음'이 대신 작동할 수 있으며, "통합주의 접근에서 핵심은 우리의 정신 활동이 실제로 우리의 신체 활동 및 환경과 함께 긴밀하게 연결되어 있다는 것"이라고 하였다(Harris 2004: 738).

그러나 해리스가 확장 인지 및 분산 인지에서의 언어에 대한 제한된 시각을 비판하는 것이 옳았음에도 불구하고, 그의 통합에 대한 강조, 즉 마음이 신체와 그 주변 환경과 통합되어 있다는 것은 마음이 단지 통합되는 것이 아니라 그 외부 세계의 일부라는 더 급진적인 외부성(externality)

의 단계를 취하지 못한다. 스테펜슨(Steffensen 2012)과 카울리(Cowley 2012)의 분산 인지와 통합 언어학의 융합은 우리를 통합 언어학보다 더 유용한 단계로 발전시킨다. 언어는 체계라는 개념으로 축소될 수 없고 매 순간의 활동과 연관되어 있으며 개별적인 인지보다는 사회적으로 형성된 인지적, 언어적 배경(niche)에서 그 역할을 수행한다. 이러한 관점에서 "동시적 '체계'가 아닌 언어는 외부 자원과 문화적 전통을 서로 연결시키도록 기능하는 조직의 한 형태이다(Cowley 2012: 2)." 단일 유기체에 포함된 언어로서의 체계에 초점을 맞추게 되면, "목소리, 몸짓, 인공물의 상호의존성(Cowley 2012: 2)"을 감추고, 활동과 실천의 핵심을 간과하며 "실시간 역학(real-time dynamics)을 배제한다(3쪽)."

상징 처리에 관한 데카르트적 관점에서 벗어나는 것은 인간이 상징적 존재이기 전에 신진대사적(metabolic) 존재라는 이해를 포함한다. 이러한 관점에서 언어와 인지는 한편으로는 (마음의 표상적 활동보다 훨씬 더) 체화되고, 내포되며, 실행되고 다른 한편으로는 (머리 밖의 세계를 포함한) 확장되고, 분산되고, 상황화(situated)된 것이다(Steffensensen 2012). 따라서 시장의 공간적 레퍼토리에는 분산 언어의 체화적, 내장된, 실행적 측면에 해당하는 다양한 언어, 방언, 사용역(register), 제스처, 마임(mime), 옷, 자세 및 신체적 수행(Blackledge et al. 2016)뿐만 아니라 분산 언어의 확장, 분산 및 상황화된 영역들인 인공물, 공간 및 감각 영역을 포함할 수 있다. 언어는 여전히 인간의 언어능력으로 이해될 수 있지만(5장에서 더 깊이 되짚어 볼 문제이다), 언어의 작동과 분포는 인간 내부와 인간 사이에서 발생하는 과정에만 국한되지 않는다.

결론: 생동하는 아상블라주를 향해

언어와 마음에 대한 휴머니즘적 개념화는 인간의 머릿속에 확고히 자리 잡고 있다. 우리는 다양한 맥락에서 생각하거나 말할 수 있지만 우리의 사고 과정과 언어 체계는 여전히 우리의 두개골 안에 위치해 있다(맥락은 대화가 일어나는 곳이지 대화 자체의 일부가 아니다). 감각적 또는 언어적 입력은 우리의 인지적 도구에 의해 처리되고 다시 행위나 출력으로 전달된다. 이 인지 샌드위치(cognitive sandwich, Hurley 1998) 접근 방식[인지는, 입력으로서의 지각과 출력으로서의 행위 사이의 채움재(filling)라는 접근]은 인지를 인간 밖으로 확장하여 그들의 물리적 및 사회적 환경으로 이해하려는 상황화된, 확장된 또는 분산된 인지에 의해 도전받고 있다(Waters 2012). 언어 발달에 대한 연구 중 너무 많은 부분이 위와 동일한 샌드위치식 접근으로 인해 고통을 받았다. 즉, 언어는 입력으로 들어오고 인지 샌드위치의 언어 지향적 부분에 의해 처리된 다음, 출력(말하기, 쓰기)으로 다시 세상에 보내진다는 접근 방식에 의해서 말이다. "이해 가능한 출력 가설(Swain & Lapkin 1995)"은 언어의 생산이 학습자로 하여금 지식의 격차를 인지하도록 하고 그에 따라 능력을 조정 및 개발하도록 돕는다고 주장한다. 만약 이 가설이 언어 습득은 이해 가능한 입력을 수용한 결과로 발생한다는 훨씬 더 환원적인 "이해 가능한 입력 가설(Krashen 1982)"의 발전이었다면, 두 이론 모두 언어가 머리로 들어가서(입력) 다시 나오기(출력) 전에 인지 샌드위치에 의해 처리된다는 견해로 인해 어려움을 겪는다.

썰의 중국인 방과 마찬가지로, 문제는 언어와 인지의 매우 축소된 형태에 초점을 맞추고 있다는 점이다(Pepperell 2003). 피네건(Finnegan 2015)

은 언어학의 주류에는 거의 의미가 없는 질문인 "언어는 어디 있는가?"라는 질문을 던지면서, 마음속의 언어에 초점을 둔 "인간다움의 본성과 운명에 대한 인지적 언어 중심 모델"이 음악, 춤, 또는 연극과 같은 많은 문화적 양식뿐만 아니라 "제스처나 그림, 조각, 소리, 촉각, 몸, 정서적 도구적 인간 생활의 차원" 등과 같은 중요한 점을 너무 많이 놓치고 있다고 주장한다(Finnegan 2015: 18). 이것은 단지 우리의 언어 모델에 비언어적 의사소통을 포함하거나 맥락이 언어 사용에 중요한 역할을 한다는 점을 인정해야 한다고 말하는 것이 아니라, 사건이 발생하는 중심을 이동시키고, 언어 사용이 언어 항목 간의 선택이라는 내부적으로 동기 부여된 과정이 아니라는 것을 제안하는 것이다. 즉, 샌드위치 속재료를 인지적으로 처리한 결과로 나온 흰 빵 같은 출력물이 아니라 장소, 사물, 감각, 신체를 포함하는 훨씬 더 분산된 과정이다. 언어뿐만 아니라 사람들은 "얼굴 표정, 제스처, 신체 방향, 공간적 지시, 움직임, 촉각, 이미지 그리고 홀(왕권 지팡이), 깃발 또는 총에서부터 의미 있는 의복, 청진기, 강단까지 다양한 물질적 객체를 이용한다(Finnegan 2015: 77)." 그리고 이것들은 모두 행위의 일부이며, 동시에 분산 언어의 일부이다.

이러한 관점에서 "인간은 자율적 주체로서 접근해야 하는 것이 아닌 광범위한 관계 체계 내에 위치하는 것으로 접근해야 한다(Ferrando 2013: 32)." 스리프트(Thrift 2007: 8)는 "세계가 많은 다양한 공간을 통해 서로 관계를 맺으며 만들어지는 모든 종류의 것들로 구성되어 있는 물질적 체계"에 대해 이야기한다. 물질적 환경은 우리가 상호작용하는 맥락으로 존재하는 것이 아닌 "공공 공간에서 인간과 비인간의 상호작용의 복합 생태가 사회성과 정치적 지향에 어떻게 작용하는지"에 초점을 맞춘다(Amin

2015: 239). 이것은 시간이 지남에 따라 스스로를 재현하기에 충분한 안정성을 얻은 반복적인 사회적 및 물질적 행위와 다른 행위자들과 동등한 무게를 부여받고 "구체화, 설정 및 흐름과 같은 하이브리드 아상블라주의 일부"가 되는 "사물의 광대한 유출(the vast spillage of things)"에 중점을 둔다(Thrift 2007: 9). 베넷(Bennett 2010a: 6)도 사물의 힘, 즉 "무생물이 살아나고 행동하는 극적이고 미묘한 효과를 만들어 내는 기묘한 능력"에 관심이 있다.

아상블라주라는 개념은 부분적으로 "행동과 열정, 서로 반응하는 신체의 혼합물에 의한 신체들의 집합"뿐만 아니라 "신체에 기인한 비현실적인 변형의 집단적 아상블라주"에 초점을 맞춘 들뢰즈(Deleuze)와 과타리(Guattari)의 연구에서 발전했다(Deleuze & Guattari 1987: 88).[1] 들뢰즈와 과타리의 경우, 아상블라주 개념은 어떤 사물의 성질에 대한 어느 이해에서든 상태와 변화의 성질을 결합할 필요성을 다룬다. 이들의 관심사는 '안정성과 변화 모두의 경향을 보이는 이종 물질의 단단한 결합'으로 아상블라주에 대한 이해도를 높이는 것이었다(Adkins 2015: 14). 그들의 작업은 변화를 강조하는 것으로 종종 여겨지긴 하지만 – 예를 들어 '되는 것(becoming)' 같은 개념이 널리 받아들여졌다 – 사물의 안정성과 언어 체계의 과도한 강조에 대한 반론의 일부였음을 인식하는 것이 중요하다. 사실 이 두 가지가 함께 고려되어야 하는데, 이는 에미 오츠지(Emi Otsuji)와 내가 주장한(Otsuji & Pennycook 2010) 고정성과 유동성 측면에서도 비슷하다. 우리는 유동성의 세계에서 사는 것처럼 보일 수도 있지만 고정성은 항상 작용하고 있다.

아상블라주는 "다양한 요소의 임시 집합체, 모든 종류의 생동적인 물질의 집합체"로 "살아 있고, 뛰고 있는 연합체"로 이해할 수 있다(Bennett 2010a: 23). 그것들은 "여러 종류의 모나드, 행위소(actant), 분자 및 기타 동적 '개별'의 다양한 지속성을 가지는 지속되는 변화의 배열"이다(Appadurai 2015: 221). 여기서의 초점은 특정한 순간에 특정한 것들이 어떻게 함께 오는지, "서로 얽힌 다양한 종류의 인간을 초월한 네트워크에서의 관계적 상호작용과 아상블라주의 효과, 시간과 공간에 걸쳐 퍼져 있을 수 있는 지저분하고 비일관적인 것들"에 대한 것이다(Fenwick & Edwards 2011: 712). '불안정한 지정학'에 따르면, 아상블라주는 한 가지 재료나 사건에 의해 중앙에서 통제되지 않는다:

> 아상블라주에 의해 일어나는 효과는 창발적 속성이다. 새로운 방식으로 강조된 유물론, 정전, 허리케인, 테러와의 전쟁과 같은 무언가를 일으키는 능력이 각각의 물질성이 단독으로 고려될 때의 생명력 합계와는 별개로 창발하기 때문이다.
>
> (Bennett 2010a: 24)

아상블라주는 사물들이 한데 모아지고 새로운 방식으로 기능하는 방법을 설명하고 있으며, 의식(consciousness, Pepperell 2003), 행위 능력(Bennett 2010a), 인지(Hutchins 1995), 언어(Cowley 2012)가 어떻게 모두 인간 중심주의를 넘어 분산된 것으로 이해될 수 있는지에 대한 새로운 사고방식을 제공한다.

기호적 아상블라주에 대한 이해(Pennycook 2017, Pennycook & Otsuji 2017)는 일상생활의 생동적이고 변화무쌍한 교류 속에서 한데 모이는 사물의 복잡성을 다룰 수 있는 방법을 제공한다. 다양한 맥락에서 사람들이 만든 언어적 선택으로서의 분리주의적 용어로 언어를 보는 대신, 시간과 공간의 특정한 순간에 특정한 아상블라주에서 모인 훨씬 더 넓은 범위의 언어적, 인공물적, 역사적, 공간적 자원으로 언어를 이해할 수 있도록 해준다. 또한 인간 행위자를 탈중심화하고 언어를 인간 내적인 것 이상으로 만들어 준다. 여기서 요점은 인간과 인간 내적 요소가 기호적 활동에 전혀 관여하지 않는다는 것이 아니라(이것이 무엇을 의미할 수 있는지 알기는 어렵다) 오히려 장소, 대상, 의미와의 여러 관계에 그들을 둔다는 것이다. 분산 언어와 기호적 아상블라주와 관련하여 언어 사용을 살펴보는 것은 맥락에서의 언어와 같은 언어학적 또는 의사소통 능력 또는 개념에 대한 개인주의적 설명보다 훨씬 포괄적인 용어로 생각할 수 있는 방법을 제공한다. 초점은 개인과 그 머릿속의 체계에 대한 휴머니즘적인 관심에서 벗어나 상호작용하는 물체, 장소와 같은 대안적인 형태의 세미오시스(semiosis)의[63] 더 큰 전체로 옮겨진다.

63 세미오시스는 기호나 기호 체계가 의미를 생성하고 전달하는 과정으로, 기호학에서 중요한 개념이다. 이 과정은 기호, 해석자, 대상의 세 가지 주요 구성 요소로 이루어지며, 기호가 생성되고 전달되어 해석자가 이를 통해 의미를 이해하는 방식으로 진행된다. 세미오시스는 언어학, 미디어 및 커뮤니케이션, 마케팅 등 다양한 분야에서 중요한 역할을 하며, 인간과 동물, 기계 간의 의사소통에서도 발생한다.

미주

[1] 영어의 assemblage라는 용어는 프랑스어인 agencement의 번역으로, 배열의 일종과 같은 것을 의미한다. 그것은 사물과 사상의 특정한 배열로 그들에게 어떠한 의미를 부여한다. Deleuze와 Guattari는 프랑스어 용어인 assemblage(영어 assemblage와는 다른 의미로 받아들여짐)를 이런 식으로 사용하지 않는다. 동역학적 시스템 이론과 같은 영역에서의 assemblage와 (위와 같은 의미로 사용된) agencement의 차이는 필립스(Phillips 2006)에 의해 더 자세히 논의되었다.

제4장

인간의 감각 계층

Chapter 04

인간의 감각 계층

그곳엔 아무것도 없다

아마도 냄새 경관(smellscape)의 개념을 처음 사용했었을 다양한 경관(scapes)에 대한 토론에서, 포리어스(Porteous 1990)는 앞의 장에서 다루었던 확장 인지 및 분산 인지에 관한 연구와 이번 장에서의 감각 경관(seonsory scape)의 개요, 그리고 다음 장에서 다룰 동물과 인간의 관계에 대한 더 깊은 탐구 사이를 이어주는 유용한 예를 제공한다. 우리가 개를 산책시킬 때(인정해야 할 것은, 이 활동이 대다수에게 반드시 해당되는 것은 아니라는 점이다), 개가 코를 박고 나무에서 기둥으로 이곳저곳 움직일 때, 우리는 그 개의 감각 세계가 냄새에 의해 지배된다는 것을 어렵지 않게 알 수 있다. 그러나 특별하지 않은 장소에서 개를 끌어당기며 '그곳에는 아무것도 없어'라고 서두르면서 우리는 얼마나 자주 답답함을 느꼈는지 포셔스는 묻는다. 그리고 포셔스는 우리가 이러한 관찰을 할 때면 항상, 얼마나 잘못하는지에 대해 말한다. 이것은 여러 중요한 점을 시사한다. 우리는 개들과 함께 산다. 사실 인류를 정의하는 측면 중 하나는 다른 동물들과의 관계다(Sipman 2011). 그리고 수천 년 동안 우리는 그들이 더 적합한(또는 우리가 이러한 작업을 개에게 아웃소싱하면서 덜 숙달된) 다양한 유형의 작업을 수행하도록 훈련시켰다. 공항의 탐지견, 양 떼를 몰기 위한 목양견, 사냥개 혹은 침입자를 알려주는 일반적인 개 등이다.

시각 장애인 또는 시력이 손상된 사람을 위한 안내견(보조견이라고도 함)은 특정 동물과의 관계의 친밀함, 기능의 전문화를 모두 보여주는 예시이다. 이는 이러한 동물들이 어떻게 확장된 감각 및 인지 장치의 일부가 되는지를 가리키기도 한다. "시각 장애인의 지팡이는 그에게 더 이상 객체가 아니며, 더 이상 막대기 자체로 인식되지 않는다. 그것의 끝은 감각의 영역이 되어 촉각의 범위와 감각의 활성 반경을 확장하고, 시각에 대한 유사성을 증명한다(Merleau-Ponty 1962: 143)." 메를로퐁티(Merleau-Ponty)에게 시각 장애인의 지팡이는 더 이상 인간이 사용하는 대상이 아니라 신체의 연장, 신체와 감각 장치의 일부로 통합된 것이었다. 이러한 종류의 체화 관계는 이드(Ihde 1991: 29~30)가 말하는 것처럼 "실존적(신체 감각)이지만, 우리가 기술을 어떻게 활용하고 그러한 사용이 기술을 통해 우리가 경험하는 것을 어떻게 변화시키는지를 함축한다." 바라드(Barad 2007: 157)가 지적했듯이, 그러한 관찰은 "몸의 내부와 외부의 확고한 구별"을 없애며 우리가 대상과의 관계, 실제로 사물을 구성하는 근거와 더불어 왜 그리고 어떻게 경계를 짓는가에 대한 이해에 관련한 질문을 제기한다.

안내견의 예는 우리를 다시 다른 영역으로 인도하여, 동물들 스스로가 우리의 분산 인지의 일부가 될 수 있음을 암시한다. 우리가 개의 뛰어난 눈을 사용하여 볼 수 있게 되는 것뿐만 아니라, 개를 통해 우리의 사고와 감각이 우리의 몸을 넘어 더 넓은 세계로 확장되는 것이다. 다른 동물들과의 관계 그리고 개와 같은 동물들이 우리를 위해 일부 감각하고 사고한다는 사실은 우리와 다른 생명체 사이의 구분을 짓는 방법에 대해 의문을 제기할 필요를 지적한다. 이는 5장의 초점이 될 것이다. 그러나 우리가 안내견의 시력을 강조하는 것은 그 주인/동반자의 시력이 손상되었을 때를 대비하기 위함이지만, 이는 우리가 개의 역할을 인간 중심적으로 오직 주인/동반자의 부족한 시력을 돕는 것으로만 여긴다는 점을 지적하는 것이기도 한다. 그러나 개는 적어도 두 가지 일을 하고 있다. 즉, 어떤 방향으로, 어떻게, 언제 가야 할지에 대해 인간 동반자와 함께 결정을 내리고, 그렇게 하기 위해 자신의 예민한 청각과 뛰어난 후각을 사용한다.

그러나 우리는 종종 후각이 인간의 감각 위계에서 덜 중요하게 여겨지기 때문에 후각의 중요성을 간과하곤 한다. 왜 우리는 개를 끌어당기며 "거기에는 아무것도 없어"라고 말할까? 우리의 잘못은 인간의 지배적인 감각인 시각에 초점을 맞추는 것이다. 우리는 개가 인간이 볼 수 있는 무언가의 냄새를 맡고 있다고 가정한다(죽은 토끼, 오래된 신발, 버려진 피자 크러스트를 찾은 것인가?). 개가 냄새를 찾았다는 사실에 주의를 덜 기울이며 (개들이 관심 있는 많은 냄새들의 기원을 고려할 때, 우리는 그 냄새를 직접 확인하는 데 그리 관심이 없다) 인간으로서, 우리의 후각은 다른 영역으로 밀려나 동물과 여러 가지 다른 것들과 연결되었다. 냄새는 시각이나 청각보다 훨씬 덜 중요하게 여겨진다. 어떻게 이런 일이 일어났을까? 인간 주체의 구성에서 후각이 주변으로 밀려난 것은 무엇을 의미하며, 이것이 인간으로서 무엇을 중요하게 여기는지에 대해 우리에게 무엇을 알려주는가? 이 장에서는 냄새와 감각을 통해 인간다움의 의미를 구축하는 과정을 탐구하며, 냄새에 대한 평가절하가 언어, 문해력, 이성의 특정한 구성과 관련이 있음을 제시한다. 이러한 가정에 대한 포스트휴머니즘적 도전은 몸을 다시 전면에 내세우고, 우리가 어떻게 다감각적 기호 아상블라주에 접근할 수 있는지에 대해 묻게 된다.

냄새의 위치 찾기(후각의 가치)

후각은 종종 우리의 감각 중 가장 중요하지 않은 것으로 간주된다 (Classen et al. 1994: 2). “감정적이고 감각적인 삶에서 후각의 중요성에도 불구하고, 후각은 아마도 현대 서구에서 가장 저평가된 감각일 것이다.” 다른 동물에게 감각을 (특히 우리와 가까운 동물인 개에게 후각과 청각을) 아웃소싱하는 오랜 역사와 인간의 후각 능력이 동반 퇴화된 점을 고려할 때, 이러한 평가절하에 대한 설명이 필요하다. 우리가 다른 감각에 주는 가치의 기원은 우리의 지식이 어디서 오는지에 대한 질문(Rée 1999)을 다루는 철학적 전통을 통해 추적할 수 있으며(그리고 그 가치는 다른 문화적 전통과는 매우 다르다), 우리의 지식이 어디에서 오는지에 대한 질문을 다룬다. 플라톤, 데카르트, 라이프니츠(합리주의자)가 주장했듯이 우리의 지식은 주로 이성에서 비롯되었는가 아니면 에피쿠로스, 아리스토텔레스, 로크(경험주의자)가 주장한 것과 같이 감각에서 비롯되었는가? 모든 지식은 오감에 기초하고 있으며, 우리의 지성에는 먼저 감각에 의존하지 않는 것은 없다는 아리스토텔레스의 주장은 중세 시대에 널리 받아들여졌으나, 17세기에 데카르트로부터 큰 도전을 받았다.

데카르트에게 감각은 물질적, 육체적 속성이었고, '사고'에 대한 이성의 작동에 완전히 종속적이었다. 이 주장은 다음 세대의 유럽 철학자들 로크, 흄, 칸트에 의해 많은 논란이 되었으나 최근에서야 설득력 있게 도전 받은 마음과 몸의 구분을 초래했다. 한편 로크는 감각(감각에서 파생된 경험)과 반성(이러한 경험에 대한 지적 작업) 사이의 구분을 주장하면서 논쟁을 이어갔다. 이 문제를 해결했다고 주장한 것은 임마누엘 칸트였다. '순수 이성 비판'에서 칸트는 우리의 지식은 사물에 순응하지 않고 오히려 사물이 우리의 지식에 순응한다고 주장했다. 이런 관점에서 보면 우리의 감각은 이성의 사전 작동 없이는 세상과 관계 맺을 수 없으며, 다르게 말하면, 우리가 세상을 이해하는 방식은 우리가 어떻게 생각하는지에 의해 형성된다. 이 논쟁의 함의를 제7장에서 담론과 현실에 대한 논의에서 다룰 것이며, 메이야수(Meillassoux 2008)와 같은 최근의 사상가들이 왜 이 상관주의(correlationism)[64]를 거부하는지, 그리고 보고스트(2012: 4)가 이 이론을 "칸트의 썩은 부분으로부터 스며 나오는 인간 접근의 전통"이라고 부르는 것인지 더 깊이 살펴볼 것이다.

---

64 상관주의(correlationism) 현대 철학에서 사용되는 용어로, 인간의 인식과 세계 사이의 관계를 강조하는 관점을 지칭한다. 이 용어는 특히 프랑스 철학자 퀜탱 메이야수(Quentin Meillassoux)에 의해 그의 저서 『After Finitude』에서 널리 사용되어 인간의 인식 능력과 세계가 서로 상관관계에 있다고 보는 전통적인 철학적 입장을 비판하기 위해 도입되었다. 상관주의는 우리가 세계를 오로지 인간의 인식과 그 조건을 통해서만 이해할 수 있다고 주장하는데, 이는 결국 인간의 인식 능력을 넘어서는 어떠한 현실도 직접적으로 알 수 없다는 의미이다. 메이야수와 다른 비판자들은 이러한 관점이 인간과 세계 사이의 관계를 과도하게 인간 중심적으로 해석하고, 따라서 인간의 인식을 넘어선 세계의 독립적인 현실을 인정하지 않는다고 비판한다.

다시 짚고 싶은 질문은, 이 모든 과정에서 후각에 무슨 일이 일어났는가이다. 이 문제는 플라톤으로 거슬러 올라가고, 상위 감각(시각과 청각)을 다른 세 감각보다 우위에 두는 것으로 시작된다. 비록 다른 감각들도 이 논쟁의 일부였지만[아리스토텔레스는 후각을 청각과 시각과 함께 세 가지 '고귀한 감각(nobler senses)' 중 하나로 보았고(Rée 1999: 347), 촉각은 우리가 모양을 이해하는 방법에 관한 18세기의 논쟁에서 중요하게 여겨졌다], 후각은 일반적으로 하위 감각인 촉각, 미각, 후각으로 격하되었다. 그렇기 때문에 우리는 마음이 세계를 어떻게 경험하는지에 대한 질문만큼이나 중요한 역사를 가지고 있다. 이 역사는 인간, 감각, 신체가 어떻게 매우 독특한 방식으로 구분되었는지를 다룬다. 유럽 사상에서의 마음/몸 구분은 감각에 특정 역할을 할당하는 것뿐만 아니라 특정 감각을 특정 신체에 할당함으로써, 눈과 귀는 마음을 동반하도록 초대되었고(눈과 귀가 이상하게도 비물질화됨), 반면 입, 코, 피부는 몸에 배정되었다. 따라서 유럽 계몽주의의 유산 중 하나는 언어와 사고에 관련된 것으로 간주된 감각(시각과 청각)을 이상화하고 몸에 관련된 하위 감각(촉각, 미각, 후각)을 강등시킨 것이었다. 이러한 구분은 이 생각들이 기원한 사회적, 물리적, 물질적 세계를 다시 고려하여 이해해야 한다(그리고 이 생각들이 벗어나려고 했던 세계에서도 마찬가지다).

세계와 분리된 마음을 주장할 수 있는 철학적 입장은 "계몽주의 이데올로기에서 비롯된 것으로, 언어, 특히 문자 언어가 이성, 문명, 진보의 조건이며, 서구의 알파벳 문자에서 그 절정에 이르렀다(Finnegan 2015: 18)"고 한다. 소쉬르, 옐름슬레브, 촘스키의 작업을 통해 이 전통에서 발전한 언어학은 언어를 하나의 체계로 보는 데 초점을 맞추며 "언어학을 대규모 감각 박탈 실험으로 몰아넣었고" 언어와 감각의 많은 중요한 측면들을 배제했다(Steffensensens & Fill 2014: 7). 이 설명이 놓치고 있는 것은 몸과 세계, 몸과 사물 사이의 모든 관계, 인간 생활의 촉각적, 감정적, 감각적 요소들이다. 몸과 분리된 마음을 제시한 철학적 전통은 젠더, 계급, 인종으로 구분된 것이었으며, 이러한 전통에서 발전한 언어학도 비슷하게 편협하다. 이는 일부 사람들만 무시할 수 있는, 신체적인 삶의 모든 측면을 배제시켰다.

더 정교한 지적 감각(시각과 청각)은 남성(특히 백인, 상류 중산층 남성)과 연결된 반면, 신체 감각적이고 통제하기 어려운 감각(촉각, 미각, 후각)은 여성과 연결되었다(Classen 2005). 버크(Bourke 2011: 7)가 설명하듯이, "인간을 동물 왕국의 나머지와 연결시키는 것은 여성적인 것이었지만, 인간과 다른 동물로부터 구별하는 것은 남성적인 것이었다. 여자는 동물이고, 남성은 모범적인 인간이다." 바렛(Barrett)에 따르면, 데카르트적 주체는 다음과 같다.

> 자신의 창조자의 이미지로 만들어졌다. 그는 백인이고 유럽인이다. 그는 고등 교육을 받았고, 그는 생각하고 민감하며, 아마도 라틴어와 그리스어로 생각할 수 있을 것이다. 그는 부르주아가 되기에는 너무 이르지만 계급에 대한 자신감을 가지고 있다. 그는 자신의 존재와 힘에 대한 일반적인 자신감을 가지고 있다. 그는 여성도 아니며, 흑인도 아니며, 이민자도 아니며, 주변인도 아니다. 그는 이성애자이자 아버지이다.
>
> (Barrett 1991: 90)

이것은 인간성의 보편성을 가정하는 WEIRD(서구의, 교육받은, 산업화된, 부유한 그리고 민주주의적) 인간(Henrich et al., 2010) 또는 SWEEME(Straight White Educated Male Elite, 제1장 참조)와 동일하다.

18세기 유럽에서 등장한 휴머니즘 주체는 냄새를 맡지 않았다. 철학적 탐구의 일환으로 적극적으로 환경의 냄새를 맡지도 않았고, 육체노동의 결과로 냄새를 풍기지도 않았다. 당시의 성별 및 인종적 계급 구조의 일부로서의 신체적 감각은 동물, 여성 그리고 다른 인종들과 연결되었고, 상위 감각은 사회적 및 생물학적 진화의 정점(백인 남성)과 연결되었다. 그리고 서구식 식민지 건설의 다른 과정들(Pennycook, 1998b)과 마찬가지로, 식민지들이 악취가 나는 곳으로 여겨지기 시작하면서 서구는 무취가 되었다. "사회가 문명화되고 현대화되기 위해서는," 로우(Low 2009: 167)가 제안하듯, "불결과 악취와 싸우기 위한 위생 전쟁이 과거에도 지금도 벌어지고 있으며, 이는 무질서의 상징으로 간주된다." 백인, 무취, 부르주아 남성보다 열등하다고 여겨진 집단들 - 여성, 노동자, 소수 민족, 노인, 농촌 노동자들 - 은 점점 더 냄새의 원천으로, 그리고 그들의 덜 세련된 삶의 방식의 일부로서 냄새와 더 감각적으로 관련되어 있는 것으로 보여졌다(Cockayne, 2007).

도시, 냄새 그리고 다른 것들

우리는 많은 자료에서 알 수 있듯이 - 쥐스킨트(Süskind, 1986)의 주목할 만한 소설 『향수』가 그 예 중 하나이다 - 중세 시대부터 19세기까지 도시들은 악취가 나는 곳으로 알려져 있었고, 도시 계획가들의 주요 초점 중 하나는 도시에서 냄새를 제거하는 것이었다(Henshaw, 2013). 오늘날 많은 도시 거주자들에게는 동물과 그 배설물의 냄새로 인해 시골이 냄새가 나는 곳일지 모르지만, 오랜 시간 동안 도시는 향기로운 냄새가 나는 시골에 비해 악취가 나는 곳이었다. 그레지용(Grésillon 2010: 9)이 지적하듯, 파리 외부에서 온 사람들 사이에서 여전히 도시가 냄새난다고 여기는 것은 흔한 경우이다: Paris, ça pue(파리는 악취가 난다). 파리가 무엇 때문에 냄새가 나는지 항상 명확한 것은 아니다. - 파리의 지하철역에서 사람들의 후각 반응은 다양한 설명을 보여 주었다(배설물, 땀, 사람들, 기계, 먼지, 담배, 습기, 오렌지, 마리화나, 더러움, 청결하지 않은 사람들 등)(Grésillon, 2010: 75) - 하지만 도시는 부정적인 방식으로 냄새가 난다. 냄새 없는 현대 도시는 도시 재개발과 건설의 목표가 되기 시작했다(Henshaw, 2013).

도시는 부유한 시민들이 공해 산업으로부터 불어오는 바람을 피할 수 있도록 설계되었다. 도시의 냄새를 직접 경험하고, 또한 도시 냄새의 생산자로 여겨진 것은 도시 빈민들이었으며, 이들은 향기로운 냄새가 나는 계층으로부터 멀리 정착되어야 할 악취를 풍기는 사람들로 간주되었다(Howes and Classen, 2014). 북미의 신도시들은 거리의 격자 시스템을 통해 공기 흐름을 촉진하도록 설계되었고, 부유한 사람들은 도시 생산과 부패의 냄새 위로, 더 높은 곳에서 살 수 있었다(Urry, 2011b). 도시 설계에 관여하는 사람들에게 도시에서의 냄새에 대한 우려는 자동차 및 산업 오염에서부터 식당의 음식 냄새, 공공 위생 및 화장실, 또는 더 향기로운 냄새가 나는 환경을 제공하기 위한 공원 및 거리의 설계에 이르기까지 다양하다.

「현대 도시의 냄새 경관」에서, 헨쇼(Henshaw 2013: 12)는 "모더니즘, 도시 설계, 그리고 도시 관리 방식이 얽히면서 도시 환경에서 냄새가 지니는 역할이 제한되고 대체로 부정적으로 인식되도록 만들었다"고 설명했다.

따라서 냄새는 노동자 계급, 농촌 노동자, 이주민 등과 연결되었다. 클래슨(Classen) 외 연구진(1994: 161)에 따르면 "권력자들에게 후각적 도전은, 중심을 향해 압박하는 것처럼 보이는 이 주변 집단으로부터 나오는 냄새의 존재론적 공격으로부터 자신들의 무취성을 어떻게 보존할 것인가 하는 것"이다. 싱가포르의 냄새 경관에 대한 연구에서 로우(Low 2009: 14)는 "냄새는 인종, 계급, 성별에 따른 사람들의 구조와 판단을 형성하는 데 사회 행위자들에 의해 사용되는 중요한 사회적 매체로 기능한다"고 주장한다. 따라서 냄새는 도덕적인 성격을 띠게 된다. 노동자들, 가난한 사람들, 이민자들 등 냄새 나는 사람들은 부적절하게 냄새가 난다는 도덕적 판단을 받으며, 냄새는 종종 외모로 판단된다. 많은 이주민들 중에서도 어두운 피부는 냄새가 날 것이라는 편견 때문에 찡그린 얼굴을 맞닥뜨리게 된다(Low 2013, Howes & Classen 2014). 또한 이러한 후각적인 도덕성에는 종교적인 연결고리도 있는데, 지옥과 악마는 악취가 나는 것으로 여겨지는 반면, 종교적인 시설은 향을 사용해 향기가 나는 자신들만의 환경을 만들어 낸다.

4.1. “두리안 금지”

냄새는 “사회적 및 도덕적 위반”과 얽혀 있는 “개인성의 다양한 차원과 밀접하게 연관되어 있다”(Low 2009: 81). 이 무취의 도시라는 그림을 위해 세계 각지에서는 이민자 공동체의 위치를 옮기고, 향기로운 음식 냄새를 풍기는 레스토랑을 거리에 배치하거나, 또는 도시의 냄새를 바꾸는 수입 향신료를 다루는 가게를 세운다. 로우(Low 2009: 102)는, “냄새는 개개의 사회적 행위자(actor)가 인종 차별의 후각 영역을 지속적으로 개척하는 데 도움을 준다”고 설명한다. 현대 문화에서 감각의 세계화가 증가하고 있음에도 불구하고 “감각적 차이는 사회적 긴장의 원인이며, 사회적 긴장은 계속해서 감각 차이의 용어로 표현된다(Howes & Classen 2014: 89).” 사회적 긴장을 유발하는 것은 감각 차이 자체, 즉 고립된 상태에서의 말린 물고기 냄새나 체취의 실제 냄새가 아니라, 사회적 및 인종적 계층

4.2. "외부 과일 반입 금지"

구조와의 연관성이 만들어질 때 감각이 사회적으로 된다.

도시 환경의 냄새 규제는 산업, 기후, 위치 및 지역 관행을 포함한 많은 요소와 씨름해야 한다. 위생에 대한 강한 규제로 유명한 싱가포르는 지하철 안에 흡연, 가연성 물질, 식음료뿐만 아니라 자극적인 두리안도 금지하는 표지판이 있다(그림 4.1). 산다칸(Sandakan, 말레이시아 사바주의 도시)의 한 호텔에서 엘리베이터의 놋쇠 표지판은 호텔 손님들에게 이렇게 경고한다. "두리안(Durian) 첸페닥(Cempedak) 타랍(Tarap) 등 외부 과일 반입은 금지됩니다." 그리고 다른 표지판은 손님들에게 날 것이나 보존 처리된 해산물을 방으로 가져오지 말라고 말한다(그림 4.2). 이 호텔은 항구의 큰 시장에서 산다칸의 번화가를 따라 도보 10분 거리에 있으며, 입구 근처의 여러 노점에는 이칸 뿌띠(ikan putih), 이칸 술릿(ikan sulit), 이칸 크래커(ikan keropok), 이칸 쿠라우(ikan kurau), 동갈삼치(ikan tenggiri), 어디서나 볼 수 있는 작은 말린 멸치, 이칸 빌리스(ikan bilis) 등[65] 다양한 종류의 건조 어류가 쌓여 있다.

시장의 먼 끝자락에서 녹슨 어선들이 부두에 정박해 있는 곳 근처에는 신선한 물고기, 게, 새우, 조개류가 반짝인다. 그 사이에는 과일과 채소의 노점이 있는데, 매력적인 람부탄(rambutan), 용안(long an), 두쿠(duku), 랑삿(langsat) 바나나, 파인애플, 카람볼라, 자몽, 깔라만시, 다양한 지역산 채소뿐만 아니라 식용 해초, 생강, 마늘, 양파, 계피, 팔각, 칠리, 카다몬, 레몬그라스, 쿠민, 심황 등이 있다. 이러한 많은 재료들은 시장 모퉁이에 있는 노점에서 판매하는 소고기 렌당(rendang)의 재료이다. 시장의 노점에서 버려진 생선, 썩어가는 과일과 채소의 찌꺼기 냄새가 인도네시아 전역에서 널리 피워지는 정향 담배인 크레텍(kretek)의 달콤한 냄새와 섞인다. 그러나 모든 다른 냄새들보다 우선하는 것은 톡 쏘는 과일, 즉 타랍(Artocarpus odoratissimus라는 학명은 우리에게 이 과일의 특징에 대한 단서를 제공한다[66]), 켐페닥 그리고 두리안이다. 하지만 해변가의 고급 관광 호텔에는 그런 표지판이 없다. 그 이유는 그들이 타랍과 이칸 빌리스를 방에 가지고 오는 것을 기쁘게 생각하기 때문이 아니라 그들의 고객이 시장에서 그런 상품을 가져올 그런 종류의 사람들이 아니라고 가정하기 때문이다. 하지만 산다칸의 다른 호텔은 활기찬 시장, 통제되지 않은 이주 그리고 다양한 언어가 공존하는 도시에 위치해 있기 때문에 방을

65 말레이어로 Ikan은 물고기, 생선을 뜻한다. 나열된 품목은 식재료로 활용되는 물고기의 종류다.

66 Artocarpus odoratissimus는 말레이시아, 인도네시아, 필리핀 등에서 자라는 열대 과일이다. 여기서 odoratissimus에 내재된 'odor'는 냄새, 악취를 뜻한다.

비교적 향기롭게 유지하기가 어렵다. 다중 언어적, 다면적(multimodal), 다중 감각적 관계에 대해서는 아래에서 다시 논의하겠다.

따라서 냄새는 "그것의 일탈적 특성과 그것의 민족 정체성 및 신체 위생과의 연관성(Howes & Classen 2014: 88)"을 동반하면서 논쟁이 되었다. 냄새는 현대 사회에서 이중적 역할을 하는데, 더 낮은 수준의 인식, 즉 환경과의 신체적 만남으로 격하되며, 그것은 유명한 보편적 이성적 인간, 즉 계급화되고, 인종화되며, 젠더화된 휴머니즘 주체의 부정적인 대조 구조와 연결되었다. 향수 산업의 고급 냄새(특정한 냄새를 숨기고 비싼 냄새로 유혹하기 위해 디자인된 제품)나 와인 산업의 부케(Bouquet)[67]와 같은 고급 냄새는 긍정적인 함의를 가지고 있지만, 무언가가 냄새난다는 생각 자체는 종종 부정적인 판단으로 간주된다(그/그녀/그것은 냄새 난다). 냄새는 하위 감각 중 하나로(촉각, 미각, 후각), 비언어적 영역(주방, 작업장, 빈민가 그리고 그런 식으로 체화된 다른 사람들이 사는 모든 장소)으로 강등되었다. 냄새는 인간성이 완전하지 않은 이들, 즉 여성, 동물, 이민자, 노동자들과 연결된다. 다음 절에서는 냄새가 언어 영역과 어떤 관계를 가지는지, 우리의 기호 체계에 후각을 어떻게 통합하기 시작할 수 있는지를 살펴보겠다. 이어서 이 그림의 다른 측면, 청각 매체를 통하지 않고 신체적 매체를 통해 언어를 수행해야 하는 청각장애인 공동체의 문제에 대한 논의가 이어질 것이다. 청각장애인 공동체를 분열시키는 트랜스휴먼 증강인 인공 와우 이식에 대한

---

67 부케(bouquet)는 와인 테이스팅에서 사용되는 용어로, 와인의 향기를 묘사할 때 쓴다. 와인의 부케는 주로 와인이 발효, 숙성, 보관 등의 과정을 거치며 발생한 복합적인 향기를 의미한다. 이 향기는 와인에 사용된 포도 품종, 토양, 토양과 기후 조건, 포도 수확 시기 등 다양한 요소에 의해 형성된다.

투쟁도 또한 논의의 중심이 될 것이다.[68] 마지막으로 나는 우리가 어떻게 후각을 이용해 더 넓은 포스트휴머니즘에 기반한 기호적 아상블라주로 향할 수 있는지 탐구할 것이다.

기호 경관과 언어 경관 그리고 감각 경관

어떻게 하면 응용언어학적 관점에서 이 점을 이해할 수 있을까? 우리가 주변을 해석하는 방식에서 후각이 중요할 수도 있다고 주장하는 것은 아주 좋은 일이지만, 이것이 언어적 문제와 어떻게 관련되는지는 명확하지 않다. 휴머니즘 프로젝트는 의미를 사고하는 머리와 사용된 단어 사이의 관계에 너무 집중하여 신체, 냄새, 촉각, 감정은 대부분 제외되었다. 그래서 포스트휴머니즘적 응용언어학을 개발하면서 더 넓은 기호학으로의 문을 다시 여는 방법에 대한 질문을 추구하고자 한다. 한편으로, 냄새는 인종, 계급, 젠더, 민족성을 구분하는 방법 중 하나이기 때문에 특정 언어와도 관련될 수 있다. 싱가포르인이 음식과 땀에서 나는 냄새의 혼합을 기반으로 방글라데시 노동자에게 코를 찡그릴 수 있지만, 이는 그러한 노동자들이 방글라어로 함께 이야기할 때 언어적 상관관계도 가질 수 있다 (Low, 2009). "다양한 냄새와 향기가 도시의 '후각 지도(olfactory maps)'[69]

---

68 deaf에 해당하는 단어로 '난청인', '귀머거리', '청각 장애인'과 같은 용어가 있는데, 본 책에서는 장애인복지법에 기초하여 '청각 장애인'으로 통칭한다.

69 '후각 지도'는 특정 지역이나 도시의 다양한 냄새들을 지리적으로 구분하고 배열한 개념적 또는 시각적 표현이다. 이는 그 지역의 특정 장소나 지역이 가진 고유한 냄새 특성을 나타내며, 사

효과를 만들어 낼 수 있으며, 이는 사람들이 '냄새를 통해 자신의 환경을 개념화할 수 있게 한다'(Classen et al., 1994, p18)"는 점에서 냄새 지도와 언어 사이에 그려질 수 있는 가능한 연관성이 있다.

산다칸 시장에서 광둥어와 하카어가 향기로운 과일 주변을 맴돌고(산다칸은 한때 '작은 홍콩'으로 알려져 있었다), 사바 말레이어는 말린 물고기 주변에서 들린다. 이동 어업 공동체의 언어들, 타우숙어[Tausug, 또는 술루해의 언어인 술룩어(Suluk)], 비사얀어, 바자우어(바다 집시들) 등은 신선한 물고기 냄새와 섞여 있다. 한편 사바 말레이어 또는 그 크리올 변종인 바쿠어(King and King, 1984)가 그 사이를 돌아다닐 수 있다. 하지만 어떤 의미에서 언어의 냄새를 맡아 알 수 있다고 가정하는 것은 언어와 냄새를 이동성과 유동성이 더 두드러지는 맥락에서 비현실적으로 고정시키는 위험을 안고 있다. 이전 장에서 논의된 식당과 시장에 대한 논의(Pennycook and Otsuji, 2015a)가 시사하는 바와 같이, 그러한 맥락에서 명확하게 구분된 언어나 쉽게 식별 가능한 공용어가 있다고 가정하는 것은 언어, 공간, 사람 그리고 인공물들이 어떻게 상호 작용하는지를 간과하는 것이다. 시장의 공간적 레퍼토리 측면에서 생각할 때 우리의 목표는 냄새와 식별 가능한 언어 사이의 상관관계를 찾는 것이 아니라, 기호적 아상블라주가 작

람들이 그 환경을 냄새를 통해 인식하고 이해하는 데 도움을 준다. 후각 지도는 음식, 식물, 산업 활동, 자연환경 등 다양한 원인으로 인한 냄새를 포함할 수 있다. 예를 들어, 특정 시장 지역은 신선한 과일과 채소, 생선 등의 냄새로 알려질 수 있고, 산업 지역은 화학 물질이나 연료의 냄새로 구별될 수 있다. 도시의 역사적인 부분은 오래된 건축물과 골목길에서 나는 특유의 냄새를 가질 수 있다. 이러한 후각 지도를 통해, 방문자나 거주자는 그 지역의 특성을 더 잘 이해하고, 냄새를 통해 지역의 문화나 역사를 경험할 수 있다.

동하는 방식을 탐구하는 것이 된다.

의사소통 사건에 관련된 여러 구성 요소(참여하는 사람들, 다양한 정보전달 경로, 양태 및 코드, 메시지의 형태와 주제)에 대해 하임스(Hymes 1964, 1972: 22)는 의사소통 채널이 말하기, 쓰기 및 비언어적 의사소통과 함께 '후각, 미각, 촉각'을 포함할 수 있다고 제안했다. 그러나 여기서 우리는 또 다른 언어적 딜레마에 직면한다. 유럽 언어에는 맛을 위한 어휘(달다, 시다, 짜다, 쓰다)가 제한되어 있지만, 냄새에 대한 어휘는 거의 없다[acrid(매운) 단 하나다]. 냄새 용어는 미각에서 차용하거나["it smells sour(시큼한 냄새가 난다)."] 냄새의 원천을 묘사한다(베이컨, 커피, 토스트, 해조류, 딸기 등의 냄새). 따라서 산다칸 시장의 앞선 설명에서 냄새들은 그것들이 유래한 말린 물고기, 과일, 향신료 같은 것들을 통해 언급되었다. 예를 들어, 와인 감상과 같이 냄새를 다루는 분야는 항상 다른 냄새와 맛의 표현을 언급해야 한다는 이유로 조롱의 대상이 되어 왔다(Gluck 2003, Silverstein 2003). 예를 들어, 과일(체리, 산딸기, 구스베리, 블랙베리)과 긍정적인 의미의 단맛(초콜릿, 토피)부터 더 시골스러운 냄새(농장, 말안장)에 이르기까지 다양하다. 반 레이원과 조노브(van Leeuwen & Djonov 2015)가 지적했듯이, 냄새의 어휘는 관련이 없는 상징의 목록인 어휘소(lexese)일 수 있다. 오직 향수 사업과 같은 냄새 관련 직업에 종사하는 소수의 사람들만이 냄새의 구성 요소, 베이스, 바디, 헤드[70]를 언어처럼 모듈화된 구조로 파악

70 향수의 구성 요소인 '베이스(base)', '바디(body)', 그리고 '헤드(head)'는 향수가 시간에 따라 변화하는 방식을 설명하는 데 사용되는 용어이다. 이 세 가지 구성 요소는 향수의 '노트'라고도 불리며, 향수를 구성하는 다양한 향기의 층을 나타낸다. 각각은 향수를 처음 뿌렸을 때부터 완전히 사라질 때까지 향기가 변화하는 과정에서 특정 시간 동안 주로 느낄 수 있는 향기를 의미한다.

할 수 있다.

냄새를 언어와 연결하는 것과 관련하여, 나는 언어와 냄새 사이의 상관관계나 언어가 후각학(osmology)을 매우 다양한 방식으로 분류하는 방식(Howes & Classen, 2014)보다는 다른 형태의 사회적 기호학과 관련하여 냄새의 기호학을 어떻게 이해할 수 있는지에 더 관심이 많다. 다른 '기호 자원'과 함께 냄새를 배치하는 것은 기호 경관에 대한 더 넓은 이해를 가능하게 한다(van Leeuwen 2005: 3). 이미 언어 경관에 대한 초기 정의에서 쇼하미와 고터(Shohamy & Gorter 2009: 4)는 "표지판의 문서화보다 더 넓은 개념으로, 소리, 이미지, 그라피티를 포함하는 다면적 이론을 통합한다"고 주장했다. 언어 경관에 대한 연구는 일반적으로 "공공장소에 표시된 언어의 존재, 표현, 의미 및 해석"에 초점을 맞추고 있지만(Shohamy & Ben-Rafael 2015: 1), 더 넓은 이해는 시각과 함께 비시각적 감각(소리)도 통합한다. 이 분야가 발전함에 따라 텍스트와 기호를 중심으로 삼은 초기의 로고스 중심 접근법(logocentric approaches)[71]을 넘어서 공간, 장소, 신체 및 감각을 포함한 더 넓은 기호학에 관여하기 시작했다. 문신에 대한 연구는 "신체(정체성과 감정의 물질적 표현)를 신체적 언어 경관, 즉 장소에 새겨진 것들의 모음"인 피부 경관(skinscape)을 만든다(Peck & Strout 2015: 134). 최근 쇼하미(Shohamy 2015: 153-154) 연구에서는 "이미지, 사진, 소리(음향), 움직임, 음악, 냄새(냄새 경관), 그라피티, 옷, 음식, 건물, 역사 그리고

71 로고스 중심 접근법은 로고스(logos)라는 단어에서 유래한 용어로, 서양 철학과 사상에서 언어, 특히 글과 텍스트를 중심으로 하는 사고방식을 의미한다. 이 접근법에서 언어는 의미 전달과 지식 구성에서 가장 중심적이고 우월한 매체로 여겨지며, 비언어적 수단은 보통 덜 중요하거나 부차적으로 간주된다.

언어 경관과 다양한 방식으로 상호작용하여 공간에 몰입하고 흡수되는 사람들"을 통합하고 있다고 제안한다.

언어학적 이해 안에 냄새의 기호학적 자원이 종속되는 것을 피하기 위해 기호 경관(semiotic landscape, Jaworski & Thurlow 2010)의 관점에서 생각하는 것이 더 생산적일 수 있다. 그러나 냄새는 기호 경관의 일반적인 정의와 관련하여 우리에게 문제를 제기한다. '가시적 기록'뿐만 아니라 '의도적인 인간의 개입'과도 관련이 있다(Jaworski & Thurlow 2010: 2). 냄새는 다양한 이유로, 즉 사람들이 커피나 빵을 사도록 유도하기 위해, 성적 파트너를 유혹하기 위해, 화장실의 냄새를 개선하기 위해 의도적으로 퍼뜨려질 수 있다. 그러나 의도적인 것만을 초점으로 맞추는 것은 의도되지 않은 더 넓은 감각 경관의 영역을 배제하게 된다. 의도와 기호의 해석이 일치하지 않을 수 있다는 것은 기호학의 진부한 진리이지만(설계, 기능, 목적 있는 활동에 대한 강조에서 너무 자주 무시되는), 이는 모든 기호적 행위가 의도하지 않은 결과를 초래할 수 있다는 점(스케이트보더에게 '스케이트보딩 금지'라는 표지판이 오히려 그렇게 하라는 초대로 작용할 수 있음) 또는 의도된 것만큼 의도되지 않은 기호의 측면이 의미를 전달할 수 있다는 점(디자인은 중요한 기호적 무게를 지닐 수 있지만, 표지판이 오래되고 바랜 사실 역시 그러할 수 있음)에 주목하기 위함이 아니라, 냄새가 의도적으로 생산되지도, 해석되지도 않을 수 있는 기호학적 딜레마를 고려하기 위한 것이다. 어떤 면에서는 칼렌(Kallen 2010: 54)이 더블린 거리에 버린 담뱃갑[72]과 비슷하다. 루마니아 건강 경고문은 적어도 지나

72 칼렌은 더블린 거리에 버려져 있는, 세계적으로 유명한 담뱃갑의 언어 경관을 분석하는데 이

가는 기호학자에게는 '아일랜드와 루마니아 간의 교통 흐름 증가를 나타내는 지표'로 여겨지겠지만, (의도적으로 버려졌다 하더라도) 기호적 대상으로서의 등장은 거의 확실히 우연이었을 것이다. 냄새와 냄새에 대한 해석은 대체로 의도되지 않았을 수 있다.

이것은 앞장에서 다루었던 행위 능력(agency)과 의도성에 대한 논의의 부분과 관련이 있다. 우리가 행위 능력에 휴머니즘적 개념을 적용한다면, 의도성은 행위 능력의 정의의 일부가 될 것이다. 그러나 우리가 만약 세계에서 사물의 역할을 포함할 수 있는 분산된 개념으로 행위 능력을 볼 수 있다면, 기호 이면의 의도는 기호학적 행위소(actant)로서의 역할보다 덜 중요하게 될 것이다. 더 나아가 냄새의 중요성은 그것이 불러일으키는 힘, 기억, 장소 및 감정에서도 나타난다. 냄새는 기억과 강하게 연결되어 있다(Dove 2008), 특히 장소에 관한 기억을 이끌어 내는 능력이 있다(Rodaway 1994). 포셔스(Porteous 1990: 25)는 "냄새 경관의 개념은, 시각적 감각과 같이 냄새 역시 공간적으로 정렬되거나 장소와 관련되어 있다"고 말하였다. 이것은 우리가 연구하는 방식에 있어서 의미를 지니는데, 이는 장소와 냄새와의 관계를 감각적 민족지학과 '냄새 보행(smellwalking)'73을 통한 냄새와 장소와의 상호작용을 필요로 하기 때문이다.

메를로퐁티의 지각 현상학에 대한 접근에 대해, 세르(Serres)는 "많은

때 세계적으로 유명한 담배 회사의 담뱃갑에는 심각한 건강 위협을 경고하는 문구가 적혀 있다.

73 냄새 보행(smellwalking)은 시각이나 청각보다는 후각을 중심으로 하는 탐구적 활동으로, 보행자가 도시나 지역을 돌아다니면서 냄새를 발견하고 그에 대한 경험을 기록하거나 공유하는 것을 목적으로 한다. 이는 도시의 다양한 지역이나 환경에서 냄새의 특징을 발견하고, 도시의 다양성과 문화적 특성을 탐구하는 데 도움이 된다.

현상학과 감각(sensation)의 부재(Connor 2005: 318 참조)"라고 비판하였다. 여기에는 중요한 통찰들이 많이 있다. 예를 들어 시각 장애인의 지팡이가 신체의 연장으로 묘사된 것(위 참조)과 같은 것이다. 하지만 세레스는 현상학적 프로젝트가 언어와 내성(introspection)을 중심으로 이루어지는 반면, 자신이 그의 책 『다섯 가지 감각, Les cinq sens』(1985)에서 시도한 바와 같이, 감각과 '기호의 제국'에 대한 전신적인 감상에 자신을 던지기보다는 언어적으로 실현되는 지각에 대해 안락의자에서 사색하는 데 초점을 맞추고 있다고 지적한다. 따라서 우리는 지각이 언어적으로 어떻게 실현되는지에 대해 사색하기보다는 감각에 직접적으로 참여해야 한다. 그러나 감각의 사회적 및 정치적 측면 또한 여기에서 중요한 요소이며, 이는 세르가 제시한 보다 개인적인 설명에서는 결여된 부분이다(Howes & Classen, 2014). 핑크(Pink 2008: 193)가 제안한 바와 같이, "다른 사람들과 함께 걷고, 그들의 시선, 리듬, 소리, 냄새 등을 공유하고, 미래의 물질적, 사회적, 감각적 환경에 대한 자신들의 상상력에 내 상상력을 조율함으로써" 그녀는 "기억된 과거, 직접적인 현재와 상상된 미래를 가진 민족지학적 장소"를 파악할 수 있었다. 도시 민족지학은 "단순히 시각적인 측면에서가 아니라 다중감각적 참여의 형태로서 가장 잘 작동한다(Pink, 2008, p180)."

따라서 냄새 경관은 다면성(multimodality)과 의도된 의미에 대한 일반적인 기호학적 가정을 피하는 분석적인 접근 방식을 필요로 한다. 크람쉬(Kramsch 2014: 242)는 기호가 "우리를 다양한 방식으로 호출하고, 우리의 감각과 기억, 상상력으로 응답하게 만드는" 방식에 초점을 맞춘다. 냄새는 우리를 더 표준적인 기호학과는 다른 해석적 관계로 이끈다. 연구 과정이 달라야 할 뿐만 아니라(디지털 이미지의 즉각적인 기록 대신 다양한 유형의 방법으로 연구해야 함), 냄새라는 기호는 연상적이고 호출적이며, 간단한 연상(식초 냄새가 나는 것)에서 복잡한 장소의 관계에 이르기까지 넓게 변화한다. 페이(Fahey 2009)는 청소년 시절의 시드니 냄새를 회상한다. "람즈게이트(Ramsgate) 시의 소금물 수영장에서 팔던 뜨거운 감자 칩"의 냄새를 회상한다. 그 감자칩에는 어떻게든 "웜뱃, 딩고, 캥거루 및 원숭이 배설물의 냄새도 함께 있었다." 아침으로 먹던 생선 튀김의 냄새, 모닥불을 피웠던 밤의 폭죽 냄새, 소시지, 햄, 치즈를 팔던 지역의 후미진 구멍가게로의 '후각 탐험' 등도 포함한다. 그러한 장소의 공간적 레퍼토리는 다른 형태의 세미오시스 중에서 언어가 어떻게 출현하는지 볼 수 있게 해 준다. 냄새 경관은 시간과 공간에 걸쳐 서로 연결될 수 있는 감각의 능력에 중점을 맞출 수 있도록 해 준다.

흐미엘레프스카(Chmielewska 2010: 287)의 현장 내 기호 작용에 대한 초점은 언어 및 그림 기호와의 참여뿐만 아니라 "맥락의 물질성과 지형-민감(topo-sensitive) 기호가 반드시 차지하게 되는 다감각적 영역의 특성"에 대해서도 강조한다. 유럽 남성 감각 체계(sensorium)에서 간과되었던 다른 감각들, 미각, 촉각, 후각을 포함시키고자 한다면, 다면성(Jewitt, 2009)에 초점을 맞추는 것뿐만 아니라 다감각성에 대한 더 몸에 밴 참여를 통해 기호 경관에 접근해야 한다. 냄새는 다른 감각들(특히 미각)과 교차하지만 기억과 장소를 불러일으킨다. 그리고 바로 이러한 냄새, 정체성, 장소 및 언어 간의 공간적 관계가 인간, 텍스트, 의도를 전통적인 언어 경관 접근법이 해왔던 방식과 동일하게 특권화하지 않는 사회 기호학에 대한 포스트휴머니즘적 접근에서 특히 관심을 가지는 부분이다. 의도하지 않은 비대표상인 방식의 향기 기호학은 비인간적 요소가 아상블라주에서 수행하는 역할에 대한 이해를 열어 준다.

소리 없는 언어

인간에게 언어를 구성하는 휴머니즘적인 구성의 한 측면은 시각과 청각을 다른, '하급' 감각보다 우위에 두어서, 우리가 감각하고 느끼는 신체적 방식과 그런 느낌을 가진 신체를 폄하하는 것이었다. 이 인간에 대한 관념, 즉 귀와 눈으로 언어를 사용한다는 생각의 또 다른 측면은, 이 모델에 의하면 (언어적 정보의 입력과 출력이 '인지적 샌드위치'를 통해 처리되므로) 이러한 영역 중 하나에 결함이 있다고 간주되는 사람들의 언어 활동이 완전한 언어 활동으로 인정받지 못할 수 있다는 점이다. 인간이라는 것의 정의적 특성 중 하나가 언어에 대한 지배력을 가지고 있다는 것이라면, 누군가가 부족한 언어 능력을 가진 것처럼 보일 때 그 사람은 인간이라는 배타적 범주의 완전한 구성원으로 여겨지지 않을 수 있다. 이것은 오랫동안 청각 장애인 공동체가 투쟁해 온 문제였으며, 수어가 단순한 제스처로 폄하되는 것을 반박하는 것뿐만 아니라 수어가 구어와 적어도 동등한 (어떤 면에서는 그 이상인) 것임을 주장하는 것이다. 버크(Bourke 2011: 50)가 설명한 바와 같이, "청각 장애인의 인간다움을 저하시키는 주요한 이유는 언어가 이성과 불가분의 관계에 있다고 가정되었기 때문이다." 따라서 청각 장애인들의 투쟁은 크리올어 사용자들의 투쟁과 마찬가지로 수어가 완전하고 완성된 언어라는 사실을 주장함으로써, 수어 사용자들이 완전한 인간의 범주에 들어갈 수 있게 하는 것이다.

이것은 항상 이중 편견에 대한 싸움이었다. 청각 장애인은 장애를 가지고 있는 것으로 간주되고(이 역시 청각 장애인들 사이에서 논쟁거리가 되는 정의 방식이다), 크리올어 사용자는 거의 유색 인종이기 때문에 그들의 언어가 진짜 언어라는 주장은 언제나 사용자들(청각 장애인, 흑인)을 기반으로 그러한 언어를 불충분하게, 그리고 그들의 언어(수어와 크리올어)를 기반으로 사용자들을 불충분하게 만드는 차별의 순환 과정의 일부이다(Alim 2016). 우리는 표준 언어의 정치를 이해할 때 볼 수 있듯이, 허니(Honey 1997) 등이 표준 언어를 말할 수 있다면 누구에게나 기회가 열릴 것이라 주장하더라도, 언어가 진짜 언어로 인정받거나 선호되는 표준을 배워 사용하는 것만으로는 차별을 극복하기 어렵다는 것을 알고 있다. "많은 아프리카계 미국인들에게 여전히 씁쓸한 현실은, 아무리 '유창하게' 말한다 해도, 직접 만나 보면 더 이상 집주인을 속일 수 없다는 것이다: baby - you Black, Jack(베이비, 당신은 흑인이에요, 잭!)"(Alim & Smitherman 2012: 55).

수어의 인식 개선을 위한 투쟁은 항상 구어의 우위성, 즉 언어를 구성하는 것에 대한 가정과 제스처, 자세, 표정 등을 포함한 모든 신체적 의사소통 형태의 주변화와 경쟁해야 했다(McNeill 2005). 사회언어학은 비언어적 의사소통 연구 등 신체의 다양한 역할을 인정하는 데 있어 그 로고스 중심적 언어학보다 나았지만, 몸은 종종 "언어의 필수 요소가 아닌 언어에 이차적인 것으로" 간주되었다(Bucholtz and Hall 2016: 174). 또는 우리가 수어의 맥락에서 말할 수 있듯이, 몸 자체가 언어이다. 수어의 맥락에서 볼 때 몸은 언어다. 수어 사용자 수가 감소함에 따라 수어에는 구어에 가해지는 것과 비슷한 다양한 위협이 나타났다.

지역 수어로 동화되거나 주요 수어에 잠식될 때(미국 수어가 자주 권장된다), 또한 개선된 의료 시스템 및 교육 기관에서 청각 장애 아동의 주류화, 인공 달팽이관 및 유전 과학의 발달과 같은 의학적 개입으로 인해 수어 사용자 수는 감소하고 있다. "청각 장애의 발병률 감소, 주류화의 증가, 인공 와우 이식 수준 증가로 인한 호주 청각 장애인 공동체에 가해지는 계속적인 압박의 증가"는 "언어 공동체가 사용자의 수와 사용 범위의 측면에서 유지 가능한 최소한의 정도"를 위협하고 있다(Johnston 2004: 372).

청각 장애인 공동체의 일부 사람들에게 인공 와우 이식은 소수자의 지위에 대한 위협이 된다(Blume 2010). 청각 장애인 공동체가 건청인 세계에 동화될 때 더 나은 상황에 있다고 항상 가정하는 개입 유형으로의 복귀이다. 간단히 말해서, 이것은 청각 상실을 치료하거나 극복해야 할 상태로 보는 의료 모델과 청각 장애인을 자신만의 언어와 문화를 가진 소수자 공동체 측면에서 정의하는 사회문화 모델 사이의 투쟁이다(Power, 2005). 논란은 특히 선천적 청각 장애 아동에게 이식하는 것을 중심으로 발생하며, 이것이 언어와 말에 있어서 가장 큰 성공을 가져온다는 근거 하에 이루어진다. 반대 의견은 이것이 건청인 세계의 기준에 따라 청각 장애인을 정상화하려는 강압적인 과정이라는 것이다. 따라서 이것은 개선된 신체가 원래의 신체보다 낫다고 주장되는 트랜스휴먼 증강, 예를 들어 블루투스와 인터넷을 통해 초인종, 전기 기기, 난방 시스템 등 다양한 스마트 가정용 기기에 연결할 수 있는 신세대의 보청기 같은 간단한 문제가 아니며, 이는 소수자 권리와 장애인 인식 사이의 관계에 대한 훨씬 더 어려운 논쟁이다. 트랜스휴머니즘 증강론자들은 모든 인간이 그들의 인간성을 초월하고 싶어 하지 않는다는 것을 이해해야 한다. 그 인간성이 다수에 의해 완전한 인간으로 간주되지 않더라도 말이다.

수어 학습을 인공 와우와 통합하는 새로운 사고방식 외에도 공간 및 시각 문화 측면에서 청각 장애에 대한 새로운 사고방식(Bahan 2008, Haualand 2008)은 청각 장애에서 청각 장애의 이득(deaf gain)[74]으로 논쟁의 틀을 옮기면서 청각 장애인 문화에 대한 새로운 이해 방법을 제시하고 있다(Bauman 외 2009). 수어를 다른 모든 언어와 마찬가지로 유효하다고 주장하는 것은, 그것을 단지 부정적인 의미에서의 동등물로 환원시키는 일이었다. 휴머니즘적 이상의 문제점은 바로 이러한 동등성(차이성이 아닌)에 집착하는 데 있다. 즉 타인이 인류의 규범적 개념에 부합하지 못한다면 그들의 습관, 문화, 언어는 인정받지 못하게 된다. 하지만 다른 관점에서 보면, 수어는 구어와 단순히 동등한 것을 넘어서는 것임을 제안한다. 수어는 의사소통이 훨씬 더 복잡한 기호 수단의 아상블라주에 관한 것임을 우리에게 보여 줄 수 있다. 그것은 우리가 제스처를 이해하는 데 도움을 줄 수 있고, 시공간적이고 체화된 개념으로서의 언어를 이해하는 데 도움을 줄 수 있다. "수어, 제스처, 구어적 상호작용의 다면적(동시적) 구

---

74 청각 장애의 이득(deaf gain)은 청각 장애인 공동체와 관련된 개념으로, 청각 장애인이 되는 것이 손실이나 결핍이 아니라, 오히려 사회, 문화, 언어적 측면에서 긍정적인 기여를 한다는 관점을 나타낸다. 이 용어는 청각 장애인 문화와 수어가 갖는 독특한 가치와 장점을 인정하고, 이를 통해 청각 장애인들이 청각인들과는 다른, 특별한 방식으로 세상을 경험하고 이해할 수 있다는 것을 강조한다. 따라서 청각 장애인들이 자신들의 정체성과 언어를 긍정적으로 받아들이고, 이를 통해 청각 장애인 공동체뿐만 아니라 사회 전반에 기여할 수 있는 다양한 방법을 모색하도록 장려하는 데 목적이 있다.

성"에서의 연구는 "동일한 주요 '언어', '코드', '양식(modality)'을 공유하지 않는 개인들 간의 의사소통을 관찰할 기회를 제공한다(Kusters et al. 2017: 229). 수어가 어떻게 작동하는지 이해함으로써 우리는 "구어의 다차원적 성격, 시간의 전략적 사용, 제스처와 신체 언어를 통한 공간의 사용 그리고 음색"을 재발견할 수 있다(Branson and Miller 2007: 119). 청각 장애인의 언어는 구어와 단순히 동등한 것이 아니라 이보다 훨씬 더 많은 의미를 지닌다.

청각 장애인들은 대부분 불가피하게 다중 언어 화자인데, 특히 일단 그들이 학교 교육과 문해력을 경험하고 나면 더욱 그러하다. 지문자(finger spelling, 단어의 철자를 표현하는 것)는 횡단언어(translanguaging)의 한 실천으로, 철자법은 수어와 다른 언어에서만 가능하며 다른 양식(modality)으로 나타난다. 청각 장애인들은 제스처라는 제한된 다면성을 초과하는 방식으로 다면적으로 작동한다. 그리고 그들의 감각 세계가 청각 채널의 부재로 인해 제한적으로 보일 수 있지만, 언어의 시각적이고 공간적 언어 작용은 청각 세계가 할 수 있는 것 이상으로 확장된다. 이 모든 것은 우리가 인간이 무엇인지에 대해 어떻게 생각하는지에 대해 영향을 미친다. 장애와 그 형성에 대한 연구는 "'정상적인' 몸의 정치를 해체함으로써 인간/비인간 경계의 구성성(the constructed)을 보여 주고, 능력이 있든 없든 몸이 환경과 함께 살아가는 방식"을 풀어내기 시작한다(Nayar 2014: 123). 언어가 머리(귀, 눈)에 위치하고, 알파벳화된 인지와 연결되며, 바로 이것이 우리를 다른 동물로부터 구분하는 것이라는 생각은 중심적인 휴머니즘적 구상이었다. 여기서 '우리'는 항상 충분히 조사되지 않은 중심이었다. 이성에 대한 휴머니즘적 구인(construct)이 현대의 광기와 정신 질환에 대한 이해를 정의하게 된 것처럼(Foucault 1965), 정상성(normality)이라는 구인이 장애인을 정의했으며(Branson and Miller 2002), 특정한 종류의 언어 구인이 인류, 정상성 그리고 문명을 정의하게 되었다.

다중 감각의 아상블라주

냄새는 특히 호명적(interpellative), 연상적 능력에서 중요한 기호적 역할을 한다. 그것은 기억, 사람, 활동 및 장소를 떠올리게 한다. 이러한 것들은 언어적 상관관계를 가질 수도 있다. 왜냐하면 사람, 언어, 장소는 밀접하게 얽혀 있기 때문이다. 하지만 이러한 자원의 유동성은 우리가 이러한 연결을 신중하게 다뤄야 함을 시사한다. 더 큰 관심사는 지정학적, 경제적, 역사적 배경 내에서 다양한 언어와 일상 활동(구매, 식사, 낚시, 재배, 판매, 요리) 간의 복잡한 관계와 더 넓은 언어 및 감각 경관의 복잡성이다. 냄새는 우리가 주변을 이해하고 문화와 취향의 관계를 해석하고 연결하며 소환하는 방법일 뿐만 아니라 젠더, 계급, 배경, 발전에 대한 가정을 형성하는 데 중요한 역할을 한다. 그리고 싱가포르에서의 싱글리시(Singlish)에 대한 금지와 같은 언어 금지가 우리에게 언어, 언어 이데올로기, 통치성(governmentality)[75] 및 정치에 대해 많은 것을 말해 주는 것처럼 냄새 금

75 통치성(governmentality)은 프랑스의 철학자인 미셸 푸코가 제안한 개념으로, 국가정부뿐만 아니라 사회 전체의 걸쳐 형성된 통치력에 의해 조직된 관행들을 일컫는 말이다.

지(악취가 나는 과일과 말린 물고기)는 냄새, 냄새 이데올로기, 장소, 사람 및 열망에 대해 많은 것을 알려 준다.

도시의 냄새 경관을 이해하는 것은 도시에서 다양한 사람, 음식, 식당 및 상점의 역할을 이해하는 데 중요할 수 있다. 비누, 향수 제조업체뿐만 아니라 다양한 종류의 회사, 중소기업 및 제조업체는 구매자를 끌어들이는 냄새의 가능성을 매우 잘 알고 있다.

> 냄새는 제품, 서비스 및 상업 환경의 디자인에 있어 점점 더 중요한 역할을 하며, 향후 몇 년 동안 상업적 향기 활동의 형태로 도시 거리로 퍼져 나가는 냄새는 점점 더 증가할 것이다.
>
> (Henshaw 2013: 221)

이러한 맥락에서 비판적 담화 연구가 그보다 더 다면적 버전에서조차 냄새를 담론으로 집중적으로 다루지 않았다는 것은 다소 간과된 점이다. 반면에 사회언어학 연구 가이드(예: Holmes and Hazen, 2014)는 냄새가 사회언어학적 범주로서 지니는 중요성을 다루지 않는다. 감각 문해력(Mills, 2016: 145)은 후각적 질문을 탐구하기 시작한 몇 안 되는 언어 관련 영역 중 하나이며, "감각 문해력은 문해력 실천에서 하나의 인지 공간 내에서 다양한 감각의 상호작용에 주의를 기울인다"는 이해를 제시한다. 도시 냄새 경관을 더 잘 이해하기 위해서뿐만 아니라, 밀스(Mills 2016)가 주장하는 바와 같이 문해력 실천을 더 잘 이해하기 위해서는 연구 방법으로서 "냄새 보행"에 나서서 도시 세계에 참여할 필요가 있다(Henshaw, 2013).

여기에는 단순히 우리의 언어 또는 기호 목록에 냄새를 추가하는 것이상의 문제가 걸려 있다. 후각 자체는 종종 묘사되는 것보다 더 복잡한 활동이다. 냄새 맡는 행위는 종종 인간의 코를 공중에 코를 대고, 반복적으로 킁킁거리며, 눈썹을 찌푸리는 리듬적 특성과 후각엽의 화학 수용체를 포함한다. 하지만 버슨(Berson)이 지적한 바와 같이, "감각 통합의 해부학과 다면적 감각 앙상블의 정서적 평가"(Berson 2015: 72) 또한 포함한다. 이는 "신경, 내분비 그리고 행동의 생체역학적 구성 요소가 미세하게 얽혀 있는 다방향 인과 네트워크에 참여한다"는 것을 의미한다(Berson 2015: 72). 따라서 후각 자체는 감각 앙상블과의 정서적 교감 과정이다. 에미 오츠지와 함께 한 감각 경관에 대한 연구가 제안한 바와 같이(Pennycook and Otsuji 2015b), 우리는 언어를 냄새에 대응시키려는 시도나 우리의 기호학적 카탈로그에 새로운 항목들을 추가하려는 시도의 함정을 피하고 대신 기호적 관계를 처음부터 다시 생각해 볼 필요가 있다.

후각의 역할은 의도성은 배제하고 감정과 기억이 더 큰 역할을 하는, 새로운 종류의 기호학을 제시한다. 크람쉬(Kramsch 2014)가 지적했듯이 언어 경관이 우리에게 던지는 질문은 더 넓은 사회적, 언어적, 문화적 관행과 관련하여 공간이 어떻게 감각적으로 조직되는지이다. 장소가 그저 평평한 표면이나 배경이 아니라 만들어지는 것이라는 것을 이해하게 된 것과 같은 방식으로(Scollon & Scollon 2004), 우리는 냄새가 다른 활동들 사이에 분산되어 있는 단순한 배경 이상의 것이라는 것을 이해해야 한다. 냄새는 우리를 부르며, 사람, 장소, 시간, 활동과의 연관성을 소환한다. 이러한 연관성은 단순히 냄새와 객체, 냄새와 장소, 현재의 냄새와 과거 사이의 연관성만이 아니다. 또한 그것들은 개인의 생애 궤적의 일부만이 아니다. 오히려 냄새는 사물, 사람, 정서, 장소와의 의미를 다른 방식으로 연관 짓는 또 다른 세미오시스의 영역을 열어 준다.

부콜츠와 홀(Bucholtz & Hall 2016: 174)이 '체화된 사회문화 언어학'을 촉구하면서, 흔히 인정받지만 종종 주변화된 의사소통의 신체적 측면을 더욱 부각해야 한다고 주장한다. 예를 들어 목소리("구어의 체화된 핵심", 178쪽)나 스타일[옷차림, 자세, 태도가 등록(enregisterment)[76] 과정의 많은 부분을 수행할 수 있는 곳]과 같은 측면이 그것이다. 또한, 신체가 어떻게 담론을 통해 구성되는지, 그리고 최근에 신체가 인간뿐만 아니라 비인간 참여자들—동물, 전염병, 물체, 기술 등-을 포함하는 복잡한 관계 속에서 어떻게 작동하는지 이해하려는 노력이 있었다는 점을 파악해야 한다(186쪽). 이는 기호적 아상블라주(제3장)의 개념을 진지하게 받아들이는 포스트휴머니즘에 기반한 사회언어학의 가능성을 열어주기 시작하는데, 이것은 우리가 휴머니즘 언어 개념의 편협함을 극복하는 데 있어 특정 순간에 수렴하는 다중 감각적, 다면적, 다중 언어적 자료가 우리의 연구에 가치가 있다는 사실을 인정하는 것이다.

기호 경관에 대한 더 나은 이해에 도달하기 위해서는 다중 언어와 다면성에 초점을 맞춘 일반적인 방식 이상으로 나아가서 우리 세계의 다중 감각적 성격을 고려해야 할 필요가 있다. 이것은 더 완전한 도시 민족지

---

76 등록(enregisterment)은 사회언어학에서 사용되는 개념으로, 특정 언어 형태나 스타일이 특정 사회 집단 내에서 공식적으로 인식되고, 구별되며, 가치를 부여받는 과정을 의미한다. 이 용어는 어떻게 언어적 형태가 특정한 사회적 의미, 정체성, 그리고 가치와 연결되어 사회적으로 인정받게 되는지를 탐구한다. 등록 과정을 통해, 언어는 단순한 의사소통 수단을 넘어서 사회적, 문화적 정체성을 형성하고 표현하는 중요한 수단이 된다. 예를 들어, 특정한 발음, 억양, 어휘 선택 등이 특정한 사회적 계층, 지역, 혹은 집단과 연결되어 그 집단의 구성원들에 의해 인식되고 사용될 때, 이러한 언어적 특성들은 '등록'된 것으로 간주될 수 있다.

학에 대한 성취뿐 아니라 신체와 감각을 물리적으로 강등시키면서 언어와 인지를 버리에 두었던 역사적 불균형을 바로잡는 것이다. 최근 일어나고 있는 신체, 감각, 물질적 인공물에 대한 이해를 포괄하는 변화는 머릿속에서 일어나는 인지와 언어에 관한 편협한 이야기를 넘어서기 위해 "촉각, 시각, 후각, 움직임, 물질적 인공물"과 "공유된 경험, 역동적인 상호작용, 신체적인 교감"에 더 많은 관심을 가져왔다(Finnegan 2015: 19). 이것은 내가 주장해 온 것이며, 훨씬 더 큰 그림의 일부이다. 세계와의 감각적 교감을 눈과 귀를 통해 이루는 합리적이고 문해력 있는 존재로서의 인간이 만들어지는 것, 이것은 이러한 차원에서 부족하다고 여겨지는 사람들에게 문제를 야기한 것뿐만 아니라 – 따라서 청각 장애인들은 오랫동안 동등성을 주장하는 데 어려움을 겪었고, 수어의 장점에 대한 주장은 더욱 어렵게 되었다 – 인간과 그들의 세계가 좁게 인식되었음을 의미한다.

다양한 문화적, 역사적 프레이밍 속에서 감각이 인식되는 방식은 사회 변화에 대한 광범위한 범위 내에서 이해되어야 한다. 감각의 결합인 공감각에 대한 서구의 회의주의는 생활 패턴, 문학 및 개인을 이해하는 방식의 변화와 관련이 있다. 하우스와 클라센(Howes & Classen 2014: 170)에 따르면, "서양에서 인간과 감각을 분리시키는 과정"은 "도시의 성장, 사회의 기계화, 분석적 사고에 부여된 역할의 증가"를 포함했다. 중요한 것은 문해력의 증가로 집단 기억과는 별도로 정보를 저장할 수 있게 되었다는 점이다. 실제로 서양인들이 '집단적 감각 연합(collective sensory associations)'을 만들 가능성이 낮은 한 가지 이유는 "인간의 몸과 마음의 외부에 존재하는 문서에 저장된 집단적 지식"에 의존하기 때문이라고 그들은 말한다

(Howes & Classen 2014: 171).

복잡한 결합을 통해 작동하는 감각에 대한 공감각적 이해는 서구에서 예술적 또는 병리학적 관점에서 소외되었다. 그러나 최근의 연구에서 제시했듯이 감각을 서로 관련 없는 독립된 영역으로 분리하며 오감만 있다는 가정은 의문을 제기할 여지가 있다. 예를 들어 고통, 압력, 온도 및 균형에 대한 수용체가 발견되면서 감각에 대한 이해가 크게 확장되었다 (Wade 2009). 그에 따라 우리가 동물에 대해 얘기할 때, 그들의 능력에 대해서 제한적으로 이해해 왔음을 분명히 알 수 있다. 새들이 날면서 방향을 잡거나 상어가 먹이를 어떻게 감지하는가? 우리는 독수리의 눈, 부엉이의 눈과 귀, 개 코 또는 박쥐의 반향을 통한 위치 파악(박쥐가 되는 것이 실제로 어떤 것인지 상상하기 어렵게 만드는데, 이는 제8장을 참조하라)의 특별한 예민함에 경탄하지만, 여전히 우리는 동물이 가진 다른 많은 수단을 통해 감지할 수 있는 능력을 놓치고 있다. 다음 장에서는 동물의 세계로 전환하여, 인간과 다른 동물 사이의 구분을 만드는 데 언어가 주는 중요성에 대해 다룰 것이다.

제5장

동물과 언어

Chapter 05

동물과 언어

에덴의 범고래

시드니에서 몇 백km 떨어진 작은 해안 마을인 에덴의 범고래 박물관의 자랑거리 중 하나는 올드 톰(Old Tom)이라는 범고래의 해골이다. 그 범고래의 뼈를 살펴보면 한쪽 이빨을 따라 홈이 나 있다. 고래가 작살에 맞는 순간 작살줄을 꽉 잡고 놓지 않았던 그 행동에 의해, 또는 아마도 그 범고래 무리가 한 무리의 고래를 몰아넣었던 곳으로 포경선을 끌고 나갔기 때문이라고 한다. 포경은 1830년대 투폴드 만(Twofold灣)에서 시작되었고(Wellings 1996), 1860년대에 더 성행하며 보트 선원들로서 현지의 유인(Yuin) 국가[77]의 타우아(Thaua)족을 고용하게 되었다. 해안에서 오래 살아

77 유인(Yuin)은 호주 남쪽 해안가 뉴사우스웨일스의 원주민과, 특히 케이프 하우 부근에서 그들이 구성하는 유인 국가를 가리키는 말이다.

온 이 원주민들에게 고래와 함께 나타난 범고래(Orcinus orca, 또는 Killer whales, 대양돌고래과의 일종)는 특별한 생물이었고, 그들은 유럽 국적의 보트 승무원들에게 그들을 해치지 말라고 요구했다. 시간이 흐르고, 인간(특히 투폴드 만의 데이비슨 가족)과 범고래 모두의 여러 세대를 거치며, 이 고래잡이들은 범고래와 특별한 관계를 발전시켰다(Mead 1961, 2002).

매년 겨울이 남반구의 바다에 찾아오면, 고래는 호주의 동해안을 따라 북쪽으로 이동하여 6월이나 7월에 시드니 항구에 종종 나타난다. 이 특별한 범고래 무리는 혹등고래를 투폴드 만으로 몰고 갈 것이고, 일부는 만의 출구를 지키고, 다른 범고래들은 만 안쪽으로 헤엄쳐 들어가 데이비슨 부부가 소박하게 지은 오두막집으로 향한 후 뛰어오르거나 또는 꼬리로 신호를 보내곤 했다[데이비슨 부부의 말에 따르면, "꼬리 뒤집기(flop-tailing)"이다]. 그러면 포경업자들은 배를 저어 포획된 고래가 갇힌 곳으로 가서 고래를 작살로 죽인 후, 시체에 닻과 부표를 묶고 집으로 돌아왔다. 그런 다음 범고래는 혹등고래의 입술과 혀를 먹고(혀의 법칙, law of the tongue) 나머지는 현지 고래잡이들을 위해 남겨 두곤 했다. 또한 톰이 배 밖으로 떨어진 승무원들을 추격하는 상어들로부터 보호하는 이야기도 있다. 톰이 죽고 해변으로 떠밀려 왔을 때, 그의 시체는 가죽이 벗겨졌고 그의 뼈는 보존되었다(Mead 1961, 2002).

또 1850년에 같은 투폴드 만에서 따개비 표본이 찰스 다윈(Charles Darwin)에게 보내졌다. 다윈은 생물학자로서 자신의 연구를 확립하는 데 중요한 다양한 표본들(Darwin 1850)에 특히 만족했다. 발신자는 1844년 팜불라(Pambula) 인근에 정착한 심스 코빙턴(Syms Covington)이었다(해안 도로에 있는 그의 붉은 지붕의 옛 여관은 현재 코빙턴의 휴양지로 알려져 있다). 다윈은 코빙턴의 난청이 점점 심해져 갈 때, 이를 돕기 위해 보청기를 보내준 바 있었다. 이러한 코빙턴의 청각 장애는 비글호(1831~1836)[78]의 두 번째 항해에서 다윈의 표본 수집을 위해 새들을 총으로 쏘는 데 보낸 오랜 세월의 결과였을지도 모른다. 원래 비글호의 사환이었던 코빙턴은 다윈의 하인 겸 조수가 되었고, 다윈에게 매우 중요한 갈라파고스 핀치 등 수천 마리의 새와 동물을 사냥하여 다윈의 연구를 도우면서 다윈의 사수(Darwin's Shooter)라는 별명을 얻었다(McDonald 1998).

투폴드 만에 관련된 이야기는 동물과 인간에 대해 여기서 말하고 싶은 부분에서 몇 가지 다른 역할을 한다. 범고래의 이야기는 많은 비인간 동물의 지능, 그들 서로 및 인간과 협력적으로 행동하는 능력 그리고 의사소통하는 능력에 대해 생각해 볼 수 있도록 한다. 고래잡이에게 수세대에 걸쳐 자신의 먹이에 대해 알려 주는 범고래의 관습적 신호는 그들의 의사소통 능력과 학습 능력을 모두 암시한다. 따라서 이 이야기의 한 측면은 동물 지능에 대한 질문이다. 또 하나는 인간의 삶을 다른 동물들과 분리하여 이해할 수 없다는 것이다. 인간을 인간으로 만드는 요소 중 하나는 동물과의 관계이다(Shipman 2011). 그러나 이 두 가지 문제는 이 이야기의 또 다른 측면을 가리킨다. 투폴드 만의 고래잡이들은 이 범고래 무리와 놀라운 관계를 발전시켰을지 모르지만, 그들의 사업은 19세기 산업화의 중요한 부분이었던 기름(특히 등유용으로 사용되지만 기계의 윤활유, 비누, 페인트, 바니시 제작에도 사용됨)과 고래뼈(실제로는 고래 입에서 나오는 고래수염으로, 주로 여

78 왕립 해군 군함 비글(HMS Beagle)은 1800년대 영국의 탐사용 함선으로, 찰스 다윈이 승선한 5년 동안의 두 번째 항해가 특히 유명하다.

성의 코르셋, 말 채찍 및 기타 제품에 사용됨), 그리고 식용 고기 등을 제공하기 위해 고래를 죽이는 것이었다.

한편 다윈은 동물 진화 및 생명 과학을 보다 일반적으로 이해하는 데 결정적인 역할을 했다. 한편으로 그는 인간이 동물이라는 것을 보여주었다. 즉, 우리는 다른 동물들과 비슷한 방식으로 진화해 왔을 뿐만 아니라 인간적인 것으로 여겨졌던 많은 것(예를 들어 얼굴 표정)은 동물에서 기원된 것으로 설명될 수 있다(Darwin 1872). 반면에 동물에 대한 그의 폭넓은 관심은 그가 동물들이 생각을 할 수 있고 감정을 가지고 있다고 이해하도록 이끌었다. "정신적 능력에서 인간과 고등 포유류 사이에는 근본적인 차이가 없다(Darwin 1871: 446)." 지렁이가 자신이 뚫은 구멍을 막기 위해 어떤 잎을 사용할지 결정하는 것(Darwin 1881)조차도 인지의 한 형태로 이해할 수 있다(Moreell 2014). 물론 그는 신의 창조에서 벗어나 과학적 사고로의 전환에 결정적인 역할을 했고, 종교에 반대하는 휴머니즘적 주장 역시 아직까지도 그의 이론을 빌려 이루어진다(Dawkins 2006). 그러나 동시에 이 19세기 자연 과학을 위한 표본 수집은 잔인한 일이었고, (아마도 다윈의 수집품을 위해 그렇게 많은 동물을 사냥하던 그의 역할 때문에 청각장애인이 된) 코빙턴의 역할도 인간이 그들의 동반자인 동물들을 얼마나 쉽게 도살해 왔는지를 보여 준다.

왜 포스트휴머니즘 응용언어학에서 이 모든 것이 문제인가? 거기에는 두 가지 중요한 이유가 있다. 첫 번째는 인간과 비인간, 특히 인간이 아닌 동물과의 관계를 재고하는 일반적인 제안과 관련이 있다. 이것은 동물 권리에 대한 초점이라기보다는, 인간과 그들의 권리를 순수하고 분리된 상태로 유지하고자 하는 완고한 휴머니스트뿐만 아니라 많은 사상가들에 의해 널리 비판받은 개념이다. 브라이도티(Braidotti 2013: 76)는 동물권리 옹호론자들을 "포스트인간중심주의적 네오휴머니스트들"이라고 규정하였는데, 이는 그들이 인간보다는 동물에 초점을 맞출 수 있지만(포스트인간중심주의), 동물에게 부여되어야 할 권리에 대해 휴머니즘(네오휴머니즘)의 개념을 사용하기 때문이다. 해러웨이(Haraway 2008)는 동물들이 가장 필요로 하지 않는 것이 인간 주체의 지위라고 주장한다. 데리다(Derrida 2008)에 따르면, 동물에게 권리를 부여하는 것은 인간의 특정한 이상을 강화하는 것이기 때문에 심각한 오류가 될 것이다. 물론 동물 권리는 인간과 동물의 관계를 바로잡는 데 중요한 역할을 할 수 있지만, 여기서 나의 관심은 인간 예외주의에 대한 질문에 있다. 왜 인간은 다른 동물과 자신을 구별하는 데 그렇게 열심히 노력했고 그 결과는 무엇인가?

두 번째 이유는 인간을 다른 동물과 구분하기 위해 자주 사용되는 것이 언어이기 때문이다. 인간을 동물과 구분하고 인간을 특별한 존재로 만들기 위해 행해진 많은 작업은 언어에 초점을 맞추고 있다. 인간 언어 고유의 특징에 관한 긴 목록이 이러한 구분을 강화하기 위해 사용되었다(Evans 2014). 그러나 최근 연구는 이러한 구분을 해체하기 시작했으며, 인간과 동물이 생각했던 것보다 더 많은 것을 공유한다는 점을 제안하고 있다. 분명한 것은 이전에 인간만의 것으로 여겨졌던 도구 제작, 공감, 협력적 행동, 언어 및 문화와 같은 특징들이 실제로는 동물 행동에서도 그 유사한 형태나 대응물을 찾아볼 수 있다는 점이다(De Waal 2016). 즉, 그것들은 전적으로 인간만의 것이 아니다. 이것은 결코 동물과 인간의 언어 또는 의식 사이에 차이가 없다는 것을 의미하지는 않는다. 그러나 그것이 의미하는 것은 둘 사이에 절대적 구분이 존재하지는 않는다는 점이다. 이

장에서는 오직 인간만이 사고할 수 있는 것인지와 같은 질문을 검토하면서 동물 의사소통의 신체적인 측면을 포함하는 관점에서 언어와 의사소통의 의미를 논한다. 이는 동물과의 관계와 언어가 무엇인지에 대한 이해에 모두 영향을 미친다.

동물의 지적 능력

인간과 동물의 관계를 다르게 이해하기 위한 강력한 주장과, 자신이 키우는 반려견을 생각하며 "물론 그(녀)는 가족의 일원이다"라는 주장을 펼쳤던, 인간과 동물에 관한 글을 쓴 많은 작가들과는 다르게(Haraway 2008, Safina 2015, Morell 2014), 나는 집에 개 한 마리도 있지 않고, 또한 나 자신이 특별한 동물 애호가라고 생각하지도 않는다.[1] 하지만 스쿠버다이버로서 그리고 필리핀에서 산호를 구하기 위해 일하는 조직의 자원봉사자로서, 나는 물고기에 대한 지식과 그들에 대한 존경심을 가지고 있다[여기에는 상어도 포함되어 있다. Appleby & Pennycook(2017)과 그 표지를 참고하라]. 필리핀 산호초의 질을 유지하기 위한 나의 노력은 산호에 대한 관심은 기후 변화, 남획, 다이너마이트를 사용한 어획, 수족관을 위한 물고기, 조개류 그리고 다른 생물들의 수집에 의한 파괴를 막기 위한 노력 이상의 행동이라는 것을 명백하게 보여 준다. 그것은 사람들이 지역 환경과 지속 가능한 삶을 살 수 있도록 지역의 생선 어획량이 유지되도록 보장하거나 산호의 질이 지역 관광 산업을 보장할 수 있도록 하는 것 이상이다. 그것은 인간과 비인간, 산호초와 육지, 종교와 빈곤 사이의 훨씬 더 통합되고 얽힌 관계들에 관한 것이다.

당신이 록무버 놀래기(학명: Novaculichthys taeniourus)[79]가 자신의 짝(그들은 주로 짝을 지어 행동한다)이 먹이를 집을 수 있도록 돌과 다른 잔해들을 치우는 것을 봤다면, 혹은 2014년에야 '발견'된 흰 점박이 복어(Torquigener albomaculosus)가 만든 놀라운 모래 패턴(아마도 비인간 동물이 만들어 낸 가장 복잡한 구조)를 보았다면, 물고기는 여러분이 기대했던 것보다 더 많은 것을 할 수 있다는 것을 알게 될 것이다(Balcombe 2016). 많은 오해를 받는 상어 또한 대중적인 담론이 허용하는 것보다 훨씬 더 흥미롭고 지적이다(Appleby & Pennycook 2017). 문어와 다른 두족류[갑오징어(cuttlefish)와 오징어] - "척추동물 외에 '진화'가 유일하게 대뇌를 실험한 경우(Godfrey-Smith 2017: 160)" - 는 한편 체화 인지에 대해 새로운 시야를 가지도록 하는 놀라운 지적 능력을 가지고 있다(제3장 참조). "문어는 신경 물질로 가득 차 있다. 그 몸은 뇌나 신경계에 의해 제어되는 분리된 것이 아니다(Godfrey-Smith 2017: 75)." 그리고 만약 여러분이 '상당한 지능'을 가진 생물인 호주참갑오징어(Giant Cuttlefish, 학명: Sepia apama)를 관찰할 수 있는 특권을 누리게 된다면 당신은 동물이 인간이 할 수 없는 일을 할 수 있다는 것을 알게 될 것이다. 그것은 시드니 헤드[80]에서 멀어져 다양한 기층의 환경(substrata: 돌, 모래, 미역, 해면체)을 오가고, 서로 다른 토양층에 따

---

79 록무버 놀래기는 주로 인도 태평양의 산호초와 석호에서 발견되는 양놀래기과의 바닷물고기로, 먹이를 찾아 작은 돌이나 암초를 뒤집는다는 의미에서 일반적으로 'rockmover wrasse(돌을 움직이는 바닷물고기)'로 알려져 있다.

80 시드니 헤드(Sydney Heads)는 시드니 만을 따라 펼쳐진 넓은 해양 공간을 의미하는 것으로, 호주 뉴사우스웨일스 시드니 항구에 2km 너비의 입구를 형성하는 일련의 곶이다.

라 초 단위로 색을 바꿀 수 있으니(호주참갑오징어는 색을 바꾸기 위해 색소 세포를 사용한다) 말이다.

토마셀로(Tomasello 2014)가 언급한 바와 같이, 적어도 아리스토텔레스 이래로 인간은 동물과의 관계에 대해 고찰해 왔다. 그러나 유럽에서는 비인간 영장류를 비교 기준으로 삼을 수 없었던 많은 세월 동안, 인간을 동물과 구별 짓는 특징으로 이성이나 자유 의지를 제시하는 것이 쉬웠었다. 인간이란 무엇인가를 정의하는 특징 중 하나는 수백만 년에 걸쳐 동물과의 연결이었지만(Shipman 2011: 13), 인간 중심주의(인간과 동물 사이의 구별을 강조하는 것)는 '기본적인 관점'(Cook 2015: 591)이었다. 인간이 다른 동물들보다 우월하다는 것을 강조하는 인간 중심주의의 한 형태는 아마도 가장 재미있게 『은하수를 여행하는 히치하이커를 위한 안내서(The Hitchhiker's Guide to the Galaxy)』의 유명한 구절에서 묘사되었다.

> 인간은 돌고래들이 물속에서 좋은 시간을 보내며 어슬렁거리고 있는 동안, 바퀴, 뉴욕, 전쟁 등등 많은 것을 성취했기 때문에 자신들이 돌고래보다 더 똑똑하다고 항상 추정해 왔다. 그러나 반대로 돌고래들은 그와 정확히 같은 이유로 자신들이 인간보다 훨씬 더 똑똑하다고 항상 믿어 왔다.
>
> (Adams 1979: 159)

우리의 조상들이 아프리카를 떠나 아메리카 대륙의 갯과 동물을 만난 후 얼마 지나지 않아 인간과 어떤 면에서는 (즉, 생물학적으로가 아니라 역사, 유연성, 쌍방적 유대 형성, 계층적 사회 구조 변화를 공유한다는 점에서) 인간과 가장 가까운 동물인 늑대와의 사이에 특별한 관계가 발달하기 시작했다. 우리가 상상하기 좋아하는 이야기는 초기 인류가 어린 늑대 새끼를 데리고 와[키플링의 1894년 모글리(Mowgli)의 이야기[81]와는 반대로] 길들이는 과정을 시작한다는 것이다. 그러나 동물에 대한 많은 이야기와 마찬가지로 이 설명은, 길들임은 인간이 하는 것이라는 인간 중심적 가정에서 벗어나지 못한다. 반대로 사피나(Safina 2015: 223)는 "늑대가 본의 아니게 그들 스스로 인간에 길들여졌다"고 주장한다. 즉 인간이 늑대 새끼 한 마리를 선택하여 길들이기 시작한 것이 아니라 늑대가 먼저 인간 주변을 맴도는 것이 유용하다는 사실을 깨닫고 그에 따라 행동을 적절하게 바꾸었다는 것이다. 그러나 이 과정은 두 가지 방향 모두로 진행되었다. 인간도 이 개의 존재에 반응하여 변화했다. 인간에 의존하게 되면서 개들은 인간이 그들에게 의지하게 만들었다. "우리는 서로 닮아 갔다(Safina 2015: 225)." 다른 동물, 특히 개들과 인간의 관계는 인간이라는 것이 의미하는 바를 바꾸어 놓았다. 앞 장에서 제안했듯이, 개(목양견,[82] 안내견, 탐지견)는 이제 인간을 위해 온갖 종류의 일을 하기 때문에 개는 우리의 감각과 인지의 확장된 부분이 되었다. 역사적으로 볼 때, 우리는 어떤 의미에서 우리의 능력(냄새 맡기, 듣기, 짖기, 달리기, 물기)의 일부를 개들에게 아웃소싱하고, 대신 그들이 필요로 하는 것(보금자리, 음식, 산책)을 제공하였다.

---

81 정글의 늑대들에게 키워진 인간 모글리(Mowgli)가 주인공으로 등장하는 키플링(Rudyd Kipling)의 저서 『정글 북(The Jungle Book)』을 가리킨다.

82 목양견(牧羊犬, sheep dog)은 사람을 도와 양 떼를 지키고 관리하는 개를 가리킨다.

우리가 다른 동물을 다루려고 할 때 두 가지 문제가 즉각적으로 제기된다. 첫 번째는 의인관적(擬人觀的, anthropomorphic)83 사고 경향이다. 우리는 동물에게 인간의 생각과 감정을 빗대어, 동물의 관점이 아닌 인간의 사고방식으로 동물을 이해하려고 노력한다. 실리와 오클리(Sealey & Oakley 2013: 143)의 야생 동물 다큐멘터리의 언어에 대한 연구에서 알 수 있듯이, 이들은 다양한 생물들을 "개별화되고, 활동적이며, '사회적으로' 맥락화되"게끔 묘사되도록 하는 성별 대명사의 사용에서부터 동물들의 관찰된 행동에 적절하게 사용될 수 없는 의도성, 동기 또는 인과성에 대한 제안 등 의인관적 담론으로 가득 차 있다. 여기서 종종 사고의 이중 루프가 있어, 우리는 인간의 성별 관계를 동물에게 투영하고(많은 존경할 만한 야생 동물 다큐멘터리는 남성 중심 세계관을 가정한다) 이것을 다시 인간에게 투영한다(보아라, 이렇게 자연이 작동한다).

사피나(Safina 2015)가 지적하듯이, 의인관에 대한 비난은 동물을 연구하는 사람들에게 인간과 동물의 행동을 혼동하지 말라는 경고의 깃발이었다. 특히 행동주의적인 관점에서, 이는 관찰에 관한 과학적 규범을 위반했다. 비록 이러한 관점 외에도 경계해야 할 것이 많지만, 이러한 우려의 강점은 동물의 감정이나 인식에 대한 논의가 완전히 금기시된다는 것을 의미했다.[2] "의인화로 간주되는 것을 금지함으로써(Safina 2015: 27)", 행동주의 생명학자들은 "인간만이 의식이 있고 느낄 수 있다는, 완전히

83 의인관(anthropomorphism)은 비인간적인 것이 인간과 비슷한 특성을 가지고 있다고 가정하거나 표현하는 경향을 나타낸다. 이 용어는 주로 비인간적인 대상에게 인간적인 감정, 행동, 특성을 부여하는 것을 의미한다.

인간적인 개념을 제도화하는 데 도움을 주었다." 우리가 동물들을 다룰 때 진짜 도전은 그들이 우리처럼 생각하거나 우리를 이해한다고 가정하는 것이 아니라, 깊은 차이의 관점에서 이해하려고 시도하는 것이다. 휴머니즘적 보편주의가 모든 인간을 동일한 틀로 끌어들이는 경향이 있는 것처럼(우리는 인지적 구조와 보편적인 언어 능력을 강조해 왔다), 동물과 인간의 관계에 대한 재고는 동물을 포함하는 새로운 보편주의의 위험을 초래한다. 그러므로 생물의 행동을 묘사할 때의 과제는 아마도 의인관을 축소시키고(우리는 물고기, 새, 곤충, 그리고 심지어는 식물이 인간이라면 할 행동을 하고 있다고 부호화하여 대체로 같은 말로 서술하는 데 이끌리기 때문에) 인간 중심주의를 더욱 제한하는 것이다.

두 번째 문제는 어떤 사람들은 자신의 동물(특히 고양이와 개)과 상당히 깊은 정서적 관계를 가지고 있기 때문에, 인간이 동물을 의인화하려는 경향(내 고양이는 나를 이해한다)뿐만 아니라 인간과 반려동물의 관계를 이상화하고 감성적으로 만들려는 경향이 있다는 것이다. 피어스(Pierce 2016)가 지적한 바와 같이, 애완동물(또는 요즘 일반화된 반려동물)에 대한 인간적 대우는, 가난한 사람들의 아이들보다 부유한 사람들의 개에게 과도하게 지출되는, 극도로 관대한 것에서부터 믿을 수 없을 정도로 잔인한 것에 이르기까지 다양하다. 이것은 동물 자신에게는 그리 좋지 않다. 피어스가 주목하는 종간 성폭행(Beirne 2000) 또는 동물에 대한 학대(이어질 성폭력의 전조)의 놀랄 만큼 높은 수치에서부터 동물의 안락함을 추구하는 사람들이 정작 동물들에게 그러한 환경을 제공할 수 있는 능력이 가장 적다는 문제까지, 인간과 동물과의 관계는 인간이 된다는 것이 가지는 많은 의미를 보여 준다. 인간은 때때로 우리끼리의 관계에서보다 더욱 강하게 사랑하고 돌봐주며, 다른 종과 강하게 유대를 가질 수 있을 뿐만 아니라 잔인하고 추악하며, 악랄하고 학대적일 수 있다.

우리는 동물들이 우리가 생각했던 것보다 더 똑똑하다는 것을 이해하게 되었다. 동물들은 사회적 집단을 형성하고 문화적 행동을 발전시킨다. 향유고래는 음파의 독특한 방언을 공유하며 잠수와 먹이를 함께할 수 있는 무리를 형성한다(Whitehead & Rendell 2015). 암컷 향유고래는 새끼 고래의 어미가 먹이를 찾기 위해 잠수한 동안 새끼 고래와 함께 표면에 머물면서 자신들 무리의 새끼 고래의 양육을 분담한다. 코끼리처럼 향유고래도 거대한 사회적 연결망을 기억할 수 있는 능력을 가진 것으로 보인다. 한편 범고래들은 부분적으로 다른 식단(예를 들어 연어나 해양 포유류 등)에 기반하여 그룹을 형성하며, 다른 그룹과 섞이거나 교배하거나 식단을 변경하는 것을 거부한다. 향유고래처럼 이 무리들은 사냥(예를 들어 혹등고래를 투폴드 만으로 몰아넣는 것)과 서로를 돌보는 것을 용이하게 하는 독특한 신호 체계를 가지고 있다(Whitehead & Rendell 2015). 또한 새들의 놀라운 능력을 보여 주는 연구들이 계속 늘어나고 있다. 까마귀는 다양한 도구 사용 능력[예를 들어 까마귀는 수위(水位)를 높이기 위해 자갈을 물통에 떨어뜨린다]과 상당히 복잡한 문제를 해결할 수 있는 능력을 가지고 있어, 주로 유인원과 인간의 영역에서만 존재한다고 여겨진 문제 해결과 추상적 사고의 능력을 가지고 있음을 암시한다. 호주에는 갈색 매와 솔개가 불이 붙은 나뭇가지를 건조한 풀밭에 던져 그 안에 숨어 있던 동물들을 쓸어버린 적도 있다(Derla 2016).[3] 연구에 따르면, 새들은 '도구 제작, 문화, 추론, 과거를 기억하고 미래에 대해 생각할 수 있는 능력, 다른 생물의 관점을 채택하고 서로에게서 배우는 능력'이 있다

(Ackerman 2016: 11). 애커맨(Ackerman)은 우리가 "소중히 여기는 지능 형태들"이 "우리 자신과 마찬가지로 새들에게서도 독자적으로 그리고 기교적으로 진화했다"고 주장한다.

이 모든 이야기는 우리가 개와 유인원(다음 절에서 부분적으로 논의 예정)에 대해 다루기 전의 것이다. 동물의 인지 능력을 이해하려고 할 때 고려해야 할 또 다른 점은 확장 인지 또는 분산 인지에 대한 이해를 적용하는 것이다. 만약 개가 인간과 산책을 함으로써 인지가 확장된다는 주장[혹은 바다를 즐기는 더글러스 애덤스(Douglas Adam)의 돌고래와 어떤 면에서 유사하게, 개들이 인간의 더 넓은 인지 능력과 후각을 교환했다는 것]이 너무 멀리 나간 것 같다면, 대안적 고려 사항은 인지 체계를 전체로 보는 것이다. 예를 들어 개미 군락이 작동하는 방식을 살펴보는 것이다(Morell 2014). 문제는 개미가 인간의 용어로 생각하거나 마음 이론을 가지고 있다고 제안하는 것이 아니라 그들이 생각하는 유기체와 유사한 방식으로 집단적으로 작동한다는 것이다. 개미 군집의 다양한 하위 시스템(다른 유형의 개미, 정보 신호 전달 수단 등)은 "어떤 합리적인 의미에서 '지능적'인 유기체"를 가능하게 하는 전체 구조를 제공한다(Hofstadter 1970: 324). 집단 전체, 다층 구조, 내부 의사소통 방식은 인간 뇌와 개미 군집이 집단적 사고방식을 생성한다는 유사성을 그릴 수 있게 한다. 허친스의 중국어 방(제3장)처럼, 핵심은 군락 내부의 과정이 인간 용어로 이해하는 과정과 유사한지 여부가 아니라 군락 전체가 어떻게 작동하는지에 대한 것이다.

인간은 다른 동물과 길고 복잡한 관계를 맺고 있으며, 인간의 진화는 동물과의 관계와 밀접하게 연관되어 있다(Shipman 2011). (늑대가 키우고 인간에 의해 길러진 검은 표범인 바기라와 친구가 된다는) 『정글북』의 모글리 이야기는 인간과 동물의 관계의 또 다른 중요한 측면을 지적한다. 우리의 이야기와 종교, 의식은 다양한 생물들로 가득 차 있다. 그들은 곳곳에서 나타난다. 기독교 전통에는 성탄절의 소와 당나귀(흔히 복종, 순종, 순결을 상징하는 것으로 보이며, 비록 원래의 복음서에는 없었지만 이 장면에 대해 수백 년 동안의 많은 다층적인 의미의 도해와 해석이 주어졌다)가 있다. 기독교 성경에서 악마를 상징하는 뱀은 많은 다른 신화와 종교에서는 수호자의 이미지(예를 들면 앙코르 와트의 조각에서 부처는 나가 또는 코브라에게 보호받는다)로 등장한다. 아마존 문화에서는 의학과 다른 다양한 역할의 상징으로 쓰인다[2015년 콜롬비아 영화 〈뱀의 포옹(El abrazo de la serpiente)〉과, 2002년 데 소우자(de Souza)를 참조, 이에 따르면, 뱀의 상징과 의미는 너무 널리 퍼져 있어 여기서 거론하기에는 부족하다]. 날개 달린 말 알부라크(البراق, 번개, 여러 면에서 그리스 신화의 페가수스와 유사하지만 종종 인간의 얼굴을 가진 것으로 묘사됨)는 이스라(Isra)와 미라지(Mi'raj) 혹은 야행(夜行, Night Journey)84에서 예언자 무함마드를 메카에서 일곱 천국으로 데려다주고 [예루살렘의 알아스카 모스크(Al-Aqsa Mosque)를 통해] 다시 데려왔다고 전해진다. 힌두교의 (코끼리 머리가 달린) 가네샤나 이집트 스핑크스(사자의 몸)에서 그리스의 미노타우로스(황소의 머리)까지 인간과 동물이 한데 섞인 경우는 셀 수 없이 많다.

새들은 "예술, 문학, 조각에서 두드러지게 나타나며, 초자연적인 힘으

84 야행은 이슬람의 『쿠란(القرآن)』에 실려 있는 무함마드의 일화로, 이스라와 미라지로 구성되어 있다. 이스라는 무함마드가 메카에서 예루살렘까지의 여정을 말하며, 사후(死後)라는 뜻의 미라지는 무함마드가 예루살렘에서 승천하는 것을 의미한다.

로 인정받았고, 노래, 의식, 춤에서 역할을 하며 일상생활과 연결되고, 죽음과 인생의 가장 큰 도전들 모두와 연결되어 왔다(Tidemann et al. 2010: 5-6)." 물총새부터 독수리, 에뮤,[85] 타조, 앵무새에 이르기까지 많은 새들이 어린이들에게 들려주는 이야기나 성인의 서사에서 널리 발견된다. 고대 이집트의 후투티나 따오기에 대한 묘사부터 마오리족의 영적 후견인인 케레루(kereru)와 티티(tī tī, 쇠부리슴새, 회색슴새, 혹은 슴새과의 어떤 새들, 관점에 따라 다름), 그림과 보석에 나오는 공작의 이미지부터 평화와 사랑의 새로서의 비둘기에 관한 이야기, 음악에서 새소리를 사용하는 것부터 새장 안에 명금(鳴禽)을 보관하기, 머리 장식에서 새 깃털을 사용하는 것부터 의식에서 새 머리와 부리의 역할, 철새를 자유로운 영혼의 은유로서 사용하는 것부터 아드냐마다나(호주 중부) 신화[86]에서 후에 석탄이 된, 불을 피우는 붉은 등딱지의 물총새와 같은 새들의 이야기에 이르기까지, 인간은 오랫동안 새를 이해하고 세계와 관계를 맺는 방법의 일부로 사용해 왔다. 수세기 동안의 철학, 문학, 예술을 통해 인간은 동물과의 관계를 해결하려고 시도했으며, 인간 속의 동물(정열, 본능)과 동물 속의 인간(충성, 이해)을 조화시키려고 노력한 다음, 이러한 특성이 인간적인지 동물적인지 다시 질문했다. 아감벤(Agamben 2004: 80)은 "결정적인 정치적 갈등, 다른 모든 갈등을 지배하는 것은 인간의 동물성과 인간성 사이의 갈등이다. 즉, 서

85 에뮤(emu)는 호주에 서식하는 에뮤과의 새로, 세계에서 두 번째로 키가 크며, 외형이 타조와 유사하다.

86 아드냐마다나(Adnyamathanha)는 호주 중부의 원주민을 지칭하는 말로, '바위 사람들'이라는 뜻이다. 아드냐마다나에게는 지하에 묻혀 있던 고대 불의 잔해가 암석이 되었으며, 사람 형상의 물총새가 불을 타오르게 했다는 설화가 전해진다.

양 정치의 기원은 또한 생명정치학[87]이기도 하다"고 하였다.

최근의 연구는 많은 동물들이 우리가 이전에 알던 것보다 훨씬 더 똑똑하다는 것을 보여 주기 시작했다. 이것이 그들이 우리가 생각했던 것보다 조금 더 인간적이라는 것을 의미한다고 해석할 수도 있지만 이렇게 보는 것은 다시 우리의 인간 중심적이고 의인관적인 방식에 빠져드는 일이다. 우리가 다른 동물들의 항해 거리를 생각할 때(제3장에서의 스쿠버 다이버의 항해 능력이 꽤 평범해 보이게 만든다) 극제비갈매기(Arctic tern)는 북극에서 남극을 왕복하며 70,000km를 여행하고, 그와 비슷한 슴새(Maori tītī)는 65,000km를, 혹등고래(특히 지금은 더 이상 투폴드 만에서든 어디에서든 고래잡이가 일어나지 않기 때문에)는 극지방에서 따뜻한 적도 바다까지 왕복하는 데 20,000km 이상을 여행할 수 있으며, 장수거북은 그들이 태어난 지역의 해변으로 돌아오기 전까지 20,000km를 여행할 수 있다(붉은바다거북과 매부리바다거북과 같은 다른 거북들은 해변의 정확한 위치로 돌아온다). 우리는 인간이 할 수 없거나 적어도 많은 기술적, 기계적 도움 없이는 할 수 없는 일을 동물들이 할 수 있다는 것을 알아야 한다.

우리가 해야 할 일은 가능한 한 (항해 능력을 단순히 진화된 생물학적

---

87 생명정치학(biopolitics)은 정치학과 철학에서 사용되는 개념으로, 국가가 개인과 인구의 생명을 관리하고 규제하는 방식을 연구한다. 이 용어는 주로 미셸 푸코(Michel Foucault)에 의해 대중화되었으며, 그는 권력이 어떻게 인간의 생물학적 측면에 침투하여 사회 내에서 개인의 건강, 번식, 수명 등을 통제하는지를 탐구했다. 생명정치학은 건강 정책, 인구 통계학적 조치, 유전 공학, 생명 윤리 등 다양한 분야에 걸쳐 있으며, 국가가 어떻게 인간의 생명을 정치적 목적으로 사용하는지를 분석한다. 이 개념은 개인의 신체와 인구 전체의 생명이 권력과 지식의 주요 대상이 되는 현대 사회의 특징을 설명하는 데 중요하다.

특성으로 폄하하거나 까마귀가 우리처럼 생각할 수 있다고 주장하는 것 같은) 우리의 인간적 가정을 버리는 것이다. 동시에 동물들의 조건에서 동물을 이해하려고 노력하는 것이다. 물고기의 영역을 탐구하면서, 발콤(Balcombe 2016: 6)은 "세계가 물고기에게 어떻게 보일지, 그들이 세계를 어떻게 인식하고, 느끼고, 경험할지"에 대해 묻는다. 우리가 이것을 할 수 있는지 여부 - 예를 들어 네이글(Nagel 1974)은 우리가 박쥐가 되는 것이 어떤 것인지 상상할 수 없다고 주장하는데, 왜냐하면 우리는 자신의 주관적 경험에 제한되어 있기 때문이다(제8장) - 는 열린 질문으로 남겨두어야 한다. 마지막으로 인간과 다른 많은 동물, 특히 코끼리, 개, 유인원, 범고래, 돌고래 등과 같은 동물들의 차이점, 특히 식물 재배에 관한 학문의 발달 이전에 인간과 많은 다른 동물들의 차이점이 범주의 문제가 아니라 정도의 문제였다는 것을 이해하는 데 왜 그렇게 오랜 시간이 걸렸는지 물어볼 만한 가치가 있다(Safina 2015).

언어와 동물

언어, 인간 그리고 동물에 대해 기술할 때 가장 놀랄 만한 측면 중 하나는 인간을 다른 동물로부터 구분하는 것이 언어라는 점을 끊임없이 반복하는 것이다. 리차즈(Richards 1936: 131)에 따르면, "언어는 우리가 다른 동물들을 넘어서 발전하는 모든 것, 우리가 다른 동물들과 변별되는 모든 것의 도구"라고 한다. 피네건(Finnegan 2015)은 키싱과 스트래선(Keesing & Strathern 1998: 26)의 "언어는 특유한 인간적 특성, 우리의 인간성의 본질"이라는 말부터 로젠그렌(Rosengren 1999: 28)의 "언어와 함께 우리는 비로소 진정한 인간이 되었다"라는 주장까지 많은 유사한 인용문들을 열거하고 있다. 인간과 동물을 구분하는 것이 언어라는 것은 오랫동안 학문적인 담론과 대중적인 담론 모두의 전제였다. 그러므로 언어 연구는 분명히 인간적인 것에 대한 학문이다. 촘스키가 여러 번 반복했듯이, 그의 관점에서 언어는 "진정한 종적 특성(1986: pxxvi)"이며 "인간 사이에서는 거의 차이가 없으며 다른 곳에서는 의미 있게 비견할 만한 것이 없는(2000: 3)" 것이다.

이러한 주장은 일견 당연해 보일 수도 있다. 즉, 결국 인간의 언어는 상당히 특별하다는 것이다. 혹은 언어에 대한 다양한 학파에 특정될 수도 있다. 촘스키적 사고가 응용언어학에 관련이 없다고 가정하는 것은 많은 분야에서 진리로 받아들여진다. 그러나 여기서 내가 설명하고자 하는 것은, 언어를 근거로 인간과 다른 동물 사이에 심오한 차이가 있다고 보는 주장은 언어와 언어 발달에 대한 생득주의적 견해에서 특별한 중요성을 갖지만, 사실은 언어학뿐만 아니라 그 너머에서도 언어에 대한 훨씬 더 광범위한 접근의 일환이라는 점이다. 이 설명은 언어가 인간이라는 종의 특성이자 보편적이라는 것을 보여 주려는 시도(모든 인간 그리고 오직 인간만이 언어를 가지고 있다)가 이 특정한 사고를 따라 언어의 정의와 연구를 이끌어 냈기 때문에, 우리가 언어에 대해 어떻게 생각하는지에 큰 영향을 미쳤다고 말한다. 언어가 인간의 고유한 능력이라는 주장에 강하게 몰두하는 생득주의적 설명(그것이 문화적 유산이 아니라 생물학적 속성이라는 주장)뿐만 아니라 언어에 대한 인간 중심적 접근법의 일반적인 원칙들 역시 언어학의 안과 밖에 훨씬 더 광범위하게 퍼져 있다.

그러나 초기 그리스 사상에서 데카르트를 거쳐 촘스키까지 이어지는 특정한 사상적 흐름부터 시작해 보자. 이것은 일반적으로 합리주의로 불리는데, 우리가 세계를 이해하는 것은 우리의 감각을 통해서가 아니라 마음속의 사고가 중요하다고 주장하는 합리주의자들과, 우리의 세계 이해가 우리의 감각을 통해 파생된다고 주장하는 경험주의자들 사이의 균열에서 이미 한쪽으로 크게 기울어져 있다(추가 논의는 4, 6, 7장을 참조). 우리가 감각을 통해 얻는 모든 이해를 의심하게 만든 데카르트의 합리적 회의론은 우리가 생각하는 존재라는 것만 확신할 수 있다고 주장했으며, 인간의 언어 능력(사고의 매체)이 인류를 동물과 기계 모두와 구별하는 중심 기준이라고 주장했다. 따라서 언어는 데카르트의 마음에 대한 설명에 있어서 결정적이라고 해리스(Harris 2004: 731)는 지적한다. 데카르트의 인간 사고에 대한 견해는 "로고스는 인간이 가지고 있지만 다른 유기체들은 결여하고 있는 특별한 것"이며 "인간의 두개골 내부에서 일어나지만 비교 가능한 척추동물의 두개골 내부에서는 일어나지 않는다는 점에서 무언가 고유한 것이 있음에 틀림없다"는 믿음에 기반을 두고 있다고 해리스(2004: 731)는 말한다.

촘스키는 오랫동안 이 견해를 반복해 왔다. 촘스키(2000: 3)는 "언어적 기호를 사용하여 자유롭게 형성된 생각을 표현하는 능력이 바로 인간과 동물 혹은 기계와의 참된 구분을 만든다는 데카르트의 견해에 도전할 심각한 이유가 없다"고 주장한다. 데카르트의 특정한 종류의 합리주의까지 거슬러 올라가며 찾을 수 있는 인간과 비인간 동물 사이의 이 극명한 구분은, 언어학에 대한 더 폭넓은 설명을 제시하였다. 프롬킨과 로드먼(Fromkin & Rodman 1978: 45)이 설명한 것처럼, "동물의 의사소통 체계에 대한 연구는 동물의 고정된 자극에 영향을 받는 메시지와 인간 동물이 처리하는 창조적 능력과의 데카르트적 구분에 대한 증거를 제공한다." 따라서 그들은 "인간이 배우고 사용하는 언어는 인간이라는 종에게만 고유한 것으로 남아 있다"고 결론지을 수 있다(51쪽). 여기서 중요한 것이 무엇인지 이해하는 것이 필요하다. 이 주장은 몇 가지 결과를 낳는다. 이것은 인간의 예외성을 주장하는데, 이는 (제스처에서 언어로의 보다 점진적인 진화보다는) 인간 의사소통의 진화적 도약에 대한 설명을 요구한다. 따라서 제스처, 비언어적 의사소통 혹은 기타 감각 영역의 더 큰 그림을 무시하고 인간 언어의 고유한 특징에 중점을 둔다. 그리고 동물들이 관련된 방식으로 의사소통할 수 있는 가능성을 선험적으로 배제한다.

"어떤 인간 언어든지 습득할 수 있는 놀라운 종-특유의 능력(Berwick & Chomsky 2016: 1)"이 있다는 것은 의심의 여지가 없다. 그러나 이 '언어 능력'이 무엇을 포함하는지에 대한 전제 부분에서 논란의 여지가 많다. 예를 들어 버윅과 촘스키(Berwick & Chomsky 2016: 1)에게 언어의 "기본 속성"은 "언어는 무한한 표현을 산출하는 유한한 연산 체계"이다. 이 형식화에는 이미 언어가 내재화되고, 형식화되며 문법화되어 있다. 그러므로 우리는 문법적으로 형성된 문장을 생성하는 능력의 진화적 발전에 대해 설명해야 한다. 버윅과 촘스키(2016: 2)의 경우, "인간 언어의 핵심 구성 요소인 언어 통사 운용을 주도하는 기본 엔진"의 진화에 대한 설명은 통사 모형이 단순해졌기 때문에 이제 더 타당하게 여겨진다. 생물언어학(biolinguistics) 프로그램에 대한 질문은 "생물학적 세계의 특정 객체인 인간의 언어(53쪽)"의 출현을 어떻게 설명하는가이다. 언어는 최근에 발달한 "흥미 있는 생물학적 대상"으로, "인간의 종 특성, 중요한 변이가 없는 보편적 자질(55쪽)"이다. 이 최신의 보편주의적 사고의 핵심은 통사부가 선형적으로보다는 계층적으로 처리하는 것으로만 설명될 수 있고 "인간 언어 통사 운용에 필요한 계층적 구조를 구축하는 단일 운용인, 병합(Merge)"이라는 단순한 제안에 있다(10쪽).

진화론적 관점에서의 어려움은 인간만이 언어를 학습할 수 있는 능력을 가지고 있기 때문에, 이처럼 불가사의한 진화적 도약에 대한 어떤 종류의 설명이 필요하다는 것이다. 촘스키는 급진적 불연속성의 입장을 취한다. 인간만이 인간 언어를 가지고 있으므로 진화론에서 점진적인 연속성에 대한 일반적인 설명으로는 다른 동물들과의 단절을 설명할 수 없다. 갑작스런 대규모 돌연변이를 가정하는 이러한 급진적 변화 이론(saltationary theories, 라틴어 '도약(saltus, 영어: jump)'에서 기원)[88]은 진화 이론에서 일반적으로 큰 신뢰를 받지 못하는데, (그냥 발생했다고 본다는 점에서) 이 이론으로는 설명을 제공하지 못하기 때문이다(Dawkins 1986). 인간의 마음의 진화를 이해하려고 노력하면서, 데카르트적 합리주의와 아리스토텔레스로 거슬러 올라가는 이 '극단적 접근'은 "인간의 마음에 관한 불연속성(Donald 1991: 21)"을 선언한다. "인간의 마음은 질적으로 다르고, 언어는 질적으로 다르며, 상징적 표현의 영역은 이전과 질적으로 다르다." 누군가에게는 언어에 대한 진화적 도전은 광범위한 사회 문화적 현상의 일부로서 진화를 설명하는 것이지만, 워터스(Waters)가 말하듯

88 급진적 변화 이론(saltationary theories)은 생물학과 진화 이론에서 사용되는 개념이다. 이 이론은 생물종이 진화 과정에서 점프 혹은 급진적인 변화를 통해 형성되었다고 주장하며 도약진화론(saltationism)이라고도 불린다.

이(2012: 508), "내재화된 문법을 자연 선택이 설명해야 하는 추정적 현상으로 보는 큰 '인지적 샌드위치' 집단"이 남아 있다.

도날드(Donald 1991)가 지적했듯이, 1960년대에 언어의 생물학에 대한 레네버그(Lenneberg 1967)의 견해와 촘스키(Chomsky 1965)의 언어습득장치(LAD)와 보편 문법에 대한 이론이 정점에 이르렀지만, 이후에는 인간 진화와 동물의 기호 사용에 대한 최근의 많은 발견과 동물과 인간 사이의 더 큰 연속성을 향한 사상적 통합의 움직임으로 기울어졌다. 문제는 일단 근본적인 단절 - 이전의 어떤 것과도 연결되지 않은 독립된 생물학적 시스템 - 을 가정하면, 그 주장을 되돌리거나 수정하기 어렵다는 것이다. 그리고 도날드(1991: 23)가 지적했듯이, 이 불연속성 접근은 "외부 세계에 대한 참조의 틀 없이 언어를 방치한다." 왜냐하면 그것은 어떠한 전조 없이 인간의 삶에서 튀어나와야 했기 때문이다. 언어나 인지에 대한 갑작스러운 존재론(급진적 변화론)보다 더 그럴듯한 설명은 연속성을 설명하고 이해하며 한 단계에서 다른 단계로 변화가 어떻게 일어났는지 보여 주려는 점진적인 설명이다(Godfrey-Smith 2017). 그러나 다윈이 1871년에 제시한 것과 같은 초기의 점진적인 설명에서 최근의 많은 주장에 이르기까지, 문제는 그것들이 구어 능력과 성대의 발달에 중심을 두었다는 것이다. 토마셀로(Tomasello 2008)는, 이러한 지속적 관심은 비언어적 의사소통의 중요성을 놓친 것이며 비언어적 의사소통은 인간 발달의 중심이라고 보고 있다. 궁극적으로 토마셀로(2008: 55)는 유인원의 발성이 아닌 "유연성과 타인을 대하는 민감성을 가진 유인원의 제스처"는 "인간 의사소통과 언어의 복잡성과 풍부함이 흘러나온 원천"이라고 주장한다.

인간 언어의 고유성에 대한 이러한 특별한 강조는, 전형적으로 보편적이고 비사회적이었던 언어학에서 발전된 언어 모델에 있어 다른 함의를 갖는다. 버윅과 촘스키(Berwick & Chomsky 2016: 64)는 "옷차림 스타일, 제스처 등이 그러하듯 언어도 의사소통에 사용할 수 있다." 하지만 "언어의 압도적인 사용은 내부적인 - 사고를 위한 것이다"라고 보았다. 이러한 관점에서 언어의 발달은 의사소통, 협동적 행동 또는 외부 또는 사회적 요구에 의해 추진된 것이 아니라, 언어를 '내적 정신 도구', '개념-의도 인터페이스(conceptual-intentional interface)(164쪽)'로 여기며 진행되었다. 여기서 우리는 모든 비사회성에서 데카르트적 관점을 찾을 수 있으며, (필요하다면 의사소통에 사용될 수 있는) 언어의 내적 인지 도구로서의 이러한 정의가 어떻게 언어가 탈체화되고(disembodied) 탈사회화된 휴머니즘 사상에서 유래했는지 알 수 있다. 언어를 내적으로 발생하는 인지 체계 측면에서 이해하려고 한 (협소한 데카르트-촘스키적 사고보다 훨씬 폭넓은) 이 휴머니즘적 언어학 프로젝트의 결과가 바로 사회언어학 같은 이상한 언어학적 파생물의 존재이다.

생득주의적인 관점에서 발전했으나 언어에 대한 많은 주류적 설명에서 공통적인 이러한 독특한 설명은, 언어는 그 자체로 하나의 체계라는 구조주의적인 주장에 필수적이었다. 따라서 언어학 입문서로 가장 널리 사용되는 프롬킨과 로드먼(Fromkin & Rodman 1978: 11)에 따르면, 언어학의 목표는 보편 문법에서 파생되는 "모든 인간 언어에 적용되는, 언어의 보편적 속성을 나타내는" 규칙을 추구하여야 한다고 주장한다. 언어의 뚜렷한 인간적 특성에 대한 믿음을 유지하기 위해 언어학은 보편성을 가정해야 했다. 이것이 언어에 대한 선천적인 생물학적 능력에 대한 생득주의적 가정에 의존하지 않더라도, 그것은 모든 언어에 걸친 공통점을 가정한다. 만약 인간이 모든 동물과 구별되고 이 구분의 핵심적인 부분이 언어라면, 언어적 특성은 모든 인간에 걸쳐 공유되어야 한다. 이를 위해 동물 의사소통이 아닌 모든 인간 언어의 공통적인 특성(자의성, 문화 전달, 이산성 등)뿐만 아니라 언어의 보편적 특성(예를 들어, 공통 단어 및 구 부류, 동사 접사, 대용적 요소 등)의 목록이 고안되었다.

이러한 목록에 도전한 최근의 연구(예를 들어 수어, 기호와 방향성의 상징성에 대한 불안정한 가정, 혹등고래의 의사소통이 문화적으로 전달되는 것)를 요약하면, 에반스(Evans, Vyvyan)는 "인간 언어의 변별적 특성"은 "인간 언어와 비인간의 의사소통 체계 사이의 명확한 구분"을 제시하지는 않는다고 결론지었다(Evans 2014: 258). 보편성이라는 주장에 대해서도, 최근에야 보편성의 가정 자체가 환상(chimera)이라는 것이 설득력 있게 밝혀졌다. 이는 "언어가 모든 구성 단계(음성, 문법, 사전, 의미)에서 근본적으로 다르기 때문에 공유하는 단일 구조적 특성을 찾기가 매우 어렵다(Evans & Levinson 2009: 429)." 닉 에반스와 스티븐 레빈슨(Nick Evans & Stephen Levinson)은 "다양성을 중심에 둔 언어와 인지에 대한 새로운 접근(Evans & Levinson 2009: 429)"은 언어를 이해하는 데 더 적절한 방법이 될 것이라고 주장하였다. 따라서 다양한 유형의 언어학자들은 아마도 여전히 언어가 보편적인 속성을 공유한다고 주장하는 한편, 일부는 이러한 속성이 뇌 구조로서 생물학적으로 부여된 것이라고 주장한다. 그리고 많은 사람들이 여전히 동물과 인간의 의사소통의 차이가 이를 메우기엔 너무 깊다는 주장을 고수하고 있지만, 계속해서 발견되는 여러 증거는 이러한 주장들이 사실이 아니라는 것을 제안한다. 이것은 결코 (인간의 언어와 동물의 의사소통은 동일하다는) 동등성에 대한 주장이 아니라 인간 예외주의에 대한 반론이다.

요점을 놓치다

이 문제들을 더 명백히 하는 한 연구 영역은(이 문제에 대해서는 많은 양의 연구가 존재한다) 가리키기(pointing)이다. "인간이 집게손가락으로 무언가를 가리키는 것은 생물학적으로 근거가 있고 인간이라는 종에 특정되어 있다(Butterworth 2003: 9)"라는 강력한 주장이 존재한다. 그리고 이는 언어발달 과정의 중요한 단계이다. 이 입장은 언어와 마찬가지로 가리키기가 마음 이론(다른 사람의 마음에 대한 이해)을 필요로 하고, 인간 진화 과정의 중요한 지점에서 발달되었으며(도구 사용 시 인간을 크게 도운 엄지손가락보다 훨씬 더 중요할 수 있다) 12개월 무렵의 어린아이들에게서 나타난다. 가리키기의 의의에 관한 그의 저서에서 탤리스(Tallis 2010)는 가리키는 사람, 가리키는 손가락 그리고 가리킴을 받은 것의 관계는 오직 인간만이 파악할 수 있는 관계라고 주장한다. 그의 주장에 따르면 "가리키기의 방향"은, "가리키기의 개념, 더 구체적으로는, 누군가가 당신에게 무언가를 가리키고자 하는 의도를 가지고 있다는 개념, 즉 기호를 통해 중개되는 의미가 있을 때만 자명하다(39쪽)." 물건을 조작하는 데 있어 엄지손가락의 역할보다는 물건을 가리키는 데 있어 집게손가락의 역할이 "인간을 다른 생물들보다 위로 올려놓았다"는 주장은 오직 인간만이 가리키기를 한다는 논리에 크게 의존한다.

이러한 배타적 휴머니즘을 고려할 때, 탤리스는 인간의 가리키기에 대한 사전 정의에 부합하지 않는다는 이유로 모든 다른 형태의 가리키기를 순환논리적으로 일축하는 방식을 우리는 바라봐야 한다. 포인터 개(사냥에서 게임을 찾는 데 사용되는 개)는 가리키기를 하지 않는다고 그는 주장한다(Tallis 2010: 39). 왜냐하면 "인간이 아니라 개이기 때문에," 포인터 개는 "의식이 감각에서 깨어나지 않았으며" 독립적인 대상에 대한 어떤 "감각, 존재론적 직관이 결여되어 있"기 때문이다. 개는 "자신을 체화된 주체로서 경험할 수 없으며" 다른 체화된 주체를 이해할 수 없고 가리키기의 규칙을 인식할 수 없다. 포인터 개는 게임(또는 던져진 막대기) 이외의 것들을 가리키지 않고, 다른 상황에서도, 신체의 다른 부분을 사용해서도 가리키지 않는 "한 가지 속임수를 가진 조랑말(one trick ponies)"이다. 그들은 "가리키기 관습의 기본 원리를 이해하지 못한다. 그들의 가리키기는 바보 같은 모방이나 본능에 의해 습득된다(40쪽)." 이러한 관점에서 가리키기는 인간만의 독특한 특성이며 동물은 결코 할 수 없는 일이다. 이것은 언어의 진화에서 중요한 단계로 간주되며, "유아의 언어로 가는 왕도(Butterworth 2003: 9)"이고, 인간의 언어 습득 장치의 선천적인 구성 요소이다. 위에서 논의된 언어의 정의와 유사하게, 오직 인간만이 할 수 있는 것으로 정의되며(언어의 다른 모든 측면은 비언어로 간주되어 배제됨), 가리키기는 인간만의 독보적인 것으로 정의되고 포인터 개는 '한 가지 속임수를 가진 조랑말'로 간주된다.

그러므로 우리는 위에서 언급한 언어와 관련된 질문과 유사한 질문을 던질 수밖에 없다. 동물들이 가리키기를 할 수 있을까? 가리키기는 보편적인가? 그것에는 생물학적 근거가 있는가? 예를 들어 반려동물이 공이나 빈 음식 그릇이나 문 옆에 걸려 있는 문고리에 우리의 관심을 끌 때, 우리가 그것이 가리키기를 하고 있다고 생각하는 함정에 빠지기 쉬우므로, 우선 여기서 가리키기의 의미가 무엇인지 명확히 하고 넘어가도록 하자. 여기서 논의되고 있는 관점에서 가리키기는 보통 다른 사람의 주의를 끌려는 의도로 물체를 가리키기 위해 집게손가락과 팔을 뻗는 것으로 보인다. 다른 사람의 마음을 의식하고, 그 마음이 자신이 가리키는 대상에 대해 다른 위치에서 지향할 수 있다고 가정하며, 그 사람이 다시 자신의 의도를 파악할 수 있다고 추정하는 이러한 측면이, 가리키기를 단순한 상호작용뿐만 아니라 다른 사람의 생각을 추론하고 그들이 마찬가지로 할 수 있다고 가정하는 행위로 만든다. 사냥꾼과 포인터 개 간의 소통 부재와 (우리가 손가락으로 가리킬 때와 달리) 개가 자신의 가리키는 행동을 자각하지 못하는 점은 포인터 개를 인간이 가리키는 것보다 덜 효과적으로 만든다(Butterworth 2003).

문을 보고 있는 반려동물이 가리키기라고 가정하면, 우리는 우리의 오래된 의인화의 오류를 범할 가능성이 있다. 우리는 개가 우리의 관점을 이해하고 있고, 산책을 하거나 공을 던지라고 우리를 유도할 의도로 우리에게 문손잡이 또는 공을 지시하고 있다고 생각한다. 그러나 동시에 개와 유인원의 가리키기를 무시하는 많은 주장들에 있어서도 여전히 동일한 인간 중심주의가 적용되는데, 이는 인간만이 하는 것으로 받아들여지도록 보편적인 인간 능력에 기반한 사고방식을 구축해야 한다는 주장이다. 몇 가지 주장은 이러한 구분을 유지하기 어렵게 만든다. 토마셀로(Tomasello 2006: 507)는 비록 포획된 침팬지가 인간의 주의를 끌기 위해 가리키는 증거가 있지만 - 즉, "유인원은 인간 종과의 비정상적인 상황에서 가리키기의 어떤 면에서는 동등한 것을 학습할 수 있다" - 유인원들 사이에서 가리키는 행위에 대한 증거는 없다고 주장한다(Povinelli 등 2003 참조). 토마셀로(2008)의 경우, 가리키기(그리고 모방 학습의 형태를 띠는 팬터마임)는 인간 특유의 것이며 인간 진화에 있어 결정적인 요소이다. 인간의 가리키기는 공유된 의도성과 협력에 달려 있으며, 이는 인간 발전을 뒷받침하는 협력적 원리이다. 바로 이것이 유인원에게는 부족하다. 따라서 인간의 유아들은 "인간만이 다른 사람들과 협력적으로 관계 맺고, 다른 사람들과 공동의 의도, 의도성을 공유하는 행위에서 공동의 관심을 형성할 수 있는 기술과 동기를 가지고 있기 때문에" 가리키기를 하고 유인원은 하지 못한다(Tomasello 2006: 518).

그래서 토마셀로의 주장은 인간 예외주의의 형태를 지지하는 것 같지만 그의 주장이 전부 그렇지는 않다. 비록 "인간과 가장 가까운 영장류가 서로 간에 가리키기를 하지 않는다"고 해도, 인간에게 포획되어 길러지는 유인원들은 "그들이 손을 뻗어도 닿지 않는 음식을 인간이 그들에게 가져다주도록" 가리키는 방법을 배운다(Tomasello et al. 2007: 717). 이것은 인간과 함께 사는 동물들이 가리키기를 상당히 잘 이해하는 경향이 있는 것처럼 보이도록 한다. 개는 특히 일반적으로 가리키기를 이해하는 것처럼 보이며, 늑대는 가리키기를 잘하지 못하는 반면 개는 잘 해낸다는 실험(따라서 이는 개의 능력이라기보다는 길들여진 과정의 결과임)은 늑대가 울타리에 의해 분리되어 동등하게 반응할 수 없었기 때문에 최근에는 결함이 있는 것으로 밝혀졌다(Safina 2015: 243). 생산적인 가리키기에 대해서는, 비록 동물끼리 서로가 아니라 인간과의 상호작용의 맥락에서만 그렇게 하는 것처럼 보이지만, 그에 대한 증거는 덜 명확하다. 토마셀로의 해석(2008: 37)에서 유인원의 가리키기는, "관심을 끄는 제스처의 자연스러운 연장"이며, 자기들끼리 손가락으로 가리키기를 하지 않는 사실은, 다른 유인원은 그렇지 않은 반면(그들은 음식에 닿을 수 있는 다른 유인원에게 음식을 가리킨다고 해서 음식을 얻어 낼 수 있는 것은 아니라는 걸 안다), 인간은 협조적일 수 있다(그들은 아마도 가리킴을 받은, 손이 닿지 않는 음식을 가서 가져다줄 것이다)는 것을 알고 있다는 증거다.

어떤 이들에게는 동물들이 사람과 함께할 때만 가리키기 때문에, 이러한 가리키기가 동물에게 '비자연적'으로 보일 수 있다. 그러나 이러한 주장은 인간과 다른 동물들의 공동의 자연사를 간과하는 주장이다. 세게르달(Segerdahl 2012)이 주장하듯이, 비교심리학[89]은 일반적으로 실험실의 원숭이들이 문화를 가진 유인원과 매우 다르다는 것을 충분히 인정하지 못할 뿐만 아니라(따라서 전통적 실험 방법에 대한 우려를 불러일으킬 뿐만 아니라 자연적인 것에 대한 그들의 주장의 근거에 의문을 제기하도록 만든다) 많은 연구자들이 인간과 비인간을 필연적인 대척점으로 전제한다는 점을 지적한다. 포인터 개들이 실제로 가리키기를 하지 않는다고 무시하는 것은 우리가 다른 동물들을 우리와 같은 기준으로 판단해야 한다고 가정하는 함정에 빠지는 것이다. 반대로, 만약 우리가 가리키는 개들이 인간 사회 세계와 너무 통합되어 인간의 의사소통을 이해하는 데 있어서 우리의 가까운 사촌(침팬지 등)을 초월하는 방식인 계통학적 문화화(phylogenetic enculturation)[90](Hare et al. 2002)의 관점에서 그 개들을 이해

89 비교심리학은 인간에 대해 이해하기 위해 동물을 연구하는 학문으로 개, 고양이, 인간 등 모든 종들은 학습 방법 등의 분야에서 동일한 행동 양상을 보인다고 가정한다.

하고, 만약 우리가 분산 인지와 관련하여 그들의 능력을 이해한다면(결국 우리는 포인터 개와 리트리버를 훈련시켜 수천 년간 인간과 함께 사냥하도록 했다), 그러면 우리는 '한 가지 속임수를 가진 조랑말' 논쟁이 그들이 공동 활동에서 하는 역할을 놓치고 있음을 볼 수 있다.

개들의 삶은 종종 "인간 주인들의 삶과 밀접하게 얽혀 있(Kohn 2013: 135)"는 것으로, 이 얽힘은 단지 집이라는 즉각적이고 지역적인 환경뿐만 아니라 다른 생명체들과의 관계와 음식, 경제, 사회성을 규제하는 더 넓은 사회 정치적 세계와도 관련이 있다. 우리는 아마존 에콰도르의 아빌라 루나(Ávila Runa)[91]와 같은 경우에 콘(Kohn 2013: 144)이 "종간 피진어(trans-species pidgin)"라고 부르는 형태를 통해 개와 사회화한다. 이것은 축소된 퀴추아어 문법, 통사, 어휘와 더불어 오로지 개와 함께 사용되는 특별한 용어들을 포함하는 피진어의 전형적인 요소들을 포함한다. 콘이 명확히 한 것처럼 개와 인간의 삶의 얽힘, 개와 인간의 관계가 다른 방식으로 식민지적 관계를 재현하고, 피진과 유사한 언어적 특징이 이 비유를 작동하게 만든다. 개와 인간을 더 넓게 보면, 개의 능력을 그것이 속한 사회적 관계로부터 고립된 채로 해석하는 것은 인간을 고립된 모나드(monad)로 연구하는 데에서 발생하는 동일한 함정에 빠지는 것임이 분명해진다.

---

90 계통학적 문화화는 인간의 행동이 진화 과정의 산물이라는 것이라는 계통학 중에서도 문화에 적응하게 만드는 문화적인 경험의 영향을 중시하는 이론을 가리킨다.

91 아마존 에콰도르에서의 아빌라 루나(Ávila Runa)는 개가 자는 동안 그 소리를 통해 개의 꿈을 해석할 정도로 개와 직접적으로 의사소통한다는데, 이때 인간과 개의 상호작용을 가능하게 하는 언어가 종간 피진어이다.

그러한 주장의 약화는 보편주의에 대한 도전의 형태로 나타난다. 윌킨스(Wilkins 2003: 171)는 호주 중부의 아렌테(Arrernte)어 화자들의 분석을 통해 "집게손가락으로 가리키는 것은 사회 문화적, 기호학적 용어에서 보편적인 것이 아니다"라고 밝혔다. 보편주의에 대한 가정은 다시 한 번 좁은 문화적 표본에 기반을 두고 모든 인간에게 일반화되었다. 가리키기가 관찰되지 않는 곳에서, 이것은 억압의 관점에서 설명된다. 이는 어떤 맥락에서는 표현되지 않거나 공손성이나 다른 이유로 인해 다르게 표현될 수 있는 보편적인 특징이다. 그러나 공동체의 제스처 패턴을 에믹(emic) 그리고 에틱(etic) 개념92에 기반하여 검토하지 않는 한(그러므로 가리키기처럼 보이는 것이 가리키기라고 가정해 버리는 것이 아니라 대신 그 의미에 대한 지역적 해석에 대해 탐구하는 것), 우리는 그러한 가정을 할 수 없다. 가리키기 자체가 중요하지 않거나 그것이 인간의 삶에서 중요한 역할을 하지 않는다는 것이 아니라, 보편성과 인간만의 독특함에 대한 주장이 의심스럽다는 것(적은 인구와 부적절한 인류학적 자료에 근거한 것)이며, 일부 동물들이 가리키기를 수행할 능력을 인간과 공유할 수도 있다.

토마셀로(Tomasello 2008, 2014)와 같은 이에게는 인간과 침팬지의 차이가 정도의 문제인 반면, 다른 이들, 예를 들어 베하라노(Bejarano 2011: 64)는 가리키기와 같은 행동이 "'타인의 눈을 처리하는 세 번째 방식'(더 일반적으로는 '정신 중심의 이중성')93이라고 부르는 인간의 배타적인 인지 능력

92 에믹과 에틱은 언어학에서의 상반된 연구 방식으로, 에믹은 하나의 문화를 깊이 있게 연구하는 것이며, 에틱은 서로 다른 문화가 교차되는 지점에 주목하여 문화 간의 차이를 다루는 연구를 말한다.

93 정신 중심의 이중성(duality of mental centres)은 인간이 다른 개체가 자신을 바라볼 때

의 결과이다"라고 주장한다. 베하라노(Bejarano 2011: 1)에게 있어서 "인간은 자신과 마주한 타인의 내면의 상태가 어떨지 인지하고 추측할 수 있는 유일한 동물이다." 그리고 이는 다른 사람의 마음을 지각하는 데 있어서 결정적인 단계인 타인의 시선에 대한 해석의 과정으로서 통사 운용(syntax)을 비롯한 여러 가지 인간 특유의 능력이 파생하는 것이다. 그렇다면 만일 우리가 가리키기는 다른 사람의 눈이 어디를 바라보고 있는지, 그들의 머릿속에서 무슨 일이 일어나고 있는지를 처리할 수 있는 능력에 근거해야 한다고 가정하고, 인간만이 이런 일을 할 수 있다는 것을 보여줄 수 있다면, 그때서야 가리키기는 인간만의 독특한 행위가 된다는 것이다. 하지만 일부 동물이 인간과 협력 및 의식의 일부 특징을 공유한다는 점과 그들이 적어도 인간과 상호작용할 때 손가락이나 다른 방향 수단을 사용하여 다른 것에 주의를 끌기를 한다는 점을 우리가 인정한다면, 이 구분은 절대적이지 않을 수 있으며 가리키기가 인간만이 할 수 있는 행동이라는 가정은 더 이상 유지되지 않을 수 있다.

토마셀로의 연구(2014)는 인간과 동물 사이의 큰 구분을 부분적으로 약화시킨다. 토마셀로 외(2007: 720)에 따르면, "인간 방식의 협력적 의사소통은 언어에 의존하지 않으며" 오히려 의존성과는 반대 방향이다. 따

그들의 내면 상태를 인식하고 해석할 수 있는 독특한 인지 능력을 가리키는 용어이다. 이 개념은 인간이 다른 사람의 시선, 의도, 생각 등을 이해하고 그에 기반한 의사소통을 할 수 있는 능력을 설명하기 위해 사용된다. 이는 다른 사람의 관점을 인식하고, 그들의 생각이나 감정을 추론하며, 그들이 가리키는 것이나 의도하는 바를 이해할 수 있는 능력과 밀접하게 연관되어 있다. 이러한 능력은 인간의 사회적 상호작용, 언어 발달, 그리고 문화적 학습 과정에서 중요한 역할을 하는 것으로 본다. 베하라노에 따르면, 이 '정신 중심의 이중성'은 인간만이 가지는 특성으로, 이는 인간의 의사소통과 언어 사용의 복잡성을 이해하는 데 핵심적인 요소이다.

라서 가리키기는 "비언어적 형태에서 언어적 형태로의 인간 의사소통으로의 주요 계통학적, 개체 발생학적 전환"을 대표할 수 있다(720쪽). 이 관점에서 언어의 진화적 발달에 대한 큰 미스터리는 없으며, 그 기원은 우리의 가장 가까운 친척의 비언어적 의사소통에 있다. 그리고 동물을 폄하하거나 이 구분을 지지하기 위해 불필요하게 심오한 언어관을 개발할 이유가 없다. 토마셀로(2014: 150)에 따르면, 위대한 유인원은 "세계를 추상적 형식으로 인지적으로 표현하고, 복잡한 인과적, 의도적 추론을 논리적 구조와 함께 만들며, 적어도 어떤 의미에서는 그들이 무엇을 하는지 알고 있는 것 같다." 중요하게도, 이는 인간 언어를 분리적인 용어가 아닌 통합적인 용어로 이해하는 것이 가장 좋다는 것을 의미한다. 또한, 무린파타어(Murrinhpatha, 호주 원주민 언어)와 같은 언어의 화자들이 구어 공간 직시를 최소로 혹은 전혀 사용하지 않는 것처럼 보이며, "대화에 동반되는 가리키기는 그저 도움을 주는 보조 장치가 아니라 공간 직시에 필수적인 부분이며, 이는 모든 언어에서 공통적으로 적용될 것이다(Blythe et al. 2016: 155)"라고 추정한다. 즉, 제스처는 언어가 출현한 곳이며 언어의 중요한 부분이지 단순한 추가 사항이 아니다. 이는 응용언어학에서 흔히 볼 수 있는 것보다 더 확장된 언어 버전을 요구한다.

언어에 대한 확장적 설명

피네건(Finnegan 2015: 18)의 '인간 역사의 언어적 신화'에 담긴 보편성에 대한 주장에도 불구하고, 이 주장은 언어와 인간성에 대한 독특한 관점을 보인다. "인간다움의 본질은 언어로서 상정된다. 첫째로는 구어로, 그 다음에는 문어로 이어지는 언어의 두 가지 운명적인 형태는 인간의 역사를 펼쳐 나간다." 이 역사를 파헤치기 위해서, 우리는 언어에 대한 특정한 관점이 인간에게 어떻게 투영되었는지를 이해할 필요가 있다. 계몽주의 시대에 유럽에서 나타난 인간 예외주의는 이미 우주에서 인간을 탈중심화한 코페르니쿠스 혁명과 부딪혔다. 그러나 인간의 우주적 중심성에 대한 이러한 타격은 19세기와 20세기에 그러한 중심성의 개념이 더욱 후퇴하기 전까지는 감당할 수 있었고, 그러한 인간 중심성의 후퇴는 인간을 동물과 훨씬 더 가까운 관계로 끌어들인 다윈의 진화적 사고, 그 뒤에 이어진 프로이트의 무의식적 사고의 중요성을 고집하는 사고로 인해 이루어졌다. 더 이상 인간은 유일하지 않고, 동물과 단절되어 있지 않으며 이성적인 생각에만 지배되지 않았다. 대신 우리는 온갖 종류의 동물적 충동과 욕망에 시달리는 또 다른 종류의 동물 주체였다.

언어는 동물과 우리를 구분하는 기준으로 우리가 사용할 수 있는 마지막 하나였다. 그래서 언어는 동물에 관련된 어떤 것이 될 수 없을 정도로 난해한 방법으로 정의되었다. 여기서 무엇이 위기에 처해졌는지를 분명히 하자. 인간의 언어는 실로 인류 발전의 중심이었던 놀라운 업적이다. 동물들도 분명히 의사소통을 한다. 벌에서 새, 범고래에서 개까지, 동물들이 서로 간에 또 인간과 의사소통하는 많은 방법이 있다. 그러나 이 의사소통 자체는 우리가 언어의 개념을 모든 형태의 의사소통으로 축소하기(예를 들자면, 등대가 밤에 깜빡여 가까운 해안을 경고하는 것이 언어의 한 형태라고 제안하는 경우)를 원하지 않는 한 유용하게 사용되는 개념은 아니다. 어떤 사람들은 이것을 인간 중심적인 주장 그 자체로, 즉 인간의 능력에 집착하는 것처럼 언어를 고수하는 것으로 보지만, 나는 이러한 반대 의견이 요점을 놓치고 있다고 생각한다. 인간의 언어는 새소리보다 훨씬 더 복잡하지만(새소리가 물론 그 자체로 매혹적이고 자주 과소평가되었지만) 그 둘의 구분은 절대적인 것이 아니다. 즉 인간은 동물이고 우리의 의사소통 체계는 동물의 의사소통에서 비롯되었다는 것이다. 그리고 집단적 전체로서의 개미 군락이 어떤 면에서는 뇌의 다층적 기능과 유사할 수 있기 때문에 등대와 나침도(제3장)와 같이 동물들은 더 큰 형태의 분산 인지의 일부가 될 수 있다.

(어쩌면 우리가 돌고래에 대해 말하고 있는 정도로, 돌고래도 인간에 대해 말하고 있을 수도 있다는 것처럼) 동물 의사소통에 관한 부당한 주장을 하는 것은 도움이 되지 않듯이, 여기에서 절대적인 구분을 그리는 것도 도움 되지 않는다. 즉, 이 구분이 절대적인 것이 아니라 정도의 차이인 것처럼 제안하는 것도 유용하지 않다. 동물들은 의사소통을 하며, 다양하고 복잡한 방식으로 한다. 하지만 인간 언어는 정말로 특별하고 특이한 성취이다. 언어학자로서 우리는 이에 동의할 수 있어야 한다고 생각한다. 우리가 동의하지 않을 수 있는 부분은 인간 언어가 너무나 다르기 때문에 특별하고 별개의 진화 역사가 필요하다는 주장이다. 여기서 문제는 또 다른 순환 논리이다. 언어는 나머지 의사소통 능력과 차별되는 통사구조의 체계로 정의되며(통합 언어학자에 따른 분리적 관점; Harris 1998 참조), 이

특이 능력은 설명되어야 한다. 하지만 이것은 언어에 대한 매우 제한적이고 특정한 이해이다(언어는 분명히 이보다 훨씬 더 많은 것을 포함한다). 응용언어학자 및 많은 언어학자들에게도, 생성 문법 이론에 기반한 촘스키의 "사색적이고, 추상적이며, 판단적이고, 비문화적이며, 정신적 분석"을 거부하는 것은 "매력적이지 않을 뿐만 아니라 … 증거와도 일치하지 않는다"고 하기 쉽다(Finnegan 2015: 112-13). 하지만 이것은 언어가 인간을 다른 동물과 구분 짓는 것이라는 더 널리 공유된 관점의 극단적인 예일 뿐이라는 점을 놓치는 것일 수 있다.

언어학은 인간 예외주의의 사상을 유지하는 데 핵심적인 역할을 한 분야 중 하나였다. 포스트휴머니즘적 관점은 인간 및 언어 예외주의 모두에 대한 이러한 주장을 다시 생각하도록 이끈다. 에반스와 레빈슨(Evans & Levinson 2009)의 보편주의 주장에 반박하는 많은 반응들 중에서 - 많은 이들이 아직 반박되지 않은 보편주의의 작은 조각들을 붙잡으려고 시도하고 있지만 - 마골리아쉬와 누스바움(Margoliash & Nusbaum 2009: 459)은 더 흥미로운 제안을 한다. 그들은 만약 이것이 언어학자들이 인간과 동물에 대한 그들의 추측적인 주장을 넘어서 동물 연구의 가치를 인식하게 하고, 동물과 인간에 관한 연구를 통합하는 것을 유익한 목표로 삼을 수 있게 한다면, 그것은 언어학에서 새로운 방향으로 나아갈 수 있는 기회를 제공할 것이라고 주장한다. 다른 동물들이 인간과 유사한 언어 능력을 갖고 있다는 것이 핵심이 아니라 인간과 인간의 의사소통 체계가 유일무이하다는 주장이 실제로는 별 도움이 되지 않는다는 점이다. 에반스와 레빈슨(Evans & Levinson 2009)이 보편성이 아닌 다양성에 초점을 맞춘 언어학의 새 시대를 촉구하는 것처럼 우리는 여기서 언어로 간주되는 것을 확장하기 시작할 수 있다. 뇌에 위치한 내재화된 연산적 생성 체계의 통사와 어휘로 언어를 생각하는 방식, 즉 인간과 다른 동물 사이에 절대적인 구분을 만들려는 매우 강한 충동에서 부분적으로 유래한 언어에 대한 생각 방식 대신에 언어는 체화되고 내포되어 있으며, 실행되고 분산된 것으로 이해할 수 있다.

미주

[1] 비록 내가 발코니에서 큰 도자기 그릇에 몇 마리 금붕어를 키우고 있고, 손님들에게 그 금붕어들이 이름을 듣고 반응할 것이라며 의인화 놀이를 즐기기는 하지만 말이다. 그 그릇 앞에서서 소크라테스, 장폴(Jean-Paul)(불룩한 눈을 가진 금붕어에게 사르트르의 이름을 붙여주었다.) 그리고 시몬(Simone) (장폴과 짝을 이루어 주려고 이런 이름을 붙였다)을 부르면, 금붕어들이 수면 위로 올라와 입을 뻐끔거린다.

[2] 그는 동물의 관점에 대한 연구를 이미 진행하고 있던 것이 아니라면, 더 이상 연구를 진행하지 않는 것이 좋을 것이라고 과학계에 보고하였다.

[3] 비록 이 관행이 완전히 증명된 것은 아니지만, 이 맹금류들이 불을 지피는 것에 대해 공원 관리인들과 호주 원주민들의 많은 증언이 있다. 이는 또한 Tidemann 외(2010)이 동물에 대해 더 알기 위해서는 원주민 지식과 교류해야 한다는 주장과도 연결된다.

제6장

상호 오해

Chapter 06
상호 오해

상호 이해에 대하여

언어와 의사소통에 관한 많은 연구에서 공통적이고 아마도 상당히 합리적인 가정은, 언어의 목적은 사람들 사이에 생각을 전달하는 것이고 그러한 활동의 일반적인 효과는 상호 이해의 형태에 도달하는 것이라는 점이다. 예를 들어 영어를 국제 공용어(lingua franca)로 사용하기 위해 활동하는 사람들에게는 이러한 개념이 보다 안정된 의사소통 형태와 비교했을 때 제기할 수 있는 모든 위협에도 불구하고, 상호 이해가 여전히 발생할 수 있다고 종종 확신시켜 준다. "사람들이 국제 공용어를 통해 의사소통하기로 선택할 때" 자이들호퍼(Seidlhofer 2011: 99)는 설명하길, "그들은 보통 상호 이해(mutual intelligibility)와 의사소통의 효율성을 보장하기 위해 어느 정도 노력을 해야 한다는 것을 의식하고 있다." 어떤 관점에서는 상호 이해가 공유되고 표준화된 언어의 사용을 통해서만 보장될 수 있다고 생각될 수 있지만, 여기서의 주장은 보다 개방적이고 협상 가능한 과정인 국제 공용어로서의 영어를 사용해도 상호 이해의 유사한 최종 지점에 도달할 수 있다는 것이다.

언어에 대한 실재론적 접근(Carter & Sealey 2000)(제7장에서 다시 살펴볼 예정임)은 "언어는 객관적이고 실제적이며, 특정 집단이 지지하는 언어 관행은 그들에게 선행하는 언어적이고 관념적 환경 내에서 유지되어야 하며, 이 환경은 그들이 지지하는 관행의 종류에 깊은 영향을 미칠 것(Sealey & Carter 2013: 273)"이라는 의견을 제시한다. 실리와 카터(Sealey & Carter 2013: 273)는 언어가 "그 화자들 사이에서 상호 이해를 가능하게 한다"고 말한다. 이는 공유된 코드와 그 언어를 통해 오가는 생각을 공유함으로써 이루어진다. 우리가 서로를 이해하거나 그렇지 못하는 것은 서로 다른 별개의 언어들의 존재를 명확히 보여 주는 증거이다(다른 언어를 말하는 사람들은 이해되지 못하고, 같은 언어를 말하는 사람들은 이해된다). 내가 다른 곳에서 주장했듯이(Pennycook 2007b), 국제 공용어로서의 영어에 대한 신화는 이해에 대한 이러한 가정에 의존한다. 즉, 전 세계 사람들이 겉보기에 영어로 서로 의사소통을 할 수 있기 때문에, 영어가 존재함은 분명하다. 또는 반대 관점에서 보자면, 전 세계 사람들이 서로를 이해하지 못하기 때문에 그들은 다른 언어를 말하고 있는 것이 틀림없다.

처음 보기에는 이것들이 합리적인 주장으로 보일 수 있지만, 자세히 살펴보면 입증하려는 것을 전제로 가정하고 있는 것이 분명해진다. 따라서 성공적인 의사소통을 위해 '공통 언어'라는 것이 필요하다고 주장하거나(따라서 의사소통의 성공적인 결과와 그 효과의 근거 모두를 가정함) 서로를 이해하지 못한다면, 우리가 서로 다른 언어를 사용하고 있다고 단언하는 것(따라서 의사소통이 실패한 결과와 의사소통 장애의 성격을 모두 가정함)은 언어가 의사소통을 촉진하거나 방해하는 별개의 실체로 존재하며, 이해는 같은 언어를 말함으로써, 또 오해는 다른 언어를 말함으로써 결과로 나타난다고 이미 전제하고 있는 것이다. 이러한 사고방식은 우리가 횡단언어적 사용역(Pennycook 2018)의 역할에서부터 기호적 아상블라주(Pennycook 2017)에 대한 더 넓은 이해에 이르기까지, 서로를 이해할 수 있는 다른 많은 방법들을 간과할 뿐만 아니라 상호 이해가 가능하고 언어 사용의 일반적 목표라고 가정한다.

이러한 언어관은 또한 권력, 불평등, 반감의 관계를 배제한 협력적 행동의 모델에 보다 일반적으로 기초하고 있다. 내가 몇 년 전에 제안했듯이(Pennycook 2003) 우리는 어느 정도 영어가 국제적 의사소통의 언어로서 유용하다고 인정하고 싶을 수도 있지만, 분명히 그것이 국제적 의사소통 오류(miscommunication) 혹은 아마도 불통의 언어로서의 역할도 인정해야 한다. 이는 단순히 오해의 문제가 아니라 불평등, 불의 및 의사소통 저해와 연결된 언어로서 영어의 역할에 관한 문제이다. 이 장에서는 인간의 이해와 상호 오해의 가능성(Taylor 1992)이라는 주제로 전환할 것이다. 먼저 언어와 이해에 관한 개념이 휴머니즘적 관점에서 '말하는 머리'에 초점을 맞춘, 언어와 의사소통에 대한 매우 특별한 사고방식에서 파생된 전제들을 탐구할 것이다(제4장 참조). 그다음으로, 도시 언어(metrolingual) 데이터 분석을 통해(Pennycook and Otsuji 2015a) 이해에 대한 가정보다는 명백한 오해의 맥락이 의사소통 과정에 대해 더 많은 통찰을 제공할 수 있음을 보여 줄 것이다. 확장된 포스트휴머니즘적 틀에서의 기호적 아상블라주로서, 우리는 조화(alignment) 또는 조율(attunement)의 개념으로 더 유용하게 전환할 수 있다.

상호 주관적 동조의 도그마

마음 이론 – 즉, 다른 이들에게 마음 상태(의도, 욕구, 믿음 등)를 귀속시킬 수 있는 능력 혹은 아마도 오직 인간만이 타인의 생각을 알 수 있는 능력 – 에 대한 다양한 논의들 속에서, 사람들이 서로를 얼마나 잘 이해하는지에 대한 질문은 종종 간과된다. 이 논의는 고등 생명체가 다른 존재들이 마음을 가지고 있다는 것을 이해할 수 있는지, 그리고 그렇다면 서로에게 정신 상태를 어떻게 인지할 수 있는지에 대해 다룬다. 어떤 이들에게는 이것이 인간을 정의하는 특성이며, 아마도 의식(consciousness)을 정의하는 것의 일부일 수 있지만, 다른 이들에게는 이 능력이 개, 돌고래, 유인원과 같은 다른 동물들에게도 어느 정도 공유되는 능력이라고 본다(Hare et al. 2001). 그러나 사피나(Safina 2015)는 인간이 서로의 마음속에서 무슨 일이 일어나고 있는지 처음부터 이해한다는 기본 가정에 의문을 제기한다. 침팬지가 인간이나 서로의 정신 상태를 어느 정도 추론할 수 있는지 연구하는 것만큼, 이 질문이 인간이 서로를 얼마나 잘 이해할 수 있는지에 대한 특정 가정에 기초하고 있는지도 탐구해야 한다.

베일리(Bailey)가 제안하길, 오해라는 용어는 의사소통의 암묵적 이데올로기를 가리킨다. '이해한다'는 것은 정상이며, '오해한다'는 것은 자연스러운 무언가의 고장 또는 실패를 표상한다. 이해에 부여된 긍정적인 가치는 의사소통 세계의 일부인 갈등, 모호성 및 불확실성을 감추고 있다.

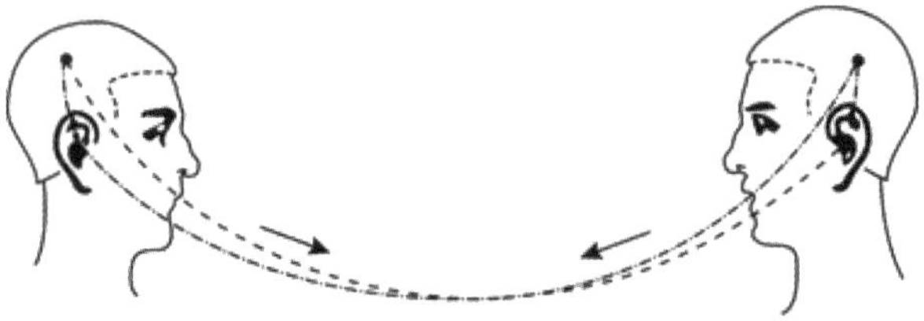

6.1 소쉬르의 말하는 머리

휴머니즘을 뒷받침하는 보편주의적 신념의 한 측면은 공통성(commo-nality)에 대한 가정과, 단어를 통해 서로의 마음이 소통하는 것으로 시작하는 의사소통 모델이다. 언어학적 사고의 많은 부분은 상호 이해의 모델, 즉 한 머리에서 다른 머리로 부호화된 메시지를 주고받으며, 언어 사용과 이해에 대한 합의된 규범을 가진 언어 공동체 내에서 수행하는 것을 전제로 한다. 이것은 고(故) 로이 해리스가 생애 대부분을 비판한 의사소통 모델로, 그가 '텔레멘테이션(telementation)[94]의 오류'라고 부른 것이다. 이 오류는 "언어 지식이 본질적으로 어떤 단어가 어떤 생각을 표상하는지를 아는 것에 대한 문제"라고 보는 것이다(Harris 1981: 9). 이 모델에서 개인들은 "자신이 이를 수행하기 위한 고정된 공적 계획을 이해하고

94 언어와 의사소통에 관한 이론에서 사용되는 용어로, 사람들이 언어를 통해 직접적으로 생각을 전달하고 공유할 수 있다는 개념을 나타낸다. 이 모델은 개인이 자신의 생각을 단어로 부호화하여 다른 사람에게 전달하고, 수신자가 그 단어를 해독하여 원래의 생각을 이해할 수 있다고 가정한다. 텔레멘테이션은 종종 언어의 주요 기능이 상호 이해와 의사소통에 있으며, 언어가 내면적인 사고와 외부 세계 사이의 매개체 역할을 한다는 관점을 반영한다. 그러나 이러한 접근 방식은 언어와 의사소통의 복잡성을 과도하게 단순화한다는 비판을 받기도 한다.

준수하게 되었기 때문에, 그리고 그러한 한에서만 단어를 통해 자신의 생각을 교환할 수 있다"고 한다(10쪽).

이 모델의 전형은 소쉬르의 머리(Saussurean heads, Sausure 1922/1983)에서 서로 메시지를 주고받으며 아이디어를 부호화하고 해독하는 것에서 볼 수 있다(그림 6.1). 그러나 해리스(Harris 1981)가 설명한 바와 같이 이 모델은 아리스토텔레스로 거슬러 올라가고, 로크를 거쳐 소쉬르에 이르기까지 언어학적 그리고 그보다 넓은 의사소통적 가정에 광범위하게 적용되는 훨씬 오래된 역사를 가지고 있다. 로크와 소쉬르는 모두 대체로 의사소통에 관한 텔레멘테이션의 관점을 공유하지만, 서로 다른 위치에서 접근했다. 테일러(Taylor 1990)가 설명하듯, 로크에게 있어서 이 문제는 규범적인 것이었다. 즉, 상호 이해는 평소의 상태가 아니라 우리가 지향해야 하는 것이었다. 로크는 그의 「인간 이해에 관한 논문(1690/1975)」에서 "의사소통에서 언어의 주된 목적이 이해되는 것이기에, 어떤 단어도 청자에게 화자의 마음속에 있는 생각과 같은 생각을 불러일으키지 않는다면 … 그 목적에 잘 봉사하지 못하는 것이다"라고 적었다(Eco 1995: 212 인용). 따라서 그는 개별 언어 행위자의 행동을 제약함으로써 말이 이상적인 텔레멘테이션 모델에 따라 생각들이 정확하게 전달될 수 있도록 만들고자 했다(Taylor 1990: 125).

이와는 대조적으로 소쉬르에게 있어 이것은 언어가 실제로 작동하는 방식, 즉 화자의 의지와는 무관하게 작동하는 언어 체계의 일반적인 특성이었다. "언어 회로(speech circuit)"의 출발점은 "한 개인의 뇌"에 있다. 여기서 "개념은 표현될 수 있는 언어 기호나 소리 패턴의 표상과 연관된다(Saussure 1922/1983: 11-12)." "주어진 개념은 그에 상응하는 소리 패턴을 뇌에서 촉발한다." 이는 한 사람에게서 다른 사람에게로 전달되며, 여기서 역과정은 "이러한 패턴과 상응하는 개념의 연결(12쪽)"을 가능하게 한다. 우리가 이를 사회적 관점에서 고려하면, 소쉬르는 "이런 식으로 언어적으로 연결된 개인들은 … 동일한 개념에 연결된 동일한 기호를 - 아마도 정확하게는 아니더라도 대략적으로 - 재생산할 것"이라고 주장한다(13쪽).

우리가 전통적으로 로크의 관점을 더 규범적인 것으로 간주하는 반면 - 문법, 언어 시험 및 언어 교육에서 수행되는 많은 것들처럼 올바른 방법이 규정되는 것 - 그리고 소쉬르 전통을 기술적인 것으로 간주하는 반면 - 이것이 체계가 작동하는 방식이다 - "상호 주관적 동조의 도그마"는 화자가 서로를 이해할 수 있거나 이해해야 한다는 전제, 즉 동일한 단어가 동일한 의미를 전달하지 않는 한, "상호 이해"의 근본적인 목적에서 의사소통이 실패할 것이라는 전제에 기반을 두고 있다(Taylor 1992: 38-9). 이것은 소쉬르의 '대략적으로(approximaely)'가 실제로 얼마나 대략적인지에 대한 논쟁 그 이상이다. 이것은 모델의 핵심 자체에 대한 질문이다. 툴런(Toolan 1997: 86)이 설명하는 바와 같이, 텔레멘테이션, 즉 생각 전달은 "A가 B에게 말할 때, A가 사용하고 언어로 부호화한 동일한 생각이 B의 머릿속에서 선택되고, 강조되거나 재창조된다"고 가정한다. 소쉬르의 모델에서와 같이, 언어에 대한 텔레멘테이션적 관점은 다른 사람의 생각의 복사본을 한 사람이 받을 수 있는 도관(Reddy 1979)으로 언어를 본다. 여기서 빠져 있는 것은 의사소통의 맥락, 의사소통의 혼란, 충돌, 모호함, 불확실성, 몸, 장소, 인공물, 옷, 감정, 냄새, 사회적 관계, 젠더, 인종, 계급 등 훨씬 더 많은 것들의 역할이다. 실제로 거의 모든 것이 빠져 있다.

여기에는 몇 가지 중요한 문제가 걸려 있다. 이것은 언어가 맥락 속에서 일어나고, 의미가 맥락 속에서 구현되며, 비언어적 의사소통이 의사소통에도 역할을 한다거나 또는 그 의미가 대화자에 따라 다르게 해석될 수도 있다는 주장을 하는 것 이상이다. 이것은 언어가 단지 의사소통적인 것 외의 목적을 가진다는 점을 이해하는 것만이 아니다. 할리데이(Halliday 1978)의 메타 기능(metafunction)에 관련하여 적어도 언어는 이념적(ideational), 대인적(interpersonal), 텍스트적(textual) 기능을 제공한다는 것을 제안한다. 즉, 대인적 의사소통은 언어의 세 가지 메타 기능 중 하나일 뿐이다. 이는 단순히 언어가 사교적 목적으로 사용될 수 있다는 사회언어학적 진리, 즉 "중요하지 않은 언어의 중요성"(Blommaert and Varis 2015: 4)을 이해해야 한다는 것을 의미하는 것만은 아니다. 이는 "저강도 사회적 참여"로 보이는 형태들이 "겉보기에는 피상적이지만 사회적 결속, 공동체 소속감, 사회적 편안함을 보장하는 데 중요한"(8쪽) 역할을 한다는 것이다. 오히려 이것은 우리가 대화할 때 서로를 이해한다고 가정하는 이해 모델 자체에 대한 질문이다.

이것은 언어에 대한 표상주의적 관점을 비판하는 스리프트(Thrift 2007)와 바라드(Barad 2007)의 비표상적(non-representational) 논의를 받아들이는 것이다. 스리프트와 바라드의 표상주의적 언어 관점에 대한 비판은 해리스(Harris 1998)가 언어의 대리적(surrogational) 그리고 텔레멘테이션(telementational) 모델을 비판한 것과 강한 유사점을 가진다. 이들은 "대화가 주로 의사소통(또는 규칙에 의해 지배되고 의미를 교환하는 것과 관련된)이라는 인지적 개념을(Trift 2007: 122)" 의문시한다. 스리프트는 "대화는 표상적이 아니라 반응적이고 수사적이며, 무언가를 수행하기 위해 존재한다"고 설명한다(122쪽). 이 '수행하는 것'은 단순히 언어 행위 이론의 반복 이상이다. 언어 행위 이론은 제3장에서 논의된 중국어 방의 역설(John Searle 1969, 1986; Pepperell 2003)과 같은 인지주의적 가정인 마음, 의사소통, 의도에서 비롯된 것을 상기하는 것이 가치가 있다. 이는 오히려 "상황, 집단, 사회 기관 또는 사회 내에서 앎을 이해하려는 시도"이다(Thrift 2007: 122). 이것은 상호 이해적 대화에 참여하는 합리적인 인간에 대한 휴머니즘적 가정들이 의사소통에 있어서 바람직하지 않은 가정이라는 주장이다.

또는 사라마구(Saramago)가 그의 소설 카인(Cain 2009: 73)에 기술한 바와 같이 "인류의 역사는 신에 대한 우리의 오해의 역사로, 신은 우리를 이해하지 못하며, 우리는 신을 이해하지 못하기 때문"일 수도 있다. 이것은 인간이 결국 자신의 모습대로 창조한 소위 신들과의 오해보다 훨씬 더 널리 퍼져 있다고 할 수 있다. 인류의 역사는 서로를 오해하는 역사다. 하지만 이에 대해 더 깊이 탐구하기 전에, 상호 오해에 대한 예 하나를 살펴보겠다. 앞서 이 데이터에 대한 논의에서(Pennycook & Otsuji 2015a) 에미 오츠지(Otsuji)와 나는 이 사례에서 드러나는 오해들이 규범에 반한다는 점을 강조했다. 즉, 다양한 언어가 혼합되는 상황과 어려운 의사소통 환경에도 불구하고 사람들은 서로가 무엇을 말하려고 하는지 파악할 수 있다는 것이다. 그러나 이 데이터에 대한 추가적인 고려는 다른 접근 방식을 제안한다. 우리가 서로를 이해한다기보다는 상호 오해가 더 좋은 출발점일 수 있다는 것이다. 적어도 언어를 통해 메시지를 주고받는 고립된 머리들을 상정하는 가정이나 이해가 정상적이고, 공통적이며, 완전하다는 가정을 넘어서는 관점으로 전환해야 한다.

웅성, 웅성, 웅성(rhubarb, rhubarb, rhubarb)

다중 언어 의사소통에 관한 연구에서 다양한 언어와 횡단언어적, 그리고 횡단문화적(transcultural) 관계의 복잡성에도 불구하고, 의사소통은 재맥락화(대화 상대를 위한 대체 맥락의 제공) 또는 다른 상호작용적, 텍스트적 수단과 같은 "횡단언어적 협상 전략"을 통해 달성된다(Canagarajah 2013: 80-82). 국제 공용어(lingua franca)로서의 영어 맥락에서 커크패트릭(Kirkpatrick 2007: 55)은 의사소통이 주로 "상호 이해라는 특징을 가지며, 이는 동료에 의한 협력적 의사소통의 정신에 의해 달성된다"고 주장한다. 이런 맥락에서 의사소통이 효과적이라는 점을 강조하는 것이 중요했다. 이는 모든 사람들이 의사소통을 위해 동일한 언어를 사용해야 한다고 가정하는 제한된 의사소통 모델(Harris 2009)이나 다중언어 의사소통이 단일언어 의사소통보다 덜 효과적이라는 가정 때문이다. 언어와 의사소통에 관한 많은 가정을 지배해 온 단일언어 의사소통 모델을 감안할 때, 다중언어 의사소통이 효과적으로 작동한다는 것을 보여주는 것이 중요했다.

커크패트릭(2007)이 오해의 예를 통해 이것이 규칙의 예외임을 보여주는 것처럼, 우리가 이전에 분석한 아래의 상호작용(발췌문 6.1-7) 역시 다중 언어 의사소통이 일반적으로 잘 작동하지만 때때로 예외적으로 실패하는 순간이 있다는 주장을 기반으로 이루어졌다. 그러나 동시에 언어 사용자들이 달성할 수 있는 이 '상호 이해'가 무엇인지를 물어볼 필요가 있다. 요점은 횡단언어 의사소통이 작동하지 않는다고 제안하는 것이 아니라 작동하는 모델이 상호 이해의 특정 틀에 기반을 두고 있다는 것이다. 이제 이 상호작용을 다시 살펴보고, 상호 이해의 규칙을 증명하는 오해의 예가 아니라 실제로는 상호 오해의 복잡함을 모델로 제공한다고 제안하고 싶다. 직장에서의 빠른 횡단언어적 멀티태스킹에서 언어는 오고 가며, 사람들은 상호작용하고 욕을 하거나 돌아서서 다른 일을 한다. 또 종종 공유된 의미가 확립되지 않는 경우가 많으며 그럴 가능성조차 없는 경우도 많다.

아래의 예시는 도쿄에 있는 작은 프랑스 테마의 비스트로인 Petit Paris의 새해 전날에 나온 것이다.[1] 이곳은 마그레브 출신의 나빌이 운영한다(공간 레퍼토리에 대한 3장도 참조). 나빌은 일본 배경의 단골손님에게 디저트 접시를 가져다주는데 이 손님은 혼자 카운터에 앉아 셰프와 다양한 프랑코폰95 배경을 가진 다른 직원들과 대화를 나눈다.

발췌문 6.1

(N: 나빌, C: 손님)

1. N: これ... マッシュセロリ。煮セロリ。(이거... 마쉬드 셀러리. 셀러리 스튜.)
2. C: 煮セロリ。(셀러리 스튜)
3. N: 煮セロリ。(셀러리 스튜)

95 프랑코폰(Francophone)은 프랑스어를 모국어로 하거나 공용어, 또는 주요 언어로 사용하는 사람들을 지칭하는 용어이다. 이 용어는 더 넓은 의미로 프랑스어 사용 국가와 지역을 포함하는 문화적 및 언어적 공동체를 나타내기도 한다. 프랑코폰 공동체는 전 세계적으로 분포하고 있으며, 특히 프랑스, 캐나다의 퀘벡, 벨기에, 스위스, 아프리카의 여러 국가들 그리고 카리브해 지역 등에서 큰 비중을 차지한다.

여기서는 셀러리(セロリ[세러리])와 스튜(煮[니])라는 일본어 단어를 사용하여 나빌과 그의 손님은 내놓은 음식에 대해 합리적인 합의에 도달한 것으로 보인다. 물론 셀러리 스튜는 디저트로는 이상하게 보이지만 말이다. 하지만 손님은 생각했던 셀러리 스튜의 색깔을 보고는 의아해한다.

발췌문 6.2

(N : Nabil, C : 손님)

1. C: ピンク。セロリ。えええ？ (핑크. 셀러리. 예?)
2. N: Pink?
3. C: (…) セロリ。(셀러리.)
4. N: え？ (어?)
5. C: ああ。(아아.)
6. N: なにbetterave. (무슨 비트)
7. C: え？ (어?)
8. N: betteraveの? ああ。 Céleri rémoulade, you know? (비트? 아, 셀러리 레물라드[96] 아세요?)

이 지점에서 상황은 다소 혼란스러워졌다. 핑크색에 대해 당황한 나빌은 이제 그것이 사탕무라고 설명하며 프랑스어로 된 용어 'betterave'를

96 레물라드(rémoulade)는 향초, 겨자 따위를 곁들인 마요네즈 소스로, 셀러리에 자주 곁들인다.

사용한다(6행, 특징적인 끝소리 [r]와 단어 마지막 강세 변화 포함). 그러나 사탕무라는 프랑스어 단어는 고객에게 별 도움이 되지 않는 것 같고, 나빌은 곧 다른 옵션인 'céleri rémoulade'로 넘어간다(8행). 'céleri rémoulade'는 강판에 간 셀러리 뿌리(또는 셀러리악)와 레물라드 소스(생선을 곁들이는 마요네즈 기반 소스)를 사용하는 흔한 요리이다. 'céleri rémoulade'는 [어떤 면에서는 콜슬로(coleslaw)의 친척과 같은 요리] 흔한 요리이다. 사탕무와 같은 다른 크루디테(전통 프랑스 에피타이저)와 함께 제공될 수 있으므로, 나빌이 제공한 핑크색 요리, 셀러리, 사탕무 사이에 연결 고리가 있을 수 있다. 그러나 셀러리 레물라드는 그다지 가능성이 없어 보인다(비스트로에서도 상당히 평범한 요리이며 어쨌든 핑크색도 아니고 디저트도 아니다). 그의 두 시도('céleri rémoulade'와 사탕무) 사이나 그가 제공한 요리, 특히 디저트와의 명백한 연관성은 없다. 당연히 손님은 계속해서 혼란스러워한다.

발췌문 6.3
(N: Nabil, C: 손님)

1.	C:	ピンク ピンク ピンク これ(.) セロリ セロリ セロリ セロリ セロリ. (핑크 핑크 핑크 이거(.) 셀러리, 셀러리, 셀러리, 셀러리, 셀러리)
2.	N:	ピンク? (핑크?)
3.	C:	ピンク ピンク (핑크 핑크)
4.	N:	ピンク : : (핑크::)
5.	C:	(...)

6. N: ああ。(아아.)

7. C: セロリ セロリ セロリ。(셀러리, 셀러리, 셀러리.)

8. N: Céleri rouge? (붉은 셀러리요?)

9. C: No, no. (아니, 아니요.)

10. N: [그의 식사에 대한 다른 고객의 질문에 답변하며] 小さい? ここ? … Sorry? ここ? (작다고요? 이게? … 저기 이게요?)

11. N: Chef! Chef! C'est quoi céleri rouge en France? (셰프! 셰프! 프랑스어로 붉은 셀러리는 뭐라고 해?)

12. N: [다른 고객의 음식의 크기에 관한 질문에 답변하며] Il dit c'est grand. (셰프말로는 그 정도면 큰 편이라네요.)

항상 그래왔던 것처럼 여러 가지 일을 동시에 처리하면서(음식의 크기에 대한 다른 손님의 코멘트 등), 또, 일련의 언어 자원을 사용하여, 나빌은 마침내 셀러리나 비트라는 음식에 대한 그의 설명이 잘못되었다는 사실을 인지한 것 같다. 손님의 혼란을 인식한 나빌은 일본어 발음의 ピンク를 수용하고 심지어 자음 뒤에 모음을 삽입하여 더욱 과장된 버전의 ピンク:(2, 3 행)를 사용한다. 이 단어는 영어와 일본어(ピンク[pinku:]) 모두에서 사용되며 위의 예시에서 영어식과 일본어식 모두로 발음되는 언어 사이를 넘나드는 것처럼 보이는 많은 것들 중 하나이다. 여기서 나빌은 분명히 ピンク::의 마지막 모음에 대한 강조로 손님에게 맞춰 주려고 시도한다. 나빌은 이제 음식에 대해 céleri rouge(붉은 셀러리)라고 묘사하려 시도한다.

비록 이러한 시도에 대한 손님의 명백한 거부(No no)를 통해 고객이 céleri rouge를 이해하지 못한다는 사실과 손님이 이것이 셀러리(그러나 핑크색임)라는 나빌의 처음 설명을 이해하는 데 계속 애쓰고 있다는 사실을 모두 알게 되었다.

그것이 céleri rouge라고 설득하려는 나빌의 시도가 고객에게 모두 거부된 것에 대해, 나빌은 주방장(10번째 행)에게 가서 프랑스어로 céleri rouge(붉은 셀러리)가 무엇인지 물었다. 잠시 뒤, 모든 요리사들(Patrick, 셰프 1, Pierre, 셰프 2)은 그것이 rhubarbe(대황)이라고 의견을 모은다.

발췌문 6.4

(N: 나빌, Ch1: 셰프 1, Ch2: 셰프 2)

1.	Ch1:	Ah! Rhubarbe (아! 대황!)
2.	N:	Rhubarbe! Rhubarbe! (대황! 대황!)
3.	Ch2:	Rhubarbe. (대황.)
4.	N:	Ahh, rhubarbe. Ahh, rhubarbe. C'est pas céleri. Oui oui, rhubarbe. (아, 대황. 그건 셀러리가 아니야. 그래 그래, 대황이야.)

첫눈에, 요리사가 붉은 셀러리에 대한 나빌의 질문을 정확하게 해독하는 능력은 주목할 만한 해석 능력이다. céleri rouge(붉은 셀러리)는 대황에 대한 용어가 아니다(붉은 셀러리는 사실 셀러리의 한 종류로서 그 자체로 존재한다). 그러나 얼핏 보면 이곳 요리사들의 위와 같은 빠른

해석은 우선 대황을 이용해 요리를 준비했다는 사실에 도움을 받았고, 나빌과 손님의 그러한 혼란스러운 대화를 엿들었을 수도 있다는 것을 암시한다. 그들은 céleri rouge를 언어적 단서만 가지고 대황으로 번역하는 것보다는, 사실 붉은 셀러리에 관한 나빌의 이상한 질문은 그가 방금 손님에게 전달해 준 대황 타르트를 가리키는 것이라는 것을 생각했다. 공간적 배치, 요리 관행, 공간적 레퍼토리는 이 빨간 음식을 명명하는 데에 기여한다.

이제 몰랐던 대황이라는 말이 마침내 확립되었으므로, 나빌은 피에르(셰프 2)에게 대황에 대한 일본어가 무엇인지 물어본다. 왜냐하면 rhubarbe라는 단어가(betterave에서 나빌이 저지른 실수와 같이) 고객에게 명확하게 전달되지 않을 수 있기 때문이다. Rhubarbe, 日本語は? J'ai oublié. Pierre? (Rhubarbe, 일본어는? 나 까먹었어. 피에르?).

나빌의 그러한 일본어 질문(日本語は?)은 다른 셰프인 패트릭에 의해 이어진다. 피에르는 다른 일을 하러 갔다.

발췌문 6.6

(N: Nabil, C: 손님, Ch1: 셰프 1)

1. Ch1: Rhubarbe 日本語の名前 : (Rhubarb 일본어 이름:)
2. C: セロリ。セロリ。(셀러리, 셀러리)
3. N: No no no. (아냐, 그거 아냐)
4. Ch1: 赤セロリ？(붉은 셀러리?)
5. C: セロリ セロリ。(셀러리 셀러리,)

6. N: 日本語は？(일본어는?)

7. C: 日本語もセロリ。(일본어도 셀러리.)

8. N: ああ､本当ですか？(아, 정말요?) 赤セロリ？(붉은 셀러리?)

9. C: セロリ。(셀러리)

손님이 배경에서 혼란스럽게 セロリ라고 계속 중얼거리는 동안(그는 그것이 사실 대황이라는 것을 이해하지 못한 것 같다) 요리사는 대황을 나타내는 일본어를 떠올리려고 노력하고, 약간 불확실한, 그리고 나빌의 처음 시도했던 céleri rouge(붉은 셀러리)의 일본어 번역인(4행) 赤セロリ(붉은 셀러리)라는 용어를 제시한다. 나빌은 손님이 계속 セロリ를 중얼거리는 것을 알아차리지 못하고 대신 이제 손님이 실제로 이것이 대황이라는 것을 알게 되었다고 생각하며, 셰프의 계속되는 セロリ 타령을 듣지 않고 고객이 그것이 대황이라는 것을 알고 있다고 가정하고는, 셰프가 제시한 赤セロリ(붉은 셀러리)라는 말이 맞는지 확인해 달라고 고객에게 말하며, 7행에서 일본어로도 동일하다는 답변을 받는다(日本語もセロリ). 그러나 셀러리라는 개념에 대해 여전히 혼란스러워하는 고객은 셀러리라는 단어가 영어나 프랑스어, 일본어에서 거의 동일하다는 말만 하는 것 같다. 그러나 나빌은 rhubarbe를 일본어로 번역하면 日本語もセロリ(8행)라는 셰프의 주장이 확인되었다고 생각하는 것 같다.

그래서 마침내 나빌은 고객에게 대접한 것이 무엇인지 알아냈지만(대황 타르트), 그는 이제 일본어로 대황이 赤セロリ라고 믿는 것 같다[일반적으로 알려져 있진 않지만, rubaabu(ルバーブ)라는 용어가 사실은 맞다].

다행히도, 그들은 맛에 대해 논하는, 그들이 비교적 잘 아는 분야에 대해 얘기하기 시작한다.

발췌문 6.7

(N: 나빌, C: 손님)

1. N: ああ、そう。タルトすごい美味しいでしょう？(아 그렇군요. 타르트가 정말 맛있죠, 그렇지 않나요?)
2. C: 美味しい。これ美味しい。(맛있네요. 이거 맛있어요.)
3. N: Tarte à la rhubarbe. C'est très très bon. (그게 대황 타르트예요. 그건 아주 맛있어요.)

비록 외부에서 우리는 무슨 일이 일어나고 있는지 어느 정도 알아낼 수 있고, 비록 다양한 다중 언어 전략들이 작동하는 것을 볼 수 있음에도 불구하고, 일반적으로 이 전략들은 실패하며, 몇몇 용어들 - betterave나 赤セロリ - 은 참여자들 일부에게는 등록된 것이 아니다. 나빌(Nabil)이 의미가 없어 보이는 프랑스어 용어를 제시하며(céleri rouge부터 céleri rémoulade까지), 이제는 赤セロリ가 일본어로 대황이라고 믿을 수도 있으며(실제로는 그렇지 않다), 손님은 여전히 혼란스럽다(요리로는 충분히 만족했지만). 이것이 바로 의미가 언어를 넘나들며 협상되는 방식이다. 마지막으로 나빌은 음식의 맛에 대한 논의로 상호작용을 정리하며, 미묘한 도시 언어적 수용(metrolingual accommodation) 전략을 사용하여, 일본어 첫 행에서 타르트를 더 일본어스럽게 만든 タルトすご

い美味しいでしょう？를 사용하고 Tarte à la rhubarbe. C'est très très bon라고 프랑스어의 자산을 활용하여 프랑스 요리를 언급한다.

이러한 교환에는 몇 가지 함의가 있다. 도시 언어적 맥락에서 의미의 협상이 성공하지 못하거나, 부분적으로 성공하거나 그저 다소 모호할 수 있다는 사실은 놀랄 일이 아니다(어쨌든 모두가 행복한 새해 전날이다). 논의 중인 특정 음식들 역시 여기서 중요한 매개 역할을 분명히 한다. 그것들은 행동의 일부이다. 이러한 음식과 맛은 참여자들이 접시에 있는 것이 무엇인지를 확립하려는 시도를 통해 이동하고 교차할 때뿐만 아니라 참가자들의 다양한 요리 배경에 따라 매우 다른 의미를 가진다. 대황은 일본에서 이국적인 채소(또는 조리 방법에 따라 과일일 수도 있음)이므로 프랑스에서 이해될 수 있는 방식과 매우 다른 의미를 가진다. 그러나 이 손님은 또한 레스토랑 산업에 종사하는 사람으로서 디저트 요리의 재료에 대해 지속적으로 호기심을 가지고 있다. 재료와 의미, 사람, 언어 자원의 이동성은 공간적 레퍼토리의 일부로 이 장소에서 함께 모인다. 제3장에서 논의했듯이, 우리는 이 점을 아상블라주, 즉 특정한 기호적 가능성을 제공하기 위해 사람, 언어, 장소, 사물들이 함께 모인다는 관점에서 이해할 수 있다.

비록 이례적인 일련의 언어 자원들(밤늦게 비스트로에서의 순조롭지 않은 바쁜 의사소통 환경)일지라도, 이것이 의사소통이 이루어지는 방식이다. 이것은 규칙(이해)을 증명하는 예외(잘못된 의사소통)가 아니라 상호 오해가 우리의 의사소통 규범인 일상적인 방식을 빛내는 예이다. 서로를 이해하는 공통된 인류의 평탄한 휴머니즘적 관점 – 공통된 보편적 언어 속성이 상호 이해 가능성에 도달하게 해 준다 – 대신 우리가 의사소통하는 방식은 오해에 기반을 두고 있다. 그러나 여기서의 오해는 이해의 가능성이 선호되는 규범으로 가정된 부정적 의미로 받아들여지지 않지만, 인간이 같은 언어를 말하면 서로를 이해할 수 있는 인지적 유사성에서 보편적으로 연합되어 있지 않고, 오히려 서로를 이해하기 위해 정렬(alignment) 형태를 항상 추구하면서 서로를 파악하는 방식으로 고려된다. 테일러(Taylor)가 언급했듯이, 언어 이론가들(문학 연구자, 언어학자, 담화 분석가, 기호학자, 언어 철학자, 수사학 이론가 또는 의사소통 이론가들)은 다음과 같이 말한다.

> 우리가 이해하는지 여부를 묻기보다는 우리가 이해하는 것이 무엇이고 어떻게 이해하는지를 구체적으로 설명하는 데 더 관심이 있으며 … 의사소통자들이 보통 서로를 이해한다는 사실은 선이론적으로 이미 주어진 것으로, 언어, 의미, 해석에 대한 학술적 담론의 전제 조건이다.
>
> (Taylor 1992: 3)

내가 방향을 전환하고자 하는 곳은 이러한 상호 이해의 또 다른 영역, 즉 상호문화적 의사소통의 영역이다.

다르게 생각하기

우리의 문화적 틀에 의해 가려진 상호 이해의 형태에 도달하는 것은 상호 문화 간 의사소통의 목표 중 하나이다. 문화의 표면 아래로 들어가면, 우리의 공유된 인간성은 공유된 이해의 형태에 도달하는 데 도움을 줄 수 있다. 예를 들어 보우와 다른 이들(Bowe 외 2014: 1)은 "언어의 맥락에서 언어 해석에 기여하는 다양한 요인들의 이해"와 "이러한 원칙들이 주어진 언어와 상호 문화적 의사소통에서 어떻게 상호 작용하는지가 세상에서 상호 이해의 발전에 중요하다"고 주장한다. 문화적 차이와의 상호작용이 수반할 수 있는 혼란, 인식 또는 소외의 여러 단계를 거치면서 최종 목표는 자신에 대한 인식, 자신의 차이에 대한 인식, 타인의 눈을 통해 자신을 어떻게 볼 수 있는지에 대한 인식의 향상을 발전시키는 것일 수 있다. 세르쿠 외 여러 명(Sercu 외 2005: 2)에 따르면, 상호 문화적 의사소통의 복잡성을 다루는 것은 다른 문화와의 교류 의지뿐만 아니라 본질주의적 판단을 피하는 것이다. 또한 "자신을 바깥에서 바라보는 능력, 타인의 눈을 통해 세상을 보는 능력"을 포함한 다양한 특성과 역량을 요구한다.

우리 자신을 벗어나 선입견을 벗어던지고, 타인이 우리를 보는 방식으로 스스로를 보는 것은 매력적인 목표이다. 이러한 가능성을 의심하는 것은 문화적 불감증(cultural incommensurability)에 기초한 상대주의를 전제하는 것처럼 보일 수 있다. 우리가 박쥐가 되는 것이 어떤 것인지 알 수 없는 것과 같은 방식으로, 우리는 자신의 세계관에 너무 깊이 얽혀 있기 때문에 서로를 알 수 없다(제8장 참조). 하지만 이것은 내가 제시하고 싶은 논리가 아니다. 모든 사람들이 탈출할 수 없는 문화적 세계관 안에 갇혀 있다기보다는, 항상 상호 이해의 모델을 불가능하게 만드는 사회적, 문화적, 정치적 방식으로 위치하게 된다는 것이다. 인간이라는 것은 다르다는 것을 의미한다. 상호문화적 의사소통의 많은 전제들은 위에서 논의된 상호 이해라는 원칙에 기초하고 있다. 물론 그들은 잠재적으로 다른 입장에서 출발한다. 이것은 단어가 머리에서 머리로 의미를 전달하는 텔레멘테이션적 관점만큼이나 다른 문화적 이해의 불투명함을 통해 상호 이해에 도달하려는 다른 집단들에 관한 것이다. 그럼에도 불구하고 우리가 타인을 알 수 있고, 어떻게 타인이 우리를 아는지 알 수 있다는 가정이 남아 있다. 타인의 눈을 통해 자신을 볼 수 있다고 제안하는 것은 자신을 벗어나서, 자신의 발화의 위치(locus of enunciation) 외부에서 생각할 수 있는 능력뿐만 아니라 다른 사람의 위치에 들어가서 문화적 타자가 세계를 어떻게 구성하는지, 그리고 더 나아가 이 타자가 당신을 어떻게 구성하는지를 알 수 있는 능력을 의미한다. 여기서 문제는 휴머니즘적 공통성의 가정, 문화에 의해 가려지지만 극복할 수 있는 근본적인 인식 가능성에 대한 가정이다.

레비나스(Levinas)는 서양 철학이 타자의 다름(alterity; 타자성)을 지속적으로 부정하고, 대신 유사성을 강조하며, 타자를 보편적인 틀 안에 통합하려는 경향이 있다고 주장한다. 레비나스(1969/1991)는 서양 철학이 오랫동안 존재(Being)와 동일성(The Same)의 이중 집착에 사로잡혀 있었다고 주장한다. 이는 인간의 존재론을 유사성에 호소함으로써 설명하려고 시도한 것이다. 따라서 하이데거의 비판에서[그의 주요 저서인 『존재와 시간』(Sein und Zeit)은 레비나스의 『시간과 타자』(Le temps et l'autre)에서 직접 언급된다] 레비나스는 존재 - 존재론 - 에 초점을 맞춘 철학적 전통이 차이에 대한 윤리적 요구를 이행하는 데 실패했다고 주장한다. "서양 철학은 대개 존재론이었다. 존재에 대한 이해를 보장하는 중간이자 중립적 용어를 개입시켜 타자를 동일한 것으로 축소시킨다." 반대로, 우리는 타자성을 윤리적 관심사로 진지하게 받아들이는 철학이 필요하다. "타자의 낯섦, 즉 타자가 나, 내 생각, 내 소유와는 전혀 다른 존재라는 점은 바로 나의 자발성에 대한 의문을 제기함으로써 윤리적 문제로서 명확히 드러난다(Levinas 1969/1991: 43)."

레비나스에 따르면, 모든 철학의 핵심은 타자에 대한 책임 윤리에 있다. 어떻게 타자의 존재와 그들의 다름을 그대로 유지하면서 타자와 공존할 수 있는가? 타인의 눈을 통해 세상을 볼 수 있다고 주장하는 것은 알고 있는 자와 알려진 자 그리고 타인의 이해에 대한 알려진 자의 지각된 지식이 발화되는 위치를 간과할 위험이 있다. 따라서 파비안(Fabian 2007: 27)은 인류학 담론의 실패를 "다름의 인식론적 중요성을 인정하지 못하는 실패"로 보았다. 따라서 이러한 차이에 대한 무관심은 존재론적이자 인식론적인 것으로, 인간의 차이를 동일성의 범주로 압축하려는 시도이다. 내가 제안하는 것은, 나를 알고 그가 나를 알며 나도 그를 알 수 있다고 믿는 것에 대한 제로 지점[97]은 존재하지 않는다는 것이다.

> 현대의 인식론(예를 들어 제로 지점의 오만함)이 그러한 요소를 모두 감추고 분리된 관찰자, 진실과 객관성을 중립적으로 찾으며 동시

---

97 제로 지점(zero point)은 지식이 인식에서 완전한 객관성이나 중립성을 주장하는 이론적 입장을 가리킨다. 이 용어는 특히 사회과학이나 인문학에서 사용되며, 어떤 사물이나 현상을 외부에서, 어떠한 주관적인 편견이나 사회적, 문화적 영향도 받지 않고 완전히 객관적으로 관찰하고 분석할 수 있는 위치나 상태를 의미한다. 하지만 많은 비평가들은 완전한 객관성이나 제로 지점이 실제로는 불가능하다고 주장하며, 모든 지식이나 인식은 특정한 사회적, 문화적, 역사적 맥락에 깊이 뿌리박고 있으며, 이러한 맥락이 관찰자의 이해와 해석에 영향을 미친다고 본다.

에 규율을 통제하고 그 자신을 평가하고 지배할 수 있는 특권의 위치에 둘 수 있는 인간의 모습을 추구하고 만들었음에도 불구하고, 아는 사람(knower)은 항상 지리 정치적 그리고 신체 정치적으로 영향을 받는다.

(Mignolo 2009: 162)

따라서 미뇰로(Mignolo)의 주장과 같이, 다른 사람의 눈을 통해 자신을 보는 것에 대한 믿음이 있을지라도 우리는 공간, 정치, 윤리 및 다른 것을 이해하기 위해 더 많은 탐구를 해야 한다. 미뇰로와 다른 이들의 탈식민주의 정치가 휴머니즘과 다양성의 인식론을 전복하려고 하는 이유이며, 이러한 인식론들은 인간의 특정한 관점의 중심성을 민족 중심적이고 인간 중심적인 방식으로 가정함으로써 타자성과 교류하지 못하는 실패를 초래한다. 미뇰로(Mignolo 2011)는 이러한 관점에 기반하여 "나는 내가 행동하는 곳에 있다(I am where I do)"로 시작하는 것의 중요성을 주장하며 이러한 출발을 통해 데카르트의 "je pense, donc je suis(나는 생각한다, 고로 나는 존재한다)"와 같은 탈체화되고, 비지역적인 관점은 결코 할 수 없는 방식으로 자신의 발화의 위치를 인정한다. 미뇰로(2011: 99)는 "이성적이고 보편적인 진리가 그것을 제시하는 사람, 그것이 누구에게 전달되는지, 그리고 그것이 처음에 왜 제기되었는지에 독립적이라는 가정을 단호히 거부한다." 푸코(Foucault 1984a)가 주장했듯이, 삶의 어떤 시점에서는 다르게 생각해 보려는(penser autrement)[98] 시도가 필수적이 되며, 커니(Kearney

98 푸코의 다르게 생각하기(프랑스어: penser autrement)는 기존에 이미 알고 있던 것을 다

1988: 364)가 말했듯이, 우리가 계속 유용하게 생각하고 반성하고자 한다면 "다르게 상상할 윤리적 요구"를 받아들여야 한다. 철학이 이미 생각된 것을 다시 생각하는 것 이상의 무엇인가를 하려면, 우리는 어떻게 그리고 어느 정도까지 다르게 생각하기 시작할 수 있는지를 물어봐야 한다.

호이(Hoy 2004)가 비판적 저항(critical resistance)이라 부르는 사고방식이 바로 이런 것이다. 권력과 지배에 대한 많은 형태의 저항과 많은 "자유에 대한 유토피아적 상상은 자신들이 저항하는 억압의 패턴을 어느 정도 전제하고 있다는 사실을 인식하지 못할 수도 있다(Hoy 2004: 3)." 따라서 미뇰로(2010: 313)는 탈식민적 선택은 해방의 씨앗과 규제와 억압의 씨앗을 모두 담고 있는 '유럽 중심적 사고방식'과의 연결 고리를 끊는 과정이 필요하다고 주장한다. 말도나도-토레스(Maldonado-Torres)는 탈식민적 전환에 대해 다음과 같이 말했다.

> 언어적, 화용적 전환과 유사한 정도의 자연과 지식 생산의 전환을 가리킨다. 그것은 현대적 주관성과 현대의 삶의 형태뿐만 아니라 인종 차별화된, 식민화된 주체가 지식과 비판적 사고의 생산에 미치는 영향에 대한 질문을 제기한다.
>
> (Maldonado-Torres 2007: 262)

르게 지각할 수 있다는 철학적 사유 방식이다. 푸코는 지식과 권력 간의 관계, 사회적 통제, 개인의 자유와 규범에 대한 다양한 주제를 다루면서, 사회와 개인의 사고방식을 독려하고 변화시키는 것의 중요성을 강조했다. '다르게 생각하기'는 기존의 사고방식이나 관행에 도전하고 새로운 관점을 채택함으로써 혁신과 변화를 이끌어내는 것을 의미한다.

또 다른 말로 하자면 미뇰로(2009: 162)가 제시한 "제로 지점의 오만함"99 즉, 익명의, 일반화 가능한, 보편적인 위치에서 말할 수 있다는 가정은 이 책 전반에 걸쳐 추구해 온 인간의 오만함과 동일한 문제를 조명한다.

이것은 포스트휴머니즘적 사고가 할 수 있는 일이며, 인간다움의 공통성, 인간, 동물, 사물 사이의 관계, 세계에서의 우리의 위치에 대한 가정에 의문을 제기한다. 버틀러(Butler 2005)는 자신에 대해 이해하는 것이 무엇을 의미하는지에 대한 논의의 끝에 다음과 같이 말한다.

> 우리는 윤리가 알지 못하는 순간에 바로 우리 자신을 위험에 처하게 할 것을 우리에게 요구한다는 점을 인식해야 한다. 이는 우리가 알지 못하는 순간에, 우리를 형성하는 것과 우리 앞에 놓인 것이 다를 때, 타자와의 관계에서 우리 자신이 무너질 준비가 되어 있을 때 우리가 인간이 될 기회를 얻게 된다는 것을 의미한다.
>
> (Butler 2005: 136)

우리가 푸코의 다르게 생각하기, 레비나스(Levinas)의 타자에 대한 책임 윤리, 미뇰로(2010: 313)의 "대화의 내용뿐만 아니라 조건을 바꾸고 개

---

99 제로 지점의 오만함(hubris of the zero point)은 많은 시각이나 지식 체계에서 보이는 문제에 대한 개념이다. 이는 특히 지식의 센터나 중심에서의 권력과 통제에 대한 문제를 다룬다. 이 개념은 특히 제로 지점이 지식의 중심이 되는 과정에서 문화적, 역사적 다양성을 인정하지 않고, 그것을 일반화하거나 유니버설하게 적용하려는 시도에 대한 비판을 강조한다. 따라서 미뇰로는 다양한 문화나 지식 체계를 존중하고 인정하는 것이 중요하며, 단일한 관점이나 중심에 기반한 지식의 존재를 도전하는 것이 필요하다고 주장한다.

념과 개념적 영역의 자연스러움을 탈자연화하는" 탈식민지적 투쟁 그리고 바라드(Barad 2007), 베넷(Bennett 2010a), 버틀러(Butler 2005)의 물질성과 수행성에 대한 대안적 설명을 결합할 수 있다면, 우리는 지금까지 많은 비판적 프로젝트의 기반을 이루어 온 휴머니즘적 가정에서 벗어나 새로운 비판 작업을 수행할 수 있는 근거를 마련할 수 있다. 이는 상호 이해의 가정, 즉 휴머니즘적 이상의 많은 주장들처럼 여전히 유럽 중심적이고 인간 중심적 가정을 넘어선다.

정렬, 아상블라주 그리고 조율

언어학, 사회언어학, 응용언어학에서의 많은 가정들은 뇌가 단어를 주고받는 것처럼 상호 이해를 큰 그림의 일부로 보는 믿음에 기반을 두고 있다. 언어는 "그 사용자들 사이의 상호 이해를 가능하게 하는" 합의된 체계로 간주된다(Sealey & Carter 2013: 273). 이것은 언어의 목적이 의사소통이고, 우리가 의사소통을 할 때 상호 이해라는 형태를 달성한다고 가정한다. 소쉬르에 따르면, 같은 언어를 사용하는 두 사람은 "동일한 발화를 같은 방식으로 이해해야 한다. 왜냐하면 언어(랑그)를 공유한다는 구조주의적 개념의 특징은 … 상호 이해라는 전제에서 논리적으로 도출되기 때문이다(Taylor, 1992: 88)." 이 언어 및 의사소통 모델은 또한 이전 장에서 논의된 인간의 의사소통에 대한 여러 가지 생각, 특히 의사소통이 핵심적으로 머리, 눈, 귀를 포함한다는 개념에도 의존한다. 이는 특정한 방식으로 문해력, 언어, 사고를 고려해 온 것에서 비롯된 것이다.

최근에야 비로소 몸, 감각, 사물에 대한 이해가 확장되면서 "촉각, 시각, 후각, 움직임, 물질적 인공물" 및 "공유된 경험, 역동적 상호작용, 신체적 참여"에 대한 훨씬 더 큰 관심을 가져왔다. 이는 머릿속의 인지와 언어라는 좁은 이야기를 넘어서려는 시도이다(Finnegan 2015: 19). 상호 주관적 일치의 도그마는 "의사소통자들이 일반적으로 서로를 이해한다"는 전제에서 비롯되며, 언어 사용자인 화자나 작가는 보통 자신의 생각을 청자나 독자에게 전달하는 데 성공한다고 가정한다. "의사소통자들은 일반적으로 같은 단어로 같은 생각을 나타낸다고 가정되는데, 그렇지 않다면 언어적 의사소통은 일반적으로 상호 이해를 생산하지 않을 것이다(Taylor 1992: 38-39)." 바로 이 언어, 인지 및 상호 이해의 모델이 사회언어학에서부터 비판적 담화 분석, 의사소통적 언어 교수법에 이르기까지 응용언어학 분야의 많은 영역에 근본적으로 깔려 있다고 할 수 있다. 사회언어학은 공유된 이해에 의해 보장된 언어 공동체의 개념을 너무 오랫동안 가정해 왔다. 언어 분석가 프랫(Pratt 1987: 50)은, 언어를 공유한다고 가정한 유토피아적 공동체를 연구하는 것이 아니라 "각자 두 개의 언어를 말하고 세 번째 언어를 이해하며, 다른 이들과 공유하는 언어가 단 하나뿐인 사람들로 가득 찬 방"을 연구하는 것이 언어 분석에 더 도움이 될 것이라 제안한다.

의사소통적 언어 교수법은 언어의 목적이 의사소통을 위한 것이라고 오랫동안 가정해 왔으며, 교실에서 의사소통을 독려할 수 있다면 학생들은 의사소통을 통해 의사소통하는 법을 배우게 될 것이라고 주장해 왔다. 하지만 이러한 주장을 뒷받침하는 의사소통의 모델은 무엇일까? 린(Lin)이 주장했듯이, 의사소통적 언어 교수법의 방법론은 "특정한 종류의 정치 경제에 참여하기에 적합한 특정한 종류의 학생 및 노동자 주체성을 생산하는 것과 밀접하게 연결되어 있을(Lin 2013: 540)" 뿐만 아니라, 의사소통 모델은 "다양한 언어 환경에서 학습자와 교사의 다언어적인 교실 상호작용 및 의사소통 레퍼토리의 복수 언어적(plurilingual) 성격"을 간과하고 있다(522쪽). 의사소통적 언어 교수법은, 우리가 서로를 이해하기 위해서는 하나의 언어만을 사용해야 한다고 가정함으로써 의사소통이 언어의 목적이며 단일 언어가 이해를 보장하고, 상호 주관적 일치가 언어 교육의 목표라는 개념을 전제한다. 쿠마라바디벨루(Kumaravadivelu 2016: 80)가 주장했듯이, 영어 교육과 같은 분야를 지배하는 헤게모니 구조를 파괴하거나 해체하기를 원한다면, 단순히 다르게 생각하는 것 이상의 행동이 필요하다. 그가 말하기를, "기존의 헤게모니 체계를 단순히 손질하는 것은 효과가 없을 것이다. 근본적인 인식론적 단절만이 효과가 있을 것이다." 내가 이 자리에서 말하고자 하는 것이 바로 이 단절에 대한 것이다.

이러한 서구 인본주의적 사고와 언어에 대한 가정들이 탈식민주의적 선택지에서 문제로 삼기 시작하는 것들이다. 글리상(Glissant 1997: 189-190)은 투명성 개념에 대해 의문을 제기하고 불투명성에 대한 더 넓은 공간을 요구하면서 제안한 것처럼 "서구적 사고의 관점에서 사람들과 생각을 '이해하는' 과정을 살펴보면, 그 기초가 바로 이 투명성 요구에 있다는 것을 발견하게 된다." 투명성과 명료성이 의사소통의 이상적인 상태라는 이 전제는 비판적 담화 분석에 대한 접근 방식을 뒷받침한다. 즉 합리적인 인간 사이의 상호 이해의 정상적인 상태는 이데올로기적 조작에 의해 왜곡되고 혼란스러워진다는 것이다. 따라서 목표는 불평등한 사회의 물질적 조건에서 이러한 왜곡을 최종적으로 찾아낼 수 있는 이데올로기 비판의 일환으로 텍스트 분석에 참여하는 것이다. 이러한 사고방식은 하버마스가 "이상적인 언어 상황(ideal speech situation)"의 "전제 조건에 기반한 담론과 합리적 합의의 가능성"을 주장하는 것에서 비롯된다(McCarthy 1978: 325). 하버마스가 옹호한 의사소통적 합리성은 "이해 달성을 목표로 한 대화의 통합적 힘을 통해 표현되며, 이는 참여하는 화자들에게 상호 공유된 생활 세계를 제공함으로써 동시에 모두가 같은 객관적 세계를 참조할 수 있는 토대를 마련한다"라고 하버마스는 말한다(Habermas 1998: 315).

이성주의적, 보편주의적 가정인 상호 이해, 의사소통의 투명성, 상호 주관적으로 공유된 생활 세계를 넘어서기 위해, 서로우(Thurlow)는 비판적 담화 연구(CDS)에 대한 변형의 필요성을 주장한다. 그는 CDS가 너무 오랫동안 텍스트와 기록에 중심을 둔 일종의 텍스트주의에 기반을 두어 옴으로써 "행간을 읽고, 공백과 흔적, 미발화된 것과 발화할 수 없는 것을 이해하는 데 어려움을 겪게 된다"고 하였다(Thurlow 2016: 487). CDS가 시각적 요소에 대한 관심을 높이기 시작했으나 다면성(multimodality)의 중요성에 대한 인정 속에서도 물질성, 사물, 체화, 정의(affect)에 대해서는 훨씬 덜 언급하고 있다. 서로우는 CDS가 항상 "안정적이고, 균일하며, 일관되고, 조화로운 것이 아니라 불협화음, 모순, 다양성, 불안정성을 향한다"고 주장한다(Thurlow 2016: 507). 우리는 "탈맥락화된 텍스트의 휴대성과 관리 용이성"에 지나치게 의존하고 있어, 정의적이고, 체화된, 그리고 물질적인 상호작용을 제대로 다루지 못하고 있다. 이와 같은 이성주의적 접근 방식을 넘어서서 이런 상황을 극복하고 의사소통의 복잡성을 더 잘 이해하기 위해 CDS를 '변형'하는 것이 필요하다.

우리가 언어를 통해 생각을 주고받으며, 이러한 단어들이 동일한 의미를 갖는다고 상호 합의된 기반 위에서 상호 이해를 가정하는 모델은 의사소통을 개념화하는 수단으로는 몹시 부적절하다. 스테펜슨과 필(Steffen-sen & Fill 2014: 18)에 따르면, 언어는 생각이나 의사소통을 외재화하는 '도구'라기보다는 "실시간, 상호 신체적 조정을 가능하게 하는 것으로, 단일 인간 몸이나 개인으로서는 도달할 수 없는 결과를 달성할 수 있게 한다." 지(Gee 2015a: 300-1)가 지적하듯, "우리가 자신의 생각, 의도, 말을 해석할 때조차도, 대부분은 실제로 내부적인 정신 상태를 정확하게 평가하는 것이 아니다. 타인이 말하고, 의미하며, 행동하는 것을 해석할 때 이러한 정확한 평가가 이루어지는 경우는 더욱 드물다." 우리가 어떤 이해에 도달하기 위해 인지적으로 수행할 수 있는 것이 있다 하더라도 이것 자체가 이해는 아니며, "이해는 공적이고 사회적인 상태이다(Gee 2015: 301)."

이해는 "같은 내용을 공유하는 마음의 상태가 아니라, 오히려 조정된 사회적 상호작용 차원의 그 자체"이다(Bailey 2004: 409). 이해는 의미의 일치, 즉 한 머릿속의 어떤 내부 스키마가 다른 머릿속의 것과 매칭되는 상태가 아니라 사회적 과정의 정렬(alignment)이다. 정렬 과정은 의사소통이 어떻게 작동하는지에 대해 생각하는 데 있어 훨씬 나은 방법을 제공한다. 정렬은 사람들이 서로에게 - 몸, 상호작용, 단어, 환경 - 유연하게 적응하는 방식을 의미하며, 지속적인 적응 과정을 통해 이뤄진다(Atkinson et al. 2007). 이 관점에서 의사소통은 일련의 협상과 조정을 통해 가능해진다. 참여자들은,

"자신만의 일을 하지만," 여전히 서로 의사소통하고 있다. 그러한 의사소통을 위해서는 일관성(uniformnity)보다는 정렬(alignment)이 더 중요하다. 각자는 자신의 언어 자원을 가져와서 상황 참여자와 맥락의 목적에 맞는 전략적 적합성을 찾는다.

(Canagarajah 2007a: 94)

이러한 정렬 과정은 예를 들어 국제 수어를 통한 청각 장애인들 간의 의사소통 방식에서 볼 수 있다. 국제 수어는 "공통적으로 알고 있는 수어가 없는 청각 장애인들 간의 수어 의사소통 방식으로, 안정된 문법보다는 어휘적, 통사적 자원의 전략적 활용을 특징으로 함으로써 광범위한 변이를 보인다(Green 2014: 446)." 그린(Green 2014: 446)은 "청각 장애인들의 특별한 점은 언어 간 수어로 의사소통할 수 있는 능력을 통해 다른 청각 장애인들과 연결되고 공통점을 형성하는 능력에 있다"고 지적한다. 이는 "사회적으로 기대되는 방식으로 타인에게 자신의 신체적, 인지적, 도덕적 주의를 기울이는 것"을 의미하며, 이 과정을 '정렬'이라고 할 수 있다. 해리스(Harris 2009: 74)가 말하듯, 두 화자가 "구어 의사소통을 하기 위해 반드시 같은 언어를 알 필요가 있다"는 가정을 할 필요가 없듯이, 청각 장애인의 의사소통의 관행은 두 수어 사용자가 의사소통을 하기 위해 반드시 같은 수어를 알 필요가 없다는 점을 더욱 강하게 시사한다. 오히려 그들은 "자신의 기호학적 활동을 상대방의 활동과 통합하는 방법을 알 필요가 있으며(Harris 2009: 75)," 상대방과의 정렬 관행에 참여해야 한다.

이러한 정렬의 관행은, 지(Gee 2015a)가 지적한 바와 같이, 개인이 서로를 향해 방향을 맞추는 것 이상의 것을 내포한다. 이는 대화의 여러 상호 연결된 층위(악센트, 억양, 화용), 상호 작용하는 방식, 언어 스타일(사용역, 사회적 변이), 장르(텍스트 조직) 및 의미의 담화 조직을 포함한다. 여기에 우리는 몸, 옷, 인공물, 환경에 대한 초점도 추가해야 한다. "우리의 사고는 다른 사람들, 자원 그리고 물건들의 참여 없이는 완전하거나 성공적일 수 없다"(Canagarajah 2013: 32). 이는 차례로 "언어의 의미 생성 잠재력은… 정렬과 적응의 과정을 통해 나타나며, 언어나 인식의 체계에 있는 것이 아니다(Canagarajah 2013: 32)"라는 과정이 필요하다. 이는 정렬보다 더 다양한 조정을 제안하는 것인데, 즉 적응해야 할 것의 확장된 개념(사람, 언어, 사물, 장소)과 더 섬세한 조율의 형태를 포함해야 하는 것으로, 조율(attunement)[2]은 우리가 서로를 어떻게 이해하는지에 대해 생각하는 데 더 유용한 방법을 제공한다.

조율의 개념은 "비인간적인 생명과 물질적 행위 능력(agency)을 포함한 새로운 종류의 목소리에 협력하고, 경청하며, 권한을 부여하는 새로운 방식에 초점을 맞춘다(Brigstocke & Noorani 2016: 1-2)." 이로써 포스트휴머니즘적 관점을 논의에 명확하게 도입하며, 우리가 대화 상대의 다름뿐만 아니라 동물, 사물, 장소의 세계에도 조율하도록 한다. 유럽 보편주의에 대한 탈식민주의적 비판(Mignolo 2011)과 장소의 행위 능력에 대한 원주민의 이해(Larsen & Johnson 2016)를 연결하는 원주민 운동에서부터 국가주의에 대한 대안으로 상호 연결성을 새롭게 호소하는 계급 기반의 활동(Blencowe 2016)에 이르기까지, 조율은 인간을 넘어선 것과의 폭넓은 교류의 공간을 열어 준다. 장소가 우리에게 어떻게 말하는지 이해하는 것 - 예를 들어 라르센과 존슨(Larsen & Johnson 2016)은 마오리 족장과 영국 왕실의 대리인들이 1840년에 서명한 아오테아로아/뉴질랜드 북섬의 와

이탕이(Waitangi) 조약[100]에 대해 논의한다 - 은 "인간을 넘어선 집합체로서 장소에 귀를 기울이는 것을 요구한다(Larsen & Johnson 2016: 153)."

정렬과 마찬가지로 조율은 상호 이해 또는 상호 주관적 순응의 개념보다 인간과 비인간이 서로에게 어떻게 지향하는지에 대한 보다 복잡하고 다양한 사고방식을 가능하게 한다. 조율의 개념 - 의미 생성이 언어적 또는 인지적 체계가 아닌 관계적 용어에서 발생한다는 의미 - 과 기호적 아상블라주 - 다양한 활동적 재료들의 결합 - 를 참조함으로써, 우리는 "정령, 동물, 사물 및 기타 행위자들이 세계의 공동 생성에서 하는 역할"의 중요성을 볼 수 있다(Brigstocke& Noorani 2016: 3). 의미에 대한 어떤 이해도 "접촉 지점, 만남과 번역의 모드에 대한 주의를 요구한다(Brigstocke & Noorani 2016: 3)." "인간의 경험이 닿지 않는 공간과 시간을 넘어서는 물체, 힘 그리고 정령들이 우리에게 점점 더 강한 영향을 미칠 때, 이는 우리의 환경에 맞추어 조율하는 과정에 더 큰 도전을 제기한다." 이러한 초점은 서로우(Thurlow 2016)의 체화, 물질성, 정의(affect, 情意) 및 행위에 중점을 둔, 기호적 아상블라주를 다양한 사물과 장소의 순간적 집합으로 본, 또 조율을 상호 관계된 의미 형성에 있어 유용한 방식으로 본 CDS에 대한 주장에 힘을 실어 준다.

포스트휴머니즘 응용언어학은 상호 이해 가능한 대화에 참여하는 합리적인 인간 주체들을 가정하지 않는다. 이는 인간 보편성의 전제에서 출

---

100 와이탕이(Waitangi) 조약은 뉴질랜드(마오리어: Aotearoa, 아오테아로아)에 대한 권리에 대해 마오리족과 영국 국왕이 체결한 조약으로, 영국의 통치를 인정하고 마오리의 소유지를 보호하는 내용을 담고 있다. 이후 판본에 따른 논쟁으로 인해 이후 마오리 전쟁이 발발했다.

발하지 않고 대신 차이점, 타자의 다름을 이해해야 한다는 요구에서 출발하는 언어 이해의 중심에 다양성을 둔다(Evans & Levinson 2009: 429). 또한 포스트휴머니즘 응용언어학은 사실 상호 오해를 가정하지 않는다—이 용어는 이해의 규범적 전제에 반박하기 위해 여기서 사용되었다. 하지만 우리의 "상호작용(그리고 오해)은 결코 중립적이거나 자연스러운 것이 아닌 문화적이고 사회 역사적 맥락에서 일어나며, 그것들은 갈등, 모호성 및 불확실성을 포함하는 세상을 반영하고 재생산한다"라고 제안한다(Bailey 2004: 410). 의사소통은 일상의 다면적, 다감각적 기호 실천으로, 기호 자원, 활동, 인공물 및 공간 사이의 역동적 관계를 포함한다. 중요한 것은 우리가 서로를 전혀 이해하지 못한다는 것이 아니라, 이해가 혼란스럽고, 불완전하며, 다르고, 복잡하며 결코 완전히 공유되지 않는다는 것이다.

미주

[1] 이 연구에 대한 자세한 배경은 Pennycook & Otsuji(2014a, 2015a)를 참조.

[2] 조율이라는 개념이 유용하다고 생각하지만, 그것이 청각적 함의를 가지고 있어서 청각 장애인의 의사소통 논의에는 적합하지 않을 수 있다는 점은 있다.

제7장

실재와의 재교류

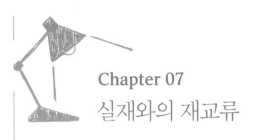

Chapter 07
실재와의 재교류

2004년 뉴욕 타임즈 기사에서 론 서스킨드(Ron Suskind) 기자는 조지 W. 부시의 한 비공개 자문관[나중에 칼 로브(Karl Rove)라고 주장됨: Danner 2007]이 자신을 "우리가 실재 기반 공동체[101]라고 부르는 것"의 일부로 조롱했다고 보도했다. 즉, "판별 가능한 실재의 신중한 연구에서" 해결책이 나온다고 믿는 사람들이라는 것이다(Suskind 2004). 자문관은 이제 더 이상 세상이 그렇게 작동하지 않는다고 설명했다. 미국은 실재로 간주되는 것을 결정하는 제국이었고, 어쨌든 사람들은 실재에 대한 호소보다 믿음, 스타일 또는 존재에 대한 호소에 의해 훨씬 더 영향을 받았다. 2016

---

101 '실재 기반 공동체(reality-based community)'는 사실과 실제 사건을 근거로 결정을 내리고 이해를 형성하는 사람들을 지칭하는 말이다. 이 말은 본문에서 밝혔듯이 2004년 뉴욕 타임스의 기사에서 처음 사용되었으며, 이후 사실과 실재에 기반한 분석과 의사 결정을 중시하는 사람들을 지칭하는 데 사용되었다. 특히 정치적, 사회적 맥락에서 비판적 사고와 객관적 분석을 강조하는 태도를 나타낸다.

년에 도널드 트럼프가 대통령으로 선출된 때로 빠르게 전환해 보면 그 이야기의 일부는 분명히 달라졌다. 제국에 대한 주장은 21세기 초에는 여전히 그럴듯했을 수 있지만, 10년이 조금 넘은 후에 트럼프의 "미국을 다시 위대하게"라는 구호는 미국의 힘이 쇠퇴하고 있다는 분명한 반응으로서 황제가 점점 벌거벗은 것처럼 보이기 시작한다. 그러나 현실을 신중하게 연구하는 '실재 기반 공동체'를 무시하는 태도는 제국이 약해지면서 더욱 강해졌다. 트럼프의 당선 이후 (물론 이 문제는 더 오랜 역사를 가지지만) 주요 논의는 가짜 뉴스와 대안적 사실이 사용되는 탈진실 시대에 관한 것이었다. 현실과는 무관한 뉴스의 대규모 생산, 뉴스를 가짜로 쉽게 일축하는 태도 그리고 사실에 대안이 있을 수 있다는 가능성의 수용은 저널리즘, 뉴스 및 실재에 대한 생각의 지형을 변화시키고 있다(Amarasin-gam 2011; Marchi 2012).

'실재'라는 단어를 따옴표로 감싸는 것에 지난 몇 년간 유혹을 받았던 우리에게, 이러한 상황은 심각한 우려를 불러일으킨다. 만약 우리가 사회적 실재 구성에 의문을 제기했기 때문에 이른바 '실재 기반 공동체'에 속하지 않는다면, 어느 편에 서야 할까? 또한 기후 변화와 같은 문제에 대해 우리가 어떻게 관계하는지에 대한 문제를 지적하면서, 라투르(Latour 2004a)는 과학에 대한 비판적 철학이, 즉 과학 지식에 대한 회의적인 입장을 취해 온 철학이 어떻게 갑자기 기후 변화 회의론자(climate sceptic)102

---

102 기후 회의론(climate skepticism)은 기후 변화에 대한 과학적 증거나 현상에 대한 의문이나 불신을 나타내는 것이다. 기후 회의론자(climate skeptic)는 일반적으로 기후 변화가 인간의 활동과 관련이 있다는 주장에 대해 의문을 제기하거나 이를 부정하는 입장을 취한다. 이들은 기후 모델의 정확성, 기후 데이터의 해석, 자연적인 기후 변동의 영향 등에 대해 의문을 제기하며, 기후

와 같은 편에 서게 되었는지에 대해 의아해한다(둘 다 과학 지식에 대한 주장에 대해 회의적이어야 한다는 데 동의함). 라투르는 사회 비판 - 예를 들어 부르디외나 푸코에 의해 영감을 받은 것들 - 이 어떻게 음모론과 비슷해 보이기 시작했는지 묻는다. "반사적 불신, 엄격한 증거 요구, 사회적 네버랜드[103]에서의 강한 설명을 무분별하게 사용하는 그 미친 혼합"이 사회 비판의 무기처럼 보이기 시작할 때 우리는 이에 대해 어떻게 생각해야 할까?(Latour 2004a: 230) 어떻게 이런 상황까지 오게 되었는가? 우리가 '실재 기반 공동체'의 일원으로 조롱을 받거나 기후 변화 회의론자나 제국주의 지지자들과 의견을 같이하게 되었을 때 말이다.

문제를 제기하는 비판적 문해력과 비판적 담화 분석에 대해, 루크(Luke 2013: 146)는 우리가 특정 텍스트의 문제 외부에서 '진실'과 '실재'의 존재를 인정해야 한다"고 주장한다. "홀로코스트나 노예 제도, 지구 온난화에 관한 텍스트들이 세계의 또 다른, 혹은 더 많은 텍스트적 표현을 구성한다"고 제안하는 것이 유용한 것인가(Luke 2013: 146)? 루크(2013: 136)는 사회과학에서 언어적 혹은 담화적 전환 이후 "실재는 인간이 담론을

변화의 원인과 심각성에 대해 다른 관점을 제공한다.

103 사회적 네버랜드(social neverland)는 실재와 동떨어진, 실재적 근거나 논리적 기반을 벗어난 사회적 상상이나 이론들을 가리키는 비유적 표현이다. 이 용어는 피터 팬의 네버랜드처럼, 시간이나 실재의 제약을 받지 않는 상상 속의 장소를 연상시키며, 사회적 실재나 문제에 대한 비실재적이거나 이상화된 해석을 의미할 수 있다. 사회적 네버랜드에서의 논의나 이론은 실재 세계의 복잡성이나 다양성을 충분히 반영하지 못하며, 때로는 비판적 사고나 논리적 근거보다는 특정한 이념이나 믿음에 기반한 주장들로 구성될 수 있다. 여기서 '사회적 네버랜드에서의 강력한 설명을 무분별하게 사용하는 그 미친 혼합'이라는 표현은 복잡하고 비합리적인 생각이나 이론들이 혼합되어 있는 상황을 지칭한다. 비판적 사고나 분석이 아닌, 성급한 불신, 근거 없는 주장, 사회적으로 받아들여지지 않는 설명들이 혼합된 상태를 묘사한다.

통해 사회적으로 구성한다"는 '관습적인 지혜'가 있었다고 지적한다. 그러나 그들이 대변하려는 "역사, 사회적 및 물질적 실재에 대한 '진실', '사실'은 어떠한가?"라고 질문한다. 루크는 계속해서 비판적 문해력이나 비판적 담화 분석에는 "문제가 되는 텍스트 밖에서 '진실', '사실', '실재'의 존재와 접근 가능성에 대한 집중"이 필요하다고 주장한다(146쪽). 비슷한 맥락에서 라투르는 이렇게 주장했다.

> 특정한 형태의 비판적 정신이 우리를 잘못된 길로 안내하고, 우리가 잘못된 적들과 싸우도록 유도했고, 무엇보다도 주요 목표의 정의에서의 작은 실수로 인해 잘못된 종류의 동맹자들로부터 친구로 간주되도록 만들었다.
>
> (Latour 2004a: 231)

라투르에 따르면, 이러한 오류는 경험주의나 실증주의, 또는 진리에 대한 특정한 주장을 비판하는 데 있어서 비판적 연구가 진리나 실재가 어떻게 구성되는지에 초점을 맞추게 된 것이라고 주장한다. 그것은 실재에 더 가까이 다가가기보다는 실재에서 멀어졌다. 라투르는 우리가 필요로 하는 것은 비판의 초점을 바꾸어, '사실의 문제'가 아니라 '관심의 문제'를 다루는 실재론적 태도를 고집스럽게 키워야 한다고 강조한다.

응용언어학자들에게 이러한 우려는 비판적 담화 분석과 같은 영역을 통해서뿐만 아니라 더 일반적인 연구와 경험적 탐구가 실제로 기술하고 있는 것에 대한 이해에도 영향을 미친다. '사회과학 방법론이 사회적 존재의 구성에서의 담론의 중요성을 강조'하면서 응용언어학에서의 담화적 전환이 '오늘날 많은 응용언어학자들의 작업에서 큰 결함'을 낳았다는 지적이 있다. 이 결함은 "인간 활동과 사회 생활의 경제적, 물질적 기반을 간과하는 경향"에 대한 것이다(Block et al. 2012: 3-4). 응용언어학에서의 사회 계급의 배제는 현실적 물질 조건과의 교류 불가능성과 연결되어 있다(Block 2014). 하지만 실재를 더 잘 이해하고, 고집스럽게 유물론적 태도를 취하려는 이 요구에 귀를 기울인다면, 수행해야 할 어려운 일이 있다. 유물론과 실재 사이의 관계를 고려해야 한다는 것이다(실재를 이해하는 한 방법으로 물질 조건에 더 깊이 관여하는 것). 베넷(Bennett 2010a)이 강조하는 것처럼 구유물론과 신유물론 사이의 관계뿐만 아니라, 세계를 관념론적(비유물론적) 관점에서 벗어나 유물론과 더 긴밀하게 연결 짓고자 하는 시도에서 어떤 유물론적 접근법을 우선시할지에 대한 질문이 여전히 남아 있다.

또한 이러한 논의에 자주 등장하는, 상대주의와 실재론이 제기할 수 있는 반박에서 우리 스스로 벗어나야 한다(구성주의, 포스트모더니즘 등은 더욱 견고한 실재론에 대립하는 상대주의로 분류된다).

> 언어는 그 자신만을 가리킨다고 주장하는 '상대주의자들'과 언어가 가끔은 진짜 상황과 일치할 수 있다고 주장하는 '실재론자들' 사이의 전쟁이 벌어질 수 있는 때가 있었다는 사실은 우리 후손들에게는 과거의 인류가 신성한 두루마리를 놓고 싸웠던 것을 보는 것만큼이나 이상하게 보일 것이다.
>
> (Latour 1999: 296)

포스트휴머니즘적 관점에서 많은 학자들(Barad 2007, Bogost 2012)이 제시했듯이, 이러한 구분은 최소한 도움이 되지 않는 휴머니즘 사상의 산물이다. 우리는 이러한 문제에 대해 어떻게 앞으로 나아갈 수 있을지에 대한 더 일반적인 논의로 돌아갈 것이다. 이를 위해 우리는 관심의 문제(matters of concern, Latour 2004a), 비판적 실재론(Bhaskar 1997, Haslanger 2012)과 사변적 실재론[104](Meillassoux 2008, Gratton 2014)에 대해 생각해 볼 것이다. 그러나 먼저 실재에 대한 주장을 하기 시작할 때 어떤 문제점이 발생하는지 고려해 보자.

머그컵에도, 바위에도, 테이블 위에도

이따금 담론, 실재, 상대주의, 사회적 구성에 관한 논의에서, 소위 구성주의자들에게 실재를 부정한다는 도전이 제기되며, 이에 대해 분명히 실재하는 무언가를 들어 반박하는 경우가 있다. 라투르(Latour 2004a: 234)는 철학자들이 많은 커피를 마셔야 한다는 사실이 논쟁에서 "과도한 양의 커피포트, 머그잔, 주전자"가 자주 언급되는 현상을 설명할 수 있다고 제안한다. 다른 사람들은 열역학 제2 법칙과 같은 불변의 법칙을 찾는 것이 일반적인데, 이는 해킹(Hacking 1999: 84)이 제안하는 것처럼 "바위처

---

104 사변적 실재론(speculative realism)은 칸트 등의 상관주의(correlationism)를 비판하며 등장한 현대 철학 운동으로, 그레이엄 하먼(Graham Harman)을 비롯한 철학자들이 제안했다. 학자마다 사변적 실재론의 정의와 범위가 다르나, 공통적으로 칸트를 비롯한 기존 상관주의자들의 인간 중심적 사고를 벗어나야 할 것을 제안하기에 포스트대륙철학(Post-Continental Philosophy)이라 불리기도 한다.

럼 실재하는 것"으로 보이며, 따라서 세계에 존재하는 사물, 존재에 가까워진다. 바위 자체도 좋은 예시인데, 이는 실재에 대해 생각하는 방법으로서의 견고함을 나타내지만 해킹(1999)이 보여주는 것처럼 이러한 논증의 효과는 단순히 평범한 화강암 조각을 불러오는지, 아니면 백운암(Dolomite)[105]과 같은 더 복잡한 것에 초점을 맞추는지에 따라 달라진다.

따라서 구성의 개념에 대한 논쟁은 종종 물질성의 기본 관계로 되돌아간다. 해리스(Harris 2009: 147)는 "포스트모더니즘의 상대주의로의 탐험"에 대한 비판에서 "진리가 상대적이라고 고집하는 것은 공허하다"고 주장한다. 그가 계속해서 주장하길, 그러한 상대주의자들은 "전혀 제 기능을 하지 못하는 의사를 만들 것이다. 교통사고의 희생자 중 몇 명이 실제로 팔다리를 잃지 않은 것이 아니라 단지 특정한 개념적 체계에 내포된 개념을 상실한 것뿐이라는 사실에 위안을 얻을 수 있는 사람은 거의 없을 것이다(Harris 2009: 147)"라고 하였다. 이러한 주장의 문제점은 식별하기 어렵지 않다. 정상적인 상황에서 바위, 커피잔 또는 팔다리가 존재한다는 것을 부인하는 사람은 많지 않다. 그러나 일단 대상을 복잡하게 만들거나(예를 들어 바위 대신 언어) 팔다리의 상실을 어떻게 이해하는지(예를 들어 보철 팔다리를 통한 인간 증강에 관한 트랜스휴머니즘적 담론, 또는 능력, 장애, 변화, 상실에 관한 전직 군인들의 담론 등)를 탐구하면, 우리는 더 복잡한 영역으로 들어간다. 이 논의를 더 깊이 살펴보기 위해, 이러한 논의에서 가장 자주 실재의 대상으로 언급되는 것을 더 깊이 탐구하려고 한다. 팔다리, 바위, 머그잔 대신, 가장 많이 잡히고, 만져지고, 두드려지는 것은 테이블이다(이러한 촉

105 백운암(Dolomite)은 퇴적암의 일종으로, 다양한 암석이 섞여 있다.

각적 차원은 실재와의 상호작용에도 중요하다).

테이블은 또한 많은 사람들이 일상생활에서 접하는 어떤 것이라는 장점이 있다. 우리가 앉아서 실재성과 사회 구성에 대해 이야기하거나 그에 관련된 글을 쓸 때, 우리가 실재를 재인식하기 위해 만지고, 잡고, 의지할 수 있는 어떤 형태의 테이블이 종종 등장한다. 이렇게 실재로서의 테이블을 대하거나 혹은 테이블의 사회적 구성(물질적 구축이 아닌)에 찬성하는 이러한 주장을 거부할 수 있는 가능성은 우리를 어디로 이끄는가? 그것은 여기와 지금, 즉 경험적 현실에 호소한다. 우리는 이런 특정하고 논쟁의 여지가 없는 테이블에 둘러앉아 있다. 우리의 유리컵이나 컵은 테이블에 의해 지지되고 있고, 우리는 이곳에 커피를 마시기 위해 모인 것이다. 테이블의 물질적 존재가 내 찻잔이 바닥으로 떨어지는 것을 막는다. 우리는 구체적인 네 개의 다리를 가진 물체를 만지고, 느끼며, 팔꿈치를 괴고, 우유를 엎지르고, 노트북을 올려놓을 수 있다. 여기까지는 좋다. 여기 있는 이 물체는 모든 실재가 사회적으로나 담론적으로 구성된다는 주장을 확실히 반박하는 것 같다.

우리는 이 테이블을 만지고, 보고, 듣고(바닥을 스쳐 움직일 때), 심지어 맛보고 향기를 맡을 수 있다는 사실을 부인할 수 없다(누군가가 다른 감각과 이러한 감각을 교차해서 확인해 보고 싶다면 말이다). 테이블이 제공하는 바로 그 조건이 아니었다면 우리는 이 대화조차 할 수도 없었다. 그러나 감각적 논증과 그에 수반되는 (이것은 테이블이라는) 투명한 명명에 대한 확신은 그것들이 주장하는 것만큼 확실한 것은 아니다. 테이블 주위에 있는 사람이라면 테이블의 실재성을 심각하게 반박하고 싶어 할 것 같지 않은데, 그렇다면 어떤 종류의 의심이 슬금슬금 생겨나는 것일까? 실재성에 대한 경험적 검증은 그림의 일부에 불과하다. 우리는 또한 테이블이 무엇인지, 우리가 이것을 어떻게 알고 있는지, 그것이 어떤 기능을 하는지, 그리고 우리 모두가 주어진 물체가 정말로 테이블이라는 것에 동의하는지에 대해 생각하기 시작해야 한다. 스코틀랜드의 철학자 데이비드 흄도 감각의 경험적 작업과 마음의 작용 사이의 관계를 이해하기 위한 시도로 테이블을 예로 들었다. 그는 우리 중 많은 이들이 일을 하거나 앉기 위한 장소로 사용하는 "바로 이 테이블", 즉 "우리가 흰색이라고 보고, 단단하다고 느끼는 이 테이블은, 우리의 인식과는 무관하게 존재하며, 그것을 인지하는 우리의 마음 외적 요소라고 믿어진다(Hume 1777: 118(1975: 151-152)"라고 말했다.

그가 제안하는 공통적 가정은, 그러한 테이블이 우리의 실존과 독립적으로 계속 존재한다는 것이다. 그러나 문제는 "마음에 존재하는 것은 이미지나 지각밖에 없다"는 것이며, 감각은 마음과 대상 사이의 직접적인 연결이 아니라 지각의 통로만을 제공한다는 것이다(Hume 1975: 152). 흄은 이렇게 주장한다. "우리가 테이블과의 간격을 좁히면 테이블은 작아지는 것처럼 보인다. 그러나 우리와 독립되어 존재하는 진짜 테이블은 변하지 않는다. 따라서 그것은 마음에 존재하는 이미지일 뿐이다." 흄은 주장을 이어가길, 이러한 관찰은 "이성의 명백한 지시"이며, 우리가 이 세상의 사물을 언급할 때 실제로는 "이성의 명백한 지시"라는 것을 매우 분명하게 보여 준다. 또한 우리는 사실 "균일하고 독립적인 것으로 남아 있는 마음의 지각과 다른 존재의 휘발성 복사본이나 표현"만을 언급하는 것이 명확하다고 말한다. 흄이 제안하듯 이 주장은 심각한 모순을 제기한다. 만약 우리가 한편으로는 마음과는 무관한 테이블의 객관적 실재를, 또 다른 한편으로는 테이블을 언급할 때 우리가 그 정신적 이미지에 대해 이야기하고 있다면, 마음속의 테이블이 세상의 테이블을 표상한다는 것을 어떻게 알 수 있을까?

이 시점에서 우리는 흄과 논쟁하고 싶을 수도 있다[예를 들어 세상의 물체가 마음속의 이미지나 단어로 표상된다는 그의 표상적 또는 대리적 가정(6장)에 대하여 논쟁하고 싶을 수 있다]. 그러나 흄의 이러한 관점이 칸트를 '독단의 잠(Dogmatic Slumber)'에서 깨우고 그의 초월적 관념론으로 나아가게 했다는 것이 그러한 논쟁보다는 더 흥미로울 것이다. 칸트(Kant 1787/1998)는 시간과 공간이 세계의 주어진 실체가 아니라 인간의 마음의 산물이라는 것을 깨닫고(공간은 외부 세계의 지도이며, 시간은 그 세계의 정렬이다), 외부 세계를 이해하는 방식은 근본적으로 인간 경험의 프리즘을 통해 이루어진다고 주장했다. 우리가 지각하는 대상은 '사물 자체(Das Ding an sich)'가 아니라 이러한 경험의 표상이다. 칸트는 흄과 마찬가지로 데카르트의 관념론을 문제 삼았는데, 이는 우리가 외부 세계를 알고 있다고 주장할 수 있는 근거에 의문을 제기했다(우리가 확신할 수 있는 것은 우리 자신의 생각뿐이다). 칸트가 순수 이성 비판(1787/1998)에서 지적했듯이, 존재는 사물의 속성이 아니다(따라서 완전함이 존재를 포함해야 한다는 근거로 신의 존재를 주장할 수 없다). 오히려 존재는 사물이 속성을 가질 수 있는 조건이다. 따라서 우리는 테이블에 대해 '그것은 나무로 만들어졌으며, 세 개의 다리가 있고, 둥그렇다'라고 말할 수 있지만, '그것은 존재한다'고 말할 수는 없다. 왜냐하면 테이블이 다른 특성들(금속으로 되어 있다든지, 사각형이라든지 등)을 가질 수는 있지만, 존재하지 않고서는 테이블일 수 없기 때문이다(Grayling 2013: 88).

버클리의 주관적 관념론(subjective idealism), 즉 외부의 존재에 대한 부정(우리가 확신할 수 있는 모든 것은 우리의 감각적 인상이다)[1]과는 달리 칸트는 정신적인 이미지가 외부 세계를 반영하지 않으며, 본질적으로 알 수 없는 외부 세계보다는 실재가 인간 마음에 있는 개념에 순응해야 한다고 주장했다. 실재는 인간이 그것을 경험하는 한 존재한다. 칸트 이후부터 우리는 초월적 관념론, 즉 중요한 것은 사물에 대한 인간의 지각이라는 문제와 싸워야 했다. 이는 라투르(2004b), 보고스트(2012) 등은 이것이 휴머니즘 프로젝트의 가장 문제가 되는 지점이라고 지적한다. 즉 다른 모든 것의 존재는 인간의 지각에 달려 있다는 것이다. 해킹(Hacking 1999: 41)이 설명하듯이 칸트는 "구성(construc-tion)의 위대한 개척자였다." 따라서, 비록 언어학이나 담론이 20세기 말까지 사회과학을 변화시켰음에도 불구하고, 모든 것이 사회적으로 구성되면 우리의 초점은 실재의 담론적 구성으로 전환할 필요가 있다. 즉, 인간 구성의 관점에서 세상을 보는 움직임은 칸트적 움직임이었다. 따라서 단순히 테이블을 잡고 실재를 선언하는 것만으로는 충분하지 않다. 그러한 입장은 적어도 철학적으로는 순진하다. 실재와 사회 구성에 대한 이러한 우려에서 벗어나기 위해 다음 절에서 실재의 어떤 형태, 특히 정원 바닥에 있는 고양이를 인식하고 보고하는 것이 무엇을 의미하는지 살펴볼 것이다.

정원 바닥에 있는 고양이

당시에는 꽤 순수한 잡담처럼 보였을 수 있는 그의 저서 『인식론 그 이후(After Epistemology)』에서의 한 논평에서, 해리스(Harris 2009: 163-164)는 "내가 정원 끝에 고양이가 보인다고 말할 때, 나는 나의 뇌에서 어떤 신비한 활동을 보고하지 않고, 시각적 경험에 대한 나의 즉각적인 해석을 보고하고 있다"고 말했다. 이전 장에서 살펴본 해리스의 관심사 중 하나는 언어학에 전수된 고전적 언어 모델이 개별 행동과는 무관한 언어 체계를 가정한다는 점이다. 우리는 생각을 언어로 부호화하고 해독하는 것이다. 반면 해리스에 따르면, 우리는 고양이를 보고 그 경험을 언어로 변환하는 것이 아니라(청자가 메시지를 다시 해독하여 정원 아래쪽에 있는 고양이라는 이해로 바꾸는 것이 아니라) 오히려 "광학적 이미지를 지금 이곳의 우리 삶에서 일어나고 있는 무언가의 의미 있는 기호로 변형한다(2009: 163)." 이러한 통합적 관점에서 지식은 자신의 외부에 있는 무언가에 접근하는 과정이 아니라 인간의 기호 생성 능력의 산물이다. 외부 세계는 어떠한 입력을 공급하지만 그 결과를 결정하지는 않는다. 이는 기호 생성의 통합적 과정에서 발생한다.

해리스의 이 주장은 서양의 인식론 모델이 언어에 대한 잘못된 이해에 기반을 두고 있으며, 인지의 보편성을 가정하는 대신 맥락과 의사소통에 의존하는 지식의 발달을 전제로 한다는 그의 더 넓은 문제 의식의 일부이다. 해리스(2009: 3)가 주장하듯이 전통적인 인식론은 "어떠한 탄탄한 기호학적 기초도 결여하고 있으며, 자체적으로 만든 철학적, 사회적 공허함 속에서 유영한다." 해리스가 정원 바닥에 있는 고양이에 대해 한 논평은 토이버트(Teubert 2013)의 일련의 논문을 뒷받침하는 촉매제가 되었는데, 이 논문들은 정원 바닥에 있는 고양이를 어떻게 이해하는지에 대한 사회 구성주의적 주장(이 모든 경험은 담론에 의해 매개된다)을 제기했다. 이로 인해 실리(Sealey 2014)는 장문의 응답을 통해 실재론적 입장(언어는 세상의 다른 사물들처럼 인간 인식과 상관없이 물질적 실재를 지닌다)을 주장하면서도 토이버트의 고양이에 대한 견해에 이의를 제기하게 되었다. 마지막으로 파블레(Pablé 2015)가 (지금까지는) 논문 길이의 긴 또 다른 응답을 통해, 구성주의 및 실재론적 입장을 비판하고 통합적 관점을 재확인했다. 표상, 실재, 구성에 대한 이 확장된 논의는 전체 논의가 표상주의, 대리주의(surrogationalism)[106] 또는 상관주의(기호는 세계의 사물을 표상하는 것이며, 실재는 우리의 머릿속에 있는 것과 외부 세계와의 관계에 대한 것이다)의 문제가 있는 인식론에 빠져 있기 때문에 특히 대안적 관점에서 볼 때, 포스트휴머니즘 응용언어학에 중요한 고려사항을 제시한다.

토이버트(2013)는 해리스가 제안한 바와 같이, 정원 끝에 고양이가 있다는 것을 보고하는 것이 "이전 경험으로부터 기억된 것과 현재 상황에서 예상될 수 있는 것과 감각 자극을 통합함으로써 생성된 관찰적 지식"이라는 견해에 동의하지 않는다(Harris 2009: 164). 토이버트의 주된 이의제기는 "관찰적 지식이 전언어적(pre-linguistic) 지식이라는 의미에서, 그것이 나중에 표현될 수 있는 단어에 의존하지 않는다"는 해리스의 주장에 대한 것이다(Harris 2009: 165). 토이버트의 관점에서 볼 때, 인간이 담화적 학습 경험에 의해 중재되지 않은 생각을 갖는 것은 불가능하기 때문

106 대리주의는 실제 객체나 경험을 대신하여 언어, 이미지, 기호 등의 상징이나 대리물을 사용하는 관행이나 이론을 의미한다. 이 용어는 특히 언어학, 철학, 문화 연구와 같은 분야에서 사용되며, 실제 세계의 객체나 경험을 대체하는 상징적 표현의 역할과 한계에 대한 논의에 중점을 둔다.

에 그러한 전언어적 지식의 개념을 토이버트는 잘못되었다고 생각하였다. 토이버트의 주장은 다음과 같다.

> 담화/담론에 참여하지 않고, 담화 공동체의 구성원이 아니면(또는 적어도 과거에 그랬던 적이 없다면), 우리가 경험하는 것을 '알' 수 있는 방법이 없다. 오직 담화/담론의 참여자로서, 오직 상징적 상호작용에 참여하는 사람으로서, 우리는 우리가 경험하는 것을 이해할 수 있고, 정원 끝에 있는 고양이를 관찰할 수 있을 뿐이다.
>
> (Teubert 2013: 275)

토이버트는 중재되지 않은 경험의 오류에 대해 강하게 주장하며, 그가 보기에 독립된 개인의 자율성을 강조하는 관점에 반대한다는 점에서 그의 관점은 꽤 포스트휴머니즘적으로 보이기 시작한다. 즉, 인간이 '그들의 진정한 순수한 경험'이라고 믿는 것은 사실, 몇 세대에 걸쳐 사람들이 경험했던 것을 복사해 놓은 것일 뿐이다. 사람들, 특히 서양 사람들은 개인이 집단적 메커니즘의 톱니바퀴에 지나지 않는다고 보는 것을 좋아하지 않는다. 계몽주의 이후 그들은 스스로 자신의 모든 경험을 창조하는 자율적인 개인으로 보는 것을 선호한다(Teubert 2013: 278).

여기서는 초월적 휴머니즘에 대한 비판, 즉 인간이 머릿속에서 세계를 경험하고 해석한다는 생각에 대한 비판이 제기된다. 그러나 이러한 주장은 이 책에서 내가 전개하려고 했던 주장들과 다소 맞지 않는다. 왜냐하면 이런 방식으로 행동하는 것은 인간, 오직 인간만이라는 가정을 전제하기 때문이다. 토이버트(Teubert 2013: 295)는 "담화/담론에 기본적인 의도성을 부여하고 개인이 아니라" 담화/담론이 세계를 지배한다는 주장을 펼치며, "담화/담론은 담화/담론 공동체 내에서 일어난 모든 상징적 상호작용을 포함하고 있으며, 우리가 직면하는 실재는 이러한 상호작용 속에서 구성된다"고 주장한다. 반면, 이러한 강력한 담화·담론적 입장을 유지하기 위해 그는 다른 동물들은 결코 이를 할 수 없다고 주장해야만 했다.

그는 정원이 사회적으로 구성된 개념이라는 점에서 옳지만, 침팬지와 같은 동물들은 "사회 내 혹은 사회 간 합의에 기반을 둔, 정원과 같은 영역의 경계에 대한 추상적 개념을 가지고 있지 않을 가능성이 크다"고 가정한다. 이는 더욱 추상적인 재산의 개념을 전제로 한다. 침팬지나 고양이와 같은 동물에게 정원이라는 추상적인 개념은 생각될 수 없다. 왜냐하면 그러한 생각은 인간의 담화/담론에 기초한 것이기 때문이다. 동물은 정원을 절대적으로 구분하는 벽이나 울타리로 경계를 이루고 있을 때만 정원을 인식할 수 있고, 그런 경우에도 그들의 이해는 인간의 용어로 이해되는 정원에 대한 동등한 생각이 결코 될 수 없다. 동물은 '표상' 이나 '상징적 내용'을 다룰 수 없다. "그들은 생각을 공유할 수 없다. 그들은 자연이 그들에게 그렇게 하게끔 만든 방식으로만 반응하거나 시행착오를 통해 배운 경험으로 반응할 수 있는 단조로운 개체일 뿐이다(Teubert 2013: 296)." 여기서 우리는 그가 해리스의 전-담화·담론적인 개인(pre-discursive individual, 담화/담론이 없는 동물이나, 담화/담론에 접근할 수 없다고 가정한 인간은 단순한 고립된 유기체이다)에 대한 그의 연구와 이 단조로운 동물들을 연결하는 방법과, 어떤 면에서는 제5장에서 살펴본 포인터 개와 다른 동물들에 대한 논의와 유사한 가정, 즉 동물은 자연에 확고히 위치할 뿐이며 동물들은 추상적인 생각에 참여할 수 없다는 가정을 주목할 수 있다. 왜냐하면 이는 당연하게도 오직 인간만이 할 수 있는 것이기 때문이다.

실리(Sealey 2014: 300)는 이러한 주장의 담화/담론 중심적이고 인간 중심적인 측면에 대해 반대하며, '인간이 알 수 있는 것을 담화/담론의 경계로 축소하려는' 토이버트의 주장을 반박한다. 예를 들어 고양이는 "인간의 명명 없이도 번식할 다른 고양이를 식별할 수 있다"고 말하면서 이를 "세계에 있는 것들이 담화/담론 외적으로도 존재한다는 강력한 증거"라고 주장한다(Sealey 2014: 302). 그녀는 유인원에 대한 최근의 연구자인 린 등(Lyn et al. 2011)과 세게르달(Segerdahl 2012)이 제안한 다소 다른 주장, 즉 동물의 상징적 능력의 습득, 사물에 대한 기호의 사용, 의미 기반 결합의 생성, 선언적 가리키기(declarative pointing),[107] 도구 제작, 타자의 믿음 이해 등에 대한 보고에 기반하여 토이버트의 동물 인지에 관련된 주장에 문제를 제기한다. 토이버트는 "지구상의 다른 종들과 우리를 구분하고, 의식의 모든 측면에서 스며들게 하며, 우리의 경험에 모든 의미를 창조하는 담화/담론의 미아즈마적[108] 모델"을 유지하기 위해 인간과 비인

107 '선언적 가리키기'는 언어 습득 및 의사소통 발달 연구에서 주요한 개념 중 하나이다. 이는 어린이나 동물이 어떤 대상이나 사건에 대해 다른 사람의 주의를 끌기 위해 손가락이나 몸짓으로 특정 방향을 가리키는 행위를 의미한다. 선언적 가리키기는 정보를 공유하거나 상호 관심사에 대해 다른 사람과 교류하고자 할 때 사용되는 것으로, 요구적 가리키기(requestive pointing)와 대비된다. 후자는, 예를 들어 어떤 대상을 달라고 요청할 때 사용하는 가리키기이다.

108 미아즈마(miasma)는 고대와 중세 시대의 의학에서 사용된 용어로, 공기 중에 존재하는 유해한 증기나 독성 기체를 의미한다. 당시 사람들은 전염병과 같은 질병이 이런 미아즈마로 인해 발생한다고 믿었다. 현대 의학에서는 이 개념이 더 이상 사용되지 않지만, 비유적으로 사용될 때는 어떤 상황이나 환경에 퍼져 있는 부정적인 영향이나 해로운 분위기를 의미할 수 있다.

간 동물 사이의 절대적이고 범주적인 구별을 유지해야 한다(Sealey 2014: 311). 이와는 대조적으로 실리(Sealey)의 '실재론적' 입장에서 보면, "우리의 경험적 감각이 지각할 수 없지만 그럼에도 불구하고 실재하고, 다른 종류의 생물에 의해 지각되며, 우리가 담화/담론을 통해 만들어낸 명칭으로 환원할 수 없는" 다양한 현상들이 있다(311쪽).

이 주장은 두 가지 주요한 관점이 있다. 한편으로는 세상이 인간 의 지각과는 독립적으로 존재한다고 주장하는 실재론적 입장이다. "실재론적인 접근은 사회적 세계를 우리의 설명과는 독립적으로 존재하는 것으로 인식하며, 언어, 구조, 행위는 그 세계에서 서로 다른 종류의 현상이며, 다양한 속성과 힘을 가지고 있다(Sealey 2007: 644)." 다른 한편으로는 '비생명체, 살아 있는 유기체 그리고 언어와 담화/담론을 포함한 인간 문화 사이의 상호작용'을 인식해야 한다는 주장도 있다(Sealey 2014: 313). 토이버트는 '인간과 다른 종 사이의 연속성'을 무시함으로써 인간이 체화된 존재, 즉 인간이 세계에 느끼는 방식, 감각하고 관여하는 방식을 간과한다고 주장한다. 제4장에서 제시한 바와 같이 언어, 문해력, 인지와 같은 것들을 낮은 감각(몸, 후각, 촉각, 미각)이 아닌 시각과 청각만을 포함하는 것으로 이론화하는 방식은 언어와 세계의 괴리를 초래했다. 그러나 실리가 주장하듯이 "인간이 담화에 참여하고 이를 발전시키는 방식은 다른 사람들과의 담화/담론 내적 상호작용 안에서뿐만 아니라 세계의 동물, 물질적 존재로부터도 나타난다(Sealey 2014: 316)." 이는 부콜츠와 홀(Bucholtz & Hall)의 사회언어학적 체화에 대한 접근 방식과 일치하는 견해로, 유심론적, 인지주의적 모델에서 몸, 감정 그리고 다른 상호 작용 감각을 통합하기 위한 의사소통으로 그 초점을 옮긴다.

파블레(Pablé 2015: 457)는 또한 토이버트의 주장에서 "'인간'이 된다는 것이 무엇을 의미하는지에 대해 심각하게 문제가 있는 결과"를 본다. 내가 이 책에서 거듭 주장했듯이, 인간이 된다는 것이 무엇을 의미하는지에 대한 질문은 언어와 의사소통을 어떻게 이해하는가에 대한 질문과 분리할 수 없다. 언어가 인간다움의 중심이라는 가정은 언어에 대한 지식이 인간다움의 전제 조건이기도 하다는 가정을 확장하기 때문에, "언어를 소유하지 않는다면, 인간이 아니거나 완전히 인간이 아니다"라는 위험한 명제를 남긴다(Pablé 2015: 457). 파블레는 또한 언어는 사물을 상징한다고 가정하는 토이버트의 사회 구성주의와 실리의 언어 실재론을 모두 거부하는데, 두 가지가 (통합주의와 반대인) 분리주의와 대리주의적 언어학(surrogational linguistics)의 함정에 빠지는 것을 근거로 거부한다. 토이버트에게 실재는 담화·담론적인 구성물이며, 실리에게는 물질적 실재는 담화·담론과 독립적이지만, 이러한 입장들 중 어느 것도 기호의 근본적인 불확정성을 이해하는 데 도움이 되지 않는다.

이를 어떻게 해결할 수 있을까? 토이버트(2013: 278)의 사회 구성에 대한 강력한 주장은 어느 정도까지는 타당하다. 즉, 사회화 과정을 통해 "우리는 무엇을 경험해야 하는지, 어떻게 경험해야 하는지를 배운다"는 생각과 인간이 자율적이고 자유 의지를 가진 주체로 보고 싶어하는 것[그러나 오히려 담화·담론의 행위적(agential) 세계의 산물이다]과는 달리 실제로 그렇지 않다는 관점은 타당하다. 그러나 인간과 동물 사이의 근본적인 구분이 있다는 그의 입장이나 우리가 비담화·담론적으로 어떤 것도 인식하지 않는다는 주장은 설득력이 없다. 우리는 말할 수 없는 동물과 체화되지 않은 인간만을 남기게 되는데, 이것은 확실히 포스트휴머니즘적 입장이 암시하는 인간과 언어의 세계와는 다르다. 그러나 인간과 동물의 절대적인 구별은 사회 구성주의적 주장의 강력한 전제 조건은 아니다. 우리가 세상과 인간의 관계가 항상 담론적으로 매개된다는 전제를 받아들인다 해도, 동물들이 직접적인 감각을 통해 세계를 인식하는 것이 아닌 다른 방식으로 세계를 바라볼 수도 있다는 주장에 반드시 동의할 필요는 없다. 따라서 우리는 토이버트의 인간 중심주의를 바탕으로 한 사회 구성주의를 무조건 거부할 필요는 없다.

동시에 해리스의 기호 창조적 개인에 대한 그의 비판은 통합적 관점의 중심에 있는 인간에 대한 다소 비사회적 이해를 지적하고 있다. 해리스(2009: 3)는 "자아는 인간 소통의 중심에 있으며 지식에 대한 질문은 무엇보다도 자기 지식과 관련이 있다. 우리는 우리가 아는 것이다"라고 주장하는데, 이는 인간의 탈중심적 개념과는 일치하지 않는다. 앞 장에서 언급했듯이 우리가 우리 자신이 아는 것이라면, 우리는 오해받는 존재다. 왜냐하면 지(Gee 2015a)가 분명히 말했듯이, 우리 자신에 대한 우리의 이해는 항상 제약을 받기 때문이다. 통합주의자들의 비판에 따르면, 실재론과 구성주의적 입장 모두 단어가 사물을 대리한다는 대리적 주장에 의존한다는 것은 평가하기가 어렵다. 통합 언어학자들 사이에는 세계를 통합주의자와 다른 사람들(분리주의자)로 나누는 경향이 있다. 해리스에 따르면, "서양의 지성사에서 이론화된 두 가지 관점, 즉 '분리주의적' 관점과 '통합주의적' 관점만이 있었다"고 한다. 사회언어학의 새로운 용어, 특히 혼합언어(polylanguaging,[109] Jørgensen 2008)는 실제로는 새로운 용어로

109 혼합언어(polylanguaging)는 다언어 사용자가 서로 다른 언어에서 요소를 선택하여 의사

치장된 기존의 오래된 언어적 접근에 불과하다는 오먼(Orman 2013)의 비판과 비슷하게, 통합주의 관점에서는 모든 다른 사람들이 언어에 대한 가상의 분리주의적 관점을 고수한다고 비난하는 경향이 있다. 실리의 실재론(Sealey 2014)이 언어가 세상의 실체를 상징한다고 주장하는 입장에 의존한다는 강력한 사례는 있지만, 이것이 토이버트의 구성주의 관점에서도 그런지는 분명하지 않다.

이 논쟁의 각 참여자들이 서로 다른 관점을 주장하는 것은 흥미롭지만, 포스트휴머니즘적 관점에서 우리 자신을 꼭 하나의 주장과 일치시킬 필요는 없다. 특정한 사물들이 인간의 지각으로부터 독립적으로 존재한다는 것에 동의하는 것은 그렇게 어렵지 않다. 즉, 세계는 인간이 지각하는 바로 그 안에 있을 뿐이라는 인간 중심적인 고집에 매달릴 충분한 이유는 없다. 동물들도 지각한다. 고양이가 정원의 개념을 인간이 이해할 수 있는 것과 같은 방식으로 이해할 가능성은 낮지만, 고양이의 정원에 대한 구성은 그 자체로 거의 틀림없이 흥미로운 것일 것이다. 그러나 사물들이 인간의 지각과 무관하게 존재한다고 암시하는 것은 인간의 담화·담론이 우리가 세상을 이해하는 방법에 거의 역할을 하지 않는다는 것을 의미하지는 않는다. 그것은 우리가 무엇에 대해 이야기하느냐에 달려 있다. 해킹이 우리에게 상기시켜 주듯이, 무엇이 사회적으로 구성되어 있는지(단순한 대상이나 사회적 질서)가 중요한 것이다. 그가 계속해서 주장

소통하는 것을 가리키는데, 이는 주로 의사소통의 효과성을 높이기 위한 목적으로 사용된다. 이 개념은 특히 사회언어학적 맥락에서 사용되며, 사용자들이 다언어 환경에서 언어적 자원을 전략적으로 사용하는 방식을 설명하는 데 초점을 둔다.

했듯이, 젠더가 사회적으로 구성되었다고 주장하는 것은 그저 동어 반복적일 수 있다. 그것은 사회적 범주이기 때문에 오직 사회적으로만 구성될 수 있다: "만약 젠더가 본질적으로 사회적인 것이고, 사회적으로만 구성된다면, 젠더가 사회적 방식 외에 어떻게 구성될 수 있는가(Hacking 1999: 39)?"[2] 그와 같이 우리는 언어가 사회적 구성이라고 말하는 것은 그저 동어 반복이라고 주장할 수 있다. 그렇다면 언어는 무엇이 될 수 있는가?

사변적 실재론과 다른 실재론들

그러나 언어가 사회적으로 구성된다고 주장한다고 해서(그렇지 않은 언어에 대해 주장하려면 이상한 버전의 언어가 필요하다) 언어가 실재하지 않는다는 것을 의미하지는 않는다. 그러나 이러한 입장 중 어느 것도 결국 여기에 걸린 문제를 해결하는 데 도움이 되지 않을 것이다. 실재론과 사회 구성주의 사이의 논쟁은 쓸모가 없다. 만약 사회구성론자가 지나치게 흥분하여 대화가 진행되고 있는 테이블의 존재를 부정하기 시작하면 (내가 기억하는 한 이러한 일은 실제로 벌어지지는 않았지만) 실재론자가 경험적 데이터를 이용하여 테이블이 실재한다고 그를 안심시키는 것이 유용할 수 있다. 그러나 실재론자가 이러한 논증을 마음의 이미지나 언어에 부합하는 사물의 세계('테이블'이라는 단어가 밖에 있는 테이블을 기술한다)나 우리가 말할 수 있는 모든 것의 실재로 확장하기 시작하면 (언어가 존재한다는 것은 우리가 그것들을 위한 이름을 갖고 있기 때문이다) 구성론자가 나서서 실재는 거의 불가피하게 사회적 관계와 얽혀 있음을 보여주는 것이 유용할 수 있다. "실재는 사회적으로 구성된다(Teubert 2013: 290)"고 주장하는 것은 그것이 실재하지 않음을 의미하지 않는다.

바스카르(Bhaskar 1997, 2002)의 인식론적 오류[110]에 대한 설명은 여기에서 도움이 된다. 이것은 실재에 대한 존재론적 질문이 실재를 어떻게 알 수 있는지에 대한 인식론적 질문과 혼동된다는 것을 보여 준다. 이는 "구조, 생성 메커니즘, 모든 종류의 복잡한 것들과 그 전체로 구성된 실재 세계"가 인식론적 질문, 즉 이 실재가 어떻게 지식이 되는지와 독립적으로 존재할 수 있음을 보여 준다. 이 지식은 항상 "사회적으로 생산된" 것이며 "지리-역사적으로(geo-historically) 특정한 사회적 과정"에 의해 결정된다(Bhaskar 2002: 211). 바스카르의 비판적 실재론(처음에는 초월적 실재론으로 알려짐)은 페어클러프(Fairclough 2003)의 비판적 담화 분석, 블록(Block 2014)의 응용언어학에서의 사회 계급 분석, 실리(Sealey 2007)의 사회언어학에 대한 실재론적 관점 그리고 특히 코슨(Corson 1997)의 응용언어학을 위한 해방 철학 등 여러 응용언어학 프로젝트에 영향을 주었다. 바스카르는 우리에게 매력적인 선택지를 제공한다. 그 선택지는 우리가 외부 실재에 대해 알고 있는 방식이 사회적으로 형성되며 사회적 사실 그 자체라는 사실을 인정하게 하고, 우리에게 외부 실재라는 것을 수용하

---

110 바스카르는 자연과학의 발전과정에서 인식론적 오류가 주로 발생한다고 주장했다. 이러한 오류는 현실의 본질을 이해하기 위한 시도에서 이론적 추상화와 개념화 과정에서 발생할 수 있다. 예를 들어, 과학적 이론이나 모델이 현실을 단순화하거나 추상화할 때 현실의 다양한 측면을 간과하거나 왜곡할 수 있다. 바스카르는 이러한 인식론적 오류를 피하기 위해 실재주의적 방법론을 제안했다. 이 방법론은 현실을 독립적으로 존재하는 것으로 간주하고, 인식이나 사회적 관행에 의존하지 않고 현실을 이해하려는 노력을 강조한다. 이를 통해 우리는 현실의 본질에 대한 더 깊은 이해를 얻을 수 있다고 주장한다.

게 한다.

하슬랭어(Haslanger 2012: 111)에게 실재에 저항하는 것은 중요한 정치적 프로젝트이다. 이는 한편으로는 실재에 대한 단순한 주장의 불충분함을 지적한다. 객관적 실재에 대한 개념을 포기하는 것은 "사회적 요인이 역할을 하지 않고 그 자체로, 그것들이 어떻게 알려지는지를 결정하는 것들이 있다는 생각을 포기하는 것"을 의미한다. 객관적 실재에 대한 주장의 문제점은 "언어와 지식이 사회적으로 조건화된다는 점을 간과한다는 것"이다(Haslanger 2012: 111). 결국 이런 종류의 객관적 사물은 결코 존재할 수 없다. 하지만 객관적 실재에 의문을 제기하는 것은 독립적 실재에 의문을 제기하는 것이 아니다. 현대의 페미니즘 및 인종 이론을 바탕으로, 하슬랭어(2012: 5)는 '인종과 젠더가 사회적으로 구성된다는 것'을 이해하는 것이 왜 중요한지, 그리고 동시에 이러한 사회적 범주에 대한 '반실재론적 접근'을 피하는 것이 왜 중요한지를 보여 준다. 인종과 젠더는 사회적으로 구성되며, "사회 구조의 실재와 실재를 인식하는 정치적 중요성"을 이해해야 한다(30쪽). 반면에 실재에 저항하는 것은 또한 이러한 사회적 범주가 실재적이지 않다는 것을 인정하는 것이기도 하다. 이것은 매우 불공정한 사회적 세계이므로, "이 실재는 저항되어야 한다."(30쪽) 하슬랭어에게 중요한 목표는 사회적으로 구성되었지만 그러한 것으로 인식되지 않는 차이점들(젠더와 인종이 명백한 예시)을 이해하는 것이다.

비판적(사회적) 실재론에 대한 이러한 접근 방식은 사회 구성주의와 실재론 사이의 가정된 대립을 해소하는 데에 분명히 도움을 준다. 이는 사회적 사실(사회적 구성)은 실재하며, 따라서 우리는 실재를 인식하는 것의 정치적 중요성을 인식할 필요가 있음을 암시한다. "과학적 실재론과 사회 구성주의 사이의 진부한 논쟁(Barad 2003: 805)"을 넘어서기 위한 대안은 인간이 실재의 판단에 관여할 필요가 있다는 전제에 의문을 제기하는 것이다. 감각과 사고에 관한 오랜 역사의 중심에는 접근의 문제가 있었다. 즉 칸트의 초월적 관념론에 의해 해결된 것처럼 보이는 문제, 여기서 세계는 인간의 사고와 일치하는 것으로서, 인간은 어떻게 외부 세계에 접근할 것인가이다. 이것이 메이야수(Meillassoux 2008)가 상관주의라고 명명한 것이다. 존재가 마음과 세계 사이의 관계에 근거한다는 관점, 즉 모든 것들은 오직 인간에게만 존재하며, 인간의 접근 방식에 의해 주어진 관점과 이미 상관된 객체, 사건, 법칙 또는 존재들은 없다는 관점이다. 메이야수는 라투르(Latour 1999: 2004b)가 근대의 분열을 비판한 것과 유사한 관점을 따라 세계를 인간과 자연으로 나누고 나서 전자가 어떻게 후자를 이해하게 되는지를 물었다. 그러나 분명히 이것이 우리가 실재의 문제를 해결할 수 있는 유일한 방법은 아니다.

대안적인 접근으로는 유물론과 실재에 대한 질문을 다시 검토하는 것이 있으며, 이는 '사변적 실재론'(Meillassoux 2008) 또는 하먼(Harman 2002, 2005)의 '객체 지향적 존재론'으로 명명되어 왔다. 이는 존재의 중심에 사물을 두는 것이다. 철학은 물질에 대해 놀랍도록 침묵해 왔으나, "인간으로서 우리는 피할 수 없이 물질적인 세계에 살고 있다"(Coole and Frost 2010: 1): "우리는 매일 우리를 둘러싼, 우리가 물질 속에 잠겨 있는, 물질로 구성된 삶을 영위한다." 브라이언트 등(Bryant et al. 2011: 3)이 설명하듯, 현상학, 구조주의, 후기 구조주의, 해체주의, 포스트모더니즘은 모두 '대륙 철학에서의 반실재론적 경향의 완벽한 예시들'이었다. 이러한 공간 속에서 실재와 물질성에 대해 생각하는 몇 가지 관련된 방식들이 등장했다. 비록 사변적 실재론이 특히 일관된 입장을 대표하지는 않는다고 할지라도 - 사변적 실재론이라는 개념 자체가 그것을 주장한 이들에 의해 다양하게 부인되었고(Harman 2011), 하먼(Harman)은 특히 메이야수(2008)를 포함한 다른 이들이 실제 세계의 객체들과 진정으로 교류하지 않는다고 주장하지만, 유물론과 실재론에 대한 질문으로 돌아가려는 도전을 수용한다.

베넷(Bennett 2010a, 2010b)의 생동적 유물론(vibrant materialism)은 여기서 유용한데, "공유되는 생동적인 물질성에 대한 인간의 참여를 인지" 하는 물질세계에 대한 정치적, 윤리적 사고방식을 제공하기 때문이다 (Bennett 2010a: 14). 우리는 그러한 물질성에 둘러싸여 있으며 동시에 그 일부분이기 때문에, 여기서 당면한 윤리적 과제는 "비인간적인 활력을 분별할 수 있는 능력을 배양하는 것, 그것에 영구적으로 마음을 여는 것 (2010a: 14)"이다. 그러나 위험한 것은 우리가 수평적 실재, 즉 어떤 정치 행위자들(actor)도 구별하기 어려운 평탄한 계층 구조에 봉착하게 될 위험이 있다. 이는 라투르(Latour 2005)의 행위자 연결망 이론에서 많은 행위소들(actant)을 포함하여 비인간 행위자(non-human actor)의 중요성에 대한 개념 확장에 대해 제기된 우려이다. 여기에는 "존재론을 사물의 서사학(narratology)으로 대체하는" 즉, "언어, 개념 체계, 사회적 장치, 그 사물들에 대한 접근 방식" 또는 기타 정치적 또는 존재론적 문제들의 "함의를 부정하면서 정전 및 쓰레기장에 대한 기술"을 만들어내는 위험이 있다(Gratton 2014: 125). 이러한 평탄화된 객체 지향 존재론을 피하기 위해 부분적으로 아파두라이(Appadurai 2015)는 행위소(actant) 대신 중재자(mediant)라는 용어를 사용할 것을 제안한다. 이는 인간만이 중요한 행위자(actor)가 아니라는 것을 인정하는 것이 중요하지만 그럼에도 불구하고 인간은 지구에 대해 특별한 책임을 가진 행위자(actor)라는 것을 암시한다.

실재와 유물론에 대한 이러한 다양한 접근 방식에서 도출된 입장은 여러 방향으로 향한다. 소위 실재론자와 구성주의자 사이의 논쟁은 우리가 넘어야 할, 도움이 되지 않는 어떠한 것이다. 실재는 객관적일 수는 없지만 독립적일 수 있다. 특히 젠더, 인종, 언어와 같은 명백히 사회적인 범주를 볼 때 실재는 사회적으로 구성되지만, 그렇다고 해서 그것이 실재를 덜 실재적인 것으로 만드는 것은 아니다. 우리는 또한 인간을 넘어서는 세계, 우리 주변과 우리의 일부인 물질성에 관여해야 한다. 인간을 존재론적 계층에서 사물 위에 두는 것이 너무 앞선 단계일 수도 있지만, 더 균형 잡힌 시선을 위한 타당한 주장이 있다. 인간으로부터의 이러한 초점 이동은 자본주의, 가부장제 또는 인종주의 비판에서 물러나는 것이 아니라 권력 구조에서 다양한 자원이 작동하는 방식과 대안적인 방향을 제안하는 데 있다. 그로스(Grosz 2010)와 같은 많은 생태주의적 페미니스트들(ecofeminists, Adams & Gruen 2014)은 여성에 대한 해답이 남성이 차지하는 몫을 더 찾는 것이 아니라 물질세계의 가능성을 재구성하는 것이라고 주장한다. 나는 비판적 사회주의 실재론, 호이(Hoy 2004)의 비판적 저항(제6장) 및 베넷(Bennett 2010a, 2010b)의 사물의 정치적 존재론 등을 따르는 비판적 포스트휴머니즘 실재론의 형태를 제안하고 있으며, 이는 비판적 사회 이론(불평등과 불의에 대한 초점)과 사회적 구성 및 물질세계의 중요성을 모두 포용하는 것이다.

테이블로 돌아와서

테이블에 손을 대면서 만들어진 실재에 대한 주장(당신은 확실히 이 테이블의 존재를 부정할 수 없지 않은가?)은 상당히 원시적인 경험주의(물리적 접촉이 물질적 실재와 동일시됨)와 테이블의 범주에 대한 잠재적인 가정(이 테이블만 실재인가 아니면 모든 테이블이 실재인가?)에 의존한다. 이러한 주장들은 실재가 인간이 감각, 특히 촉감을 통해 인지할 수 있는 한에서 존재한다고 가정한다. 그러나 테이블과 인간의 관계는 복잡한 것이다. 테이블은 여러 모양과 크기를 갖고 있으며, 다양한 역할을 하고 종종 문화와 지역성에 깊이 얽혀 있다. 예를 들어 주방 테이블(현대 건축에서는 종종 주방 조리대와 벤치 의자로 대체된다)은 전통적인 유럽 주방에서는 채소를 잘게 썰고, 페이스트리를 밀고, 소스를 섞는 주요 작업 공간이었다. 주방 테이블은 또한 다양한 맥락에서 비공식적인 식사, 일상적인 대화, 편안한 카드 게임 등의 다른 역할을 맡았다.[3] 그 외에 복도용 테이블(다리가 네 개가 아닐 수도 있음), 침대 옆 테이블, 당구대, 식당 테이블 등이 있는데, 이 모든 것들이 우리의 삶을 운영하는 특정한 문화적, 건축적 방식과 연결되어 있다. 도시 광장의 콘크리트 체스 테이블은 게임을 관람하는 관중을 끌어들이고, 공원의 목재 소풍 테이블에서는 가족들이 모여 음식을 먹고 음료를 마신다. 해변 테라스의 우산 아래 플라스틱 테이블 위에 수영객들은 찬 음료를 올려놓으며, 마을 회관의 접이식 테이블은 잼 항아리, 샌드위치, 케이크를 올려놓기 위해 펼쳐진다. 커피 테이블은 이미지가 가득한 큰 책을 전시하는 데 사용된다. 원탁(기사들이 둘러앉았다고 알려진 유명한 원탁부터 중식 레스토랑에서 손님들이 둘러앉는 더 흔한 원형 테이블까지)과 직사각형 테이블(어떤 역사와 이미지에 따르면, 마지막 만찬을 먹었던 장소)도 있다.

우리가 테이블의 어디에 앉는지 역시 중요할 수 있다. 테이블의 상석(전통적으로 권위의 위치로 젠더에 따라 달라짐)을 비롯해 테이블에 사람들을 배치하는 데에는 다양한 방법이 있다. 우리가 식사할 때 테이블 주위에는 사회적 규칙이 있고, 그에 따라 어떤 이는 테이블에서 떠날 때 허락을 구해야 할 수도 있다(자리에서 일어나는데 양해를 구함). 테이블의 종류에 따라 다른 단어가 존재한다. 노트북을 놓는데 사용하기로 선택한 테이블이 그 기본적인 기능이 그렇게 정해져 있으면 테이블로 여겨질 수도 있고, 아니면 책상으로 여겨질 수도 있다. 학교와 사무실에서 우리는 책상에서 일하고 테이블 주위에서 커피를 마신다. 이렇게 해서 우리는 우리가 일하고 있는지 아니면 사람들과 교제하고 있는지 알 수 있다(사실 완벽히 이렇게 되지는 않는다. 테이블에서 나누는 대화가 또한 업무일지도 모르며 우리는 책상에 앉아서 커피를 마시기도 하기 때문이다. 요즘 시대에 커피 브레이크 타임이 있는가?). 우리가 알고 있듯이, 이러한 테이블들은 다른 언어에서 다르게 구분되며 문화에 따라 다른 목적으로 쓰인다. 다다미, 돗자리, 카펫을 깐 바닥에 앉는 사람들에게 테이블은 사회관계에서 다른 역할을 할 수 있다. 일본의 고타츠(炬燵)는 아래에서 열이 나오는 낮은 테이블(전통적으로 숯불을 넣었으나 현대에는 발열램프를 넣는다)과 그 위를 덮는 덮개(布団)로 이루어져 있는데, 이는 이란의 코르시(korsi, کرسی)[111]나 그 밖의 지역의 유사한 테이블들은 종종 전통적인 가

111 코르시(Korsi, کرسی)는 이란의 전통적인 좌식 가구로, 난방 기구와 탁자를 합친 형태이다.

정, 가족 모임, 겨울철의 따뜻함 유지 그리고 기타 연결고리와 관련이 있어 많은 연관된 기억과 정서적 관계를 가지고 있다.

그렇다. 물론 테이블은 물질적인 실재를 가지며, 사회적 구성물이기도 하다(그리고 그렇게 구성되었다고 해서 덜 실재적인 것은 아니다). 그것들은 보통 네 개의 다리와 평평한 상판을 가지고 있다. 그리고 매우 다양한 기능을 하는데, 위에 제시된 예시들은 우리가 테이블에 기능을 부여하고 테이블 역시 우리에게 다양한 사회적, 문화적 역할들을 제공한다. 미각과 후각에 대한 감각에 관한 세르(1985)의 작품(The Five Senses)[112]의 '테이블'이라는 장에서는, 우리가 음식과 음료를 맛보기 위해 앉는 것이 테이블이며, 언어에 따라 통합되기보다는 맛과 냄새에 따라 구분하는 법을 배워야 한다고 주장한다. 테이블은 인간의 작품이다. 우리는 아마도 그것의 생산 과정, 고급 목재에 들어간 목공예를 너무 쉽게 잊고는 한다. 로즈(Rose 2004: 85)가 목수 작업장에서 묘사한 "도구 사용, 목재 구조, 언어의 밀접한 상호 연결"은 모두 테이블의 물질성에 대한 우리의 생각으로부터 너무 자주 간과되고 있다. 보고스트(Bogost 2012: 93)에 따르면, 목수는 "자신이 선택한 형태의 물질적 저항과 씨름해야 하며, 그 과정에서 사물 자체가 철학이 된다"고 한다. 테이블은 우리 자신의 확장이며, 우리

테이블 아래는 히터가 있고 바깥에는 담요가 깔려 있다. 일본이 자국의 전통적인 물품이라고 주장하는 고타츠의 형태와 쓰임에 유사하여 역사적 논쟁이 일고 있다.

112 미셸 세르(Michel Serres, 1930~2019)는 프랑스의 철학자로, 수학에서 철학으로 전공을 바꾼 그는 과학, 시간, 역사 등의 풍부한 주제를 다루며 철학적인 논의를 펼쳤다. 그의 저서 『The Five Senses: A Philosophy of Mingled Bodies(다섯 가지의 감각: 상호 작용하는 몸에 대한 철학)』에서는 과학을 중시하는 현대 사회에서 소외된 인간 감각의 본질에 대해 탐구한다.

가 테이블을 만지는 것이 물질적 실재의 증거라고 주장하고, 이를 통해 실재가 구성되는 방식에 대한 지나치게 확장된 주장을 반박하려 할 때 이것이 우리의 역사, 우리와 테이블의 관계, 우리의 건축과 디자인과의 관계, 우리의 많은 사회적, 문화적 관행의 매우 큰 부분임을 이해해야 한다. 이는 우리에게 테이블을 실재에 대한 담론으로, 테이블에는 우리를 특정한 사회적 및 문화적 관계로 소환한다.

그래서 누군가가 테이블을 만지는 것이 실재를 보증한다고 주장할 때 그러한 주장은 매우 특정한 것이다. 이는 즉각적인 것과 경험적인 것에 의존하고 한편으로는 우리가 테이블에 가져다주는 많은 사회적, 공간적, 역사적, 문화적 의미를 배제한다. 테이블은 좋고 단단하며 친숙하고 유용한 물체이다. 그리고 우리가 이러한 방식으로 작동할 때 - 실재는 만질 수 있으며, 우리의 촉각을 사용하여 가장 잘 다루어지며[이 시점에서 실재의 중재자(arbiter)로 간주되는 상위 감각인 시각과 청각을 제쳐 두고] - 우리는 존재와 견고성을 찾는다. 그러나 우리가 그러한 논의를 하는 것이 그들의 존재이기 때문에 초점은 테이블에 맞추어지는데, 이는 테이블이 단지 특정 기능을 가진 물체가 아니라 사회·문화적 물체라는 것을 암시한다. 우리는 종종 테이블을 중심으로 모여 이야기를 나누고 교제하고 먹고 마시고 실재를 논한다. 반면에 테이블의 촉각에 대한 관점은 우리가 만지고 인식하는 한 테이블이 존재한다는 인간의 가정에 근거한다. 이러한 관점에서 테이블은 커피 컵을 놓을 수 있는 단순한 사물일 뿐이다. 그러나 우리는 대안적 시선을 통해, 일시적 아상블라주에 존재하는 생동적 사물로[여기에는 의자, 식탁보, 음식, 음료, 식기(cutlery), 대화도 포함된다] 우리를 사회화의 형태로 이끄는 행위소로 볼 수 있다. 인간이 테이블에 부여하는 의미에 대해서만 얘기할 것이 아니라 테이블이 인간에 부여하는 의미에 대해서도 생각해 볼 때이다.

결론: 비판적 포스트휴머니즘에 기반한 실재론

이 장을 시작하며, 라투르(Latour 2004a)와 루크(Luke 2013)가 제기한 우려에 어떻게 대응해야 하는지 물었다. 즉, 비판적 프로젝트가 실재에 대한 주장을 할 수 없다면, 사실 자체보다는 실재의 구성에 중심을 두었다면, 오히려 궤도를 이탈했다는 것이다. 물론, 실재에 대한 대부분의 비판적 구성주의의 의문은 일부가 주장한 것처럼 실재의 부정이라기보다는, 특정한 사람들 또는 특정한 연구 방식, 혹은 특정한 진실 체제(Foucault 1980)가 실재를 대표할 수 있다고 주장하는 방식에 대한 비판이었다. 이것은 권력과 지식의 관계에 대한 비판이었다. 그러나 이러한 사고방식이 우리가 담론에만 접근할 수 있으며, 따라서 현실에 대한 주장을 할 수 없다고 가정한 경우, 그것은 권력에 진실을 말할 수 있는 비판적 책임을 포기한 것이 된다. 라투르와 루크가 실재를 다시 주장할 시기라고 하는 것이 맞다면, 사실의 문제가 아닌 관심의 문제를 다루는 "완강한 실재론적 태도"를 발전시켜야 한다고 주장한다(Latour 2004a: 231). 우리는 이것이 무엇을 의미하는지에 대해 여러 가지로 명료하게 해야 할 필요가 있다. 왜냐하면 실재에 대한 기본적인 주장은 우리를 도와주지 않을 것이기 때문이다.

강경한 구성주의자들과 실재론자들은 이미 여기서 약간 초조해지기 시작할지도 모른다. 한편으로는 실재에 대해 이야기하는 것이 구성주의자들에게 금기시될 수 있지만, 다른 한편으로는 우리가 실재에 접근할 때 주의가 필요하다고 제안하는 것은 실재론자에게 다소 상대적으로 보일 수 있다. 그러나 일반적으로 이 두 가지 입장은 그다지 차이가 없다. 구성주의자들은 어떤 경험도 담론적 매개를 피할 수 없다고 주장할 수도 있지만, 동시에 실제로 테이블이 실재하지 않는다고 제안하고 싶어 하는 사람은 거의 없을 것이다(우리는 테이블이라는 단어로 다른 것을 내포하고 테이블에 대한 다양한 경험과 관계를 가질 수 있지만, 테이블은 실재한다). 더 복잡한 개념이 개입되면 문제가 더 어려워지기 때문에, 구성주의자는 말하자면 우리가 빈곤이라는 개념이 담론적으로 매개된다고 주장할 수 있지만, 빈곤의 경험이 실제로 존재한다는 것을 부인하는 것은 어리석은 일일 것이다. 마찬가지로 실재론자들은 인간의 경험을 넘어서는 실재를 제시할 수 있지만, 대부분 이 실재에 대한 접근이 매개되며, 여기서 언어가 중요한 역할을 한다는 것을 인정한다.

이러한 논의, 즉 사실의 문제에 대한 비판적인 방법이 그 사실의 문제를 가능하게 한 조건에 초점을 맞추는 것 외에는 없다고 가정하는 구성주의자의 비판과 실재를 주장하지만 그 실재에 접근하기가 어려울 수 있다는 것을 인정하는 실재론자의 비판을 재생산하기보다는 새로운 유물론적 도전을 받아들이는 것이 더 유익할 수 있다(Barad 2007, 2013). 이러한 관점에서 '표상이 아는 자(knower)와 알려진 것(known) 사이의 매개 기능을 제공한다는 믿음'은 '물질에 대한 깊은 불신'을 보여 준다(Barad 2007: 133). "존재하는 현상을 거울처럼 반영하는 단어의 힘에 대한 표상주의적 믿음은 사회적 구성주의자와 전통적인 실재론자를 지지하는 형이상적 기질이며, 지속적으로 불가능한 옵션들의 끝없는 재활용을 조장한다(2007: 133).” 바라드(Barad)에게 있어서, 라투르(Latour 2004a)와 다르지 않은 방식으로, 앞으로 나아가는 길은 구성주의와 실재론에 대한 논쟁을 재활용하는 것이 아니라, 우리의 ‘사고, 관찰, 이론화’가 “우리가 존재하는 세계와의, 그리고 그 세계의 일부로서의 참여의 관행”으로 이해되는 방향으로 나아가는 방법을 모색하는 것이다(Barad 2007: 133). 보고스트(Bogost 2012: 14)도 마찬가지로 과학적 자연주의[113](맥락과 무관한 진짜 지식)와 사회적 상대주의(맥락의 우연성을 강조) 사이의 가정된 대립에 의문을 제기하며, 그들이 ‘같은 옷감에서 잘려 나왔다’고 제안한다. “과학적 자연주의자에게는 세계가 인간의 발견과 개척을 위해 존재하”는 반면, “문화적 상대주의자에게는 인간이 세계를 창조하고 다시 만든다”는 것이다. 이렇게 가정된 대립적 견해 사이의 끝없는 논쟁은 오랫동안 여기에서 정말로 중요한 것이 무엇인지를 가려 왔으며, 두 가지 모두 “상관론적 자만을 체화”한다(2012: 14).

이러한 질문은 응용언어학에 몇 가지 광범위한 도전을 제기한다. 이는 실제 개체(entities)로서의 언어, 언어와 실재 세계의 관계 그리고 언어와 실재에 대해 대안적인 방식으로 생각하는 가능성 등이다. 엘더-바스(Elder-Vass 2013)는 ‘언어에 대해 실재론자가 되는 일곱 가지 방법’을 제안한다. (언어를 포함한 세계는 인간의 사고와 무관하게 존재한다는) 경험

113 과학적 자연주의(scientific naturalism)는 오감으로 지각할 수 있는 자연 현상만이 존재하며 이러한 자연을 과학적인 방법으로 연구하려는 학문으로, 자연적인 현상을 넘어서는 초자연적인 현상이 없다고 주장한다.

적 실재론, (언어 사건은 실재 요인에 의해 발생한다는) 과학적 실재론, (인간의 선천적인 언어 습득 장치가 실제로 뇌에 존재한다는) 생득적 실재론, (기호는 실재하고 있으며, 인과적으로 중요하다는)기호적 실재론, (사회 구조는 실재적이고 인과적으로 유의한 것이라는) 사회적 실재론, (언어 체계는 개인의 머릿속에 존재하는 것과 독립적으로 존재한다는) 언어 체계 실재론, 그리고 (언어적 규범은 언어 집단에 의해 유지된다는) 언어 규범 집단 실재론 등이 그것이다. 이러한 범주들이 서로 겹치고 작용하며 다른 방식으로 작용한다는 점을 제외하고, 실리와 카터(Sealey & Carter 2013: 268)는 자신들의 실재론적 관점에서 볼 때, '일곱 가지 방법'은 그렇게 많은 실재론의 변형이라기보다는 "언어가 무엇인지에 대한 대안적 개념에 기인할" 수 있다고 제안한다.

따라서 실리와 카터는 엘더-바스(2013)가 "언어를 통일되고 잘 구분된 체계로 보는 개념에 우리 자신을 얽매이지 않아도 된다"는 주장에 문제를 제기한다. 그들의 입장에서 '언어들'은 '언어라는 실제 현상의 다양성'이며 '경험적 영역에 존재한다'고 본다(Sealey & Carter 2013: 270). 언어들의 존재에 대한 그들의 주장 중 하나는 상호 이해가 다른 언어의 존재 증거라는 주장에 기반한다(제6장). 그러나 언어를 별개로 명확히 구분된 개념으로 간주하는 것에 대한 엘더-바스(2013)의 경고는 실리(2007: 650~651)의 사회 언어적 실재론보다 더 신뢰할 수 있을 것이다. 이는 우리가 "경쟁하는 설명과 기술을 부분적으로 구별할 수 있으며, 그것들이 우리의 설명과는 독립적으로 존재하는 현상들을 기술하려는 시도"라고 제안한다. 하슬랭어(Haslanger 2012)의 비판적 사회 실재론에 따라 언어는 사회적 구성이지만 그렇다고 해서 실재성이 덜한 것은 아니라고 주장하는 것이 더 의미가 있을 수 있다. 그러면 언어들의 실재성에 저항하는 프로젝트를 실현하는 것이 가능해진다. 이는 실재를 전적으로 무시함으로써가 아니라, 우리가 젠더와 인종이 작동하는 방식을 문제 삼는 것과 같은 방식으로, 언어가 수행하도록 만들어진 작업을 질문함으로써 이루어질 수 있다.

스쿠트나브-캉거스와 필립슨(Skuttnabb-Kangas & Phillipson 2008: 10)은 "언어나 모국어와 같은 개념의 존재를 현실에서 거의 또는 전혀 근거가 없는 사회적 구성물로 비난하는 것은 도움이 되지 않는다"고 주장한다. 이는 언어 권리 개발과 같은 프로젝트를 약화시킬 수 있기 때문이다. 그러나 언어나 모국어가 사회적 구성물이라고 주장하는 것(그렇지 않을 수 없다)은 그것들이 실재하지 않는다는 것을 제안하는 것이 아니다. 따라서 언어나 모국어가 실재한다고 고집하거나 비판자들이 이 실재를 부인한다고 고집하는 것은 유용하지 않다. 스테펜슨과 필(Steffensen & Fill 2014: 9)이 말했듯이 "언어학자들은 '한 언어' 개념을 민속적 구인(folk construct)으로 간주할 이론적이고 경험적인 이유가 있으며, 따라서 언어가 무엇인지에 대한 본질주의적 관점을 거부한다"고 하면서, 언어 권리 아젠다를 전진시킬 수 있다는 이유로 특정한 언어 실재론을 고수하는 것은 도움이 되지 않는다. 만약 우리가 특정 집단의 사람들이 사회적, 교육적, 경제적, 문화적, 물질적 측면에서 직면하는 조건이 특정 언어 관행의 사용을 지원하는 전략에 의해 개선될 수 있다는 것에 동의할 수 있다면, 우리는 언어의 존재론적 지위에 동의할 필요는 없다. 그러나 가정된 언어 현실을 - 언어 존재론적 측면에서 - 그들의 삶에서 주요 변화를 겪고 있는 사람들의 실제 조건보다 우선시하면, 우리는 가상의 언어 객체의 구원을 실제 사람들의 우려보다 우선시하는 위험을 감수하게 되며, 이는 부르주아 학문적 이상주의를 언어와 빈곤 문제보다 우선시하게 되는 것이다(Mufwene 2010).

루크(Luke 2013: 139)는 "텍스트와 표상에 관한 두 가지 뚜렷한 철학, 즉 국가 및 정치 경제에 대한 역사적 유물론적 비판 그리고 담화/담론에 대한 포스트구조주의적 포스트모더니즘 이론을 종합할 필요가 있다"고 주장한다. 이는 포스트구조주의 담론과 정치 경제를 조화시키려는 입장이 상대주의와 실재론에 바탕을 둔 양립할 수 없는 접근법이라는 주장보다는 훨씬 유용하지만(제2장) "담화/담론 표상과 실재의 관계를 풀어나가는 것이 비판적 문해력의 이론과 실제에서의 핵심적인 문제"라는 관점(Luke 2013: 146)에서 벗어나려는 충분한 이유도 존재한다. 신유물론적 접근을 따르는 이 입장은 담화/담론과 실재 사이의 관계에 대해 의문을 제기하는 표상에 대한 관점과, 역사적 유물론과 정치 경제로 한정된 유물론의 개념을 제안한다. 여기서 문제는 정치 경제가 중요하지 않다는 것이 아니라, 실재를 오직 자신들의 설명으로만 이해하려는 사람들에게 그 실재를 맡겨서는 안 된다는 것이다. 블록(Block 2014)이 강조한 바와 같이, 응용언어학은 계급과 불평등 문제에 더 깊은 주의를 기울일 필요가 있다.

라투르(Latour)의 '관심의 문제' 대 '사실의 문제'에 대한 접근 방식은, 사실이 그러한 가능성 조건에 초점을 맞추기보다는 다양한 연구 방식을 활용하여 어떻게 (넓게 이해된) 다양한 참여자들이 모여 사물을 사물로 만드는지를 이해하기 위한 "다원적 탐구"(2004a: 246)를 통해 새로운 형태의 실재론을 고려하도록 우리를 유도한다. 이러한 접근 방식은 사물에 대해 부당한 주장을 하는 거친 경험주의에 기반한 실재에 대한 호소를 피한다. 정원 바닥의 고양이에 대해 우리가 어떻게 인식하고 이야기하는지에 대한 논의 - 상당히 흥미롭게도 어느 정도 고양이에 의해 전용되었던 논의 - 는 구성주의자와 실재론자의 논쟁이 우리에게 진정한 해결책을 제공하지 못할 것임을 시사했다. 신유물론과 사변적 실재론은 결코 우리에게 유일한 해결책을 제공하지 않으며, 실제로 그들이 제안하는(모든 것이 조금은 똑같아 보이는) 평평한 존재론이 그들이 할 수 있는 것을 제한할 수도 있다. 그럼에도 불구하고, 그들은 실재와 구성에 대한 특정 주장에 균형을 제공하며, 적어도 지금이 앞으로 나아가야 할 때임을 그리고 무미건조한 실재론으로부터 실재를 회수할 좋은 이유가 있음을 제시한다.

고양이에 대한 논의는 포스트휴머니즘의 길을 제시한다. 고양이가 세계를 어떻게 지각할 수 있는지에 대한 우리의 가정에 대해 주의를 기울여야 할 뿐만 아니라, 모든 인간의 지각이 담화적으로 매개된다고 주장하는 것이 다른 동물들에게는 해당되지 않을 수 있으므로, 실재가 인간의 중재자를 필요로 하는지를 고려해야 한다. 테이블에 대한 논의는 단순한 경험주의(나는 테이블을 만지므로 그것이 존재한다)를 피할 필요성뿐만 아니라 초월적 관념론(테이블이 인간의 테이블에 대한 개념에 부합해야 한다)을 초월할 필요성을 제시했다. 대신 우리의 삶이 테이블과 어떻게 얽혀 있는지, 사람들, 대화, 커피, 아이패드, 크루아상, 월남국수를 포함한 일시적인 집합의 일부인 테이블의 방식을 고려해야 한다는 것이 분명해졌다. 이 비판적 포스트휴머니즘 실재론은 비판적 사회 이론의 비판적 측면(Haslanger 2012; Pennycook 2001), 사회 구성과 저항을 허용하는 실재론(Haslanger 2012; Hoy 2004) 그리고 인간의 물질세계와의 상호 관계를 강조하는 것들의 정치적 존재론을 포함하는 포스트휴머니즘을 통해 권력에 진실(혹은 실재)[4]을 말하는 방법을 제공한다. 다음 마지막 장에서는 비판적 포스트휴머니즘 응용언어학에 대한 몇 가지 시험적인 방향에 대해 제안할 것이다.

미주

[1] 버클리 주교와 다른 이들의 회의론[인간에 의해 감각되지 않는 한 사물은 존재하지 않을 것이다. 즉 esse est percipi(존재하는 것은 지각되는 것이다)]의 혼란스러운 요소는 기독교의 신이 이 그림에서 어디에 맞는지에 대한 질문이었다. 흄에게 있어 이 질문은 회피되어야 했다. "우리 감각의 진실성을 증명하기 위해 최고 존재의 진실성에 호소하는 것은 분명 매우 예상치 못한 우회로를 만드는 것이다(Hume 1777 :120, 1975: 153)." 이 딜레마는 Ronald Knox의 시(1888~1957)에서 잘 나타난다.

안뜰의 신(God in the Quad)

이렇게 말하는 젊은이가 있었다. "하나님은
이를 아주 이상하게 여겨야 한다
나무는 계속
존재해야 하는지,
안뜰에 아무도 없을 때도 말이다."

회신:
"친애하는 선생님: 그 의문은 이상합니다.
나는 항상 안뜰에 있습니다.
그래서 나무가
앞으로도 쭉 존재할 것입니다.
당산의 충실한, 신이 관찰하니까요."

[2] 그러나 하슬랭어(Haslanger 2012)는 이 주장이 원인적 구성과 구성적 구성을 혼동할 가능성이 있다고 지적한다: 우리는 사회적 종류와 사회적 원인의 혼동을 피할 필요가 있다.

[3] 나는 어린 시절, 부엌 식탁에서 치는 브리지(카드 게임)을 기억한다. 할아버지와 할머니의 농가에 있는 다소 거창하게 이름 붙여진 거실에서, 제대로 된 펠트로 덮인 카드 테이블에서의 진지한 플레이, 점수 계산과 비딩(bidding)과 함께 치는 보다 진지한 게임과는 대조적이다.

[4] 나는 이 장에서 진리와 실재 사이의 어려운 관계에 대한 언급을 피했다. 관련 논의는 블랙번(Blackburn 2005)을 참조.

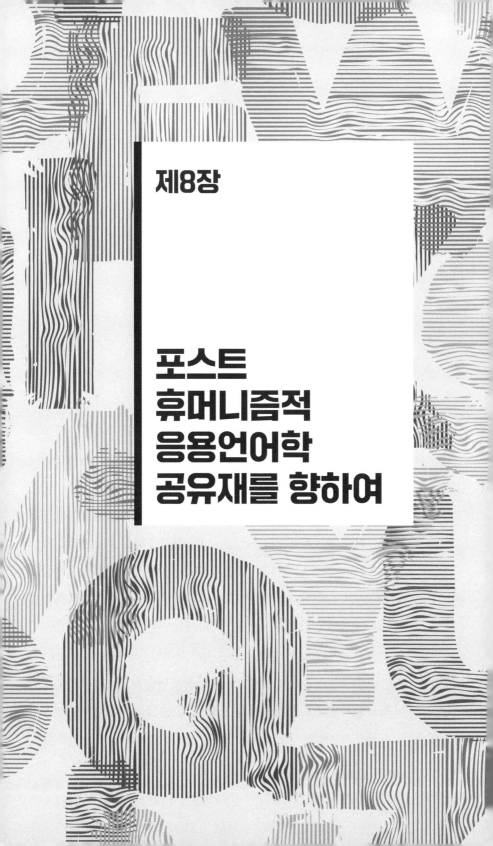

제8장

포스트 휴머니즘적 응용언어학 공유재를 향하여

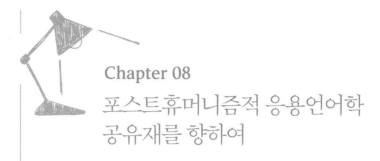

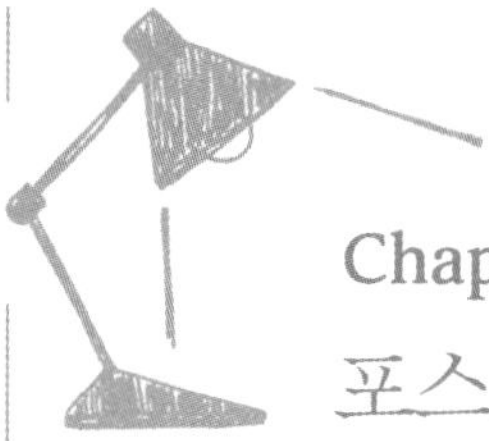

Chapter 08
포스트휴머니즘적 응용언어학 공유재를 향하여

얼기설기 얽힌 인간

이 책에서 포스트휴머니즘이라는 이름 아래 다양한 주제에 대해 논의해 왔지만, 궁극적으로 말하고자 하는 것은 포스트휴머니즘 자체가 아니다. 개념 자체보다 그것이 가능하게 하는 개념들의 모음이 더 중요하다. 이는 우리에게 일련의 상호 관련된 사고방식을 구축하는 데 유용한 도구를 제공한다. 포스트휴머니즘은 이론이나 심지어 일관성 있는 일련의 명제들이 아니라 지구상의 다른 것들과 관련하여 인간의 중심성에 의문을 제기하는 프로젝트들의 집합이다. 주된 관심사는 인간의 오만에 대한 질문이며, 인간이 스스로를 그렇게 심각하게 받아들이고 모든 것의 중심이라고 여길 때 세상에서 놓치고 있는 것이 무엇인가를 묻는다. 이것은 휴머니즘이 지식과 윤리의 원천으로서 인간의 마음을 특권화하고 인간만이 독특한 방법으로 행위 능력을 가질 수 있는, 그들 자신의 의도와 욕망의 주인이라고 가정해 온 방식에 의문을 제기하기 위함이다. 포스트휴머니즘은 "인간의 존재론적 불안정성"을 심각하게 받아들인다(Fuller 2011: 75). 내가 여기서 전개해 온 포스트휴머니즘은 인간, 세계에서의 인간 위치를 부정하는 디스토피아적 반휴머니즘적 허무주의도 아니며, 인간이 기계 및 기술과 통합되어 불멸을 성취할 수 있다는 트랜스휴머니즘의 유토피아적 미래를 지향하지도 않는다. 오히려 브라이언트(Bryant 2011)를 따라 인간이 존재의 군주라는 위치를 흔들고, 인간을 다른 존재와 얽히고설킨 존재로 보게 하는 것이 목표다.

"사물이 된다는 것은 어떤 느낌일까?" 보고스트(Bogost 2012: 10)는 묻는다. 어떤 사람들에게는 이것이 너무 먼 질문이며, 존재에 대한 불가능한 질문처럼 보일 수도 있다. 우리는 단순히 다른 것이 된다는 게 어떤 것인지 알 수 없으며, 자신의 존재를 인식하는 비감각적인 것들에 대해 생각할 수도 없다. 토마스 네이글(Nagel 1974: 439)[114]이 그의 유명한 논문 「박쥐가 되는 것은 어떤 것일까?」에서 물었듯이, 문제는 인간이 낮에 거꾸로 매달렸다가 밤에는 날아다니는 것이 어떤 것인지 상상할 수 있는가도 아니고, 반향 위치 추정을 통해 세상을 감지하는 것이 어떤 것인지 상상할 수 있는가도 아닌, 오히려 '박쥐에게 박쥐가 되는 것은 어떤 것인가?' 하는 것이다. 그는 우리가 주관적인 경험에 의해 제한되기 때문에 우리는 그것을 알 수 없다고 주장한다. 따라서 사물이 된다는 것이 어떤 느

114 토마스 네이글(Thomas Nagel)은 미국의 철학자로, 윤리학, 법철학, 정치 철학 등에서 근래까지도 왕성하게 활동해 왔다. 그의 논문이자 저서 『박쥐가 되는 것은 어떤 것일까(What is it like to be a bat)?』에서 물질적 환원주의를 비판하며 자유주의적 평등주의 이론을 주장한 바 있다.

낌인지 묻는다면, 우리가 자기 의식이 있는 생물과 그렇지 않은 생물 사이의 경계를 상당히 관대하게 설정하더라도, 사물은 분명히 이 경계의 부정적인 쪽에만 해당할 수 있다. 다윈(Darwin 1881: 305)이 그랬듯이, 지렁이가 생각보다 똑똑할 수 있고 실제로 "대부분의 사람들이 처음에 가정하는 것보다 세계 역사에서 더 중요한 역할을 했다"고 믿는다고 해도, 또한 우리가 지렁이에게 어떤 형태의 행위 능력을 부여하기로 결정했다고 해도(지렁이의 지렁이다운 부분에 대한 어떤 형태의 지식을 부여하고 그것이 어떤 형태의 인식을 구성하고 있다고 생각하더라도) 우리는 여전히 흙 자체에서 그 경계를 긋게 될 것이다. 그래서 박쥐의 관점에서 박쥐가 되는 것이 불가능하다면, 사물이 된다는 게 어떤 것일지에 대한 질문에 답하는 것은 두 배로 어려워진다.

그러나 이러한 주장들은 여전히 인간 중심적 사고방식에 갇혀 있다. 의식이 물리적인 부분이나 육체적인 부분의 합이라는 환원론자나 유물론자의 주장에 반박한 네이글(Nagel 1974)의 입장은 우리의 지각과 일치하는 세계의 칸트적 관점에 힘입은 급진적 주관적 개인주의에서 벗어날 수 없다. 데리다(Derrida 2008: 9)가 말했듯이, '개념화되는 걸 거부하는 존재'를 이해하는 데 있어서 인간의 능력에 대해 회의적인 태도를 취할 만한 충분한 이유가 있지만, 여기에는 다른 이들의 불가지성(unknowability)을 제안함으로써 인간의 분리 가능성과 고유성을 강조하는 일종의 밀폐된 주관주의의 위험도 있다. '문어가 되는 것은 어떤 느낌일까?'라는 질문을 던지는 갓프리-스미스(Godfrey-Smith 2017: 77)는 네이글(1974)의 질문이 문제인 것은 유사성을 찾거나 부정하는 데 있다고 주장한다. 대신 우리가 검토해야 할 것은 사물이 되는 것이 어떤 느낌인가에 대한 질문이

다: “어떻게 무언가가 된 것 같은 느낌이 존재 그 자체로 천천히 스며들 수 있는가(Godfrey-Smith 2017: 78)?” 포스트휴머니즘적 관점에서의 요점은 인간 중심적 사고방식을 벗어나 인간과 비인간 사이의 구분에 대해 질문하고, 다른 관점에서 알 수 있는지를 묻는 것이다. 우리가 서로를 알 수 있고, 상호 이해를 이룰 수 있는지에 의문을 제기하는 제6장의 논쟁은 처음에는 주관적 관점과 유사해 보일 수 있다(박쥐가 되는 것이 어떤 것인지 알 수 없기 때문에 우리는 심지어 다른 사람이 되는 것이 어떤 것인지조차 알 수 없다). 그러나 여기서의 목표는 상호 주관적 불가지성에 초점을 맞추기보다는, 우리가 사람이나 사물이 서로에게 존재한다는 것이 무엇을 의미하는지 물어볼 때 관련된 관계의 복잡성을 탐구하는 것이다.

이 책을 통해 이 연구 방향이 발전하면서 우리는 감각에 대한 질문, 지식이 우리의 머릿속에서 어떻게 발생한다고 믿는지에 대한 가정, 그리고 몸, 사물, 장소에 부여하는 역할을 논의했다. 보고스트(Bogost)의 질문은 우리를 이 대안적인 방향으로 인도한다. “무언가가 된다는 것이 무슨 의미인지 묻는 것은, 우리에게 세상의 존재에 대한 우리 자신의 이해력을 뛰어넘는 질문을 던지는 것이다(Bogost 2012: 30).” 그러므로 사물이 되는 것이 어떤 것인지를 묻는 것은 우리가 다르게 생각하기 시작하고, 인간, 지식, 주관성, 사물에 대한 가정에서 벗어나 다른 것들과 우리가 아는 것의 경계에 대한 다른 질문을 추구하게 한다. 인간 행위의 다른 효과(예를 들어 가난한 사람들의 착취) 사이에 도덕적 구별을 유지할 수 있도록 인간과 사물 사이의 존재론적 구분을 유지해야 한다는 반대 입장에 대해, 베넷(Bennett)은 주체와 객체를 분리하고 인간성 자체를 목적으로 여기는 휴머니즘적 관점은 특별히 좋은 점이 없었다고 대답한다. “우리가 구성하고 있는 물질성의 지위를 높일 수 있는 대안적 접근(Bennett 2010a: 12, 원문에서 강조)"은 "특정(유럽-미국, 부르주아, 신 중심주의 등) 인격의 모델을 따르지 않는" 사람들이 일상적으로 고통 받는 지배적인 칸트적 도덕성 버전에 대한 대안을 제공한다(13쪽).

포스트휴머니즘 사상에 의해 제기되는 도전은 여러 방면으로 나타난다. 아마도 그중 가장 심각한 우려는 인간으로서 우리가 지구에 끼친 매우 현실적인 우려에서 비롯되었을 것이다. 물론 거의 확실히 우리는 장기적으로 인류가 서서히 사라질 것이라는 것을 안다. 생명, 행성, 태양, 별들은 시간이 흐르면서 오고 가기 마련이다. 문제는 우리가 필요 이상으로 빨리 우리의 종말을, 우리와 함께하는 많은 다른 종들(또는 많은 경우 우리 이전의 종들)의 죽음을 재촉하고 있는 것처럼 보인다는 것이다. 과거에는 환경이 다소 부드러운 정치적 이슈로 비쳐졌을지 모르지만, 이제는 지구 자체가 심각한 위협에 처해 있다는 인식이 환경 정치의 긴급성을 변화시켰다(Žižek 2010). 클라인(Klein 2015)이 주장했듯이, 문제의 핵심은 자본주의의 메커니즘 그 자체이기 때문에 자본주의에 기초한 개입 형태를 통해서는 해결책이 나올 수 없다. 단지 지질학적인 시간이라서가 아니라 인간의 영향이 중요해진 인류세 시대에, 우리는 멈춰 생각할 필요가 있다.

이런 우려들 중 일부는 여전히 유용한, 인간 지향적인 방향으로 우리를 밀어붙일 수도 있다. 우리가 모두 힘을 합치지 않고 우리의 사소한 차이들을 잊어버리지 않는다면, 지구의 온도는 놀라운 속도로 계속해서 올라갈 것이고, 우리(그리고 다른 동물들과 식물들)는 심각한 결과에 직면해야 할 것이다. 클라인(Klein 2015)의 관점에서 기후 변화의 피해를 제한하기 위해서는 자본과 국가 정부가 달성할 수 있는 것보다 훨씬 더 큰 협력 형태에 기초한 집단적 행동이 필요하다. 이것은 우리의 집단행동이 지구를 유일한 수단으로 보는 휴머니즘으로 이끌 수도 있지만, 이에 대한 반성은 우리를 대안적인 방향으로 이끌 수도 있다. 자연의 힘으로 변해 버린 인간이란 무엇을 의미하는가? 인류의 지구에 대한 영향으로 정의되는 지질시대인 인류세가 나폴레옹 전쟁, 정화(鄭和, Zheng He)의 항해,[115] 제국의 시대와 같은 연구의 유효한 시대가 될 때, 역사에 대해서 우리는 어떻게 이해해야만 할까? 우리는 인간과 자연이 명백히 서로의 일부분임을 알고 있음에도 인간과 자연의 구분을 유지할 수 있을까? 여기서 나오는 질문은 인류를 글로벌 위기에 대한 문제이자 해결책으로서 지속적으로 믿는 일이 여전히 설득력이 있는지, 아니면 인간과 세계 사이의 관계를 재고해야 하는지에 대한 것이다.

인간이 된다는 것이 무엇을 의미하는지에 대한 다른 도전들은 이러한 우려로부터 파생된다. 환경 파괴 및 자원 감소와 같이 인간의 파괴성에 의해 제기된 위협과 함께, 우리가 이 행성의 동물 및 다른 거주자들과 어떻게 관련되는지에 대한 새로운 관심이 제기된다. 포스트휴머니즘은 종(種)의 세계주의(Nayar 2014)의 한 형태로 이해될 수 있다. 인간과 다른 동물을 끊임없이 구분하는 이런 과정, 인간의 언어는 동물의 의사소통과 너

115 정화는 명나라 시기의 환관이자 군인이며 탐험가로, 1371년에서 1433년까지 활동했다. 원래의 성은 마(馬)였으나, 정난의 변 이후 영락제가 '정화'라는 이름을 하사했다. 색목인이었던 정화는 대규모 함대를 이끌고 아시아, 아프리카, 중동의 여러 나라를 탐험하였다. 그의 항해는 중국과 다른 나라들 간의 무역과 외교 관계를 증진시켰으며, 총 7번의 대항해를 통해 30여 개국을 방문했다. 이로 인해 그는 중국 역사상 가장 위대한 탐험가 중 한 명으로 평가받고 있다.

무나도 다르기 때문에 진화의 비현실적인 순간에 갑자기 발생했다고 강조하는 것은 무엇 때문일까? 우리는 왜 인간의 개념을 그토록 엄격하고 신중하게 감시하는 것일까? 그리고 왜 인간과 세상, 단지 인간과 다른 동물뿐만 아니라 인간과 사물, 즉 우리를 둘러싸고 있지만 우리가 그렇게 철저하게 분리해 온 세상 사이에 이러한 구분을 하게 되었는가? 아마도 이제는 안과 밖으로 간주되는 것, 우리 머릿속이나 밖에서 일어난다고 가정하는 것, 그리고 신체와 나머지 사이의 경계가 어디에 있는지를 질문할 때일 것이다.

이러한 관점에서, 인간은 더 이상 환경을 통제하는 고유하며 양도할 수 없는 존재로 세계와 분리되어 있지 않다. 인간은 더 이상 세계와 분리될 수 없다. 오히려 인간은 이 세계의 일부이며 사물의 직물에 짜여져 있다. 그리고 이런 사물들 자체가 우리 삶에서 중요한 역할을 하며, 어떤 관점에서는 행위자들 또는 행위소들로 여겨진다. 이는 인간 상호 행위소(interactant)를 포함하거나 포함하지 않을 수도 있는 연결망의 일부이며, 서로 다른 사물과 사람과 장소와 담론이 함께 모이는 아상블라주로 간주된다. 보고스트(Bogost 2012: 30)는 앞 장의 논의에서 "사물이 존재한다는 것은 논쟁의 문제가 아니다"라고 지적했다. 세상의 실재(사회적으로 구성된 사물의 실재를 포함)뿐만 아니라, 사물이 서로에게 어떻게 존재하는지에 대한 질문도 중요하다. "특정한 것이 다른 것에게 무엇을 의미하는지, 이것이 바로 나를 관심 있게 하는 질문이다(Bogost 2012: 30, 원문에서 강조됨)." 이 책에서 여러 번 논의된 아상블라주의 개념은 사물이 서로에게 어떻게 존재하는지, 사물, 기호적 자원, 사람과 공간 사이의 관계가 어떻게 중요해지는지에 대해 고려하는 유용한 방법을 제안한다.

인간의 삶을 불안정하게 만드는 다른 많은 사회적 변화들이 진행되고 있다. 실제로 신자유주의 시대의 포스트휴머니즘 또는 정치적 기후가 다시 변화하고 있다면 대중적 민족주의와 외국인 혐오 시대의 또 다른 시각은 이렇게 볼 수 있다. 18세기 유럽에서 발전하고 제2차 세계대전의 수치와 황폐화 이후 정점에 도달한 것으로 보이는 휴머니즘은, 난민 조약이 체결되고 국제 인권이 촉진되었으며, 사회 복지와 더 큰 평등이 옹호되고, 여성과 유색 인종의 권리가 확대되었다. 또한 전 식민지들이 독립을 얻고 국가들이 빈곤에서 벗어나기 위한 목표가 설정되었던 시기에 정점을 찍었으나, 20세기 후반과 21세기 초반에는 역행하고 있다고 할 수 있다. 종교와 독재적 권위로부터 벗어나고 공동 인류애를 강조하면서 이루어졌던 어떤 성과가 있었든지 간에, 우리는 다시 후퇴하기 시작했으며 종교적 신앙, 국가주의적 보호주의, 외국인 혐오와 불평등의 불가피성을 수용하는 방향으로 돌아가고 있다.

푸코(Foucault 1966)가 인간의 개념은 최근에 발명된 것이며 이제는 그 유용성을 다했을 수도 있다고 제안했을 때, 그는 특히 인간을 일관된 연구 대상으로 만들어낸 인문과학, 즉 인간을 연구하는 학문적 분야들이 인간을 어떻게 구성했는지에 대해 언급하고 있었다. 하지만 그가 살아 있었다면, 이 휴머니즘적 이상이 한때 가졌던 것만큼 더 이상 중요하지 않게 보이는 방식에 대해서도 마찬가지로 이야기했을지 모른다. 그러나 나는 포스트휴머니즘이 우리를 이러한 비관적인 길로, 디스토피아적인 세계로만 이끈다고 제안하고 싶지 않다. 기술 발전은 우리에게 다소 혼란스러운 이야기를 제시한다. 어떤 이에게는 유토피아적일 수도, 다른 이에게는 디스토피아적일 수도 있다. 어떤 관점에서는 우리가 만든 기계와 합쳐질 경우, 그것이 우리의 유일한 탈출구가 될 수 있다. 이러한 트랜스휴머니즘적 사고방식은 인간의 증강, 즉 인간이 결핍과 장애를 극복하고 새롭고 개선된 인간을 만들어내는 방식에 초점을 맞추고 있다. 또 다른 관점에서 스테이블스(Stables 2012)는 포스트휴머니즘적 관점이 종과 시대에 대한 부정적인 기술보다는 오히려 우리가 달성하기 어려울지라도 여전히 지향할 수 있는 이상을 제시할 수 있다고 제안한다. 하지만 여기서 나는 다른 방향을 취하고 싶다. 대안적인 방향을 열어주는 비판적이고 정치적으로 참여하는 연구와 행동의 형태들을 살펴보고자 한다.

브리그스톡과 누라니(Brigstocke & Noorani)가 지적했듯이, 비판적 작업은 종종 '소외된 주체에게 목소리를 부여하는 것'이라는 측면으로 이해된다. 그러나 그들은 다음과 같이 묻는다.

> 우리가 기존에 인정받은 목소리를 증폭하는 것이 아니라 목소리를 구성하려고 할 때, 전통적으로 인정받지 못하는 형태의 행위 능력에 우리 자신을 맞추려 할 때 어떤 새로운 교차점이 나타날까? 목소리를 단순히 증폭하는 것이 아니라 아상블라주를 구성할 필요가 있거나 새로운 청취 방법을 만들어야 할 때 연구, 발명 그리고 정치적 행위 능력 사이에 어떤 새로운 교차점이 나타날 수 있을까?
>
> (Brigstocke & Noorani 2016: 2)

이러한 질문을 정치적, 공간적 프로젝트로서 공유점을 되찾는 것에 대한 광범위한 논의이다. 더불어 응용언어학적 공유재가 어떻게 보일 수 있는지 탐색하기에 앞서, 나는 포스트휴머니즘의 많은 측면과 기호학, 사물, 장소 사이의 관계에 대한 더 넓고 분산된 이해로 이어지는 응용언어학의 현재 경향 사이에 어떤 관련성이 있는지 다음 절에서 논의할 것이다.

응용언어학에서의 포스트휴머니즘적 경향

응용언어학과 같은 분야에서 겪는 공통적인 문제점 중 하나는 급진적인 생각의 함의가 널리 받아들여질수록 너무 쉽게 퇴색되거나 다시 인간 중심적이고 규범적인 틀로 되돌아가기 쉽다는 것이다. 예를 들면, 비고츠키적 사고(Holborow 1999)의 사회적, 물질적 함의는 그 의미가 희석되어 협력 학습에 조금 더 중점을 두는 정도로 해석되고 있다. 이렇게 물질성을 강조하며 학습에서의 활동 중심 이론의 발전에 대한 큰 영향을 미친 틀은 준기술적(quasi-technical) 근접 발달 영역 혹은 사람들 간의 관계에 다시 초점을 맞추게 된다. 코드 전환(code-switching)과 같은 개념의 더 개방적인 가능성이 전통적인 사회언어학의 정통언어학적인 영향으로 개인화되었듯이, 그 대체 개념인 횡단언어, 즉 "이중 언어 사용자들의 언어 관행을 두 개의 독립적인 언어 체계로 보는 것이 아닌 하나의 언어 레퍼토리로 보는 것(García & Li Wei 2014: 2)"이 이중 언어 사용의 개념으로 급격히 환원된 것처럼(Pennycook 2016a), 횡단언어와 분산 인지에 대한 초점(Pontier & Mileidis 2016: 97)은 모두 너무 급격하게 '다양한 교육적 목표를 달성하기 위한 협력적 작업'을 뒷받침하는 '자원으로서의 이중 언어'에 대한 중점으로 옮겨갔다. 횡단언어의 의미는 그저 이중 언어로, 분산 인지는 협업으로 그 의미가 환원되었다.

그러나 포스트휴머니즘적 사고방식은 응용언어학에 중대한 함의를 지닌다. 우리가 현대 생활에서 언어 사용을 이해할 필요가 있는 넓은 배경으로서만이 아니라 전쟁, 환경 파괴, 다수 세계의 지속적인 빈곤화로 인한 인구 이동의 증가와 같은 현상을 이해하는 배경으로서 필요하다. 또한 인지, 맥락, 의사소통을 어떻게 이해하는지에 대한 측면에서도 그렇다. 제2언어 발달에 대한 많은 연구는 언어와 마음이 인간의 머리에 확고하게 위치해 있다는 이해를 바탕으로 수행되었다. 감각적 (구두 또는 시각적인) 언어 정보가 입력되고, 인지 샌드위치에 의해 처리되고, 다시 행동이나 출력으로 내보낸다. 그러나 동물들이 관련된 언어적 관행을 수행할 가능성을 배제하도록 개발된, 다소 이상하고, 신비적이며, 탈신체화된 언어의 버전이 우리를 동물과 분리시키는 것이라고 주장된 버전을 의심하기 시작하게 되면, 우리는 그것을 체화되고, 내포되며, 수행되고, 분산된 것으로 볼 수 있다. 우리는 스스로에게 이렇게 물어볼 수도 있다. 언어가 되는 것은 어떤 느낌일까? (제2언어로) 습득되는 것은 어떤 느낌일까?

일단 우리가 언어와 인지를 연구하는 유일하고 진지한 방법이 민족지학적인 방법이라고 생각하게 되면(Hutchins 1995), 우리가 언어 학습의 사회적, 공간적, 체화된 차원을 고려하기 시작했을 때 분산된 과정으로서의 제2언어 발달에 대한 이해가 열리기 시작한다. 인간을 이성적이고 문해력 있는 존재로 만드는 것을 목표로 한 감각 박탈 실험에 의문을 제기하면서, 우리는 또한 언어 학습을 촉각, 후각, 미각, 사물, 장소를 포함한 훨씬 더 광범위한 기호적 아상블라주의 안팎에서 일어나는 것으로 이해할 수 있는 가능성을 열 수 있다. 이것은 우리가 의사소통에 대해 어떻게 생각하는지에 대한 의미도 가지고 있다. 왜냐하면 현재 중요한 것은 상호 이해도 상호 오해도 아닌 일련의 조정, 해석, 연결, 소속감, 적응, 또는 우리가 소위 말하는 조율(attunement)이기 때문이다. 내가 이 책에서 그린 많은 아이디어들은 명백히 포스트휴머니즘의 틀에 묶여 있는 것은 아니지만, 포스트휴머니즘의 관념은 서로 관련된 다양한 관점을 모으고 사람과 장소, 사물을 새로운 구성으로 재배치하는 이 새로운 경관을 열어 주었다.

최근 다양한 형태의 응용 연구 및 사회언어학적 연구가, 넥서스 분석(nexus analysis), 새로운 사회언어학(sociolinguistics), 언어 경관(linguistic landscapes), 생태언어학, 사회 물질 및 감각적 문해력 등의 다양한 이름 아래 진행되었으며, 이 중 여러 가지가 포스트휴머니즘 이름을 갖지 않았음에도 내가 여기서 전개해 온 많은 생각들로 수렴하고 있다. 포스트휴머니즘의 넓은 범위를 사용하는 이유 중 하나는 이러한 논의가 그것들로 축소되지 않으면서 여러 관련 분야로 활용할 수 있게 해주기 때문이다. 따라서 우리는 하나의 이론 틀이나 다른 이론 틀에 갇히지 않고도 넥서스 분석, 사회문화 이론, 언어에 대한 생태학적 접근, 행위자 연결망 이론(Actor Network Theory, ANT) 또는 분산 인지를 살필 수 있다. 인지 처리에 대한 극단적으로 고립된 버전과 더 분산된 언어 관행의 버전 사이에서 언어, 학습 및 문해력에 대한 다양한 사회 문화적 및 사회 물질적 설명은 내가 비판한 고립주의적 관점과 내가 제안한 포스트휴머니즘적 관점 사이를 연결해 준다. 예를 들어 비고츠키(Vygotsky 1978)의 "구체적 의사소통 활동이 정신 발달과 기능에 있어 중심적인 역할을 한다(Lantolf & Thorne 2006: 17)"는 사회 문화 이론은, 이 책에서 논의된 사회적, 물질적 접근 방식과 많은 유사점을 보인다. 최소한 사회 문화 이론은 인지가 내부 스크립트에 따라 전개되는 것이 아닌, 사회적 상호 작용과 물질적 관여(engagement)를 통해 발달한다고 제안한다.

휴머니즘이 이성적 선택, 개인 자유주의, 실체로서의 언어에 초점을 맞춘 것에서 벗어나 사람, 언어, 사고(사용역, 레퍼토리, 그리고 넓은 의미의 기호학)에 대한 보다 분산된 이해로 나아가는 것은 확실히 포스트휴머니즘적 사고와 유사한 생각을 공유한다. 예를 들어, 언어학의 오래된 사회학을 대체하려는 사회언어학(sociolinguistics)의 소위 포스트피시먼주의(post-Fishmanian) 시대(Blommaert 2013: 621)는 부분적으로 포스트휴머니즘의 일종이라고 주장할 수 있다. "전체 언어와 그것들의 사회 내 분포와 사용"에 대한 기존의 거시 사회언어학적 지향(Bell 2014: 8)은 "개인 자유주의의 담론과 관련된 합리적 선택에 대한 강조(Williams 1992: 122)"와 함께 새로운 "비판적-구성주의 사회언어학"에 의해 도전을 받아 왔다. 여기서 언어는 "사회적 실천으로 이해되며, 화자들은 자신의 목적을 위해 모든 종류의 언어 자원을 활용한다(Bell 2014: 9)." 이러한 관점에서 연구자들은 개별 인간이 그들에게 제공되는 언어 다양성 중에서 합리적인 언어적 선택을 하는지 보다는 언어적 함의를 가진 다양한 사회적 관행에 참여하는 방식이나 공간적 레퍼토리에서 기호적 자원이 어떻게 이용 가능해지는지에 대한 관점에서 사회언어학적 질문에 접근하기 시작한다(Pennycook & Otsuji 2014a, 2015a).

언어에 대한 관행과 물질적 관계의 관점에서 언어를 이해하려는 노력의 선봉에 항상 있었던 일의 한 영역은 문해력에 관한 연구였다. 읽기 연구에 있어서 인지주의적 편향(문해력은 글로 이루어진 텍스트가 뇌에서 어떻게 처리되었는지에 대한 관점에서 이해할 수 있다)과 싸우며, 신문해력 연구(New Literacy Studies, Barton 1998; Barton & Hamilton 1998; Street 1985)는 문해력에 있어서의 민족지학의 중요성, (넓은 의미에서의) 텍스트와 독자들을 이해하는 것 그리고 사회적, 공간적인 것으로서의 문해력 실천을 주장했다. 그러나 고레이(Gourlay 2015: 485)가 시사하듯이 상황적, 사회적 관행으로서 문해력을 이해하는 것은 문해력에 대한 맥락적 이해를 크게 향상시켰지만, 아직 "종이, 펜, 키보드, 모바일 기기와 같은 문해력의 물질적 인공물(material artefacts)"의 역할과 같은, 보다 포스트휴머니즘적인 이해까지는 나아가지 않았다. 민족지학적 초점에도 불구하고, 새로운 문해력 연구들은 "문해력 관행의 물질성, 특히 현대 디지털 매개 통신에 있어서 적절한 이론적 추구가 부족하다(2015: 498)." 따라서 문해력에 대한 이러한 새로운 접근법은 문해력에 대한 이해를 사회적 관행으로 삼을 뿐만 아니라 넓은 의미의 기호학과 텍스트에 대한 유물론적 접근을 강조한다.

문해력에 대한 사회 물질적 접근은 "공적 담론을 통해 문해력이 조합되고 일상, 교육적 시험 및 정책 실행을 통해 물질화되는 방법"을 탐구한다(Hamilton 2015: 7). 해밀턴에게 있어서 텍스트는 이러한 관점에서 "현실이 구성되고 공유되는 장치로서, 물질적 효과가 그것을 통해 그리고 그것과 함께 이동한다(Hamilton 2015: 8)." 이러한 관점에서 본 텍스트는 "네트워크를 통해 활성화될 때 실제 효과를 가지는 비활성 존재가 아니다(2015: 8)." 텍스트, 인공물, 관행, 기술의 네트워크 측면에서 생각하기 시작하면(Gourlay et al. 2013), 온라인과 오프라인 사이, 실제와 가상 사이, 종이 텍스트와 스크린 텍스트 사이의 구별은, 우리가 문해력 아상블라주라고 부를 수 있는 것의 부분 사이의 관계에 대한 이해보다 중요하지 않게 된다. 밀스(Mills 2016: 137)는 4장에서 논의한 것과 비슷한 많은 생각을 바탕으로 '문해력 관행의 감각성'을 고려하는 것도 중요하다고 지적하며, "영화의 미적 즐거움, 소파에 앉아 책 읽기, 카메라와 함께 하는 감각적 산책에서 몸과 감각의 얽힘"을 포함할 수 있다(138쪽).

시력 저하로 인해 더 이상 자신의 42권짜리 클리프 하디(Cliff Hardy) 시리즈를 연재하지 못하게 된 호주의 베테랑 탐정 소설 작가 피터 코리스(Peter Corris)에게 글쓰기는 신체적, 공간적, 감각적 활동이다.

> 나는 와인 잔을 옆에 두고 앉아 파일을 열고 두 개의 검지와 한 개의 엄지손가락으로 열쇠를 달그락거리는 것을 좋아했다. 나는 스크린에 단어들이 나타나는 것을 보는 것과 나의 상상력과 기억력, 그리고 손으로 창조하는 세상에 몰입하는 것을 좋아했다. 그 외의 어떤 것도 내게 글쓰기로 느껴지지 않을 것이다.
>
> (Turnbull 2017에서 재인용)

그럼에도 불구하고 밀스(Mills 2016: 123)는 포스트휴머니즘적 관점을 경계하며, "인간이 없다면 텍스트 관행도 없고, 인간 학습도, 학교도, 연구해야 할 교육 학문도 없다"고 말한다. 그러나 이러한 의견은 포스트휴머니즘을 오해하는 것이다. 왜냐하면 포스트휴머니즘의 목표는 인간이 없는 세상을 상상하는 것이 아니고 언어와 문해력이 인간 없이 존재할 수 있다고 제안하는 것이 아니라, 오히려 우리가 인간의 중심성을 다시 생각하고, 그녀가 연구에서 그랬던 것처럼 인간보다 더 많은 세계를 끌어들이는 것을 제안하는 것이기 때문이다. 사회 물질적 문해력에 대한 유사한 제안을 했던 고레이(Gourlay 2015: 488)는 보다 적극적으로 포스트휴머니즘적 관점을 수용하며, 포스트휴먼 접근이 저작권을 "인간, 기계 및 인터넷 기반 텍스트의 분산된 행위 능력 사이에서 분산되는 것"으로 이해할 수 있게 하고, 휴대용 전자 기기를 "포스트휴먼 아상블라주라고 부를 수 있는 창작 과정에서 행위자적 공동 작업자로 볼 수 있게 한다"고 제안한다(497쪽).

문해력 연구에서 볼 수 있듯이, 현재의 사회 및 응용언어학의 중요한 변화 중 하나는 기호학의 지속적인 확장이다. 우리는 공적 공간의 표지판에 있는 언어의 식별에서부터 소리, 냄새, 움직임, 몸, 옷, 음식, 낙서, 건물, 인공물과의 관련성까지 언어 경관 연구의 범위가 넓어지는 것을 보게 된다(Shohamy 2015). 이러한 더 넓은 관심의 일부는 스콜론과 스콜론의 선견지명이 있는 연구와 '기호적 생태계(semiotic ecosystem)'로서의 관행의 넥서스의 개념으로 다시 연결될 수 있다(Scollon & Scolon 2004: 89). 넥서스 분석은 사람, 장소, 담화/담론 및 사물이 어떻게 행위와 사회적 변화를 촉진하는지에 중점을 둔다. 넥서스는 반복적인 참여의 장소를 묘사한다(관행과 마찬가지로 이것들은 침전된 행위의 결과이다). 이곳은 장소의 담론(물질적 조건 내의 담론), 물리적 배치와 도구, 고프만(Goffman)의 상호작용 순서(사회적 사건의 조직)와 역사적 몸(historical bodies)[116]이 모이는 장

116 '역사적 몸(historical bodies)'이라는 용어는 사회적 상호 작용, 문화적 관습, 경험을 통해 형성되고 시간에 따라 발전하는 개인의 신체와 정체성을 지칭한다. 이 개념은 개인이 자신의 생애와 사회적 맥락을 통해 축적한 경험, 지식, 신념, 가치 등이 신체에 내재화되어 있다고 보는 것이다. 즉, '역사적 몸'은 개인이 속한 문화와 사회에서의 경험들이 어떻게 그들의 신체적 존재와 행동에 영

소이다. 스콜론과 스콜론(Scollon & Scollon 2004: 87)의 경우, 관행의 넥서스는 더 큰 형태의 담론과 행동이 교차하는 곳이다. "참여자들의 역사적 몸, 그들이 그 체계에서 확립하는 상호 작용 순서 그리고 그 인간 행동의 순간을 통해 순환하는 담론"이다.

스콜론과 스콜론의 요점은 둘 이상의 사람들이 어떤 형태의 토론, 협상, 거래 등을 할 때 많은 다른 요소, 즉 각자의 성향을 가지는 몸, 상대적인 위치에 그들을 지정하는 사회적 질서, 그들이 의지하는 담론 등이 한데 모인다는 점이다. 훌트(Hult 2010: 12)는 넥서스 분석을 "담화/담론 분석에 대한 전체적인, 방법론적 접근"이라고 말하며, 이는 말하는 행위나 사건에 좁게 초점을 맞추는 함정을 피하는 대신, 가능한 한 상호 작용의 순간에 영향을 미치는 상호 작용하는 힘들을 포함하려고 시도한다. 그것을 담화/담론 분석의 한 형태라고 부르는 것은 여기서 다루고자 하는 것의 범위를 좁히는 것처럼 보일 수 있지만, 요점은 언어 경관에 대한 연구가 매우 광범위한 사회 기호학에 개방되는 것처럼 담화/담론이 광범위한 관행, 인공물 및 교차 궤적을 수용하도록 요구하고 있다는 것이다. 넥서스 분석은 "문화와 언어를 경계가 있는 별개의 실체로 보는 것이 최선이라는 전제를 의문시"하며, "분석의 조직 단위를" 집단과 경계에서 벗어나 "행위로" 초점을 옮긴다(Scollon & Scollon 2007: 612). 넥서스 분석은 '문화 및 언어와 같은 추상적인 구성보다는 행위의 순간'에 중점을 둔다(2007: 620). 이러한 접근 방식은 이 책에서 제시한 아상블라주에 관한 아이디어와 많은 유사성을 가지고 있다(Pennycook 2017; Pennycook & Otsuji

---

향을 미치는지를 탐구하는 개념이다.

2017 참조).

기호적 생태계에 대해 이야기하는 것은(Scollon & Scollon 2004: 89) 또한 언어 생태학(linguistic ecology)을 은유로 사용한 다양한 응용언어학 연구에 초점이 맞추어지고 있다. 스테펜슨과 필(Steffensen & Fill 2014)은 언어가 생태학적으로 이해되는 네 가지 다른 방법을 주장하는데, 상징적 생태학(symbolic ecology, 특정 지역에서의 언어의 공존)의 일부, 자연 생태학(언어와 생물 및 생태계 환경 사이의 관계), 사회문화 생태학(화자와 공동체의 언어 및 사회문화적 관계), 그리고 인지 생태학(유연하고 적응적인 언어와 인지를 가능하게 하는 생물체와 그 환경 간의 역학)이 이에 해당한다. 푸파박(Pupavac 2012: 220)은 이러한 생태언어학적 접근을 '세계 윤리와 인권 담론에서 증가하는 반휴머니즘'의 일부로 보고 있다. 생태언어학은 자연과의 유기적 관계를 강조하는 전체론적 철학을 채택함으로써 "인간의 고유성과 자연의 초월성에 대한 질문(2012: 208)"을 제기한다. 푸파박의 이러한 사고는 특히 사람들이 '공통된 인간의 이상과 집단적 정치 운동의 쇠퇴 또는 소수 민족 정치 운동의 쇠퇴'에 환멸을 느끼면서 등장한 비정치적 주체(아동, 난민, 동물 및 환경)에 대한 지지를 반영하는 '토착 공동체에 대한 목가적 비유'와 관련이 있다(2012: 220).

여기서 우리는 한편으로 어떤 생태언어학의 이론적 틀이 보존이 필요한 언어 공동체의 낭만적 이상을 구축하고 언어와 종 사이의 불안정한 유사성을 사상(寫像, mapping)하는 방법(May 2001; Pennycook 2004b)과 다른 한편으로는 사물과 비정치적 주체의 더 큰 세계에 대한 관심을 선호하여 인간 정치를 약화시킬 수 있는 포스트휴머니즘적 정치에 대한 우려를 볼 수 있다. 그러나 스테펜슨과 필(Steffensen & Fill 2014: 21)의 통합 생태언어학적 이론은 서로 다른 관점을 결합하여, 생태언어학을 다음 두 가지로 이해할 수 있도록 한다. 첫째, 생태언어학은 "인간이 자신의 존재 궤도를 지원하는 확장된 감각 포화 생태계(extended, sense-saturated ecology)를 창조하기 위해 환경을 이용하는 과정과 활동을 연구하는" 인간 중심적 관점으로 볼 수 있다. 둘째, 생태언어학은 "인간 및 비인간 생명체의 모든 수준에서 이러한 과정과 활동의 유기체적, 사회적, 생태계적 한계를 연구하는" 보다 생태학적 관점으로 볼 수 있다. 베넷(Bennett 2010a, 2010b), 그로스(Grosz 2010) 등이 주장한 바와 같이, 성인 인간만이 유일한 정치 주체라는 가정에서 벗어나야 할 좋은 이유가 있다. 어린이, 난민, 사물 및 환경 역시 정치적 행위자들일 수 있으며, 공유재를 향한 집단 정치 운동은 목가적 비유 또는 휴머니즘적 이상으로 돌아가지 않고 이러한 생각들을 통합할 수 있다.

응용언어학적 관점에서 볼 때의 또 다른 우려는, 인간이 이처럼 다양한 행위소들에 대한 인정이 확대됨에 따라 인간이 밀려나고 있는 것뿐만 아니라 기호학이 의미 생성의 훨씬 더 다양한 형태를 포함하게 됨에 따라서 언어가 주변화되고 있다는 점이다. 포스트휴머니즘은 인간을 지우려는 것이 아니라 인간과 다른 동물 및 사물 사이의 관계를 재구성하고 인간 중심적이지 않은 새로운 지평으로 나아가려고 한다. 따라서 포스트휴머니즘에 대해 생각하는 또 다른 방법은 성소화(省所化, provincialization)에 있다.[117] 차크라바티(Chakrabarty 2000: 6)는 유럽의 사상은 "인도의 정

117 '성소화'는 중심에서 벗어나거나 주변화하는 과정을 의미한다. 역사적, 문화적 맥락에서 이 용어는 특정 지역이나 현상을 중심에서 주변으로 이동시키는 것, 또는 중심적인 역할에서 벗어나

치와 역사적 측면을 구성하는 다양한 생활 관행에 대해 우리가 생각하는 데 있어 불가피하면서도 부적절한 것"이라고 주장한다. 차크라바티의 주장은 정치적 근대성, 즉 근대 국가 기관, 관료제, 자본주의 기업의 지배를 생각할 때 서구 근대성에 뿌리를 둔 다양한 개념을 불러오지 않고서는 불가능하다는 것이다. 시민권, 시민 사회, 인권, 법 앞의 평등, 공적·사적 영역 간의 관계, 주체, 민주주의, 사회 정의 등의 개념 없이는 정치적 근대성을 생각할 수 없으며, 이러한 개념들은 "유럽 계몽주의와 19세기의 과정에서 그 절정의 형태를 찾았다(Chakrabarty 2000: 4)." 이는 유럽 식민지 지배자들이 설파했지만, 실제로는 부정했던 계몽주의 휴머니즘 사상이었다.

그래서 차크라바티에게 있어서의 딜레마는, 예를 들어 마르크스(Marx)의 비판적 분석 접근과 하이데거의 해석학적 접근과 같이 이 전통에 빚진 부분을 인정하는 동시에 인도 역사, 제도, 문화와 같은 것들을 성소화하는 것이다. 세계에서 유럽 사상을 어떻게 재배치하거나 중심에서 이동시킬 것인가, 이는 유럽 사상을 거부하려는 프로젝트가 아니라 그것을 적절히 지역화된 위치에 두려는 성소화 프로젝트이다. 이러한 사고방식에 따라 모타(Motha 2014: 129)는 "영어 학습에 내재된 것은 영어의 식민지적, 인종적 역사가 현재의 언어, 경제, 정치 및 사회적 실천에 미치는 영향에 대한 강한 인식"이라며, '성소화된 영어(provincialized English)'에 대

게 하는 것을 나타낸다. 예를 들어, 차크라바티의 '유럽의 성소화(Provincializing Europe)'는 유럽 중심의 역사 서술을 비판하고 비유럽 지역의 역사를 독립적으로 재조명하려는 시도를 설명한다. 경제적 및 정치적 맥락에서는 특정 지역이나 도시가 국가의 경제적 또는 정치적 중심에서 벗어나 주변화되는 과정을 설명할 때 사용된다.

한 이해를 주장한다. 이와 같은 프로젝트는 영어가 세계에서 수행한 역할을 인정하려고 한다. 영어가 현재 세계화의 조건 내에서는 필수적임을 인정함과 동시에 의사소통, 차이 및 평등에 있어서는 부적절함을 인정한다. 이는 보편적이고 해방적이며 특정한 것을 가능하게 하는 데 있어서 영어의 유용성을 높이 평가하는 것인데, 또한 세계적 의사소통에 있어서의 부족함, 불평등의 영속화에 대한 역할, 다른 언어와 문화에 대한 파괴적인 영향을 인정하는 것이다. 영어와 영어 교육은 거부될 수 없지만, 그 지역마다 다르게 이해될 필요가 있다. 영어는 성소화되어야만 한다.

서로우(Thurlow 2016)는 비판적 담화 연구에서 언어의 한계를 재고해야 한다면서, 성소화 프로젝트를 한 단계 더 발전시킨다. 서로우는 담화/담론 연구를 퀴어링하는 과정에서, 콘의 "언어를 성소화해야 한다는 주장에 의존한다. 이는 우리가 언어와 표상을 혼동하기 때문이다"라는 주장을 인용한다(Kohn 2013: 39). 즉, 모든 표현이 인간적이며 모든 표현이 언어와 유사한 속성을 지닌다고 가정함으로써 표상에 대한 인간의 경향을 보편화한다는 것이다. 콘에게는 상징적 표현이 인간에게 독특한 것일 수 있지만, 도상적, 지시적(indexical) 표현은 그렇지 않을 수 있다는 것을 이해하는 것이 중요하다. 서로우(2016)는 또한 스리프트(2007)의 "인간을 넘어서고, 텍스트를 넘어서고, 사회 생활의 다중 감각적 본성(Thurlow 2016: 496)"에 대한 비표상 이론[118]과 "사물의 궤적 및 전기(biographies)에

118 Nigel Thrift의 비표상 이론은 인간 경험을 감각, 감정, 몸의 동작 등 비언어적 요소를 통해 이해하려는 접근이다. 이는 전통적인 사회과학의 언어적 표상 방식에서 벗어나, 실천적인 측면과 몸, 감정의 역할을 중시하며 사회와 문화를 새롭게 바라보는 이론이며, 사회과학 연구에 몸과 환경의 중요성을 강조하고, 다양한 분야에서 복잡한 인간 경험을 포착하고자 한다.

담긴 비판적 문화적 중요성"에 대한 이해의 중요성과 공감각의 개념을 수용한다(499쪽). 이는 "심지어 다면적 분석가들이 해 온 것 이상의 언어의 더 집중된 탈중심화가 필요하다"고 제안했다(503쪽).

이것은 우리가 다면적 연구에 흔히 볼 수 있는 언어-더하기-이미지(language-plus-image)나 언어-더하기-제스처(language-plus-gesture)보다 훨씬 더 넓은 기호학이 필요하다는 것을 인정하기 위한 것이다. 앞 장에서 주장했듯이, 우리는 얽힘, 아상블라주, 조율의 관점에서 생각할 필요가 있다. 이 책은 이러한 사고방식을 바탕으로 하고 비판적 응용언어학에 대한 새로운 접근 방식으로 언어와 인류를 모두 성소화하려고 한다. 어떤 사람들에게는 언어와 휴머니즘을 비판적 언어 프로젝트에서 버리는 것이 퇴보적으로 보일 수 있다. 부콜츠와 홀(Bucholtz & Hall 2016: 187)이 제시했듯이, "비판 이론의 담화적 전환이 우리의 연구 대상을 확인시켜 주었듯이, 포스트휴머니즘적 전환은 그것을 약화시킬 위협으로 보일 수 있다." 그러나 그들이 계속 제안하듯이, 사회문화 언어학의 많은 영역들은 이미 인간과 사물에 대한 포스트휴머니즘적 이해에 기여해 왔으며, 이는 "인간의 몸과 그들이 상호 작용하는 다른 존재들 사이에 일어나는 상호구성적 행위에서 나타나는 과정으로서의 세미오시스를 분석함으로써 담화/담론과 물질성의 이분법을 해소"한다는 것이다(Bucholtz & Hall 2016: 187)". 목표는 인간과 언어를 제거하는 것이 아니라 그것들을 재구성하고, 그들의 위치를 찾는 것이며, 그들을 항상 중심에 두는 것이 아닌 주변부로, 기호학적, 정치적 이해의 일부로 두는 것이다.

공유재 되찾기(reclaming the commons)

2016년 5월 1일, 나는 시드니의 앤잭 퍼레이드(Anzac Parade)에서 무화과 나무[Ficus macrophylla, 일반적으로는 모턴베이 무화과나무(Moreton Bay fig) 혹은 호주 바냐나무(Australian banyan)라고 알려져 있는, 호주의 서부 해안을 원산지로 둔 거대한 상록수]를 보호하기 위한 집회에 참여하였다. 이 나무들은 경전철 노선을 만들기 위해 베어질 예정이었다(대중교통을 늘리는 것은 좋으나, 오래된 나무를 자르는 것은 좋지 않다.) 나무와 뿌리, 오염, 공기에 관한 포스터가 곳곳에 있으며, 나무에 대한 존중, 나무가 정부보다 사회적 선을 위해 더 많은 일을 한다는 내용이 담겨 있다. 그러나 나는 스스로에게 묻는다. 국제 노동자의 날에 우리는 노동자 권리를 위해 행진해야 하는데, 나는 왜 환경주의자들이 종종 다양한 포럼에서 경멸적으로 불리는 '나무 애호가들'과 함께 작은 규모의 군중 속에 있는 걸까? 일단 오늘이 일요일이기 때문에 노동 관련 행진은 다음 주 초에 진행될 것이다(뉴사우스웨일스주에서는 10월 첫째 월요일이 노동절이다). 사람들의 정치 대신 나무 정치로 전환하는 것이 아니지만, 이러한 구분이 어떤 의미가 있을지? 인간의 차원에서만 유물론을 바라보는 것 - 인간이 살아가는 조건을 물질성(materiality)이라고 가정하는 것 - 은 우리가 인간을 넘어선 더 넓은 세계와의 관계를 간과할 수 있다는 것을 의미하며, "정치를 오직 인간 활동의 영역으로만 상상하는 것 역시 일종의 편견, 즉 맥락, 제약, 또는 도구로서의 (비인간) 다수에 대한 편견이다(Bennett 2010a: 107~108)."

우리는 또한 우리가 생각한 것보다 나무가 더 복잡하다는 것을 이해하기 시작했다. 볼레벤(Wohlleben 2016)에 따르면 나무는 개미 군체와 유사한 방식으로 서로 연결되어 있다(5장에서 제안한 바와 같이 개미 군체는 인간의 뇌와 유사하게 이해될 수 있다). 나무는 서로 의사소통하고, 서로를 도와주고, 서로에게 위험을 경고하고, 자신의 종의 구성원을 지원한다. 그리고 콘(2013)이 인간을 넘어선 인류학에서도 제안한 것처럼 사람들,[1] 영혼, 나무 및 동물의 상호 연결된 삶을 이해하면 숲이 어떻게 생각하는지를 이해할 수 있다. 그럼에도 불구하고, 이것이 오직 나무에 관한 것이라면(비록 그들이 장엄하고 오래된 나무들이라 할지라도) 이것은 내가 불편함을 느낄 수 있는 장소일지도 모른다. 이것은 지역 활동의 장소이다. 일련의 연설에서 알 수 있듯이 이것은 도시에 관한 것이고 삶의 질에 관한 것이며, 호주 원주민에 관한 것이다(많은 원주민의 공예품이 발견된 장소에 관한 문제가 있다). 이 나무들이 목격한 역사의 중요성[이 도로는 호주와 뉴질랜드의 육군단(ANZAC, Australia and New Zealand Army Corps)에서 이름이 붙여졌는데, 그들은 제1차 세계 대전 중 병영에서 항구의 배까지 이 길을 따라 행진하였다]에 관한 것이며, 기업의 탐욕, 정부의 투명성 부족, 협의 부재, 주 및 연방 수준에서 권력을 가진 자유당과 더 일반적으로는 신자유주의 이데올로기와 관행에 대한 반대에 관한 것이다.

이 거대하고 아름다운 나무들은 이 세상의 행위자들이었으며, 이는 나무들뿐만 아니라 훨씬 더 넓은 정치에 관한 것이다. 이 집회가 있던 1주일간 나는 또한 두 명의 망명 신청자(이란 출신의 남성과 소말리아 출신의 여성)가 나우루(호주의 해안에 위치한, 망명 신청자들을 위한 수치스러운 수용소)에서 분신자살하는 것을 목격하였다. 이것은 사람보다 나무를 선택하자는 것도 아니고, 인간보다는 자연을, 망명 신청자 이전에 녹지를, 그리고 노동자보다 무화과를 선택하자는 것도 아니다. 이 모든 것들이 중요하며, 여기에서도 그들의 상호 연결성이 위험에 처해 있다. 나는 나무와 관련된 집회에 참석했다. 그것은 지역적 문제였고, 나무들이 곧 잘려나갈 예정이었다. 나는 중요한 활동가이자 지역 독립 의원을 지지하고 있었고, 그 뒤에 있는 기업 거래와 부패한 지역 정치에 대해 우려했기 때문이다. 이것은 공유재를 되찾고, 그들의 파괴를 막기 위해 나무 주변의 땅을 점령하며, 원주민의 유물의 식별에 더 많은 시간을 할애할 수 있도록 경전철의 건설을 늦추고, 지방정부가 책임을 가지도록 하려는 사람들을 지원하는 것이었다. 그것은 나무, 사람, 장소, 정치, 역사 사이의 관계에 관한 것이었다.

이 책의 여러 부분에서 유물론에 대한 새로운 접근법과 오래된 접근법을 분리하는 것이 유용할 것이라고 주장했지만, 그들이 결합될 수 있는 방법을 찾는 것도 중요하다. 이에 대한 한 가지 흥미로운 사고방식은 공유지의 개념이다. 공유지 개념은 누구나 사용할 수 있는 공동의 땅, 즉 공유지에서 비롯된 것으로, 결국 18세기 영국에서 사유화 과정에 의해 위협받았다. 울타리 및 더 큰 농장의 설치는 더 생산적인 농업 관행을 이끌었으며 - 실제로 새로운 형태의 기계화와 결합되었을 때 농업 혁명을 창출했고 - 소규모 농민이었던 토지 없는 노동 계급을 만들어 내어 '극심한 이탈감'을 겪게 하였다. 톰슨(Thompson 1963: 239)에 의하면, 이러한 노동 계급은 새로 산업화된 도시에서 노동자가 되어 산업 혁명을 촉진했다. 따라서 공유지의 사유화는 성장, 개발 및 부의 중요한 단계를 나타냈지만, 과거에 공공으로 여겨졌던 것의 사유화에 의존하는 자본 축적 방식이 증가했다는 것을 또한 나타냈다. 현대는 시장 가치에 의해 결정된 공공재의 사유화와 상품화가 증가함으로써 공유지의 사유화가 진행되고 있는 시대이다.

이러한 과정에 대한 우리의 이해에 중요한 역할을 한 것은 자본주의의 확장적 논리와 자원, 사람, 활동 및 토지의 편입을 통한 지속적인 사유화의 필요성에 대한 하비(Harvey 2005)의 연구였다. 이는 소유권 박탈에 의한 부의 축적 과정이다. 신자유주의 이념 및 금융 체계의 부상으로 인해 자연 자원(토지, 물, 공기, 나무)에 대한 공적 소유에 대한 오랜 투쟁은 약화되었다. 전후 공공재의 공적 소유 기간 - 일부 자본주의 사회 민주주의 국가에서는 보통 공과금(물, 가스, 전기)이지만 좀 더 사회주의적인 체제에서는 광물 및 제조 자원도 포함된다 - 이후, 전 세계적으로 이러한 공공재의 사유화로의 전환이 이뤄졌다. 피케티(Piketty 2014)의 자본 분석에 따르면, 20세기 중반에 발생한 부유한 국가들의 소득 재분배는 지난 30년 동안 역전되었으며, 소수의 손에 더 많은 자본이 집중되고 많은 국가에서 불평등이 증가했으며, 19세기 유럽의 세습 자본주의로 회귀하고 있다. 사적 소유는 증가하는 반면, 공적 소유는 감소하고 점점 더 많은 사람들이 이를 누리지 못하고 있는 상황이다.

그럼에도 불구하고 다르도와 라발(Dardot & Laval 2009)은 우리가 살고 있는 이러한 신자유주의 시대에 대한 대안을 찾는 것이 가능하다고 주장한다. 우리는 신자유주의가 단순히 시장을 미화하는 것이 아니라 상품 영역과 자본 축적의 확장, 권리와 자유의 제한을 넘어서는 것이라는 점을 인식해야 한다. 또한 신자유주의는 사회관계, 생활 방식, 주체성이 생산되는 수단으로서 통치성의 한 형태로 이해되어야 한다. 신자유주의는 임금 노동자에서부터 전문직에 이르기까지 모두가 서로 경쟁하도록 요구하며, 사회 세계를 시장의 논리에 맞추고 불평등의 증가를 촉진 및 정당화하며, 개인이 스스로를 기업으로 운영하도록 강제한다. 마르크스주의든 자유주의든 표준 정치경제학은 이에 대한 해결책을 제시하지 못한다. 그럼에도 불구하고 성과의 극대화, 지속적인 생산, 신자유주의적 통치성 이외의 다른 방식으로 생각하고 행동하는 것이 가능하다. 다르도와 라발(2009)은 앞으로 나아가는 길은 공유재, 지식 공유, 상호 도움, 협동 작업 및 공유 재산의 관점에서 생각하는 것이라고 제안한다.

하딘(Hardin 1968)이 쓴 '공유재의 비극'[119]에 관한 주요 논문으로 인해 현대의 투쟁과 저항의 장으로서 공유재라는 개념을 향한 관심이 새롭게 고조되고 있다. 아민과 하웰(Amin & Howell 2016)이 말했듯이, 가장 기본적인 공유재인 이 지구 행성 자체가 위협받고 있는 시기에 공유재를 재인식하는 것은 불가피한 도전이다. 이러한 재고는 사용 가치와 교환 가치, 공동 사용과 상품화, 공동체와 기업 사이의 전선, 즉 오래된 정치경제학과 유물론에 의해 정의되고 이제는 최종적인 사유화를 크게 지지하는 구분 경계를 벗어나 새로운 협력과 집단 행동의 플랫폼을 포용해야 한다. 이는 연대의 망부터 디지털 공유재에 이르기까지, 공통성에서 지역적 소속에 이르기까지 다양하다. 이는 공유재에 대한 지속적인 점유, 다시 말해서 물의 수탈, 공적 공간의 사유화, 새로운 기술과 도구화에 의한 공공생활의 침해, 새로운 순응 담론이 요구하는 새로운 복종 관행 등에 대한 주의를 환기시킨다(Berson 2015). (우리의 손목, 직장, 도시 어디에서나 찾

---

119 하딘(Hardin, Garrett)의 '공유재의 비극(Tragedy of the Commons)'은 개인이 공유 자원을 과도하게 이용함으로써 결국 모두에게 손해를 초래하는 상황을 설명한다. 하딘은 공유재의 고갈 및 훼손을 방지하기 위해 자원에 대한 개인 소유권 설정 또는 정부 규제와 같은 외부 통제의 중요성을 강조한다. 이 이론은 환경 보호와 자원 관리에 깊은 영향을 미치며 지속 가능한 발전에 대한 중요한 교훈을 제공한다.

아볼 수 있는) 이런 새로운 형태의 통치성은 우리가 다양한 방식으로 저항할 필요가 있음을 시사한다.

공유재에 대한 생각은 신자유주의의 대안으로, 자본에 대한 저항의 한 형태이자 대안 정치와 담론의 집결지로서 중심적인 조직 아이디어가 되었다(Dardot & Laval 2014). 공유재는 사회, 문화, 생활 영역의 광범위한 사유화에 대한 생각과 실천 양쪽 부분 모두에 있어 대안을 제공한다. 여기서 유용한 것은 공산주의의 공동체적인 측면에서 좋은 점을 유지하면서도 그것이 취했던 국가적 혹은 전체주의적인 측면은 거부하고, 대신 더 (올바르게 이해된 형태로) 무정부주의적이거나 지역적 형태의 행동을 선택하고, 기후, 공간, 환경을 투쟁의 중심에 두는 방식이다. 공유재 혹은 공통재는 비자본주의적 미래의 가능성을 열어주는 실천, 투쟁, 기관, 연구의 체제를 나타내는 개념이 되었다. 그리고 이렇게 다양한 투쟁 분야에서 많은 사람들이 포스트휴머니즘이라는 꼬리표를 달고 있는 사상을 수용하고 싶어 하지는 않겠지만, 나는 여러 가지 면에서 그들이 잘 들어맞는다고 주장하고 싶다. 하트와 네그리(Hardt & Negri 2005: 218)가 새로운 국제적 시위와 투쟁은 "중심이 통제하지 않고 모든 노드(교점)에서 자유롭게 자신을 표현하는, 열려있는 분산 연결망의 형태를 취하는 공유재의 등장"이라고 주장할 때, 우리는 분산된 연결망, 행위 능력, 언어 그리고 인지를 더 큰 정치로 통합할 수 있는 방법을 모색하게 된다.

공유재의 정치는 사유화에 대한 '공간적 대응'으로, "개념적, 물리적 공간의 집단 생산과 주장을 불러일으키는 정치적 용어"로 진행된다(Dawney et al. 2016: 13). 라르센과 존슨(Larsen & Johnson 2016: 150)의 "장소 기반 행동주의(place-based activism)", 장소의 행위 능력이 "지리적 자아에 대한 다른 이해, 즉 인간보다 더 지리적인 자아로 이끄는" 것과 마찬가지로, 장소와 행동주의에 대한 이러한 접근은 우리가 정치라고 생각하는 것을 바꾼다. 시민이나 사회 정의에 대한 보다 전통적인 질문에 초점을 맞추기보다는, 미하일 바흐친(Mikhail Bakunin)과 이반 일리치(Ivan Illich)로부터 미셸 푸코와 주디스 버틀러의 포스트아나키즘적 사상에 이르는 다양한 사상가들을 끌어들이면서, 대안적 무정부주의로 회귀하려는 움직임이 있다(Day 2005; Kuhn 2009). 따라서 이러한 정치를 재고할 때 우리는, 내가 제안해 온 수평적 관계와 유사한 수평 구조를 가진, 다른 형태의 사회 조직을 고려할 수 있다. 그런 다음 우리는 정치, 인식론 및 교수법을 "무정부주의적 사회의 필요와 욕망을 고려하여"(Armaline 2009: 145) 재고하고, 공동의 목표로서 공유재를 회복하는 것을 목표로 삼을 수 있다.

결론: 비판적 응용언어학의 공유재를 향하여

이 책이 지향하는 정치는 비판적 응용언어학의 공유재에 다시 초점을 맞추는 것이다. 이것은 인간성을 공유된 경험으로 중심을 두거나(이것이 더 큰 평등과 공유된 결과들을 위한 도덕적 주장의 근거가 될 수 있다 하더라도), 동물과 사물의 권리를 사회의 동등한 참여자로 두는 것도 아니다. 오히려 정치경제학에서 수정된 유물론과 새로운 유물론을 결합하여 서로에 대한 그리고 세상에 대한 우리의 윤리적 책임을 새로운 방식으로 생각할 수 있도록 하는 논쟁이다. 공유재로의 이동, 즉 이 행성을 공통의 전체로 간주하는 것은 휴머니즘으로의 회귀가 아니라, 그것은 공유재를 공간과 과정으로 포용하는 것이다. "우리는 모두 함께 이곳에 있다"고 외칠 때(신자유주의 지도자들이 더 많은 희생을 요구하기 위해 위선적으로 외치는 구호), 이는 모든 인간들에게 뿐만 아니라 지구, 동물, 사물에 대한 보다 상호 관련된 감각에 대한 부름인 것이다. 나에게 소중한 곳인 대호산호초(Great Barrier Reef, 숨이 멎을 정도로 아름답고 다양성을 품은 공간이지만, 현재는 위험할 정도로 황폐한 상태이다)를 공유재의 현장으로서 보자면, 놀라운 아름다움과 다양성을 지닌 이곳은 현재 위험한 상태에 처해 있다. 우리는 이것을 단순히 인간이 즐길 수 있는 세계유산으로서만이 아니라, 물고기가 번식하고 산호가 산란하며 수천 종의 생물이 먹이를 찾고 보호받는 중요한 생태 영역으로서만이 아니라, 우리가 다양한 방식으로 연결되어 있는 공유재로 생각할 수 있다.

포스트휴머니즘 응용언어학에서의 공유재의 관점에서 볼 때, 우리가 이러한 일들에 대해 생각하기 시작할 수 있는 몇 가지 방법이 있다. 페미니즘, 반자본주의, 반인종주의 정치와 동물 그리고 환경에 초점을 맞추기 위한 상당한 노력에도 불구하고(Adams & Gruen 2014; Haraway 2008) 비판적 응용언어학에 대한 중요성과 함의는 많은 관심을 받지 못했다(Appleby & Pennycook 2017). 인간성을 구축하는 과정에서 고통 받은 모든 타자들과의 관계를 재고하고, 인간과 지구의 다른 탄소 기반 및 비탄소 기반 거주자들과의 관계를 구성하는 기본 단위에 대한 우리의 사고를 전환하는 것은 비판적 응용 언어학의 어떤 프로젝트에도 중요한 함의를 지닌다. 첫째로, 우리는 인간중심적 가정의 유혹에 대한 저항을 강화할 수 있다. 인간이 세계의 중심에 있다고 가정하는 형태의 교육과 연구, 언어 학습이 오직 우리의 머릿속에서만 일어난다고 생각하는 것, 문해력이 단지 텍스트 해독에만 국한된다고 보는 것, 행위 능력이 오직 인간에게만 있다고 믿는 것 그리고 세상이 인간 주체를 중심으로 돌아간다는 가정 등에 의문을 품을 수 있다.

한 가지 분명한 출발점은 "주류 언어학은 생명을 지탱하는 더 큰 체계에 인간을 내재화한 것을 잊었거나 간과했다"는 깨달음에서 도출된 다양한 생태학적 프로젝트에서 비롯된다(Stibbe 2014: 585). 스테펜슨과 필(Steffensen & Fill 2014)의, 또는 스티비(Stibbe 2014, 2015)의 환경과 인간 및 비인간의 사회적, 언어적 생태계에 대한 인간 착취의 비판적 분석을 포함하는 생태언어학적 이론 틀에서부터 쿡(Cook 2015: 588)의 '동물의 개념화에서의 언어의 역할'에 대한 분석까지, 우리는 이미 어떤 방법으로든 이러한 경향을 볼 수 있다. 포스트휴머니즘 응용언어학에서의 공유재는 인간과 비인간의 다른 세상을 상상할 수 있도록 돕는다. 실리와 오클리(Sealey & Oakley 2013: 416)는 "물고기, 새, 곤충, 심지어 식물의 행동을 부호화하기 위한 움직임에 따라 이러한 문제는 (동물의 인간적 특성을 가정하는) 의인관(擬人觀, anthropomorphism)의 한 부분일 뿐만 아니라 인간 중심주의의 한계(다른 방식으로 생각을 할 수 없는 능력)일 수 있다"라고 제안한다. 바로 이렇게 다르게 생각할 수 있는 능력, 이런 종류의 비판적 저항은 모든 프로젝트에 적용되어야만 한다.

공간, 장소, 사물 및 담화/담론에 대한 포스트휴머니즘적 분석을 공유재의 정치에 연결하면, 예를 들어 (인디그나도스[120] 등의) 점거 운동은 정치

120 인디그나도스(Indignados)는 2011년 스페인에서 시작된 대규모 사회 운동을 지칭한다. 이 운동은 경제 위기, 높은 실업률, 정치적 부패 및 불평등에 대한 불만에서 비롯되었으며, 주로 청

학과 응용언어학에 있어 생산적인 진로를 어떻게 비출 수 있는지 알 수 있다. 이러한 광범위한 기호 분석은 "점거 내에서 기호 및 언어 자원의 생산을 통한 공간의 변형과 전유가 어떻게 이루어졌는가(Martín Rojo 2016a: 6)"를 이해하는 데 도움이 될 수 있다. 그녀는 이 "도시 공간의 점거는 권력의 중심지를 점유하고, 큰 가시성을 획득하는 일탈의 장소를 창조하는 것"이라고 이어서 설명한다(8쪽). 따라서 카이로의 타흐리르(Tahrir) 광장이 어떻게 대항 공간(counter-space)으로 변모했는지(Aboelezz 2016), 또는 로스앤젤레스 시청 공원의 시위 표지판이 어떻게 다른 미디어를 통해 재배치되었는지(Chun 2016)에 대한 다양한 분석을 결합하면, 공적 공간의 사용과 관련하여 부패, 권위주의, 자본주의 그리고 신자유주의를 비판하는 다양한 담론이 어떻게 목소리를 얻는지 알 수 있다.

이러한 분석은 전통적인 비판적 연구와 실천 방식에 대한 거부가 아니라 텍스트, 비판 및 실천 간의 다른 관계를 제안하는 것이다. 인간과 감정, 생동감 있는 물체 간의 관계는 서로우(2016)의 탈계급 비판적 담화 분석(post-class critical discourse analysis)의 중심에 있다. 우리는 인간만이 아니라 물질의 정치를 이해할 필요가 있다. 베넷(Bennett 2010a)이 분명히 말했듯이, (비판적 담화 분석과 완벽한 짝을 이루는) 탈신화(demystification)

년들 사이에서 큰 반향을 일으켰다. 인디그나도스는 스페인어로 '분노한 사람들'을 의미하며, 정식 명칭은 'Movimiento 15-M' 또는 '15-M 운동'으로도 알려져 있다. 이 명칭은 2011년 5월 15일에 시작된 시위를 기리기 위해 붙여졌다. 이 운동은 마드리드의 푸에르타 델 솔 광장을 중심으로 전국적으로 확산되었고, 여러 도시에서 사람들이 광장에 모여 민주주의 개혁과 사회 정의를 요구하는 집회를 열었다. 이 운동은 이후 전 세계의 유사한 사회 운동에 영감을 주었으며, 특히 미국의 월스트리트 점거 운동(Occupy Wall Street)과 연관이 있다.

프로젝트는 어느 정도 유용할 수 있지만, 그것을 정치에 투영하는 것은 인간 행위 능력의 중심성을 강조하게 되며, 정치적 행위 능력을 인간만의 행위 능력으로 축소시킨다. 비판적 담화 분석에 대한 서로우(Thurlow 2016: 490)의 퀴어링(queering)[121]은 "학술 이론에서 받아들여진 '지금-여기'의 지혜에 도전하고 혼란을 주며 학자에게 더 자기 성찰적이고, 공개적으로 주관적인 역할을 촉진하며, 미래와 육체적 현실에 헌신한다"고 말한다. 서로우는 이러한 학문적 시선의 혼란을 넘어 "우리의 글쓰기에서 더 많은 수행성을 지지하며, 우리가 알고 있는 것을 다른 방식으로 알고 보여주는 대안적인 방법을 허용한다"고 주장한다. 이것은 헤겔-마르크스주의 사상의 관점에서는 사회 계급과 정치 경제가 물질적 현실을 정의하고 이데올로기의 은폐 작업을 폭로하는 것을 목표로 하는 비판적 대응이 아니라, 인간과 세계의 대안적 정치를 위한 담화/담론 연구의 퀴어링 프로젝트로서 물질적, 육체적, 감정적 세계와의 새로운 방식의 글쓰기를 통해 참여하려는 것이다.

포스트휴머니즘 정치학은 전통적인 비판적 담화 분석이나 정치경제학에 의존하는 다양한 비판적 프로젝트들의 가치와 한계를 모두 이해하

121 '퀴어링'은 전통적으로 성별, 성 정체성, 성적 지향 등과 관련된 개념이나 범주에 도전하고, 이를 재해석하거나 비판적으로 분석하는 과정을 의미한다. 이 용어는 퀴어 이론(Queer Theory)에서 유래했으며, 사회적, 문화적 규범과 이진성(예: 남성/여성, 이성애/동성애 등)에 의문을 제기하고, 다양성과 유동성을 강조한다. 퀴어링은 단지 성적 지향이나 성 정체성에만 국한되지 않고, 광범위한 주제와 영역에서 규범과 가정에 반문하는 비판적 관점을 적용하는 데 사용된다. 예를 들어, 문학, 영화, 예술, 교육, 법률, 심지어 과학과 기술까지도 퀴어링의 대상이 될 수 있다. 이러한 접근 방식은 규범적인 관점과 가치를 분석하고, 다양한 정체성과 경험을 인정하며, 소외된 목소리를 드러내는 데 중점을 둔다.

는데 도움을 줄 수 있다. 홀보로우(Holborow 2015: 1)의 신자유주의적 언어에 대한 비판적 검토는 "정책 대신 사명(mission)이, 기업가 정신이 가장 가치 있는 사회적 특성이 되었으며, 우리는 가치 있는 고객이고 경쟁적이며 시장 효율적일 수 있다"고 말하며 이러한 담론이 일상적인 실천에 미치는 영향을 이해하는 데 유용한 단서를 제공한다. 그럼에도 불구하고 그녀가 경고하듯이, 예를 들어 '언어적 자본 축적'과 '언어적 자본 탈취'의 관점(Phillipson 2009: 133)에서 영어의 전 세계적인 확산을 살펴보며, 언어와 신자유주의적 착취 형태 사이를 너무 밀접하게 연관시킨다면, 언어를 불필요하게 사물화하고 언어가 생산 양식의 매개체가 될 수 있다고 암시하는 결과를 초래한다(Holborow 2012: 27). [상품 또는 자원으로서의 언어 개념이 후기 자본주의의 산물(Duchêne & Heller 2012; Park & Wee 2012)로 평가되는] 언어의 상품화와 같이, 언어에 대한 유물론적 접근 방식(McGill 2013; Block 2014)에 대해서도 유사한 지적을 할 수 있다. 정치 경제 분석에 기초한 오래된 형태의 유물론은 언어에 대한 우리의 이해를 비생산적 방식으로 제한할 수 있다.

공유재의 렌즈를 통해 우리는 신자유주의 주도의 자본에 의해 더욱 탐욕스럽게 파괴되는 공공재 – 땅에서 물까지, 그리고 교육에서 의료까지 – 의 몰수 방식을 다룰 수 있다. 그러나 언어와 관련해서는, 언어를 폐쇄된 실체로 보는 것보다는, 또는 어떤 사람들이 언어를 빼앗기고 다른 사람들이 이를 축재하는 것으로 보는 것보다는, 사람들, 정치, 장소, 경제, 정책 및 사물이 어떻게 함께 엮이는지를 바탕으로 한 지역적 언어 관행과 아상블라주에 대한 더 구체적인 분석에 초점을 맞춰야 한다(Pennycook 2016c, 2017). 또한, 해결책을 모색하는 데 있어 20세기 국가의 실패한 구조, 즉 권리나 민주주의(대부분의 민주주의는 현재 실질적인 대안을 제공하지 않으면서 동시에 새로운 형태의 포퓰리즘 국가주의를 촉진하고 있음)에 의지하거나 신자유주의의 물결을 벗어나거나 뒤집을 수 있다는 믿음(혁명의 유토피아적 꿈이나 회피의 도피적 꿈)을 통해서도 이루어질 수 없다. 블록(Block 2014)은 많은 사회언어학자 및 응용언어학자들이 불평등의 변혁적 인식, 즉 "동성애자 대 이성애자, 남성 대 여성, 흑인 대 백인 등 집단의 차이를 문제화하고 약화시키는 것을 주된 목표로 삼고 있다고 적절히 비판했다(Sayer 2005: 68 참조). 우리가 더 나은 목표로 삼아야 할 것은 변혁적 재분배, 즉 국가의 정치경제의 깊은 재구조화로서의 사회주의 도래이다. 그러나 그러한 목표는 여전히 유토피아적이며, 구정치 구조와 행동방식에 의존하고, 유물론에 대한 제한된 이해에 의존한다.

공유재의 관점에서의 도전 과제는 "삶의 사유화와 개별화에 저항하는, 함께 살아가는 방식에 관한 시공간적, 윤리적 형성"에 초점을 맞추는 것이다(Dawney, et al. 2016: 12-13). 문제는 자본이 요구하는 새로운 형태의 사유화(민영화, 감금, 상품화 등)에 대항하는 방법으로서 공간, 공동체, 가능성으로서의 공유재에 대해 새롭게 초점을 맞추는 것이다. 집회, 노조 또는 투표함을 넘어서서 새로운 저항 방식은 소셜 미디어로 연결된 점거에 대한 무정부주의적 전통에 초점을 맞추고 있다. 시위대가 마드리드의 푸에르타 델 솔(Puerta del Sol) 광장을 점거했을 때의 언어 관행과 도시 공간의 논쟁에 대한 분석에서, 마르틴 로호(Martín Rojo 2016b: 49)는 "언어적 관행의 생산과 순환의 조건이 도시 공간의 '탈영토화(deterritorialisation)'와 '재영토화(reterritorialisation)'에 기여하여 시위대가 전통적인 조직과 공간 사용을 자신들의 신념, 의식 그리고 의사소통 관행으로 대체하는 방법"을 보여준다. 이러한 분석은 '대의 정치에 대한 전면적인 환멸과 거부'와 '직접 참여 민주주의'를 촉진하기 위한 '물적 다면적 의사소통'의 출현을 결합함으로써 새로운 상호 작용, 의사소통 및 정치 방식이 공간과 관련하여 어떻게 작동하는지, 그리고 언어의 더 분산된 감각이 공유재의 정치와 포스트휴머니즘 응용언어학을 어떻게 연결할 수 있는지를 보여준다(Steinberg 2016: 152).

우리가 원주민의 지식을 진지하게 받아들인다면, 우리 주변 세계와의 관계를 다르게 이해하기 시작할 필요가 있다. 인간과 비인간 사이의 구분을 다시 생각해 볼 수 있으며, 원주민이 우리 주변 세계에 대해 가지고 있는 지식이 우리의 이해 방식에 유용하게 정보를 제공할 수 있다는 것을 알게 될 것이다(Tidemann et al. 2010; Kohn 2013). "토착적인 존재론을 진지하게 받아들이는 것은 지리적 사고가 그에 영향을 받도록 허용하는 것을 의미한다(Larsen & Johnson 2016: 149)." '기후를 공유재로' 이해할 필요성을 논하면서, 토드(Todd)는 현재의 관념들, 예를 들어 "기후 과학과 고대 이교도의 사생아(Stengers 2015: 134)" 다시 말해 살아있는 유기체가 자신들의 환경을 더 적합하게 만들기 위해 영향을 미치고, 지구가 생존을 보장하기 위해 인간 거주자를 배제할 수도 있다는 가이아 철학뿐만 아니라 이누이트(Inuit)의 실라(Sila) 개념도 고려하는 것이 유용할 수 있다고 지적한다. 실라는 "생명, 기후, 지식, 그리고 존재의 바로 그 실존과 얽혀 있는(Todd 2016: 5)" 개념이다. 원주민의 여러 가지 지식, 존재, 행동 방식은 공유재, 언어, 정치 그리고 지구에 대한 우리의 윤리적 책임에 대한 이해를 풍부하게 할 수 있다.

이러한 공유재의 재발견, 집단행동의 필요성, 환경에 대한 관심, 인간을 넘어서는 세계로의 방향 전환 등은 오랫동안 전 세계 원주민들의 관심이자 지식이었다. 인류세에 대한 이야기와 함께 서구에서는 원주민의 지식을 재발견하고 있으며, 오랫동안 그들 역사의 일부였던 것처럼 그 지식을 자신의 것으로 주장하고 있다. 다른 측면에서 보면, 포스트휴머니즘에 대한 관심은 서구 사상과 파괴가 크게 확산하기 이전의 사고, 즉 세계와 우리의 관계를 바라보는 대안적인 방식으로의 전환을 의미하는 것으로서의 전휴머니즘(prehumanism), 즉 서구 사상의 대규모 발전 이전의 생각과 연결되어 있다. 카나가라자(Canagarajah 2007b)가 우리가 식민지 이전 시대로 돌아가야 한다고 제안하는 것처럼, 횡단언어 실천(translingual practice)이 오랫동안 표준이었다는 것을 이해하기 위해서뿐만 아니라, 포스트휴머니즘과의 이러한 관여도 다른 사고와 존재 방식을 이해하는 것에 관한 것이다.

비판적 응용언어학의 공유재에 대한 도전은 인간이 더 큰 체계에 내재되어 있는 방식을 바로잡고자 하는 언어에 대한 생태적 접근을 포함하여, 인간이 인간 이상의 세계에서의 위치에 대해 더 나은 이해를 촉진하는 방법을 찾는 것이다. 이는 물질적, 육체적, 정서적 세계와는 다르게 연결하기 위해 분석의 초점과 글쓰기 방식 모두를 질문하는 담화/담론 연구의 퀴어화 그리고 언어적 및 비언어적 자원의 역동적 아상블라주를 설명할 수 있도록 사회 기호학 연구가 사물의 세계와 더 심도 있게 관여하는 것, 또한 마음과 몸, 인간과 동물, 이성과 감정의 구분을 거부하는 얽혀 있는 교수법의 이해 등을 포함한다(Appleby & Pennycook 2017).

인간이란 무엇인지에 대한 질문은(항상 비인간으로 여겨지는 것들과 관련하여 정의됨)은 젠더, 계급, 인종과 같은 질문만큼이나 진지하게 다뤄져야 한다(이 두 질문은 깊이 연관되어 있다). 인간 예외주의의 가정을 의심하는 것은 인간과 비인간 사이의 경계가 무너지는 것과 마찬가지로, 언어에 대한 휴머니즘적 관점으로 언어를 가정하는 것보다 훨씬 더 광범위한 기호 자원, 장소 및 상호 작용을 포함해야 한다는 것을 의미한다. 현재 지구, 인류, 이론 및 정치의 변화에 맞추기 위해서는, 인간과 비인간을 오랫동안 분리해 온 사고방식을 피하는 포스트휴머니즘적 사고를 진지하게 받아들이는 것이 유용한 방향이다. 비판적 포스트휴머니즘에 기반한 응용언어학은 언어가 인간 예외주의와 어떻게 얽혀 있는지를 풀어내고, 사람, 장소, 권력 및 가능성과 관련하여 언어를 이해하는 대안적인 방법을 제시하고자 한다.

미주

[1] 그러나 콘(Kohn 2013)의 프로젝트는 모든 숲에 일반화하는 것이 아니라 아마존 에콰도르의 아빌라 루나(Ávila Runa)와 숲의 관계를 이해하고자 하는 것이었다.

참고문헌

Abdelhay, A, Eljak, N, Mugaddam, A R and Makoni, S (2017) The cultural politics of language in Sudan: Against the racialising logic of language rights. *Journal of Multilingual and Multicultural Development* 38(4), 346-359.

Aboelezz, M (2016) The geosemiotics of Tahrir Square: A study of the relationship between discourse and place. In L Martín Rojo (Ed) *Occupy: The spatial dynamics of discourse in global protest movements*. Amsterdam: John Benjamins (pp 23-46).

Ackerman, J (2016) *The genius of birds*. Harmondsworth: Penguin.

Adams, C and Gruen, L (2014) Introduction. In C Adams and L Gruen (Eds) *Ecofeminism: Feminist intersections with other animals and the earth*. London: Bloomsbury (pp 1-36).

Adams, D (1979) *The hitchhiker's guide to the galaxy*. London: Pan Books.

Adkins, B (2015) *Deleuze and Guattari's A Thousand Plateaus: A critical introduction and guide*. Edinburgh: Edinburgh University Press.

Agamben, G (2004) *The open: Man and animal* (Trans K Attell of L' aperto: L' uomo e l'animale, 2002). Stanford: Stanford University Press.

Alim, H S (2016) Introducing raciolinguistics: Racing language and languaging race in hyperracial times. In H S Alim, J Rickford and A Ball (Eds) *Raciolinguistics: How language shapes our ideas about race*. New York: Oxford University Press (pp 1-30).

Alim, H S and Smitherman, G (2012) *Articulate while Black: Barack Obama, language and race in the US*. Oxford: Oxford University Press.

Alliance Defending Freedom (2016) www.adflegal.org/ - accessed 30 January 2016.

Amarasingam, A (2011) (Ed) *The Stewart/Colbert Effect: Essays on the real impacts of*

fake news. Jefferson, NC: McFarland & Co.
Amin, A (2015) Animated space. *Public Culture* 27(2), 239-258.
Amin, A and Howell, P (2016) Thinking the commons. In A Amin and P Howell (Eds) *Releasing the commons: Rethinking the futures of the commons*. London: Routledge (pp 1-17).
Angermuller, J (2014) *Poststructuralist discourse analysis: Subjectivity in enunciative pragmatics*. Basingstoke: Palgrave-Macmillan.
Appadurai, A (2015) Mediants, materiality, normativity. *Public Culture* 27(2), 221-237.
Appleby, R and Pennycook, A (2017) Swimming with sharks, ecological feminism and posthuman language politics. *Critical Inquiry in Language Studies*, 14(2-3), 239-261. doi: 10.1080/15427587.2017.1279545.
Armaline, W (2009) Thoughts on anarchist pedagogy and epistemology. In R Amster, A DeLeon, L Fernandez, A Nocella II and D Shannon (Eds) *Contemporary anarchist studies: An introductory anthology of anarchy in the academy*. New York: Routledge (pp 136-146).
Atkinson, D, Churchill, E, Nishino, T and Okada, H (2007) Alignment and interaction in a sociocognitive approach in second language acquisition. *The Modern Language Journal* 91(2), 169-188.
Bahan, B (2008) Upon the formation of a visual variety of the human race. In H Dirksen and L Bauman (Ed) *Open your eyes: Deaf studies talking*. Minneapolis: University of Minnesota Press (pp 83-99).
Bailey, B (2004) Misunderstanding. In A Duranti (Ed) *A companion to linguistic anthropology*. Malden, MA: Blackwell (pp 395-413).
Balcombe, J (2016) *What a fish knows: The inner lives of our underwater cousins*. New York: Scientific American/Farrar, Strauss and Giroux.
Barad, K (2003) Posthumanist performativity: Toward an understanding of how matter comes to matter. *Signs: Journal of Women in Culture and Society* 28(3), 801-831.
Barad, K (2007) *Meeting the universe halfway: Quantum physics and the entanglement of matter and meaning*. Durham: Duke University Press.
Barad, K (2013) Ma(r)king time: Material entanglements and re-memberings: Cutting together-apart. In P Carlile, D Nicolini, A Langley and H Tsoukas (Eds) *How matter matters: Objects, artifacts and materiality in organisation studies*.

Oxford: Oxford University Press (pp 16–31).

Barrett, M (1991) *The politics of truth: From Marx to Foucault*. Stanford, CA: Stanford University Press.

Barron, C (Ed) (2003) A strong distinction between humans and non-humans is no longer required for research purposes: A debate between Bruno Latour and Steve Fuller. *History of the Human Sciences* 16(2), 77–91.

Barton, D (1998) *Literacy: An introduction to the ecology of written language*. Oxford: Blackwell.

Barton, D and Hamilton, M (1998) *Local literacies: Reading and writing in one community*. London: Routledge.

Bauman, H, Dirksen, L and Murray, J (2009) Reframing: From hearing loss to deaf gain. *Deaf Studies Digital Journal* 1, 1–10.

Beirne, P (2000) Confronting bestiality: Towards a concept of interspecies sexual assault. In A Polderseck, E Paul and J Serpell (Eds) *Companion animals and us: Exploring the relationships between people and pets*. New York: Cambridge University Press (pp 318–331).

Bejarano, T (2011) *Becoming human: From pointing gestures to syntax*. Amsterdam: John Benjamins.

Bell, A (2014) *The guidebook to sociolinguistics*. Chichester: Wiley Blackwell.

Bell, G (2016) The internet of beings: Or what are the animals telling us? www.youtube.com/watch?v=iEosTaPyxOs&feature=youtu.be.

Bennett, J (2010a) *Vibrant matter: A political ecology of things*. Durham, NC: Duke University Press.

Bennett, J (2010b) A vitalist stopover on the way to a new materialism. In D Coole and S Frost (Eds) *New materialisms: Ontology, agency and politics*. Durham, NC: Duke University Press (pp 47–69).

Berger, P (1963) *Invitation to sociology: A humanistic perspective*. Harmondsworth: Penguin.

Bergson, H (1907/2001) *L'Évolution créatrice* (Trans A Mitchell as Creative evolution). London: Electronic Book Co.

Bergson, H (2002) *Key writings* (Ed K Ansell Pearson and J Mullarkey). New York: Continuum.

Berlin, I (2003) *The crooked timber of humanity: Chapters in the history of ideas*. London: Pimlico.

Bernstein, B (2000) *Pedagogy, symbolic control and identity: Theory, research, critique*, revised edn. London: Taylor & Francis.

Berson, J (2015) *Computable bodies: Instrumented life and the human somatic niche*. London: Bloomsbury.

Berwick, R and Chomsky, N (2016) *Why only us? Language and evolution*. Cambridge, MA: MIT Press.

Bhaskar, R (1997) *A realist theory of science*. London: Verso.

Bhaskar, R (2002) *From science to emancipation: Alienation and the actuality of enlightenment*. London: Sage.

Blackburn, S (2005) *Truth: A guide for the perplexed*. London: Penguin.

Blackledge, A, Creese, A and Hu, R (2016) The structure of everyday narrative in a city market: An ethnopoetics approach. *Journal of Sociolinguistics* 20(5), p654-676.

Blencowe, C (2016) Ecological attunement in a theological key: Adventures in antifascist aesthetics. *GeoHumanities* 2(1), 24-41.

Block, D (2014) *Social class in applied linguistics*. London: Routledge.

Block, D, Gray, J and Holborow, M (2012) *Neoliberalism and applied linguistcs*. London: Routledge.

Blommaert, J (2013) Complexity, accent, and conviviality: Concluding comments. *Applied Linguistics* 34(5), 613-622

Blommaert, J and Backus, A (2013) Super diverse repertoires and the individual. In I de Saint-Georges and J-J Weber (Eds) *Multilingualism and multimodality: Current challenges for educational studies*. Rotterdam: Sense Publishers (pp 11-32).

Blommaert, J and Varis, P (2015) The importance of unimportant language. *Multilingual Margins*, 2(1), 4-9.

Blommaert, J, Leppänen, S and Spotti, M (2012) Endangering multilingualism. In J Blommaert, S Leppänen, P Pahti and T Räisänen (Eds) *Dangerous multilingualism: Northern perspectives on order, purity and normality*. Basingstoke: Palgrave Macmillan (pp 1-21).

Blume, S (2010) *The artificial ear: Cochlear implants and the culture of deafness*. New Brunswick, NJ: Rutgers University Press.

Blythe, J, Mardigan, K C, Perdjert, M E and Stoakes, H (2016) Pointing out directions in Murrinhpatha. *Open Linguistics* 2(1), 132-159.

Bogost, I (2012) *Alien phenomenology, or what it's like to be a thing*. Minneapolis:

University of Minnesota Press.
Bourke, J (2011) *What it means to be human: Reflections from 1791 to the present*. Berkeley, CA: Counterpoint.
Bowe, H, Martin, K and Manns, K (2014) *Communincation across cultures: Mutual understanding in a global world*, 2nd edn. Cambridge: Cambridge University Press.
Braidotti, R (2013) *The posthuman*. Cambridge: Polity.
Braidotti, R (2016) Posthuman critical theory. In D Banerji and M Paranjape (Eds) *Critical posthumanism and planetary futures*. New Delhi: Springer India (pp 13-32).
Branson, J and Miller, D (2002) *Damned for their difference: The cultural construction of deaf people as 'disabled'*. Washington, DC: Gallaudet University Press.
Branson, J and Miller, D (2007) Beyond 'language': Linguistic imperialism, sign languages and linguistic anthropology. In S Makoni and A Pennycook (Eds) *Disinventing and reconstituting languages*. Clevedon: Multilingual Matters (pp 116-134).
Brigstocke, J and Noorani, T (2016) Posthuman attunements: Aesthetics, authority and the arts of creative listening. *GeoHumanities* 2(1), 1-7, doi: 10.1080/2373566X.2016.1167618.
Bryant, Levi (2011) *The democracy of objects*. Ann Arbor, MI: Open Humanities.
Bryant, L, Srnicek, N and Harman, G (2011) Towards a speculative philosophy. In L Bryant, N Srnicek and G Harman (Eds) *The speculative turn: Continental materialism and realism*. Melbourne: re.press (pp 1-18).
Bucholtz, M and Hall, K (2016) Embodied sociolinguistics. In N Coupland (Ed) *Sociolinguistics: Theoretical debates*. Cambridge: Cambridge University Press (pp 173-197).
Busch, B (2012) The linguistic repertoire revisited. *Applied Linguistics* 33(5), 503-523.
Busch, B (2013) *Mehrsprachigkeit*. Wien: Facultas Verlags.
Busch, B (2015) Expanding the notion of the linguistic repertoire: On the concept of *Spracherleben* -The lived experience of language. *Applied Linguistics*, doi: 10.1093/applin/amv030.
Butler, J (1993) *Bodies that matter: On the discursive limits of 'sex'*. London: Routledge.
Butler, J (1997) *Excitable speech: A politics of the performative*. London: Routledge.

Butler, J (2005) *Giving an account of oneself*. New York: Fordham University Press.
Butterworth, G (2003) Pointing is the royal road to language for babies. In S Kita (Ed) *Pointing: Where language, culture, and cognition meet*. Mahwah, NJ: Lawrence Erlbaum (pp 9-33).
Canagarajah, S (2007a) The ecology of global English. *International Multilingual Research Journal* 1(2), 89-100.
Canagarajah, S (2007b) After disinvention: Possibilities for communication, community and competence. In S Makoni and A Pennycook (Eds) *Disinventing and reconstituting languages*. Clevedon: Multilingual Matters (pp 233-239).
Canagarajah, S (2013) *Translingual practice: Global Englishes and cosmopolitan relations*. New York: Routledge.
Carter, B and Sealey, A (2000) Language, structure and agency: What can realist social theory offer to sociolinguistics? *Journal of Sociolinguistics* 4(1), 3-20.
Chakrabarty, D (2000) *Provincializing Europe: Postcolonial thought and historical difference*. Princeton, NJ: Princeton University Press.
Chakrabarty, D (2009) The climate of history: Four theses. *Critical Inquiry* 35(2), 197-222.
Chakrabarty, D (2015) The Anthropocene and the convergence of histories. In C Hamilton, F Gemenne and C Bonneuil (Eds) *The Anthropocene and the global environmental crisis*. London: Routledge (pp 44-56).
Chmielewska, E (2010) Semiosis takes place or radical uses of quaint theories. In A Jaworski and C Thurlow (Eds) *Semiotic landscapes: Language, image, space*. London: Continuum (pp 274-291).
Chomsky, N (1965) *Aspects of the theory of syntax*. Cambridge, MA: MIT Press.
Chomsky, N (1971) *Problems of knowledge and freedom*. Bungay: Fontana.
Chomsky, N (1986) *Knowledge of language: Its nature, origins and use*. Westport, CT: Praeger.
Chomsky, N (2000) *New horizons in the study of language and mind*. Cambridge: Cambridge University Press.
Chun, C (2016) Mobilities of a linguistic landscape at Los Angeles City Hall Park. In L Martín Rojo (Ed) *Occupy: The spatial dynamics of discourse in global protest movements*. Amsterdam: John Benjamins (pp 77-98).
Clark, A (1989) *Microcognition: Philosopy, cognitive science and parallel distributed processing*. Cambridge, MA: MIT Press.

Clark, A (2008) *Supersizing the mind: Embodiment, action, and cognitive extension.* Oxford: Oxford University Press.

Clark, A and Chalmers, D (2008) Appendix: The extended mind. In A Clark, *Supersizing the mind: Embodiment, action, and cognitive extension.* Oxford: Oxford University Press (pp 220-232).

Classen, C (2005) The witch's senses: Sensory ideologies and transgressive femininities from the renaissance to modernity. In D Howes (Ed) *Empire of the senses: The sensual culture reader*. Oxford: Berg.

Classen, C, Howes, D and Synnott, A (1994) *Aroma: The cultural history of smell*. New York: Routledge.

Cockayne, E (2007) *Hubbub: Filth, noise and stench in England, 1600-1770*. London: Yale University Press.

Connor, S (2005) Michel Serres' five senses. In D Howes (Ed) *Empire of the senses: The sensual culture reader*. Oxford: Berg.

Cook, G (2015) "A pig is a person" or "You can love a fox and hunt it": Innovation and tradition in the discursive representation of animals. *Discourse & Society* 26(5), 587-607.

Coole, D and Frost, S (2010) Introducing the new materialisms. In D Coole and S Frost (Eds) *New materialisms: Ontology, agency and politics*. Durham, NC: Duke University Press (pp 1-43).

Cormon, F (1986) Humanistic activities and teacher motivation. *ELT Journal* 40(4), 278-281.

Corson, D (1997) Critical realism: An emancipatory philosophy for applied linguistics? *Applied Linguistics* 18(2), 166-188.

Cowley, S (2012) Distributed language. In S Cowley (Ed) *Distributed language*. Amsterdam: John Benjamins (pp 1-14).

Daiber, H (2013) Humanism: A tradition common to both Islam and Europe. *Filozofija i društvo* 24(1), 293-310.

Danner, M (2007) Words in a time of war: On rhetoric, truth and power. In S András, *What Orwell didn't know: Propaganda and the new face of American politics*. Philadelphia: PublicAffairs.

Dardot, P and Laval, C (2009) *La nouvelle raison du monde: Essai sur la société néolibérale*. Paris: Éditions La Découverte.

Dardot, P and Laval, C (2014) *Commun: Essai sur la révolution au XXIe siècle*. Paris:

Éditions La Découverte.
Darwin, C (1850) Letter to Syms Covington, 23 November 1850. Darwin Correspondence Project, University of Cambridge. www.darwinproject.ac.uk/letter/DCP-LETT-1370.xml.
Darwin, C (1871) *The descent of man, and selection in relation to sex*. London: John Murray.
Darwin, C (1872) *The expression of the emotions in Man and animals*. London: John Murray.
Darwin, C (1881) *The formation of vegetable mould through the action of worms*. London: John Murray.
Dawkins, R (1982) *The extended phenotype*. Oxford: Oxford University Press.
Dawkins, R (1986) *The blind watchmaker*. London: Penguin Books.
Dawkins, R (1989) *The selfish gene*. Oxford: Oxford University Press.
Dawkins, R (2006) *The God delusion*. Boston: Houghton Mifflin.
Dawney, L, Kirwan, S and Brigstocke, J (2016) Introduction: The promise of the commons. In J Brigstocke, L Dawney and S Kirwan (Eds) *Space, power and the Commons: The struggle for alternative futures*. London: Routledge (pp 12–31).
Day, R (2005) *Gramsci is dead: Anarchist currents in the newest social movements*. London: Pluto Press.
de Souza, L M (2002) A case among cases, a world among worlds: The ecology of writing among the Kashinawa in Brazil. *Journal of Language, Identity and Education* 1(4), 261–278.
De Waal, F (2016) *Are we smart enough to know how smart animals are?* London: Granta.
Deleuze, G and Guattari, F (1987) *A thousand plateaus: Capitalism and schizophrenia* (Trans B Massumi). Minneapolis: University of Minnesota Press.
Derla, K (2016) Australian birds of prey deliberately start bushfires. *Tech Times*. www.techtimes.com/articles/132210/20160210/australian-birds-of-prey-deliberately-start-bushfires.htm#sthash.rdjMQV99.dpuf.
Derrida, J (2008) *The animal that therefore I am* (Trans D Wills of L'animal que donc je suis, 2006). New York: Fordham University Press.
Donald, M (1991) *Origins of the modern mind: Three stages in the evolution of culture and cognition*. Cambridge, MA: Harvard University Press.
Douzinas, C (2000) *The end of human rights: Critical legal thought at the turn of the*

century. Oxford: Hart.
Douzinas, C (2007) *Human rights and empire: The political philosophy of cosmopolitanism*. London: Routledge.
Dovchin, S, Pennycook, A and Sultana, S (2018) *Popular culture, voice and linguistic diversity: Young adults on- and offline*. Basingstoke: Palgrave-Macmillan.
Dovchin, S, Sultana, S and Pennycook, A (2015) Relocalizing the translingual practices of young adults in Mongolia and Bangladesh. *Translation and Translanguaging in Multilingual Contexts* 1(1), 4-26.
Dove, R (2008) *The essence of perfume*. London: Black Dog Publishing.
Duchêne A and Heller, M (Eds) (2012) *Language in late capitalism: Pride and profit*. London: Routledge.
Eco, U (1995) *The search for the perfect language* (Trans J Fentress of Ricerca della lingua perfetta nella cultura europea). Oxford: Blackwell.
Elder-Vass, D (2013) Debate: Seven ways to be a realist about language. *Journal for the Theory of Social Behaviour* 44(3), 249-267.
Enfield, N (2017) Elements of agency. In N Enfield and P Kockelman (Eds) *Distributed agency*. Oxford: Oxford University Press (pp 9-14).
Evans, N and Levinson, S (2009) The myth of language universals: Language diversity and its importance for cognitive science. *Behavioral and Brain Sciences* 32(5), 429-492.
Evans, V (2014) *The language myth: Why language is not an instinct*. Cambridge: Cambridge University Press.
Fabian, J (2007) *Memory against culture: Arguments and reminders*. London: Duke University Press.
Fahey, W (2009) Smelly Old Sydney - "On The Nose". www.warrenfahey.com/ smelly-old-sydney-on-the-nose/ - accessed 1 May 2015.
Fairclough, N (2003) *Analysing discourse: Textual analysis for social research*. London: Routledge.
Fenwick, T and Edwards, R (2011) Considering materiality in educational policy: Messy objects and mutliple reals. *Educational Theory* 61(6), 709-726.
Ferrando, F (2013) Posthumanism, transhumanism, antihumanism, metahumanism, and new materialisms: Differences and relations. *Existenz* 8(2), 26-32.
Finnegan, R (2015) *Where is language? An anthropologist's questions on language, literature and performance*. London: Bloomsbury.

Flores, N (2017) From language-as-resource to language-as-struggle: Resisting the Coke-ification of bilingual education. In M-C Flubacher and A Del Percio (Eds) *Language, education, and neoliberalism: Critical sociolinguistic studies*. Bristol: Multilingual Matters.

Foucault, M (1965) *Madness and civilization: A history of insanity in the age of reason*. New York: Random House.

Foucault, M (1966) *Les mots et les choses: Une archéologie des sciences humaines*. Paris: Éditions Gallimard.

Foucault, M (1980) *Power/knowledge: Selected interviews & other writings, 1972-1977*. New York: Pantheon Books.

Foucault, M (1984a) *Histoire de la sexualité II: L'usage des plaisirs*. Paris: Gallimard.

Foucault, M (1984b) What is Enlightenment? In P Rabinow (Ed), *The Foucault Reader*. New York: Pantheon (pp 32-50).

Frankopan, P (2015) *The silk roads: A new history of the world*. London: Bloomsbury.

Fromkin, V and Rodman, R (1978) *An introduction to language*, second edition. New York: Holt, Rinehart and Winston.

Fuller, S (2011) *Humanity 2.0: What it means to be human past, present and future*. Basingstoke: Palgrave-Macmillan.

García, O and Li Wei (2014) *Translanguaging: Language, bilingualism and education*. Basingstoke: Palgrave Macmillan.

Gee, J (2015a) Reflections on understanding, alignment, the social mind, and language in interaction. *Language and Dialogue* 5(2), 300-311.

Gee, J (2015b) *Unified discourse analysis: Language, reality, virtual worlds, and video games*. London: Routledge.

Giglioli, P (1972) Introduction. In Pier Paulo Giglioli (Ed) *Language and social context*. Harmondsworth: Penguin (pp 7-17).

Glissant, E (1997) *Poetics of relation* (Trans B Wing). Ann Arbor, MI: University of Michigan Press.

Gluck, M (2003) Wine language: Useful idiom or idiot-speak? In J Aitchison and D Lewis (Eds) *New media language*. London: Routledge (pp 107-115).

Godfrey-Smith, P (2017) *Other minds: The octopus and the evolution of intelligent life*. London: William Collins.

Good, G (2001) *Humanism betrayed: Theory, ideology and culture in the contemporary university*. Montreal and Kingston: McGill-Queen's Press.

Gourlay, L (2015) Posthuman texts: Nonhuman actors, mediators and the digital university. *Social Semiotics*, 25(4), 484-500.

Gourlay, L and Oliver, M (2013) Beyond 'the social': Digital literacies as sociomaterial practice. In R Goodfellow and M R Lea (Eds) *Literacy in the digital university: Learning as social practice in a digital age*. London: Routledge (pp 79-94).

Gourlay, L, Hamilton, M and Lea, M R (2013) Textual practices in the new media digital landscape: Messing with digital literacies. *Research in Learning Technology*, 21(1), 1-13.

Gratton, P (2014) *Speculative realism: Problems and prospects*. London: Bloomsbury.

Gray, J (1995) *Enlightenment's wake: Politics and culture at the close of the modern age*. London: Routledge.

Grayling, A C (2013) *The God argument: The case against religion and for humanism*. London: Bloomsbury.

Green, M (2014) Building the tower of Babel: International Sign, linguistic commensuration, and moral orientation. *Language in Society* 43(4), 445-465.

Grésillon, L (2010) *Sentir Paris: Bien-être et matérialité des lieux*. Paris: Éditions QUAE.

Griffiths, E (2014) George Brandis defends 'right to be a bigot' amid Government plan to amend Racial Discrimination Act. ABC News. www.abc.net.au/news/2014-03-24/brandis-defends-right-to-be-a-bigot/5341552 - accessed 22 June 17.

Grosz, E (2010) Feminism, materialism, and freedom. In D Coole and S Frost (Eds) *New materialisms: Ontology, agency and politics*. Durham, NC: Duke University Press (pp 139-158).

Gumperz, J (1964) Linguistic and social interaction in two communities. In J Gumperz and D Hymes (Eds) *The ethnography of communication. Special issue of American Anthropologist* 66(2), 137-153.

Habermas, J (1998) *On the pragmatics of communication*. Cambridge, MA: MIT Press.

Hacking, I (1999) *The social construction of what?* Cambridge, MA: Harvard University Press.

Halliday, M A K (1978) *Language as social semiotic. The social interpretation of language and meaning*. London: Edward Arnold.

Hamilton, M (2015) Imagining literacy: A sociomaterial approach. In K Yasukawa and S Black (Eds) *Beyond economic interests: Critical perspectives on adult literacy and numeracy in a globalised world*. Rotterdam: Sense Publishers (pp

3-18).
Haraway, D (1991) *Simians, cyborgs, and women: The reinvention of nature*. New York: Routledge.
Haraway D (2008) *When species meet*. Minneapolis: Minnesota University Press.
Hardin, G (1968). The tragedy of the Commons. *Science* 162, 1243-1248.
Hardt, M and Negri, A (2000) *Empire*. Cambridge, MA: Harvard University Press.
Hardt, M and Negri, A (2005) *Multititude*. London: Penguin.
Hare, B, Call, J and Tomasello, M (2001) Do chimpanzees know what conspecifics know and do not know? *Animal Behavior* 61(1), 139-151.
Hare, B, Brown, M, Williamson, C and Tomasello, M (2002) The domestication of social cognition in dogs. *Science* 298, 1634-1636.
Harman, G (2002) *Tool-Being: Heidegger and the metaphysics of objects*. Chicago: Open Court.
Harman, G (2005) *Guerrilla metaphysics: Phenomenology and the carpentry of things*. Chicago: Open Court.
Harman, G (2011) On the undermining of objects: Grant, Bruno and radical philosophy. In L Bryant, N Srnicek and G Harman (Eds) *The speculative turn: Continental materialism and realism*. Melbourne: re.press. (pp 21-46).
Harris, R (1981) *The language myth*. London: Duckworth.
Harris, R (1990) On redefining linguistics. In H Davis and T Taylor (Eds) *Redefining linguistics*. London: Routledge (pp 18-52).
Harris, R (1996) *Signs, language and communication*. London and New York: Routledge.
Harris, R (1998) *Introduction to integrational linguistics*. Oxford: Pergamon.
Harris, R (2004) Integrationism, language, mind and world. *Language Sciences* 26(6), 727-739.
Harris, R (2009) *After epistemology*. Sandy: Authors Online.
Harvey, D (2005) *A brief history of neoliberalism*. Oxford: Oxford University Press.
Haslanger, S (2012) *Resisting reality: Social construction and social critique*. Oxford: Oxford University Press.
Hassan, Ihab (1977) Prometheus as performer: Towards a posthumanist culture? In M Benamou and C Caramella (Eds) *Performance in postmodern culture*. Madison, WI: Coda Press (pp 201-217).
Haualand, H (2008) Sound and belonging: What is a community? In H Dirksen and L

Bauman (Eds) *Open your eyes: Deaf studies talking*. Minneapolis: University of Minnesota Press (pp 111–123).

Hayles, K (1999) *How we became posthuman: Virtual bodies in cybernetics*. Chicago: University of Chicago Press.

Hayles, K (2012) *How we think: Digital media and contemporary technogenesis*. Chicago: University of Chicago Press.

Henrich, J, Heine, S and Norenzayan, A (2010) The weirdest people in the world? *Behavioral and Brain Sciences* 33(2–3), 61–83.

Henshaw, V (2013) *Urban smellscapes: Understanding and designing city smell environments*. London: Routledge.

Hofstadter, D (1970) *Gödel, Escher, Bach: An eternal golden braid*. New York: Basic Books.

Holborow, M (1999) *The politics of English: A Marxist view of language*. London: Sage.

Holborow, M (2012) What is neoliberalism? Discourse, ideology and the real world. In D Block, J Gray and M Holborow (Eds), *Neoliberalism and applied linguistics*. London: Routledge (pp 14–32).

Holborow, M (2015) *Language and neoliberalism*. London: Routledge.

Holleman, W L (1987) *The human rights movement: Western values and theological perspectives*. New York: Praeger.

Holmes J and Hazen, K (Eds) (2014) *Research methods in sociolinguistics*. Oxford: Wiley Blackwell.

Honey, J (1997) *Language is power: The story of Standard English and its enemies*. London: Faber and Faber.

Howes, D and Classen, C (2014) *Ways of sensing: Understanding the senses in society*. London: Routledge.

Hoy, D (2004) *Critical resistance: From poststructuralism to post-critique*. Cambridge, MA: The MIT Press.

Hult, F (2010) Analysis of language policy discourses across the scales of space and time. *International Journal of the Sociology of Language* 202, 7–24.

Hume, D (1777/1975) *Enquiries concerning human understanding and concerning the principles of morals*, 3rd edition (Ed L A Selby-Bigge). Oxford: Clarendon.

Hurley, S (1998) *Consciousness in action*. Cambridge, MA: Harvard University Press.

Hutchins, E (1995) *Cognition in the wild*. Cambridge, MA: MIT Press.

Hutchins, E (2005) Material anchors for conceptual blends. *Journal of Pragmatics* 37(10), 1555-1577.

Hutchins, E (2014) The cultural ecosystem of human cognition. *Philosophical Psychology* 27(1), 34-49.

Hymes, D (1964/1972) Toward ethnographies of communication: The analysis of communicative events. In P P Giglioli (Ed) *Language and social context*. Harmondsworth: Penguin (pp 21-43).

Iedema, R (2003) Multimodality, resemiotization: Extending the analysis of discourse and multi-semiotic practice. *Visual Communication* 2(1), 29-57.

Ihde, D (1991) *Instrumental realism: The interface between philosophy of science and philosophy of technology*. Bloomington, IN: Indiana University Press.

Jaworski, A and Thurlow, C (2010) Introducing semiotic landscapes. In A Jaworski and C Thurlow (Eds) *Semiotic landscapes: Language, image, space*. London: Continuum (pp 1-40).

Jewitt, C (2009) An introduction to multimodality. In C Jewitt (Ed) *Handbook of multimodal analysis*. London: Routledge (pp 14-27).

Johnston, B (2017) *English teaching and evangelical mission: The case of lighthouse school*. Bristol: Multilingual Matters.

Johnston, T (2004) W(h)ither the Deaf community? Population, genetics and the future of Auslan (Australian Sign Language). *American Annals of the Deaf* 148, 358-375.

Jørgensen, J N (2008) Polylingal languaging around and among children and adolescents. *International Journal of Multilingualism* 5(3), 161-176.

Kallen, J (2010) Changing landscapes: Language, space and policy in the Dublin linguistic landscape. In A Jaworski and C Thurlow (Eds) *Semiotic landscapes: Language, image, space*. London: Continuum (pp 41-58).

Kant, I (1787/1998) *Critique of pure reason [Kritik der reinen Vernunft]* (Ed, trans P Guyer and A Wood). Cambridge: Cambridge University Press.

Kearney, R (1988) *The wake of imagination*. Minneapolis: University of Minnesota Press.

Keesing, R and Strathern, A (1998) *Cultural anthropology: A contemporary perspective*. Fort Worth, TX: Harcourt Brace College Press.

Kell, C (2015) "Making people happen": Materiality and movement in meaning-making trajectories. *Social Semiotics* 25(4), 423-445.

King, J K and King, J W (1984) *Languages of Sabah: Survey report. Pacific Linguistics 78*. Canberra: Australian National University.

Kipling, R (1894) *The jungle book*. London: Macmillan.

Kirkpatrick, A (2007) Language variation and the multilingual speaker of English: Implications for English language teaching. *The New English Teacher* 1(1), 44-60.

Klein, N (2015) *This changes everything: Capitalism vs. the climate*. New York: Simon and Schuster.

Kohn, E (2013) *How forests think: Towards an anthropology beyond the human*. Berkeley, CA: University of California Press.

Kramsch, C (2008) Ecological perspectives on foreign language education. *Language Teaching* 41(3), 389-408.

Kramsch, C (2014) A researcher's auto-socioanalysis: Making space for the personal. In B Spolsky, O Inbar-Lourie and M. Tannenbaum (Eds) *Challenges for language education and policy: Making space for people*. New York: Routledge (pp 235-244).

Kramsch, C (2015) Applied linguistics: A theory of the practice. *Applied Linguistics* 36(4), 454-465.

Krashen, S (1982) *Principles and practice in second language acquisition*. Oxford: Pergamon Press.

Kubota, R (2016) The multi/plural turn, postcolonial theory, and neoliberal multiculturalism: Complicities and implications for Applied Linguistics. *Applied Linguistics* 37(4), 474-494. doi: 10.1093/applin/amu045.

Kuhn, G (2009) Anarchism, postmodernity, and poststructuralism. In R Amster, A DeLeon, L Fernandez, A Nocella II and D Shannon (Eds) *Contemporary anarchist studies: An introductory anthology of anarchy in the academy*. New York: Routledge (pp 18-25).

Kumaravadivelu, B (2016) The decolonial option in English teaching: Can the subaltern act? *TESOL Quarterly* 50(1), 66-85.

Kurzweil, R (1999) *The age of spiritual machines*. New York: Random House.

Kurzweil, R (2005) *The singularity is near: When humans transcend biology*. New York: Viking.

Kusters, A, Spotti, M, Swanwick, R and Tapio E (2017) Beyond languages, beyond modalities: Transforming the study of semiotic repertoires. *International*

Journal of Multilingualism, 14(3), 219–232.

Lantolf, J and Thorne, S (2006) *Sociocultural theory and the genesis of second language development*. Oxford: Oxford University Press.

Larsen, S and Johnson, J (2016) The agency of place: Toward a more-than-human geographical self. *GeoHumanities* 2(1), 149–166.

Lather, P (2015) The work of thought and the politics of research: (post)Qualitative research. In N Denzin and M Giardina (Eds) *Qualitative inquiry and the politics of research*. Walnut Creek, CA: Left Coast Press (pp 97–118).

Latour, B (1999) *Pandora's hope: Essays on the reality of science studies*. Cambridge, MA: Harvard University Press.

Latour, B (2004a) Why has critique run out of steam? From matters of fact to matters of concern. *Critical Inquiry* 30(2), 225–248.

Latour, B (2004b) *Politics of nature: How to bring the sciences into democracy*. Cambridge, MA: Harvard University Press.

Latour, B (2005) *Reassembling the social: An introduction to actor-network theory*. Oxford: Oxford University Press.

Latour, B (2013) *An inquiry into modes of existence: An anthropology of the moderns* (Trans C Porter). Cambridge, MA: Harvard University Press.

Latour, B (2015) Telling friends from foes in the time of the Anthropocene. In C Hamilton, F Gemenne and C Bonneuil (Eds) *The Anthropocene and the global environmental crisis*. London: Routledge (pp 145–155).

Lenneberg, E (1967) *Biological foundations of language*. New York: Wiley.

Levinas, E (1979) *Le temps et l'autre*. Paris: Presses Universitaires de France.

Levinas, E (1969/1991) *Totality and infinity* (Trans of *Totalité et infini: Essai sur l'extériorité*, 1961). Dordrecht: Kluwer Academic Publishers.

Lin, A (2013) Toward paradigmatic change in TESOL methodologies: Building plurilingual pedagogies from the ground up. *TESOL Quarterly* 47(3), 521–545.

Locke, J (1690/1975) *Essay concerning Human Understanding* (Ed P Nidditch). Oxford: Oxford University Press.

Low, K E Y (2009) *Scents and scent-sibilities: Smell and everyday life experiences*. Newcastle: Cambridge Scholars Publishing.

Low, K E Y (2013) Sensing cities: The politics of migrant sensescapes. *Journal for the Study of Race, Nation and Culture* 19(2), 221–237.

Luke, A (2013) Regrounding critical literacy: Representation, facts, and reality. In M

Hawkins (Ed) *Framing languages and literacies: Socially situated views and perspectives*. New York: Routledge (pp 136–148).

Lyn, H, Greenfield, P M, Savage-Rumbaugh, S, Gillespie-Lynch, K and Hopkins, W D (2011) Nonhuman primates do declare! A comparison of declarative symbol and gesture use in two children, two bonobos, and a chimpanzee. *Language & Communication* 31, 63–74. doi: 10.1016/j.langcom.2010.11.001.

McCarthy, T (1978) *The critical theory of Jürgen Habermas*. London: Hutchinson.

McDonald, R (1998) *Mr Darwin's Shooter*. Sydney: Random House Australia.

McGill, K (2013) Political economy and language: A review of some recent literature. *Journal of Linguistic Anthropology* 23(2), 84–101.

MacIntyre, A (2007) *After virtue*, 3rd edition. London: Duckworth.

McNamara, T (2015) Applied linguistics: The challenge of theory. *Applied Linguistics* 36(4), 466–477.

McNeill, D (2005) *Gesture and thought*. Chicago: University of Chicago Press.

Maldonado-Torres, N (2007) On the coloniality of being: Contributions to the development of a concept. *Cultural Studies* 21(2–3), 240–270.

Marchi, R (2012) With Facebook, blogs, and fake news, teens reject journalistic 'objectivity'. *Journal of Communication Inquiry* 36(3), 246–262.

Margoliash, D and Nusbaum, H (2009) Animal comparative studies should be part of linguistics. *Behavioral and Brain Sciences* 32(5), 458–459.

Martin, K and Mirraboopa, B (2003) Ways of knowing, being and doing: A theoretical framework and methods for indigenous and indigenist re-search. *Journal of Australian Studies* 27(76), 203–214.

Martín Rojo, L (2016a) Occupy: The spatial dynamics of discourse in global protest movements. In L Martín Rojo (Ed) *Occupy: The spatial dynamics of discourse in global protest movements*. Amsterdam: John Benjamins (pp 1–22).

Martín Rojo, L (2016b) Taking over the square: The role of linguistic practices in contesting urban spaces. In L Martín Rojo (Ed) *Occupy: The spatial dynamics of discourse in global protest movements*. Amsterdam: John Benjamins (pp 47–76).

Maslow, A H (1970) *Motivation and personality*. New York: Harper & Row.

May, S (2001) *Language and minority rights: Ethnicity, nationalism and the politics of language*. Harlow: Longman.

Mead, T (1961/2002) *Killers of Eden: The killer whales of Twofold Bay*. Oatley:

Dolphin Books.
Meillassoux, Q (2008) *After finitude: An essay on the necessity of contingency* (Trans R Brassier). London: Bloomsbury.
Merleau-Ponty, M (1962) *Phenomenology of perception* (Trans C Smith). New York: Routledge.
Michaelian, K and Sutton, J (2013) Distributed cognition and memory research: History and future directions. *Review of Philosophy and Psychology* 4, 1-24.
Mignolo, W (2009) Epistemic disobedience, independent thought and decolonial freedom. *Theory, Culture, Society* 26(7-8), 159-181.
Mignolo, W (2010) Delinking: The rhetoric of modernity, the logic of coloniality and the grammar of de-coloniality. In W Mignolo and A Escobar (Eds) *Globalization and the decolonial option*. New York: Routledge (pp 303-368).
Mignolo, W (2011) *The darker side of Western modernity: Global futures, decolonial options*. Durham, NC: Duke University Press.
Mills, K (2016) *Literacy theories for the digital age: Social, critical, multimodal, spatial, material and sensory lenses*. Bristol: Multilingual Matters.
Mirandola, G P d (1486) *Oration on the dignity of man (De hominis dignitate)*. Adelaide: eBooks@Adelaide.
Mitchell, W (2003) *Me++ the cyborg self and the networked city*. Cambridge, MA: MIT Press.
Morell, V (2014) *Animal wise: The thoughts and emotions of our fellow creatures*. Collingwood: Black Inc.
Moskowitz, G (1978) *Caring and sharing in the foreign language class*. Rowley, MA: Newbury House.
Motha, S (2014) *Race and empire in English language teaching*. New York: Teachers College Press, Columbia University.
Mufwene, S (2010) The role of mother-tongue schooling in eradicating poverty: A response to *Language and poverty*. *Language* 86(4), 910-932.
Murphey, T (2012) *Teaching in pursuit of WOW!* Tokyo: ABAX ELT Publishers.
Nagel, T (1974) What is it like to be a bat? *The Philosophical Review* 83(4), 435-450.
Nayar, P (2014) *Posthumanism*. Cambridge: Polity Press.
Nietzsche, F (1887/1997) *On the genealogy of morals*. Oxford: Oxford University Press.
Norton, B (2000) *Identity and language learning. Gender, ethnicity and educational*

change. Harlow: Longman/Pearson.
O'Regan, J (2014) English as a lingua franca: An immanent critique. *Applied Linguistics* 35(5), 533–552.
Orman, J (2013) New lingualisms, same old codes. *Language Sciences* 37, 90–98.
Otsuji, E and Pennycook, A (2010) Metrolingualism: Fixity, fluidity and language in flux. *International Journal of Multilingualism* 7(3) 240–254.
Pablé, Adrian (2015) Putting it integrationally: Notes on Teubert and Sealey. *Language and Dialogue* 5(3), 449–470.
Park, J and Wee, L (2012) *Markets of English: Linguistic capital and language policy in a globalizing world*. London: Routledge.
Parry, R L (2017) Criminals not human, says Duterte ally. *The Times*. 2 February 2017. www.thetimes.co.uk/article/criminals-not-human-says-duterte-ally-bp3p0r8jt – accessed 6 February 2017.
Peck, A and Stroud, C (2015) Skinscapes. *Linguistic Landscape* 1(1–2), 133–151.
Pennycook A (1994) Incommensurable discourses? *Applied Linguistics* 15(2), 115–138.
Pennycook A (1998a) The right to language: Towards a situated ethics of language possibilities. *Language Sciences* 20(1), 73–87.
Pennycook, A (1998b) *English and the discourses of colonialism*. London: Routledge.
Pennycook, A (2001) *Critical applied linguistics: A critical introduction*. Mahwah, NJ: Lawrence Erlbaum.
Pennycook, A (2003) Beyond homogeny and heterogeny: English as a global and worldly language. In C Mair (Ed) *The cultural politics of English*. Amsterdam: Rodopi (pp 3–17).
Pennycook, A (2004a) Performativity and language studies. *Critical Inquiry in Language Studies: An International Journal* 1(1), 1–26.
Pennycook, A (2004b) Language policy and the ecological turn. *Language Policy* 3(3), 213–239.
Pennycook, A (2007a) *Global Englishes and transcultural flows*. London: Routledge.
Pennycook, A (2007b) The myth of English as an international language. In S Makoni and A Pennycook (Eds) *Disinventing and reconstituting languages*. Clevedon: Multilingual Matters (pp 90–115).
Pennycook, A (2010) *Language as a local practice*. London: Routledge.
Pennycook, A (2016a) Mobile times, mobile terms: The trans-super-poly-metro

movement. In N Coupland (Ed) *Sociolinguistics: Theoretical debates*. Cambridge: Cambridge University Press (pp 201-206).

Pennycook, A (2016b) Posthumanist applied linguistics. *Applied Linguistics*. doi: 10.1093/applin/amw016.

Pennycook, A (2016c) Politics, power relationships and ELT. In G Hall (Ed) *The Routledge handbook of English language teaching*. New York: Routledge (pp 26-37).

Pennycook, A (2017) Translanguaging and semiotic assemblages. *International Journal of Multiligualism* 14(3), 269-282.

Pennycook, A (2018) Repertoires, registers, and linguistic diversity. In A Creese and A Blackledge (Eds) *The Routledge handbook of language and superdiversity*. London: Routledge.

Pennycook, A and Otsuji, E (2014a) Metrolingual multitasking and spatial repertoires: 'Pizza mo two minutes coming'. *Journal of Sociolinguistics* 18(2), 161-184.

Pennycook, A and Otsuji, E (2014b) Market lingos and metrolingua francas. *International Multilingual Research Journal* 8(4), 255-270.

Pennycook, A and Otsuji, E (2015a) *Metrolingualism: Language in the city*. London: Routledge.

Pennycook, A and Otsuji, E (2015b) Making scents of the landscape. *Linguistic Landscape* 1(3), 191-212.

Pennycook, A and Otsuji, E (2017) Fish, phone cards and semiotic assemblages in two Bangladeshi shops in Sydney and Tokyo. *Social Semiotics* 27(4), 434-450.

Pepperell, R (2003) *The posthuman condition: Consciousness beyond the brain*. Bristol: Intellect.

Peterson, V S (1990) Whose rights? A critique of the "givens" in Human Rights Discourse. *Alternatives* 15, 303-344.

Phillips, A (2015) *The politics of the human*. Cambridge: Cambridge University Press.

Phillips, J (2006) *Agencement*/assemblage. *Theory, Culture and Society* 23(2-3), 108-109.

Phillipson, R (2009) *Linguistic imperialism continued*. New York: Routledge.

Pierce, J (2016) *Run, Spot, run: The ethics of keeping pets*. Chicago: University of Chicago Press.

Piketty, T (2014) *Capital in the twenty-first century* (Trans A Goldhammer). Cambridge, MA: Belknap Press.

Pink, S (2008) An urban tour: The sensory sociality of ethnographic place-making. *Ethnography* 9(2), 175-196.

Pinker, S (2011) *The better angels of our nature: The decline of violence in history and its causes*. London: Penguin.

Platt, J and Platt, H (1975) *The social significance of speech: An introduction to and workbook in sociolinguistics*. Amsterdam: North-Holland.

Pontier, R and Mileidis, G (2016) Coordinated translanguaging pedagogy as distributed cognition: A case study of two dual language bilingual education preschool coteachers' languaging practices during shared book readings. *International Multilingual Research Journal* 10(2), 89-106. doi: 10.1080/19313152.2016.1150732.

Porteous, J D (1990) *Landscapes of the mind: Worlds of sense and metaphor*. Toronto: University of Toronto Press.

Povinelli, D, Bering, J and Giambrone S (2003) Chimpanzees' 'pointing': Another error of the argument by analogy? In S Kita (Ed) *Pointing: Where language, culture, and cognition meet*. Mahwah, NJ: Lawrence Erlbaum (pp 35-68).

Power, D (2005) Models of deafness: Cochlear implants in the Australian Daily Press. *Journal of Deaf Studies and Deaf Education* 10(4), 451-459.

Pratt, M L (1987) Linguistic utopias. In N Fabb, D Attridge, A Durant and C MacCabe (Eds) *The Linguistics of Writing*. Manchester: Manchester University Press (pp 48-66).

Pupavac, V (2012) *Language rights: From free speech to linguistic governance*. Basingstoke: Palgrave Macmillan.

Ramos, M (2016) 'Junkies are not humans'. *Philippine Daily Inquirer*, 28 August. http://newsinfo.inquirer.net/810395/junkies-are-not-humans#ixzz4XrSIduAH - accessed 6 February 2017.

Reddy, M J (1979) The conduit metaphor: A case of frame conflict in our language about language. In A Ortony (Ed) *Metaphor and Thought*. Cambridge: Cambridge University Press (pp 284-310).

Rée, J (1999) *I see a voice: Deafness, language and the senses - a philosophical history*. New York: Metropolitan Books.

Richards, I A (1936) *The philosophy of rhetoric*. Oxford: Oxford University Press.

Rodaway, P (1994) *Sensuous geographies*. London: Routledge.

Rogers, C (1961) *On becoming a person*. Boston: Houghton Mifflin.

Rose, M (2004) *The mind at work: Valuing the intelligence of the American worker*. New York: Penguin.

Rosengren, K (1999) *Communication. An introduction*. Thousand Oaks: Sage.

Rymes, B (2014) *Communicating beyond language: Everyday encounters with diversity*. New York: Routledge.

Safina, C (2015) *Beyond words: What animals think and feel*. New York: Henry Holt.

Saramago, J (2009) *Cain* (Trans M J Costa). London: Harvill Secker.

Saussure, F de (1922/1983) *Course in general linguistics* (Trans R Harris of Cours de linguistique Générale). La Salle, IL: Open Court.

Sayer, A (2005) *The moral significance of class*. Cambridge: Cambridge University Press.

Schatzki, T (1996) *Social practices: A Wittgensteinian approach to human activity and the social*. Cambridge: Cambridge University Press.

Schatzki, T (2001) Introduction: practice theory. In T Schatzki, K Knorr Cetina and E von Savigny (Eds) *The practice turn in contemporary theory*. London: Routledge (pp 1-14).

Schatzki, T (2002) *The site of the social: A philosophical account of the constitution of social life and change*. University Park, PA: Pennsylvania State University Press.

Scollon, R and Scollon, S W (2004) *Nexus analysis: Discourse and the emerging internet*. New York: Routledge.

Scollon, R and Scollon, S W (2007) Nexus analysis: Refocusing ethnography on action. *Journal of Sociolinguistics* 11(5), 608-625.

Sealey, A (2007) Linguistic ethnography in realist perspective. *Journal of Sociolinguistics* 11(5), 641-660.

Sealey, A (2014) Cats and categories - reply to Teubert. *Language and Dialogue* 4(2), 299-321.

Sealey, A and Carter, B (2013) Response to Elder-Vass: "Seven ways to be a realist about language". *Journal for the Theory of Social Behaviour* 44(3), 268-281.

Sealey, A and Oakley, L (2013) Anthropomorphic grammar? Some linguistic patterns in the wildlife series *Life*. *Text and Talk* 33(3), 399-420.

Searle, J (1969) *Speech acts: An essay in the philosophy of language*. Cambridge: Cambridge University Press.

Searle, J (1986) *Minds, brains and science*. Cambridge: Harvard University Press.

Segerdahl, P (2012) Humanizing non-humans: Ape language research as critique of metaphysics. In N Forsberg, M Burley and N Hamalainen (Eds) *Language, ethics and animal life: Wittgenstein and beyond*. London: A&C Black (pp 16–31).

Seidlhofer, B (2011) *Understanding English as a lingua franca*. Oxford: Oxford University Press.

Sercu, L, Bandura, E, Davcheva, L, Laskaridou, C, Lundgren, U, del Carmen Méndez García, M and Ryan, P (2005) *Foreign language teachers and intercultural competence: An international investigation*. Clevedon: Multilingual Matters.

Serres, M (1985) *Les cinq sens: Philosophie des corps mêlés*. Paris: Grasset.

Sexual Violence and Armed Conflict: United Nations response (1998). www.un.org/womenwatch/daw/public/cover.htm.

Shipman, P (2011) *The animal connection: A new perspective on what makes us human*. New York: W. W. Norton & Company.

Shohamy, A and Ben-Rafael, A (2015) Introduction: Linguistic landscape, a new journal. *Linguistic Landscape* 1(1–2), 1–5.

Shohamy, E (2015) LL research as expanding language and language policy. *Linguistic Landscape* 1(1–2), 152–171.

Shohamy, E and Gorter, D (Eds) (2009) Introduction. In E Shohamy and D Gorter, *Linguistic landscape: Expanding the scenery* New York: Routlege (pp 1–10).

Silverstein, M (2003) Indexical order and the dialectics of sociolinguistic life. *Language and Communication* 23, 193–229.

Singer, P (1975) *Animal liberation*. New York: Random House.

Singer, P (1999) *A Darwinian left: Politics, evolution and cooperation*. London: Weidenfeld and Nicolson.

Skinner, B F (1957) *Verbal behavior*. Acton, MA: Copley Publishing Group.

Skuttnabb-Kangas, T and Phillipson, R (2008) A human rights perspective on language ecology. In A Creese, P Martin and N H Hornberger (Eds) *Encyclopedia of language and education. Volume 9: Ecology of language*, second edn. Springer: Berlin (pp 3–13).

Sloterdijk, P (1998) *Sphären I – Blasen, Mikrosphärologie*. Frankfurt am Main: Suhrkamp.

Sloterdijk, P (2013) *You must change your life: On anthropotechnics* (Trans W Hoban). Cambridge and Malden, MA: Polity.

Spinoza, B (1677/2003) *The Ethics*. Project Gutenberg.

Stables A (2012) *Be(com)ing human: Semiosis and the Myth of Reason*. Rotterdam: Sense.

Standing, G (2014) *The precariat: The new dangerous class*. London: Bloomsbury.

Steffensen, S V (2012) Beyond mind: An extended ecology of languaging. In S Cowley (Ed) *Distributed language*. Amsterdam: John Benjamins (pp 185-210).

Steffensen, S V and Fill, A (2014) Ecolinguistics: The state of the art and future horizons. *Language Sciences* 41(A), 6-25.

Steinberg, R L (2016) The Occupy Assembly: Discursive experiments in direct democracy. In L Martín Rojo (Ed) *Occupy: The spatial dynamics of discourse in global protest movements*. Amsterdam: John Benjamins (pp 127-156).

Stengers, I (2015) Accepting the reality of Gaia: A fundamental shift? In C Hamilton, F Gemenne and C Bonneuil (Eds) *The Anthropocene and the global environmental crisis*. New York: Routledge (pp 134-144).

Stephen, L (1903) *An agnostic's apology and other essays*. London: Smith, Elder & Co.

Stibbe, A (2014) Ecolinguistics and erasure: Restoring the natural world to consciousness. In C Hart and P Cap (Eds) *Contemporary critical discourse studies*. London and New York: Bloomsbury (pp 583-602).

Stibbe, A (2015) *Ecolinguistics: Language, ecology and the stories we live by*. London and New York: Routledge.

Street, B (1985) *Literacy in theory and practice*. Cambridge: Cambridge University Press.

Sultana, S, Dovchin, S and Pennycook, A (2013) Styling the periphery: Linguistic and cultural takeup in Bangladesh and Mongolia. *Journal of Sociolinguistics* 17(5), 687-710.

Sultana, S, Dovchin, S and Pennycook, A (2015) Transglossic language practices of young adults in Bangladesh and Mongolia. *International Journal of Multilingualism* 12(1), 93-108.

Sundberg, J (2014) Decolonizing posthumanist geographies. *Cultural Geographies* 21(1), 33-47.

Süskind, P (1986) *Perfume: The story of a murderer* (Trans J Woods). London: Penguin.

Suskind, R (2004) Faith, certainty and the presidency of George W Bush. *The New York Times Magazine*. www.nytimes.com/2004/10/17/magazine/faith-certainty-and-the-presidency-of-george-w-bush.html.

Swain, M and Lapkin, S (1995) Problems in output and the cognitive processes they generate: A step towards second language learning. *Applied Linguistics* 16(3), 371-391

Tallis, R (2010) *Michelangelo's finger: An exploration of everyday transcendence*. London: Atlantic Books.

Taylor, C (2016) *The language animal: The full shape of the human linguistic capacity*. Harvard, MA: Harvard University Press.

Taylor, T (1990) Normativity and linguistic form. In H Davis and T Taylor (Eds) *Redefining linguistics*. London: Routledge (pp 118-148).

Taylor, T (1992) *Mutual misunderstanding: Scepticism and the theorizing of language and interpretation*. Durham, NC: Duke University Press.

Teubert, W (2013) Was there a cat in the garden? Knowledge between discourse and the monadic self. *Language and Dialogue* 3(2), 273-297

Thompson, E P (1963) *The making of the English working class*. London: Victor Gollancz.

Thorne, S (2013) Digital literacies. In M R Hawkins (Ed) *Framing languages and literacies: Socially situated views and perspectives*. New York: Routledge (pp 193-218).

Thrift, N (2007) *Non-representational theory: Space/politics/affect*. London: Routledge.

Thurlow, C (2016) Queering critical discourse studies or/and performing "post-class" ideologies. *Critical Discourse Studies* 13(5), 485-514.

Tidemann, S, Chirgwin, S and Sinclair, J R (2010) Indigenous knowledge, birds that have "spoken" and science. In S Tidemann and A Gosler (Eds) *Ethno-ornithology: Birds, indigenous peoples, culture and society*. London: Earthscan (pp 3-12).

Ting RenYen (1987) Foreign language teaching in China: Problems and perspectives. *Canadian and International Education* 16(1), 48-61.

Todd, Z (2016) An Indigenous feminist's take on the ontological turn: "Ontology" is just another word for colonialism. *Journal of Historical Sociology* 29(1). doi: 10.1111/johs.12124.

Tomasello, M (2006) Why don't apes point? In N Enfield and S Levinson (Eds) *Roots of human sociality: Culture, cognition and interaction*. Oxford: Berg (pp 506-524).

Tomasello, M (2008) *Origins of human communication*. Cambridge, MA: MIT Press.

Tomasello, M (2014) *A natural history of human thinking*. Cambridge, MA: Harvard

University Press.
Tomasello, M, Carpenter, M and Liszkowski, U (2007) A new look at infant pointing. *Child Development* 78(3), 705-772.
Toolan, M (1997) A few words on telementation. *Language Sciences* 19(1), 79-91.
Turing, A (1950) Computing machinery and intelligence. *Mind* 59, 433-460.
Turnbull, S (2017) *Win, Lose or Draw* review: Peter Corris bids farewell to Cliff Hardy and writing. *Sydney Morning Herald*, 14 January.
UDHR (2017) *Universal Declaration of Human Rights*. www.un.org/en/universal-declaration- human-rights/ - accessed 6 February 2017.
Urry, J (2011a) *Climate change and society*. Cambridge: Polity Press.
Urry, J (2011b) City life and the senses. In S Watson and G Bridge (Eds) *The new Blackwell companion to the city*. Oxford: Wiley-Blackwell (pp 347-356).
van Leeuwen, T (2005) *Introducing social semiotics*. New York: Routledge.
van Leeuwen, T and Djonov, E (2015) Notes towards a semiotics of kinetic typography. *Social Semiotics* 25(2), 244-253.
Van Lier, L (2000) From input to affordance: Social-interactive learning from an ecological perspective. In J Lantolf (Ed) *Sociocultural theory and second language learning*. Oxford: Oxford University Press (pp155-177).
Vygotsky, L (1978) *Mind in society. The development of higher psychological processes*. Cambridge, MA: Harvard University Press.
Wade, N (2009) The search for a sixth sense: The cases for vestibular, muscle and temperature senses. In D Howes (Ed) *The sixth sense reader*. Oxford: Berg.
Wardaugh, R (1986) *An introduction to sociolinguistics*. Oxford: Wiley.
Waters, D (2012) From extended phenotype to extended affordance: Distributed language at the intersection of Gibson and Dawkins. *Language Sciences* 34, 507-512.
Weedon, C (1987) *Feminist practice and poststructuralist theory*. Oxford: Blackwell.
Wellings, H P (1996) *Eden and Twofold Bay: Discovery, early history and points of interest 1797-1965*. Eden: Eden Killer Whale Museum.
White, A, Apurado, J, Neri, F, Sabonsolin, A, Lozada, A J and E White (2016) *Summary field report: Coral reef monitoring expedition to Calamianes Islands, Palawan, Philippines, April 17-25*, 2016. Cebu City: The Coastal Conservation and Education Foundation, Inc.
Whitehead, H and Rendell, L (2015) *The cultural lives of whales and dolphins*. Chicago:

University of Chicago Press.
Widdowson, H (2015) Contradiction and conviction. A reaction to O'Regan. *Applied Linguistics* 36(1), 124–127.
Wilkins, D (2003) Why pointing with the index finger is not a universal (in sociocultural and semiotic terms). In S Kita (Ed) *Pointing: Where language, culture, and cognition meet*. Mahwah, NJ: Lawrence Erlbaum (pp 171–215).
Williams, C (1996) Secondary education: Teaching in the bilingual situation. In C Williams, G Lewis and C Baker (Eds) *The language policy: Taking stock*. Llangefni: CAI (pp 39–78).
Williams, G (1992) *Sociolinguistics: A sociological critique*. London: Routledge.
Wilson, T (2013) Tim Wilson: As officialdom tries to dilute them, human rights must be defended. *The Age*, 19 December. www.theage.com.au/comment/tim-wilson-as-officialdom-tries-to-dilute-them-human-rights-must-be-defended-20131218-2zlcc.html.
Wohlleben, P (2016) *The hidden life of trees: What they feel, how they communicate – discoveries from a secret world* (Trans J Billinghurst). Carlton: Black Inc.
Xia, F, Yang, L, Wang, L and Vinel, A (2012) Internet of things. *International Journal of Communication Systems* 25, 1101–1102.
Žižek, S (2010) *Living in the end times*. London: Verso.
Žižek, S (2011) Is it still possible to be a Hegelian today? In L Bryant, N Srnicek and G Harman (Eds) *The speculative turn: Continental materialism and realism*. Melbourne: re.press (pp 202–223).

찾아보기

(ㄴ)

(ㄷ)

(ㄹ)

(ㅁ)

(ㅂ)

(ㅅ)

(ㅇ)

포스트휴머니즘 응용언어학

1판 1쇄 인쇄_2024년 06월 20일
1판 1쇄 발행_2024년 06월 30일

지은이_Alastair Pennycook
옮긴이_안희돈·조용준
펴낸이_홍정표
펴낸곳_글로벌콘텐츠
등록_제25100-2008-000024호

공급처_(주)글로벌콘텐츠출판그룹
대표_홍정표 이사_김미미 편집_임세원 강민욱 남혜인 권군오 기획·마케팅_이종훈 홍민지
주소_서울특별시 강동구 풍성로 87-6
전화_02) 488-3280 팩스_02) 488-3281
홈페이지_http://www.gcbook.co.kr
이메일_edit@gcbook.co.kr

값 26,500원
ISBN 979-11-5852-412-8 93370